皇道無間第二部

——歷史深處

（四）

第 六 門 著

文 學 叢 刊
文史哲出版社印行

皇道無間第二部——歷史深處　目錄

第四冊

第二十四章　準時　準備新的計時　全局再通

鐵木真果然主力轉向，停止過黃河，只命令木華黎收編漢人軍隊，掃蕩河北沒有投降的州府城池，其餘主力全部西進。

※※※※※※※※※※※※※※※

陰陽一體，古怪相連。

陰古：點燃烽火了，能讓你隨便轉向嗎？

陽怪：搓鳥要繼續壯大隨他去。但這場仗，既然他不認真，我們替他認真。局面照樣這樣走下去，那就來一場大混戰。

※※※※※※※※※※※※※※

此時金國已經難以掌控河北與陝西，竟然許多人勸完顏珣南下攻打南宋，以彌補損失的土地。剛開始完顏珣拒絕，認為當前能守住危險的北方即可，但當探清蒙古主力西移，暫時沒有南下的動向後，竟然也準備大軍南下。金國朝廷上下，許多明智之士，認為這會讓金國三面皆敵，極力勸阻，但完顏珣還是受到蠱惑，同意南征。

金軍剛開始連戰連勝，宋廷上下一陣驚慌，忽然各地民變軍隊『叛金投宋』，尤其山東與淮河一帶，西夏也與宋廷聯合攻金，蒙古的偏師也同時進攻黃河氾濫區以北。金軍不得不撤退，放棄奪取淮河以南土地。但中原已經一團混戰，金國勢力迅速衰弱，根本無力趁蒙古主力西移，北上收復失地。完顏珣不久去世，由次子完顏守緒繼位。

此時他才發現父皇根本是被蠱惑，立刻轉變態度，向宋與西夏議和。西夏因為久經作戰，同樣兵力損耗慘重，國內怨氣沖天，且與金同樣被蒙古逼迫，所以同意議和。而宋此時雖有很強大的後續實力，但也同意議和。

話分兩頭。就在宋、金、夏與蒙古偏師混戰於中原各地時。蒙古主力大舉進入西域的第一關，西遼。

這西遼是當初金國興起擊滅遼國時，大將耶律大石逃到西域，征服西域小國所建立，雖然與金國有舊仇，但在西域安頓之後，子民大多都是西域人，契丹血統愈來愈淡，所以就沒有東進的打算。

屈出律本來是乃蠻部落酋長的兒子，乃蠻被滅亡後，部族南下投奔金國，而他率親信逃到西遼，得到西遼國主信任之後反叛，奪取西遼的統治權，因此不得人心。而聽聞成吉思汗派軍打來，大為恐懼，沒有多少抵抗就西逃，最後被山區獵戶抓到，送交蒙古大將哲別處斬首。

攻佔西遼之後，繼續西進，攻入花剌子模境內。其國蘇丹摩訶末，知道蒙古騎兵團的厲害，下令堅避清野。以至於蒙古軍隊行動沒有阻礙，兵分四路快速穿插。鐵木真第三子窩闊台，圍攻鵝達剌城，長子朮赤攻打養吉干城，塔該攻忽沾城，鐵木真與第四子拖雷長驅直入，進攻步哈拉城。原本蘇丹的想法是對的，蒙古騎兵騎射厲害，這也是他們對東方遊牧民族長久以來的了解，使用城池弓箭防禦，騎兵很難跨過。即便趁隙攻入，也難以應付巷戰。

但他們萬萬沒想到，蒙古軍隊的騎射只是開頭與城牆上士兵的對射較量，真正攻擊主力是他們帶來了，漢人製造的攻城車、投石機、衝撞機。守城將領沒見過這些東西，以為攻擊城池，只能用步兵扛木頭與石頭去撞。這些城池，一下就被攻城器具打得七零八落，蒙古騎兵很快衝入城池內。讓他們更加想不到，蒙古軍隊非常殘忍好殺，強姦擄掠無所不為，只要堅守三天以上，攻破城池之後一定屠殺。

各地城池非降即滅，很快四路大軍集於首都撒馬爾罕。

守城有十一萬大軍，摩訶末指示軍隊，集中用弓箭射擊，不准出城迎戰。剛開始箭如雨下，蒙古騎兵很快後撤，但這只是估算敵方弓箭的射程。接著大批攻城器具雲集，一進射程範圍，各類攻城機，全部豎起厚重木板防護，擋住射來的箭枝。接著以投石機拋射反擊城池的守軍。

撒馬爾罕守軍拼死抵擋，但傷亡慘重。

激戰到第六天，蒙古兵已經登上城牆，大舉肉搏戰開始，城上城下與城內一團刀兵混戰。摩訶末看見這些從未見過的攻城機時，便知道難以抵擋，便暗中率隊先行逃跑。整個城池攻破時，鐵木真找不到他。

於是親率哲別與速不台，沿著逃跑的蹤跡追擊。而窩闊台率另外一支軍隊，進攻重鎮忽爾根齊。守將早已經聽說攻城器具厲害，以及蒙古兵的殘忍，於是加強所有防禦工事，激勵軍隊與民眾，全部拿起武器，要死戰到底。

窩闊台集中所有攻城器具，同時發動猛攻，城池一下就被擊毀，不到一天就衝入城牆。進城之後蒙古軍到處燒殺，當地軍民拼死抵抗，在阿姆河橋一處，肉搏戰打到昏天暗地。

「他們在橋上。他們在橋上。」

蒙古軍突擊隊伍衝到橋上，掉入守軍預設的陷阱，忽然伏兵四起，一排排弓箭往橋上交叉射擊。蒙古兵被射殺一半，其他人拿盾牌環陣抵擋。

「殺光這些盜賊。殺啊！」

守軍將領指揮步兵兩面夾攻，對這些殘暴的蒙古兵刀槍亂剁，將三千蒙古兵全部殺光。還剁下頭顱，鮮血淋淋，用拋射器具丟到其他蒙古兵營示威。

窩闊台大為惱怒，集中兵力四面圍殺，箭如雨下。雙方都倒下一大片士卒。

窩闊台率領重裝騎兵衝殺，突入守軍防衛圈，一陣混戰之後，守軍崩潰。最後守軍十萬人全軍覆沒，小孩與婦女被大量俘虜，運送回蒙古草原當奴隸販賣。

摩訶末逃到裏海島上，蒙古追兵沒有船隻，無法到達。他聽到自己的王后姬妾以及親族都被虜走，受到很大打擊，跟自己殘存的親信女子哭成一團。非常後悔自己誅殺蒙古使節團，惹到了這一群瘋狂的強盜，宣布傳位給兒子扎蘭丁，告知他絕對不能投降後，在島上抑鬱而終。

扎蘭丁知道困守在裡海的小島上，終究不是辦法，於是往南走，集結各地殘兵七萬人，準備再戰一場。鐵木真騎兵窮追猛打，雙方在印度河畔激戰兩晝夜，七萬大軍竟然全軍覆沒。

在混戰當中，扎蘭丁知道大勢已去，縱馬入河到對岸，殘部四千人也跟著他渡河逃跑。鐵木真繼續追到白沙瓦，不見他蹤跡，派軍繼續猛追到印度境內，仍沒有蹤跡。天氣開始炎熱難忍，於是有意撤軍北返。

印度鐵門關。

耶律楚材見到這一路上的殺戮，心有不忍，於是跟一個侍衛串通好。抓到一隻異獸，鹿身馬尾有獨角，會說當地語言，經翻譯說是：「你們該回去。」

實際上這異獸只是在訓練後，發出類似語言的怪聲音而已。

鐵木真招來耶律楚材問此事。

耶律楚材（金眼眶）說：「此獸為角瑞，懂四夷各地的語言，這是惡殺之象。今大軍已經西征四年，上天不喜殺戮，派牠來告知大汗。饒了這幾國的人命，就能得到無疆之福。」

鐵木真（藍眼眶）也感覺走得太遠了，微笑問：「西征之前你說，要獲得比中國更多之土地，獲得比中國更多之人民，累積比中國更多的財富，才能永久兼併中國，而不會重演過去草原民族的故事。如今滅西遼與花剌子模兩大國，以及諸多沿途小國，這樣夠了嗎？」

耶律楚材（金眼睲）說：「大汗打下的土地，已經超過中國矣。國土廣大人口眾多，但還需要會善於治理，使人民不反抗才能算數。不然不能長久，也是枉然。」

鐵木真（藍眼睲）笑說：「好吧！我知道你的意思！我也該回草原上去了，順便去看看，金、夏、宋三國的情況。但是哲別與速不台，繞過了海湖，進入了太和嶺，西方還有金帳大草原。聽說那邊還有很多國家，我們就在海湖那邊等他們。」

於是班師，帶著擄掠的財寶與婦女小孩回途，命令長子朮敕鎮守花剌子模，規劃此處為其封地，任命歸降的部族領袖，守備各城。而速不台與哲別，跨過了太和嶺，即高加索山，進入東歐大平原。當地許多白種人國家，根本不是蒙古軍的對手，一個個被消滅。一些人歸順蒙古軍，替他們繼續向西當嚮導。

居於第聶伯河的欽查人，向基輔羅斯的加利奇公國求助，王公姆斯季斯拉夫決定，聯合其他羅斯的公國對抗蒙古，合組成十二萬大軍。兩軍在第聶伯河的下游支流，迦勒迦河對峙，速不台與哲別按兵不動，姆斯季斯拉夫忍耐不住，率軍渡河突擊，蒙古軍快速後撤。一直到他的本部軍隊脫離了大軍，才發現大事不好，蒙古軍全軍反撲，姆斯季斯拉夫陷入苦戰。其他羅斯的大公，也陸續率軍到達，但各自都有本位主義，不願意馬上投入戰鬥。

姆斯季斯拉夫大敗逃走，搶在其他大公之先渡河，渡河後把沒有用到的船隻，包括其他大公的船隻，也全部燒毀，然後逃之夭夭。他認為，既然你等其他大公不仁，也休怪本大公不義。我先苦戰你們不來援助，那你們現在就自己看著辦。其他大公沒有船隻，被迫返回跟蒙古軍交戰，結果大敗覆沒，最後全部都被蒙古軍俘虜。

原來俄羅斯歷史上，也有人打仗玩『破釜沉舟』，只是中國人的『破釜沉舟』是自己去做，俄羅斯人的『破釜沉舟』是別人幫忙做。

蒙古軍大勝之後，繼續西進，一直打到黑海的克裡米亞半島。與蒙古本軍距離太遠，聯絡出現困難，不得不全軍東返。途中經過伏爾加河，大舉進攻不里阿耳。當地人聽說蒙古軍殘忍好殺，於是拼死抵抗，死守城堡不出。速不台與哲別兵力不夠，一時打不下來，只好繞道回來，最後與鐵木真會合，繼續東返。哲別在東返途中去世。

鐵木真率軍東返，在前往西夏途中，經過已經滅亡的西遼境內時，見到漢朝萬里長城，延續到西域接近蔥嶺的殘跡。

他跟著耶律楚材一起騎馬並行，指著這長城殘跡笑道：「哈哈，原來漢人們以前也來過這裡。我以為他們永遠待在中原與江南，沒想到很久以前，他們就把這沒有用的城牆，一直延續到這裡。」

耶律楚材（金眼眶）說：「他們在很久以前，就打通了一條商業路線，貿易一直前往泰西。城牆從遼東的海濱，一直建到這裡，就像是一條路一樣，可以沿著這個標的，從西域前往中原。」

鐵木真（藍眼眶）哈哈大笑說：「這我聽蒙古商人說過。但我們再說到這長城，漢人真是有夠愚蠢，把這種無用的城牆，一直從大海延續到這裡。他們這麼做，只會引起遠方的強盜，安心地沿著這道城牆前往中原，甚至城牆就是道路，中途的碉樓城堡，反而是強盜們的休息之所。若碰到少數的強盜，漢人們可以在途中，將他們消滅掉，但倘若是遊牧大軍呢？即便能抵擋，而這城牆一直存在，不就接二連三源源不絕，會有強盜過來？他們能收拾到什麼時候？哈哈……」

笑完之後又說：「漢人要建一道城牆，卻建了一條道路兼燈塔。要隔絕敵人，卻反而建得太雄偉，從而吸引了敵人。要防範敵人，卻讓敵人那麼容易翻山越嶺，指路向前，不會擔心迷失，連休息的地方都準備好！哈哈……」一直嘲笑不止。

耶律楚材曾聽祖輩們傳說過，先前耶律德光對萬里長城的評價。而今又聽到成吉思汗這麼說，面色有些凝重。

耶律楚材（金眼眶）說：「大汗您知道，我的八世祖耶律倍的弟弟，耶律德光，也曾經統領大草原，當時也這麼評論萬里長城。大汗試想，若這道路兼燈塔一直存在，前面來的強盜佔了中原財富，後面再來的強盜，將會怎麼對付他？」

鐵木真（藍眼眶）看了耶律楚材的臉色凝重，說得有理，也就慢慢收拾笑容，一段時間沉默不語。

久之，轉變神情，低沉地說：「先前我們談過幾次萬里長城，也談過漢人們很詭異。在這次西征途中，其實本汗已經想到徹底破解他們長城的方法！所以剛才本汗才敢嘲笑長城！」

「倘若規則是：前面所有闖進來的人群，會被後面來的人群消滅，就像我們要滅金，打女真人一樣！那我們就要當最後一個！而且先前的強盜們擄掠財寶美女後，就腐朽墮落，都沒有把漢人的國家滅乾淨！這一次我們除了滅光週邊可能的強盜，還要把漢人的國家消滅！讓他們永遠不能回來蓋長城！」

確信之後再次高喊：「讓他們永遠不能回來蓋長城！」

然後轉面指著身旁同行的大軍說：「這次西征，把可能跟萬里長城接觸到的所有民族都打敗了，甚至沒有接觸到的也都打敗了，之後我的子孫還會要繼續西征！同時也要把漢人國家滅絕！而長城總會逐漸風化，我們不可能耗費那麼多的人力與物資去拆它，最後這個陷阱，就自然而然，對我們蒙古人失效！漢人將被我們蒙古人永遠統治，也就無法再回來建長城，蒙古人就不會再被長城糾纏，那麼漢人不就永遠只能乖乖聽命了？哈哈哈…」說到此，又忍不住嘲笑了萬里長城。

耶律楚材（金眼眶）頻頻點頭說：「大汗英明，這樣確實破解了，西征之前我們的疑慮……」

但他仍然沒有釋懷，耶律楚材總感覺沒這麼簡單，但到底萬里長城還隱藏什麼機關，他也想不通了。當然想不通……能讓『聰明人』這麼容易想通？那『萬里長城』就不是鬼局的神鬼之作了！

鐵木真對萬里長城的心得，雖然很接近長城最終答案，但還是答錯了！

漢人還會不會回來蓋長城？這還需要問嗎？有這麼多遊戲潛藏在底下，要不要蓋，由不得你蒙古人說了算。

鐵木真跑得再遠，還是回來了！回到長城腳下繼續開戰。而此時宋、金、夏三國混戰才告一段落，使之不會共同團結對付蒙古，如此才能讓蒙古軍很容易地繼續打下去。

蒙古大軍西征回途後，首先滅西夏。西夏雖已經稱臣入貢，但不除掉跟長城有關的民族國家，就不能達到成吉思汗的構思。黨項侵佔了鬼局的地方這麼久，叛附無常，死賴著河西走廊這個中原西通的要道，不時侵占漢人子女土地與財富。既無遠略也不肯歸順，甚至跟女真人相互各得其所，如同頑疾，對這種國家民族，那就要將之徹底的亡國滅種當代價，來償還鬼局。

中國可不是讓這種無賴民族，可以各得其所之處。這回可是掀巨浪一起翻船了。

鐵木真率蒙古軍主力部隊至兀剌孩城，即便蒙古軍才經西征久戰，部眾傷亡頗多，戰力受損。但經由當地漢人當嚮導，並且大量補充作戰物資與人力，蒙古軍很快就恢復戰鬥力，全力猛撲西夏。

西夏派使節稱臣求和，但鐵木真已經十拿九穩，拒絕接受，繼續全軍進攻。大軍西進攻陷黑水城，又迂迴進軍賀蘭山，擊潰西夏將領阿沙敢不，最後屯軍渾垂山。西路軍由阿答赤率領，與忽都鐵穆兒、西夏降將昔里鈐部、察罕等人，陸續攻陷沙州、肅州與甘州。

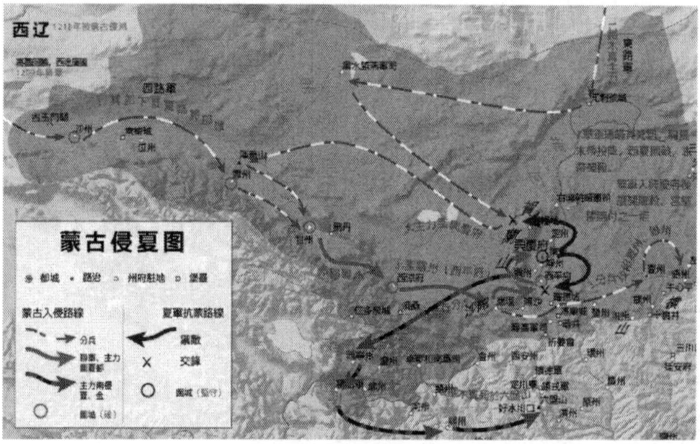

但在圍攻甘州時遭到守將和典也怯律頑強抵抗，成吉思汗親自率主力軍進逼，當地漢人與成吉思汗達成交易，以只殺黨項人不殺漢人為代價，全部叛夏投蒙，於是蒙古軍攻陷甘州。涼州守將斡扎簣，發現身邊的漢人都已經不對勁，怕自己的親眾跟甘州的黨項族人一樣，被漢人賣掉，於是放下武器主動投降蒙古軍，免於被屠殺。

至此河西走廊全數淪陷。

西夏皇帝李德旺，聽說蒙古大軍向西滅掉兩大國與十幾個小國之後，又跑回來打自己，竟然嚇到一病而死。國人擁護他弟弟李晛繼位，是為夏末帝。

但此時許多黨項人，早已知道蒙古軍非常殘忍，所經過農田與房舍都會破壞無遺，西夏軍又根本不是對手，於是紛紛攜家帶眷逃亡，改名換姓變更服裝，逃往關中與河南，投降當地漢人豪強。逃不掉的黨項人，也與當地漢族豪強合作，與蒙古人私通交易，接洽投降。

蒙古軍所過州縣皆降，堅守者被蒙古軍攻破後，一律屠城。黨項族人不是全數依附漢人而消亡，就是被蒙古軍屠殺，根基遭到徹底拔除。

鐵木真率軍穿越沙陀，進軍黃河九渡，攻佔應理。而後分兵攻陷夏州，主力包圍靈州。夏末帝孤注一擲，派嵬名令公，率西夏軍最後的主力救援，雙方於凍結的黃河兩岸，展開最後決戰。

西夏重裝騎兵隊全力衝殺，蒙古騎兵且戰且退，將其引過了黃河之後，兩側騎兵反撲。嵬名令公曾經與蒙古軍交戰，知道蒙古軍慣用這種戰術，騎兵反向且戰且退，引誘蒙古軍衝鋒，西夏軍反投入後續重裝步兵衝鋒支援，也用起了當初岳飛大破金國拐子馬的戰術。全數盾牌掩護，低蹲砍殺馬腳，蒙古騎兵弓箭穿不透重裝，近身搏殺全部被砍掉馬足。

蒙古騎兵倒下一大片，前鋒全軍覆沒。

嵬名令公見狀大喜，投入所有主力衝殺。鐵木真發現西夏竟然還有如此強悍的部隊，非常惱怒。投入各部主力全面圍殺，除了優勢的騎兵，連同步兵也投入作戰，這時候要以數量的絕對優勢把對方壓垮。戰場上廝殺一片，蒙古軍源源不絕圍殺過來，但西夏軍沒有後援，最後西夏軍大敗。

嵬名令公與守將廢太子李德任會合，最後被困，城陷被殺。蒙軍包圍中興府，並且分兵南下攻陷積石州、西寧等西夏領地，並駐六盤山。西夏領土只剩下首都中興府，還被蒙古大軍團團包圍，西夏君臣知道大勢已去，遂派使節與蒙古大軍約定時間投降。

六盤山，蒙古大汗營帳。

鐵木真此時已經感覺年老力衰。但騎馬仍然是每天的活動，忽然一陣暈眩墜馬，眾人急忙將其抬進營帳。蒙古大夫們束手無策，此時一生好殺的鐵木真，反而不再為難任何人，認定自己死期將近，命令親信大臣與三個兒子進帳，商量後事。

朮赤並不是自己親生兒子，而且已經封在花剌子模的故地。正妻所生的兒子，身邊只有二兒子察合台、三兒子窩闊台、四兒子拖雷。同時召喚耶律楚材與重要蒙古大臣，進帳為證。

眾人面色凝重，鐵木真（藍眼眶）挺起精神說：「本汗歸天之後，所有禮儀都依照蒙古故俗去辦，這就不再多說。而之後最重要的事情，是滅掉西夏之後的事……」忽然暈眩，左右急忙攙扶他坐好。

接著說：「首先，繼承人的問題，先前也曾經跟你們談過，招開大會由宗族推舉……以及幼子繼承大汗之原則，所以之後由拖雷監國，由宗族推舉正式的大汗。」

喘口氣說：「夏國國主既然同意投降，你們必須密不發喪，殺掉夏國國主之後，才可以公開本汗死訊，否則以黨項人的反覆無常，狡猾多變，他們會反悔的。夏滅亡之後就是滅金，金國精兵都在潼關，連帶黃河防守，難以用騎兵攻破。而宋與金是世仇，可以聯合宋國滅金，假道宋境就可以直搗汴京。金國的精兵必定奔回來援，屆時可在機動中消滅他們。」

眾人仔細聆聽。

他堅持最後一口氣說：「金亡之後，就是滅宋。但古往今來崛起於漠北的草原民族，入主中國後，都陷入與其他民族相互殘殺，從而都沒有滅光漢人的政權，以至於他們可以不斷再回中原，重修萬里長城，讓一個民族吞併另外一個民族，使漢人永遠存在。宋國積弱不振很多年，滅掉他們很容易的。這是天賜的機會，我們必定要滅掉漢人政權，不能讓他們苟延殘喘！否則蒙古汗國將會跟以前眾多的草原汗國一樣，不會長久存在，必定還有其他民族，會因為漢人的原因，逐漸肢解我們蒙古。要永遠統治他們，就只能把漢人的所有國家都滅掉，同時消滅在中國周圍的所有民族！注意，是滅掉中國周邊所有民族！讓漢人永遠沒有辦法回到北方去建造萬里長城！這件事情，耶律楚材知道。之後不論是誰繼承大汗，關於漢地的治理方式，一定都要聽耶律楚材的，不得隨意自作主張。」

說罷，往後一仰，喃喃自語說：「這樣一切就安排好了……萬里長城，對付不了我大蒙古汗國……蒙古人跟其他民族不一樣……萬里長城…再也糾纏不了我們蒙古人了，你們漢人沒有辦法再回來建立萬里長城了…哈哈哈」於是去世。

不一樣？真的嗎？真的不會再糾纏嗎？目前或許吧，但萬里長城的終局還沒有到，該不該再建造可不是你鐵木真能左右得了。

鐵木真病死六盤山，但密不發喪，以免西夏反悔，李晛開城投降後，前去參見。諸將託言鐵木真有疾，不讓他參見。在鐵木真去世三天後，諸將遵照鐵木真遺命，將西夏末帝殺死，西夏滅亡。

異民族政權看上聯　捧你送你給你來佔中國等待多久活多久

漢民族政權看下聯　拿我吃我用我去建朝代目標何時死何時

時晷官：很好！重新計時收攤的時間到！西夏滅亡的重新設定時間剛剛好！一百八十九年！回收最初的黨項的欠債一百八十九年。中間金人造成的意外，用他們民族徹底滅亡掛掉，當作補償。

漏斗塔：呵呵呵，雖然先前，因為金國的不上道，打壞西夏行情重新計算，但第二輪計時可剛剛好。終於不會有第二個吱吱，陰陽古怪之主，也就不用發火。接下來繼續督促各局，準時讓金國也掛掉在適當的時間。然後……呵呵呵，蒙古人的計時器，準備開始製作倒數計時囉！

時晷官：蒙古搓鳥，搞了點心眼，佔的範圍有點大，該怎麼計時？等待段的起末定義？

漏斗塔：這得問問看陰陽古怪之主，該怎麼做？以免壞了中軸大局。

陰陽一體，古怪相連。

陰古：時晷官那一局的回報，收到了。

陽怪：巨浪這麼猛，收拾掉這麼多旁支民族，不會有吱吱民族出現。如此則不急，規矩不擺在他們那邊嗎？怎麼計時，得看新來的民族，什麼時候上道，乖乖當我們的料。不上道怎麼能好好計時？呵呵呵呵。等等，等等。呵呵呵。

※※※※※※※※※※※※※※※※※※※※※

蒙古大軍進入西夏首都中興府，殺戮本性又展開，焚燒宮殿搶奪財物，燒殺姦淫，黨項族最後一支也被打擊消滅。蒙古將領察罕，以及耶律楚材，一同合作勸告。蒙古各部隊才中止姦淫屠殺，但中興府已經被破壞殆盡。

黨項族建立西夏，侵佔漢人疆域故地，切斷宋朝對西方的發展，建立自己的文字與文化，且周旋於北方遼與金之間，反覆無常，掠奪土地人口，甚至盤根錯節建立根基。而今被殘忍的蒙古軍全部打擊消滅。戰爭當中，殘存黨項族為了生存，只能放棄黨項傳統與文字，或依附當地漢人豪強，或往中原逃亡，民族逐漸消失。

經過庫里爾台大會推舉，拖雷辭讓，由第三子窩闊台繼承蒙古大汗的位置。耶律楚材建議，在自稱大汗的同時，也接受漢人稱呼的『皇帝』稱號，替將來統治漢地做準備。窩闊台在蒙古草原繼位之後，大舉南下伐金，金兵只剩河南一路。此時出現金國名將完顏陳和尚，率領同被蒙古殘殺而投奔金人的乃蠻部落，與犯罪漢民，稱忠孝軍，嚴格訓練，統馭有方，紀律嚴明。連續擊破蒙古前鋒部隊，蒙古大軍進攻金國出現困難。

本來此時南宋，收編了許多變民軍，可以坐收漁利。但鬼局可不讓這種事情發生。原本叛金投宋的山東變民領袖李全（橙眼眶），此時忽然叛宋南侵。他沿途聲稱並不是要造反，而是要索取朝廷同意的錢米援助。

許多人不斷警告，李全有反狀，但李全是史彌遠先前招納的，所以壓下這個情報，以致於人人皆知，而人人不言，上下一同苟安，任其詐欺。於是李全造船，並招納亡命之徒，攻佔淮海鹽城州府，宣稱是捕捉盜賊。而宋朝朝廷竟然繼續提供錢糧，所有官軍皆傳：「養北賊、戕淮民。」

於是李全（橙眼眶）更加大膽南下，泰州知州宋濟愚昧，竟然開門揖盜，於是李全（橙眼眶）大膽地剽掠泰州，搶光子女貨幣，然後大軍逼近揚州。

揚州守將趙葵親自率軍守城。城下李全（橙眼眶）高喊：「朝廷絕我錢糧，來索取而已，不是要背叛。」

趙葵（黃眼眶）怒目罵道：「朝廷待你以忠臣孝子，而你今天竟然反戈攻陷城邑，說不是背叛，欺人？還是欺天？你等乃侯景賊人之流，我恨不得將你碎屍萬段！」

李全（橙眼眶）大怒，揮軍攻城。趙葵（黃眼眶）也大怒，揮軍出城迎戰。兩軍在城外混戰廝殺，李全賊軍最後大敗後撤。趙葵雖然勝了一回，但無後援，於是也撤回城中。

李全（橙眼眶）對著賊將們說：「揚州是渡江南下，直搗臨安的要地！我不要淮上州縣，我要江南！你們快拿出辦法，打下揚州！」

賊將宗武雄（橙眼眶）說：「官軍兵力衰弱，城中沒有多少糧草，倘若建立長圍牆困住要道，自然就會崩潰。」

李全（橙眼眶）於是驅動所有鄉民，立長圍包圍揚州三座城池。趙葵與趙范於是趁夜大舉打開城門，宣稱要投降。李全大喜，帶兵衝來，忽然舉火為號，伏兵四起，箭如雨下，同時投下火藥，殺得李全大敗，趁勝大舉拔掉李全不少賊寨。李全遂退兵，繼續築長圍，不敢再攻城。而趙葵與趙范不斷出軍截殺，阻擾賊軍的補給，雙方死傷相當，但順利奪取了朝廷繼續要供應給李全的錢財與糧草。真是在朝廷角度，李全才是官，趙葵與趙范反變成賊了。

朝廷要繼續供應賊軍的錢糧，被官軍截走後。派人詢問錢糧有沒有到李全帳下，李全要渡江南下攻打臨安當皇帝的消息，才傳到朝廷，大臣們才全部醒悟。紛紛上奏批判史彌遠招納養賊，以致有此禍事，若不能剿滅，將重演侯景故事。許多人上書請斬史彌遠，以謝國人。

皇帝雖然還沒有下旨處分，但也逐漸認同，史彌遠養北賊的罪責。

經過相府前，官民群起叫罵追打，被保護的官差衙役強勢驅離押走。

史彌遠非常恐懼，計無所出，稱病不視事。時常夜晚，羞慚痛哭，乃至要跳自家水池自殺，一死百了，被自己愛妾阻止，才放棄自殺念頭。

趙葵與趙范繼續與李全交戰，不斷衝殺圍城的土壘，李全賊軍每每慘敗。李全才非常後悔，從囂張狂妄，變成悶悶不樂，最後變成呆滯難言。南宋根本不是蕭梁，他也當不成侯景，或說他只會有侯景的下場，但不會有侯景當魔君糟蹋人的過程。

趙葵與趙范再次示弱，先率精兵秘密離城而向西，命城牆上守軍換成賊軍使用的旗幟。李全見了大喜，以為終於反敗為勝，再次率軍衝來，忽然城牆守軍又換回官軍旗幟，離城精兵反回衝殺，城內守軍同時來夾擊，激戰許久，李全大敗，要逃回土城。結果在剛才交戰時，早已經有官軍秘密攻入土城，堵住甕門。李全只好率數十騎兵往新塘逃跑，全部陷入泥沼中。官軍追殺過來，亂刀齊下，將其圍殺，剁成數塊，最後斬掉李全首級。

李全終於如願有了侯景的下場。

殘眾北逃，要投奔另外一個變民軍領袖楊妙真，趙葵與趙范追擊，截殺不少賊眾，並將俘虜的賊兵全部斬首。並且釋放所有被賊兵擄走的女子回家，被搶的財寶物歸原主。無法認領的大批的錢糧輜重，全部上繳朝廷。江南的警報，因此解除，朝廷眾臣才都鬆了一口氣。

史彌遠聽聞官軍獲勝，賊兵被全部斬殺，也同時鬆了一口氣，倘若官軍失敗，自己就將死得比韓托胄還要慘。

趙葵與趙范繼續率軍北上，要收復淮水州府。楊妙真不斷遣使宣稱他並無參加叛亂。趙葵與趙范可不是那麼容易就被欺騙，繼續一路打來。告知楊妙真，若沒有參加叛亂，就立刻放下武器，來軍營說明一切情形。楊妙真當然不願意，率軍在鹽城外迎擊，宋軍早有準備，立刻回擊，賊軍大敗潰走，城牆士兵投降官軍。

官軍繼續進攻，淮安五城全部收復。淮北賊軍準備渡河前來迎戰，此時黃河奪淮而入，所以水勢很大，官軍使用火砲船，把賊軍水師截在途中，將其打得全滅，並火炮轟水寨，將其全部焚毀。

楊妙真此時才大為恐懼，宋軍當中也有強者，根本不是先前肖想的那麼腐敗。怕身邊部眾用自己的人頭，來投降官軍請功。於是靈機一動，反而主動勸自己部眾，向官軍請降，自己獨自北逃。

整個淮南宣告平定。

楊妙真逃到蒙古軍帳，請求蒙古出軍替李全報仇，宣稱宋軍不日將會北上進攻蒙古。金兵知道這消息，害怕蒙古渡淮河南下繞道，最後切斷汴京後路，於是也出兵進攻淮北。淮北居民痛恨蒙古軍殘暴，全部響應，蒙古軍被迫北撤。金軍遂設鎮淮府，暫時讓南宋免去賊亂。但楊妙真取得蒙古大汗窩闊台的授權，在山東當蒙古都元帥，行省山東，並組織漢軍，管理漢民，替其南下進攻作準備。

雖然平定賊亂，但由此可知，先前從山東淮北投降來的大股、小股各變民軍，已經牢牢盯住了宋廷官軍，沒有辦法趁蒙古主力不在中原時北上，只能坐等蒙古與金國交戰的最後結局。

北方戰局也是激烈……

先前，蒙古猛將速不台參加第一次西征，一路打到克里米亞半島，擊敗過羅斯諸公國的聯軍，而今東返攻入中國的關中，兵入倒回谷，快速逼近汴京城下。金軍以完顏陳和尚為將，先後發射了名為「飛火槍」的大火箭與名為「震天雷」的鐵殼炸彈抗敵，雙方激戰十六晝夜，金兵靠著新式的火藥兵器，打得蒙古軍大敗。

速不台跑過歐亞大陸兩邊，見多識廣，為騎馬射箭時代將軍之最，但在進攻此處碰到新的火藥武器，蒙古軍傷亡慘重，士氣低落，敗陣下來，速不台怕全軍崩潰，急率軍撤走。

完顏陳和尚率忠孝軍繼續追擊，乃蠻人與漢人士兵合作無間，發動突擊。「飛火槍」在夜晚劃破天空，如流星墜地，然後爆炸如雷，而此時數量眾多，夜晚營地一片火海。蒙古軍再次亂成一團，接著忠孝軍人人手持「震天雷」，由步兵掩護，拋射轟擊，鐵片四濺，蒙古軍士兵已經被嚇怕，四散崩潰。

完顏陳和尚最後指揮重裝騎兵衝殺，蒙古軍竟真的全軍覆沒。

速不台被迫隻身棄軍逃走，中途碰見少數左右部將，一同奔回蒙古大營。窩闊台非常生氣，要治速不台的罪，拖雷求情，敘述速不台先前西征之功，願為其擔保。於是窩闊台命速不台跟隨拖雷，繼續南下攻金，將功贖罪。

金朝此時為了繼續在河北拖延蒙古人，利用漢人叛附無常，採取「九公封建」，讓他們自行成立國度去抵抗蒙古人。「九公」之一的恆山公武仙，因為與蒙古人利益衝突，降蒙後復叛，殺蒙古漢將史天倪，並與其弟史天澤在貝州激戰。兩股漢軍，一方代表蒙古軍，一方代表金軍，廝殺一片血流成河。完顏合達急忙率金兵來援武仙，擊敗史天澤。史天澤不得不投奔窩闊台大營，請求增援。面臨一連串大敗，窩闊台大感吃驚，認為金國還有後續實力，打算跟金國暫時議和。

貝州城內。

金國將領移刺蒲阿，被身邊的漢人幕僚捧得腦門熱。

李國修（紅眼眶），是移刺蒲阿的軍師，與堂兄李國昌（粉藍眼眶）共同給移刺蒲阿灌迷湯。兩人一同跑進將軍府邸，開口就是恭喜將軍，賀喜將軍，移刺蒲阿笑問喜從何來？

李國（紅眼眶）修拱手作揖，陰陽怪氣地說：「我大金國已經度過了最困難的時期，連續給蒙虜韃子致命打擊，以致派使來求和，這都是將軍的功勞啊。」

移刺蒲阿笑說：「這幾場戰爭打下來，我大金國確實一掃陰霾，只是距離『驅逐韃虜，恢復大金』，還有一段距離，須待努力。」

李國昌（紅眼眶）趁勢進言：「所以我們不能同意他們議和，韃子用一個和字，都是戰敗用勢的緩兵計，待戰力恢復必定捲土重來。將軍萬萬不能墮入韃子的奸計當中。」

移剌蒲阿微微點頭，對廊下高喊：「叫蒙古使節上來。」

於是衛兵帶著三個蒙古人進門。

為首的蒙古人，傲慢地用蒙古話說：「我叫阿里不花，奉大蒙古國大汗之命，賜爾等金國人和平。」

跟隨的蒙古人翻譯過後。

移剌蒲阿大罵：「放肆！我大金國乃中原大國，根本不怕你們蒙古韃子！何須賜和？來人啊！給我全部拿下！」

衝上來一堆武裝衛兵，把三個蒙古人押住。

阿里不花透過翻譯說：「你敢拿我？讓我們大汗知道了，你們會有甚麼下場？」

移剌蒲阿大喝：「我現在倒想看看下場！給我每人掌嘴二十，押入大牢，嚴加審訊。」

衛兵紛紛上前，給三個蒙古使者一連串耳光，然後押入大牢拷打訊問。三天後，李國修認為兩國交兵不斷來使，建議移剌蒲阿狠狠羞辱蒙古使者之後放他們回去，以示大金國不懼韃子的決心。

大牢。

移剌蒲阿帶著李國修與衛兵來此，而此時李國昌被派去督導地方行政，所以沒有跟著來。

移剌蒲阿其實內心還是有點忐忑不安，但在幕僚的催化下仍然勇氣十足。

「你們韃虜現在知道我中國士馬的厲害了吧？我大將完顏陳和尚，把你們的速不台打得全滅，完顏合達又在本州大破你們韃虜兵。嚇得你們大汗跑來求和，可惜我們不會中你們的緩兵計。」

在一旁的李國修（紅眼眶）雙手叉腰露出微笑，因為他身材肥胖，看到他在一旁陪襯的笑容，倍加詭異。三個蒙古使節都被打得鼻青臉腫，怒火中燒但無可奈何。

阿里不花透過翻譯說：「你們對待和談使節手段確實厲害！但我們更想在戰場上，見識你們的戰爭手段。」

移剌蒲阿哈哈大笑說：「你們蒙古韃虜，連續被我們打敗兩次，你們韃虜可汗想來送死，我們奉陪。回去告訴你們韃虜的可汗，我大金移剌蒲阿一定讓你們再次見識，我們的戰爭手段。」

李國修（紅眼眶）雙手叉腰繼續微笑。

阿里不花透過翻譯說：「將軍敢不敢把剛才說的話，全部寫下來讓我帶回去給大汗看？」

移剌蒲阿笑說：「有何不敢？只怕你們韃虜可汗，看不懂我大金文字。」

阿里不花透過翻譯說：「不要用女真方塊字，用漢字，我們大汗會找人來看得懂的。」

移剌蒲阿笑說：「那好！」

於是命人取出紙筆，寫下剛才所說，放這三人帶回去給蒙古大汗窩闊台看。

窩闊台見了近乎瘋狂似地大怒。

於是集中所有在蒙古高原養兵的各部族精銳，以大汗身份親自南征。同時記取成吉思汗臨終前遺言，中國周圍國家都要滅，以防止有人會在蒙古背後捅刀子，於是分出偏師，藉口高麗殺蒙古使節，大舉進攻高麗，高麗半島因此也陷入戰火。

而此時巡查地方政務的漢人李國昌（粉藍眼眶），已經轉投奔蒙古拖雷帳下，提出繞開忠孝軍，直搗汴京的路線：「金國遷汴二十年，之所以能抵擋蒙軍偏師，依靠潼關與黃河而已。若從關中出寶雞，直接打入漢中，再繞道往唐州、鄧州。另外分兵借路淮東前往河南，兩軍會師汴京。則大事可成。」

拖雷將此事告知窩闊台，窩闊台立刻批准這計劃。原先他也想到成吉思汗死前，說借宋道入金境攻汴梁，但真的落實起來，卻畫不出一條真實可行之徑，沒想到這個漢人不知道哪裡來的神通鬼靈，契合了成吉思汗的意念，計劃了一條具體可行的路。

於是蒙古大軍南下，同時分兵進攻貝州，勢如破竹，移剌蒲阿發現牛皮吹破，棄城逃跑。李國修則投奔李國昌，在托雷帳下謀了一個地方官職位，從金國地方官換成蒙古地方官，繼續自己老本行。

一日，阿里不花到托雷帳下，見到了李國修。

阿里不花大怒說：「你不就是那一日在貝州！金國狗官身邊的那個漢人？我當時被打斷的兩顆牙齒現在還在痛！」

李國修（紅眼眶）喝喝一笑，用蒙古話行揖然後說：「在下已經轉投奔大蒙古國，托雷王爺麾下，現在受任轉運使，督導軍糧運送。」

阿里不花怒目不減，繼續瞪眼，但說不出任何話。

李國修（紅眼眶）笑說：「先生你太認真了，你太認真了。你聽得懂漢語，這一切都是一場戲。戲你知道吧？不這樣做戲，貝州現在是不是大蒙古國領地還未可知啊！」

阿里不花還想爭辯，狠狠指著他說：「你！你！」

李國修（紅眼眶）掏出托雷的令牌，然後說：「在下有任務在身，托雷王爺命我押送軍糧。我們之前的朋友情誼，等後續我完成任務之後，再來敘舊。」

哈哈笑著告辭。

阿里不花窩火中燒，把事情告訴托雷，托雷反而勸說阿里不花，該尊重這些有能力的漢人。阿里不花無可奈何，只能大罵漢人都是一群鬼。

拖雷大軍先進入寶雞借路，另外一個部將速不罕則率軍前往淮東借路。

原本宋朝朝廷同意借路，但許多人極力反對，認為不該聯合蒙古滅金。有識之士都不斷上書，今日之蒙古崛起滅金，如同往昔金崛起滅遼。若聯蒙古滅金，就等於重蹈聯金滅遼的覆轍。

拒絕重演宣和故事的人，在爭論當中，終於佔了上風，最後宋廷決定拒絕借路。

金國的漢人統制張宣，知道宋軍拒絕借路後，趁機對蒙古軍發動突擊，殺了先鋒蒙古將領蘇巴爾罕，並殲滅其前鋒軍。拖雷大怒，認為這是宋人背盟，不由分說大舉進攻南宋大散關。一路上殺戮不止，軍民且戰且走，沿途戰死、病死、餓死共近數十萬人。蒙古軍一路打到嘉陵江，破城寨數十而還。

從而南宋軍民，深知蒙古軍殘暴，遠勝過女真人，逐漸匯聚一股暗力，但眼前還看不出來。

蒙古軍終於逼近汴京，周圍州府軍民紛紛退入汴京城，汴京從而人滿為患。來不及進入汴京的軍民，紛紛自組民團躲入城堡，或險要地形築寨自衛。

在鄧州的完顏合達聽說汴京危急，率所部騎兵二萬、步兵十三萬，合計十五萬大軍北援，完顏陳和尚也與其會師，同行救援汴京。蒙古拖雷軍知道此戰難打，於是只分兵三千人跟縱，專在金軍吃飯和宿營時挑戰，然後撤走。弄得金軍不得休息，疲憊不堪。

當金軍走到鈞州三峰山時，所帶的糧食已於三天前吃完。拖雷的三萬兵馬和窩闊台的主力大軍近二十萬人，均趕到三峰山攔截。這時天氣突變，降下大雪，金軍僵凍無人色，幾不能軍，而來自北方的蒙古軍則習慣於在寒冷的氣候下作戰。

拖延到對手已極為不利的情況下，兩路蒙軍同時吹動號角，發動攻擊，圍住金軍，輪流休息與攻殺，完顏陳和尚率軍屢屢死戰，將所有火藥武器全部用上，擊退蒙古軍的多次進攻。

蒙古軍知道他們難打，故意讓開一條通往鈞州的路，金軍士兵已經飢餓到無法忍受，倉皇撤走，蒙古軍緊緊追擊，金軍突圍，半途被蒙古軍攔腰截斷，大軍崩潰，四散逃命。不少漢將死戰到底，擊殺眾多蒙古兵後力竭身亡。完顏合達、完顏陳和尚率金軍殘部退至鈞州城內，旋即被蒙軍破城，合達被殺，陳和尚不欲無名地死於亂軍中，親自來到敵營，卻不肯投降而被殺。

汴京城內官民，聽說金軍最後的野戰主力被殲滅，汴京城池已經失去外援，全城震動。此時城內因人滿為患而瘟疫流行，病死軍民人數近九十萬，不斷抬屍運出城外掩埋。抵抗力量也進一步削弱。

蒙古軍集中攻城衝車與投石機，大舉攻來！汴京城上金軍集中了，大批鐵殼開花火砲稱「震天雷」與稱為「飛火槍」的火箭彈。比當年金軍攻打這座汴京城時，宋軍持有的火力還要強大。

蒙古軍趁著野戰大勝，不由分說猛衝猛打，用打西域各國的方式，飛石與弓箭集束射來，金軍則以火砲與火箭彈撲天蓋地反擊，蒙古軍的攻城機器一一被火砲擊毀，騎射兵則被滿天蓋地飛來的火箭彈，炸得人仰馬翻，屍橫遍野，紛紛退軍。

此時蒙古軍也已經從漢人那邊，學習了火砲術，不再對此恐懼害怕。於是也調來大批火砲，在汴京城外，張列火砲轟城。

雙方砲火交錯，但是汴京城牆是周世宗柴榮時代，取虎牢關的細土夯築，堅硬如鐵，城牆受砲擊也只有微凹而已。

兩軍相互砲轟，蒙古軍居於下風，紛紛倒退。金國皇帝完顏守緒帶著后妃們，一同親自登城激勵士卒抵抗蒙古軍，如同當年宋欽宗趙桓，登城激勵士卒抵抗金軍一樣，士卒皆決心死戰。

蒙古軍又使用大批『牛皮洞』等攻城機，大批快速衝殺過來，上有鎧甲鐵皮掩護，弓箭矢石都不怕，火砲火箭則射程太遠，很難打得到。大批牛皮洞於是挖城牆鑿穴。城牆上無可奈何。

金軍忽然也有人靈機一動，把震天雷的開花鐵砲彈引火用手扔下，直接從底部把『牛皮洞』炸得四分五裂，機毀人亡。

蒙古軍屢屢失敗，於是再集結一次弓箭箭陣與鐵甲步兵，掩護雲梯攻城。但先被「飛火槍」轟掉一整片，終於衝上城牆的鐵甲兵隊，守軍則拼死肉搏圍殺，在瘋狂的刀兵相斫之後，殺光衝上城牆的蒙古鐵甲兵，屍體全部剁碎，用拋射器具，扔下城牆，表示對蒙古軍的仇恨。

正在蒙古軍再次瘋狂攻擊西門時，在箭雨中，忽然城下有一個女子張鳳奴（黃眼眶）高呼：「我是娼妓之女張鳳奴，許州城被破，俘虜至此為蒙古賊人當軍妓糟蹋，蒙古賊已經支撐不住傷亡，想要用議和來欺騙，諸君要死力為國堅守！不要被他們騙了！千萬不要議和！」

再次用盡力氣狂喊：「千萬不要議和！」

蒙古兵聽不懂漢語，暫時沒有去阻擾，但城牆上士兵大多漢人，聽了都掉淚。說罷張鳳奴（黃眼眶）跳到護城河自殺。守軍鎚城而下，冒著弓箭射擊，拚死將其屍體撈起，命城內的婦人幫她清洗身體，換上新衣，給以薄木板釘棺材收斂，並由守城將領親自焚香祭拜，準備找一塊土地安葬。

完顏守緒聽了也痛哭流涕，群臣紛紛上奏，請皇帝親自為此漢女娼妓焚香祭奠，予以安葬。以表大金國皇帝愛護萬民，不計出身的誠意。

「臣請陛下為張鳳奴親自叩拜祭奠，以示陛下愛護中原百姓，與蒙古韃子不同。」一名漢臣劉憲（綠眼眶）忽然上了此奏。

在場完顏宗親聽了全部驚悚。

荊王完顏守純說：「大膽！你說什麼？堂堂大金國皇帝豈能向一娼戶女子叩拜？你此話豈是臣子該說的？」

劉憲（綠眼眶）絲毫不懼怕，反而鎮定地說：「此一時也，彼一時也，當年宋國在黃天蕩困住我軍多日的韓世忠妻子梁紅玉，也是娼妓出身，其愛國忠勇在江南流傳成佳話。以往宋國有梁紅玉，而今我大金國有張鳳奴，前後輝映於史冊。」

接著說：「蒙古大軍包圍了汴京，若非中原漢民尚有人忠於大金國，願意抵抗蒙古韃子，恐怕我等就得重演中都淪陷的故事！荊王可以想想當年宋國，如何還有江南可以蝸居？而今我大金國沒有江南可以躲，人心已經是朝廷最後屏障，萬一人心崩潰，我們能去哪裡？」

另外一為漢臣張國昌（紅眼眶）也站出來說：「說得有理，臣請陛下行『屈己之禮』，為張鳳奴焚香叩拜以禮安葬。使城內外漢民知道，大金皇帝才是愛護他們的主君。」

完顏守純大喊：「我並非反對你們所言，但是皇帝屈己之禮！對一個娼妓來說太過了！」

張國昌？這名字跟當年那個被冊封為楚帝的誰，名字感覺好像。『屈己之禮』，這四個字又感覺好熟悉啊！

「漢人娼妓又怎麼了？還不是以身殉國，比多少王爺貴族臨陣脫逃來得強！」「是啊，國家養了這麼多宗親將領，每每遇到蒙古韃子就敗陣脫逃。」「當初在中都之時，拋棄先帝妃嬪自己逃跑的將領，不就是女真將領嗎？」「對啊，當年遼國就是大難臨頭還不醒悟才滅亡的，難道我們要學契丹遼國嗎？」「再這樣下去，中原百姓不會替大金效命，我們就完了！」

漢臣們一陣喧鬧。

完顏守緒揮手大喊：「朕知道了！」

現場才安靜下來。

完顏守緒說：「朕決定行『屈己之禮』向張鳳奴叩拜！並且將其厚葬，入祀祖廟牌位之旁，以示大金國對忠於朝廷的烈士，沒有男女之別，沒有門第成見，更無民族分歧！望天下百姓能明白，我大金國我完顏氏之胸懷誠意，遠勝蒙古韃子。」

漢臣們一同站出跪拜喊：「陛下聖明！」

完顏守緒於是親自到西門設壇上香，以皇帝之尊親自下跪叩拜，但左右宗親大臣拼命勸阻。

完顏守緒說：「張鳳奴是朕治下的女子，對她叩拜朕不覺得羞恥，總比最後向蒙古韃子仇敵叩拜來得強！朕決心行『屈己之禮』下跪叩拜，你們不要再阻擋。」

宗親大臣強忍淚水。

【完顏守緒出現灰眼眶】

女真皇帝當年馳騁中原眾人跪拜，如今終於要對漢女娼妓跪拜。

金國長公主在現場見了叩拜之禮完成，也痛哭流涕，對完顏守緒說：「我等並非為陛下行『屈己之禮』而哭泣，近些時日，效命而死的都是漢人或其他蠻族之人，沒聽過女真人願意效死。無事時候自家人爭強，有事則他人效命，以至於局面走到如今現實，我豈能不怨恨。」完顏守緒只能流淚，無言以對。

蒙古軍對汴京，連續用各種方法攻城十六晝夜不停，但被金軍用火藥武器與刀兵死戰相互結合，屢屢擊退，蒙古軍傷亡慘重，但城內因為瘟疫流行，也死亡不輕。蒙古軍在無可奈何下，暫時在遠處扎營，窩闊台見到蒙古軍攻城傷亡太重，必須改調動其他地方的漢人部隊來助攻才可，但需要時間集結，於是派使節宣稱要和談。

金國皇帝完顏守緒急忙再次招開廷議。

「先前蒙古派使節求和，我們都予以拒絕。但而今汴京城外已經沒有外援，他們又再次派來使節，要求以親王當人質，且提供金銀財貨為條件。我們是不是該同意議和？」

滿朝文武都紛紛點頭。

「是啊！快議和吧！」「汴京城已經有瘟疫了！」「糧食也缺乏不能供應！」

「快議和吧！」

荊王完顏守純說：「不能議和！絕對不能議和！你們忘記張鳳奴死前說的話了嗎？」

完顏守緒（灰眼眶）追問：「為何不能議和？」

群臣也追問：「她只是個女流，雖然是奇女烈士，但是怎麼懂軍國大事？」「是啊！快議和吧！」「是啊？已經山窮水盡，為何不能議和？」「再不議和汴京就完了！」「議和才是唯一生存之道。」

完顏守純說：「再聽我說一句！」

眾臣一陣沉默。

他接著說：「先在此對所有漢族大臣們致歉，我此說，絕無意冒犯。本來這話大家也都知道，卻也不方便說。但而今還是得說出來……」

「你們翻一下國史，百年前我們女真人圍攻這座汴京城時，也與蒙古人今天碰到同樣的問題，被火藥武器與堅固城防，打得無可奈何，但最後是用什麼方法，把這座汴京城攻下的？」

眾人瞪眼。

完顏守純比出食指說：「就是一個和字！你們剛才才要陛下行屈己之禮！怎麼翻過身就沒張鳳奴來得明白，她沒有讀過國史，都看得出來蒙古韃子的奸計，難道我們滿朝大臣都看不出來嗎？」

此語一說，眾臣開始竊竊私語。完顏守緒默然。

將領完顏奴申此時也站出來說：「我贊成荊王說的。國史中有提到，當年我們女真大軍，害怕汴京城的火砲，以至於攻城時都沒有士氣。最後就是靠這個『和』字，軟化宋人的抵抗意志，以致於汴京城內亂，最後趁隙衝入這座城池的。甚至衝入這座城，還不敢入街道，佔據城牆後還是用一個『和』字，把宋人兩個皇帝引誘出來抓走。而今蒙古人提出的條件，與我們當年對宋廷提出的條件，何其相似？我們只有堅持防守，蒙古兵打不過火藥術的，只有糧食與醫葯的問題而已。」

「但糧食與醫葯就是問題啊！」「是啊，這些問題解決不了，光憑一個火藥術也無法永遠守下去」「何況汴京已經是座孤城了！誰來提供糧食與醫葯？」眾臣們又是一陣議論紛紛。

完顏守純無法反駁糧食與醫藥問題該如何解決。

完顏守緒（灰眼眶）流淚嘆氣自語說：「沒想到……今日朕成了宋徽宗與宋欽宗…體會到他們當時的恐懼…祖先做的壞事，報應在朕身上…這真是報應……因果報應啊……」說罷痛哭流涕。

眾人全部下跪，一片哭泣，稱令主上受辱，國家危殆，臣等該死。

完顏守緒（灰眼眶）也跟著痛哭說：「還是和吧！山窮水盡也不必顧及尊嚴，

朕以生靈之故，稱臣進奉，只有一個兒子，送去當人質，就像當年宋室送人質入我們金國一樣。倘若之後，蒙古還是不退兵，你們再死戰不晚。」

「陛下……」群臣紛紛跪倒痛哭。

君臣痛哭成一片。

完顏守緒於是將獨生子曹王，送入蒙古軍營議和，並同時贈上大批的金銀財物。就像當年北宋朝廷送趙構與其他親王大臣為人質，並金銀送給完顏祖宗們一般。得到人質之後，於是窩闊台令蒙古軍暫時撤退，金軍士兵們終於可以出城採集蔬果，並將死去的人都改葬城外，暫時緩和了瘟疫。

女真群臣果然一片慶賀，但漢臣們卻內心忐忑。

由於完顏守緒已經聽得下諫言，於是有漢臣說：「陛下別忘了，當年陛下的先祖打汴京，也是圍了兩次而下。而今陛下能保證蒙古軍不再來？」

完顏守緒（灰眼眶）接納忠言，於是下詔：「放所有後宮金帛賞將士，裁撤官員與御膳，放所有宮女回到民間改嫁，上書皇帝不能稱聖，以後聖旨改為制置。」

城內軍民大喜，皆稱萬歲，漢民擁護之情高漲。

就在金國被打得喘不過氣時，高麗王也被打得悽慘，首都淪陷，逃到江華島避難。不斷派使節磕頭請求稱臣，另外一邊呼喚民眾打游擊戰，能殺一個蒙古兵就賞十金，準備對蒙古一邊磕頭求饒，一邊死纏爛打！

高麗王吸取列祖列宗，以前被大陸民族修理的經驗，本身也使出渾身招數，沒有懸念，也沒有掣肘，全力搏命演出。任憑蒙古使者來此，怎麼羞辱他，他都堅決笑臉忍受。使者要錢就給錢，要女人就給女人，但倘若要他去參見蒙古大汗，就忽然瞪大眼，兩腿伸直慘叫病倒，躺在床上打滾哀痛給蒙古使者看，跟蒙古人來個長久糾纏……

蒙古使者唐慶（粉紅眼眶），也來到汴京，也同樣要求金國皇帝完顏守緒，去參見窩闊台，同樣高聲放惡言羞辱。完顏守緒也跟高麗王不約而同，使用一樣招數，先接受羞辱，然後在臥榻上裝病，哀號給蒙古使者來看。讓唐慶不得不知難而退，回到館內休息。本來同樣招數，都可以混過一時，但這招在朝鮮可以玩，在鬼局制下的中國，就玩不起來。金國宮殿守衛申福（紅眼眶），非常忿怒唐慶無禮，他要替主君的尊嚴復仇。

退下後，嚴肅地告訴部下們說：「皇帝者，天下之共主也！不屈服於任何人！我大金國皇帝為中國之主已有百年，豈能被夷狄韃子羞辱到這種地步？我將殺蒙古使節，以正中國人心。你等是否願意追隨我？」說到我將殺蒙古使節時，手一直指地，頭一直惡狠狠地點。

部下們紛紛說：「願意！願意！」

唐慶（粉紅眼眶）住的禮部使者館。

三十多人武裝保鏢，都是漢人，在館外站崗。

申福趁休息時間，私自率領部下衛隊五十人，也都是漢人，持刀兵來到此處。兩幫人馬都亮出刀兵對峙。

申福（紅眼眶）持刀大喝：「漢兒唐慶！給我出來！」

唐慶（粉紅眼眶）走出來後大喝：「你們是誰？這是幹什麼？我乃大蒙古國使節，膽敢如此無禮？」

申福（紅眼眶）大罵：「操你娘的大蒙古國使節！你唐慶是個下流漢兒，當夷狄走狗，狗仗人勢！大金皇帝乃中國之主，能給你這種夷狄鷹犬羞辱嗎？」

唐慶（粉紅眼眶）聽了也瞪眼大罵：「金國女真皇帝就不是夷狄嗎？你們也不一樣是夷狄走狗？」

申福（紅眼眶）大罵：「我大金國皇帝是中原正統！操你娘的夷狄走狗敢咬人！大家上！全部給我殺光！一個不留！」

唐慶（粉紅眼眶）也指示左右說：「誰怕誰，給我殺！」

殺！鏗鏘！鏗鏘！殺！鏗鏘！鏗鏘！

兩幫漢人相互火拼，使館內喋血四散，申福武藝高強，最後唐慶等三十多人一一被殺光。

申福自己反綁，命人帶著唐慶人頭，一起來見完顏守緒。

申福（紅眼眶）哭喊：「陛下！臣死罪！唐慶漢兒，當夷狄鷹犬，羞辱陛下，臣已經將他伏法！請陛下將臣的人頭砍下，也送給蒙古人，一切罪責都是臣來擔當！」

完顏守緒（灰眼眶）見到周圍左右都同情申福，一同替他求情，不敢降罪，只好親自替他鬆綁，喃喃說：「事已至此，殺你也無用……留你身軀，為國殺敵吧……」守衛們都三呼萬歲，要誓死效忠大金皇帝！於是底下人把唐慶等三十多個人頭，送回蒙古。由於漢兒們如此搏命演出，金國皇帝想學高麗王的招數，這可不行，要坦然面對！

窩闊台聽到使節團被殺光，送回人頭後，還留下書信，但運送的人都跑光了。仔細看書信，大罵窩闊台是野蠻的蒙古韃子，大金女真乃中國之主不怕夷狄。窩闊台果然被激怒，準備再次動兵。

聽聞蒙古再次興兵，汴京城不得不再次招兵括糧，限制一人的存糧食不得超過三升，否則嚴懲。女真官員們搶奪百姓糧食，造成怨聲載道，百姓紛紛把多餘糧食丟棄掩埋，從而飢荒餓死一片。完顏守緒聽了大驚，趕緊又開倉賑糧，安撫百姓，以穩定軍心，糧食等於急遽縮水，軍民愈來愈缺糧。

汴京整個一團混亂，完顏守緒知道大勢已去，準備離開汴京繼續南下逃亡。重演完宋欽宗受辱驚嚇的戲之後，還繼續重演宋高宗南逃的戲。兩齣苦戲合一上演，可憐的完顏守緒……

終於頒布置制，宣布要南下募兵招糧。

於是哭別所有后妃，命令荊王監國，率軍離開汴京。同時遣使告知蒙古，說唐慶被殺，是因為自己統馭不力，離開京城不是為了招兵買馬，而是退出朝廷，南下找一州之地養老。

但事情已經做絕，什麼招數都沒有用，窩闊台仍繼續率軍開拔南下。但窩闊台仍然畏懼汴京火砲林立，造成先前蒙古軍傷亡慘重，屍橫遍野。為了減輕自己傷亡，於是派人到南宋，建議他們聯合蒙古夾攻金國。宋廷此時已經有『聯蒙古滅金』的動向，但實際上尚未有大舉動，如同當年『聯金滅遼』。只會在最後關頭才出動。

一切都繼續在重演，甚至不容許脫稿……

汴京城外，百姓們夾道觀看，完顏守緒率軍離開汴京，忽然之間一團混亂。

「皇帝要走了……快跑啊……」「對啊！蒙古人肯定要來了……快跑啊……」

影響到完顏守緒的後隊，也一團混亂，甚至拋下兵仗逃跑，軍官無法阻擋。

才騎馬走到城外不遠的完顏守緒（灰眼眶），聽到一團混亂，急問左右：「怎麼回事？」

身邊一個隨軍宦官說：「陛下，汴京人都在風傳，一定是蒙古大軍來了，所以陛下才要棄城離去。不日，所有皇族也都要南下逃亡，所以大家都打算離開汴京啊！」

完顏守緒（灰眼眶）說：「朕並沒有要逃啊！是先前發生了使節被殺，且汴京城實在無糧，朕不得不暫時離開，以籌措軍糧。」

宦官說：「子民們顧不得這麼多啊！陛下得想辦法安定人心，不然蒙古軍還沒來，汴京城就從內部崩潰，到時候盜賊四起，陛下也無地安生！」

完顏守緒（灰眼眶）問：「你說該怎麼辦？」

宦官說：「請派重臣貼告示，說陛下不是要南下逃亡，而是要北渡黃河與蒙古人決一死戰，如此汴京人心才能穩住。」

完顏守緒（灰眼眶）在馬上差點昏倒，被左右攙扶，喘著氣說：「真的要北上？」

宦官說：「事到如今，也由不得陛下了，若御駕不北上，不等蒙古兵南來，朝廷眼下就垮了。」

完顏守緒（灰眼眶）苦著臉點頭說：「那你傳旨去吧！讓荊王貼告示，朕且回城向汴京人們解釋一切。」

看著宦官去傳旨意，完顏守緒（灰眼眶）喃喃自語：「我大金國難道真這麼脆弱？竟然跟當年的宋室一般？可是我們女真人，卻沒有江南可以躲啊……」說罷淚流滿面。

回城並宣旨完畢後，汴京才人心稍定。但是完顏守緒已經不能走南門，於是只能出北門，硬著頭皮率飢餓的殘軍北上。

原本軍紀嚴明，潛藏的百姓不再畏懼，但到了衛州開始缺糧，終於還是控制不住飢餓的軍隊，四處搶奪糧食。衛州城池遂堅守，金兵無法收復，蒙古大軍此時殺來，金軍遂潰散。完顏守緒只能再次渡黃河南下，不敢回汴京，先跑歸德，但此地也缺糧，遂再往南，投奔蔡州。

消息傳到汴京，軍民大恐，西面元帥崔立（橙眼眶），率軍叛變，殺了守城將領投降蒙古。且搜刮金銀，囚禁城內女子，為其發洩獸慾。

沒想到這麼容易汴京就投降了，窩闊台急率大軍渡河而來，蒙古將領紛紛建議窩闊台：「此城相抗日久，蒙古勇士死傷慘重，請屠城洩憤。」

耶律楚材（金眼眶）知道大事不好，急忙勸阻：「國家作戰所爭奪的就是土地與人民，倘若有地而無民，如何使用土地？」

窩闊台不悅：「先生不必替漢人說話⋯⋯」

耶律楚材（金眼眶）說：「此城有各種巧匠，會製作金銀器、弓箭、甲仗、火砲。倘若屠殺則一無所得，這對大汗來說，才是最大損失。」

窩闊台面色猶豫，無法決定。

耶律楚材（金眼眶）再說：「我們契丹先祖也曾經攻下這座城，也打草穀於汴梁，殺戮不少漢民。結果山東群盜大起，中原各地連帶如同馬蜂窩，契丹先祖四處受兵。不但城池財富一無所得，將士持續傷亡，最後被迫北撤，契丹大汗也死在歸途之中，契丹國內甚至因此動盪不安多年。而女真人攻下此城時，同樣異常辛苦，但女真人因有前車之鑑，所以不敢殺戮，女真人才能穩固統治此地百年。是非好壞，殷鑑不遠，為財富土地長久擁有，願大汗明鑑。」

窩闊台點頭說：「先生一直叫我鑑鑑鑑，那就傳本汗令，禁止殺戮搶奪，違令者斬，財富必須由本汗分配。這樣可以了嗎？」耶律楚材拜謝。

於是蒙古軍進城，意外地沒有動盪，反而放汴京的所有饑民，渡黃河北上就食。但完顏皇族宗室與后妃，男女數百人，被蒙古兵俘虜，連同財物，一同強押北上，哭聲震天。

一個漢官劉祁，親眼旁觀整個完顏皇族被俘虜北上，感嘆說：「這地方就是當年，完顏氏率兵強押宋室皇族北上之處，今天又復如此乎？」

在汴京被俘的完顏皇族被抓北上後，男人都被處決，女人被當奴婢分送有功者。北宋皇族男子當年只是被禁錮五國城，女子分送有功將領，如今完顏皇族遭受的待遇卻更慘。

因窩闊台嚴令，蒙古軍不能掠奪平民，他們只好去掠奪最富有的崔立，潑賊崔立（橙眼眶）所搶掠，不但都被蒙古軍搶走，連自己的妻妾都被抓光。崔立（橙眼眶）痛哭流涕，無可奈何。他還想趁事後，掠奪其他漢人的子女財帛。

都尉李崎，先前受到崔立妹婿折希顏的侮辱，妻子也被崔立覬覦，恨之入骨。

於是聯合都尉權東面元帥李賤奴，安平都尉司千戶李伯淵計劃殺死崔立。於是李伯淵夜燒外封丘門，第二天早晨，崔立前往視察還城。

李伯淵等人於是伏兵四起，大喝：「殺賊！」眾人一陣刀兵圍砍，殺掉崔立和其同黨折希顏、苑秀，把崔立屍體系在馬尾上，遊街示眾。

大聲說：「立殺害劫奪，烝淫暴虐，大逆不道，古今無有，當殺之不？」

萬口齊應：「寸斬之。」

於是眾人將其分屍，最後將崔立首級懸於木上，籍抄崔立家。這賊人情況跟當年出賣後晉的杜威與張彥澤一樣，也跟企圖攻江南的李全一樣。賊人以為朝廷崩潰，就沒有法律，可以無法無天，那就大錯特錯了。其實眼睛看到的國家崩潰，只是個假象而已，底層還潛伏著隨時可以重組的機能，一個隱形的國家與法律還在運轉！

這種潛伏的機能，也正是鬼局的血盆大口，用來吞食掉入的異族。中國幾千年同化異族，跟文化同化，真的無關。

蒙古再次派使節來宋，希望一起出兵，夾攻金人。滅金之後，河南之地可以歸還給宋廷。

南宋朝廷眾臣們議論紛紛，此時史彌遠已死，宋理宗趙昀才開始親政。金人又有侵犯川蜀之地，意圖南渡之狀。於是同意聯蒙古滅金。於是孟珙先擊敗意圖入川的金軍，趁勝攻佔金國的唐州、鄧州、壽州，當地金軍紛紛降宋。

此時只剩下一個蔡州的完顏守緒，才開始恐懼，知道大事不好。只好派人到南宋請求和解並求助。

臨安。

金國使節完顏阿骨代，來到此處求和拜見。

「外臣完顏阿骨代，拜見大宋皇帝陛下。」

宋廷群臣聽到名字的音譯，與金太祖完顏阿骨打很接近，都感觸良多，交頭接耳，竊竊私語。

皇帝趙昀此時對金人，已經顯得很傲慢，冷冷笑說：「金使來此，有何事見教啊？」

阿骨代說：「來此傳達我主求和並乞糧之意。希望大宋皇帝陛下，同意支援我們糧食，若能出兵助我抵抗蒙古，自然更好。」

趙昀笑了一下，冷冷地說：「你主是誰呢？」

阿骨代說：「大金國皇帝。」

此語一出，引來宋廷群臣一陣批判熱諷。

忽然一個宋廷臣子，腦門一熱，忍不住衝動，跳出來指著大罵：「什麼大金國？現在就只剩下一個蔡州了！」

其餘群臣紛紛也加入罵局，跟著痛批。

「是啊，蔡州還是先前從我大宋搶過去的！」「現在還有臉來求和乞援？」「先前你們被蒙古人打得走投無路，還企圖南下圖謀我們的領土！還有良知嗎？」「金虜無恥！」「你們還是先談靖康年的血債該怎麼償還我們！」「是啊靖康血債先歸還再說！」

完顏阿骨代聽到宋廷群臣一陣批罵，面紅耳赤但無言以對。

趙昀命司儀令群臣安靜。

然後說：「朕本來不是不願意支援你們。但先前你們丟失汴京，金主南下奔蔡州，竟然還打算繼續進攻我大宋國土，準備入據川蜀！哼！」

趙昀大聲喝問：「你們女真人的老家到底在哪裡？回答朕！」

完顏阿骨代抖著說：「在……在遼東，不，不，不，是在比遼東還要更東北部的地方。」

趙昀說：「那你們要往川蜀這個西南去做甚麼啊？虧我大將孟珙把你們擊潰，收復唐州、鄧州與壽州。如今還有何面目來乞援？為何不回東北，而要去西南啊？回答朕！」

完顏阿骨代終於下跪，抖著流淚說：「女真故地已經全被蒙古人控制，我等完顏女真皇族，走投無路，如今只求有這些地方可以蝸居。知道大宋皇帝寬仁，必定也好商量。過去我們祖先之間的怨仇，期待大宋皇帝陛下可以諒解，請陛下先聽外臣轉告我主之意，若無道理，當廷斬殺我，也無怨恨。」

趙昀吸口氣，點頭說：「那就說吧！」

完顏阿骨代說：「我主轉達。蒙古崛起，滅國四十，以及西夏。夏亡則及金，金亡則必及宋。脣亡齒寒，是自然之理。若與我聯合，所以救助金者，也是救助宋。」

完顏阿骨代又接著說：「外臣再補充自己所見，乃額外之論。這就像……這就像……當年貴國聯合我完顏先祖，一同滅遼，最終便有了靖康之難。而今我等完顏子孫，也已經山窮水盡，不再有為寇貴國的能力。若以蔡州為大宋屏障，也能阻擋蒙古軍進攻大宋的野心。屆時若反要我主對宋，納款、奉表、稱臣，甚至取消帝號入朝，也事後可以商量。畢竟……畢竟我們兩國……過去雖有諸多恩怨，然我們也確信，華夏舊邦之人，總比蒙古野蠻人講道理。若貴國能保我完顏女真後人性命，免遭蒙古蠻人殺戮，我等完顏女真後人，願臣服大宋皇帝，陛下也可以告慰大宋徽欽二帝於太廟，洗雪靖康之恥。天下人，也會稱讚大宋皇帝能化解怨恨，如此豈不兩全？」

「似乎有理啊。」「幾年前也有人這麼說。」群臣又是一陣議論。

史彌遠的姪兒史嵩之，起奏說：「陛下，請先讓金使退出，孟珙將於明日回京覆命，臣將問計於孟珙，再回復金使。」

趙昀笑說：「好！孟珙智計橫出，應當問他，就這麼辦吧！」

於是次日，趁著孟珙回京，史嵩之轉告金使的意思給孟珙。

孟珙（黃眼眶）聽了笑說：「金國被蒙古所敗，不是一日。當初河北淪陷仍圖謀我大宋國土，到了蔡州仍思入川蜀，有今天窮途末路，是其自找。且不論過去仇怨，就說當前脣亡齒寒。您認為金國現在只剩蔡州，滅亡只是時間問題，我宋境早已經跟蒙古接壤，他們還能當大宋的屏障嗎？」

史嵩之反問：「至少拖延蒙古南下，也沒有這個價值？」

孟珙（黃眼眶）說：「要拖延蒙古南下，不能聯金。只能與蒙古先議和，拖延時間，而後練兵自強，主動收復中原，強大自身之勢力。而要先與蒙古議和，眼前就要連和蒙古滅金。提前替未來與蒙古決戰做準備。」

史嵩之反問：「這樣不會重演宣和年聯金滅遼的覆轍？」

孟珙（黃眼眶）回答說：「這反而是那個金使說得對。蒙古崛起於漠北滅國四十，但我朝完全沒有參與。與當年宣和聯金滅遼的情況有所不同，遲早我朝得與蒙古決戰，想躲也是躲不掉的。所以只能先滅金，而後圖中原以自強。有了中原則勢大而不懼。否則我朝必然就是蒙古下一個要消滅的對象。」

孟珙（黃眼眶）站起來握拳頭說：「抵擋韃子，必須靠自己的力量，不要企圖靠一個人心離散，且將滅亡的仇敵金虜！」

史嵩之頻頻點頭，於是以此理說服朝廷上下，拒絕給金國支援。金國使節只能回報完顏守緒，宋軍不但不會來救，反而要跟蒙古軍一同攻蔡州。

孟珙於是率所屬精兵兩萬與大批糧草，與蒙古軍會合。約定蒙古軍攻北面，宋軍攻南面。

金軍已經集結最後力量守城，面對蜂擁而來的宋蒙聯軍，人人皆知是必亡之戰。打到彈盡糧絕，就用死屍來熬油往下潑撒。攻城的宋蒙聯軍一觸人油便痛倒在地，並且開始焦爛。但瘋狂攻城的人卻越來越多，宋軍搬出最新的開花彈火炮，再次一陣猛轟，守城金軍已經無力再擋，一批人被火砲轟落下城，其餘紛紛崩潰。

此時宋軍的戰力出奇地強，連連以火炮擊破好幾道城池工事，逼近內城。

蔡州城內再次飢饉，人相食，想要投降者甚多，於是有人開城門向宋軍投降，終於宋蒙聯軍攻破內城。但仍然有一批金軍埋伏在內城中。

孟珙見金軍在作最後死戰，宋軍苦戰得有些畏懼，於是親自披鎧甲，揮舞寶劍在前對宋軍官兵喊話。

「金虜當年虜我二帝！奪我中原！搶我財富！劫我婦女！如今天道好還，金虜已經山窮水盡，最後復仇之戰就在此役！弟兄們絕對不要給蒙古韃子捷足先登了！給我全軍衝進去！我軍令下，投降則不殺，抵抗者格殺毋論！滅金虜，雪前恥！」

官兵們高舉武器同喊：「滅金虜，雪前恥！」

宋軍官兵蜂擁而入，首先打響與城中金軍最後部隊血戰。蒙古軍反而落後了。

外頭刀兵厮殺聲逼近。

完顏守緒君臣在最後據點，見大勢已去。

喊道：「宋軍打來，最後關頭終於來了！朕不當亡國之君！將先去見祖先懺悔無能。誰願意接替朕皇位，突圍出去？」

眾臣一片哭泣。

皇族將領完顏承麟，披甲上前跪下說：「臣不才，願受此任。」

於是傳位給完顏承麟，命令他突圍。

然後完顏守緒走入幽蘭軒，上吊自殺。群臣哭泣。上廟號哀宗。

孟珙此時已經率宋軍擊破金軍最後抵抗，蒙古軍也已經打進城來。

末帝完顏承麟舉刀率左右死忠的部眾，迎戰到最後，大批宋軍官兵圍了上來。完顏承麟用漢語大喊：「我就是大金國最後的皇帝，你們宋人來啊！取我首級復仇啊！」

一宋兵大喊：「殺啊！」宋軍官兵一擁而上，一陣刀兵相斲，完顏承麟壯烈陣亡，於是金國滅亡。

過不久，宋軍統帥孟珙與蒙古軍統帥塔察兒，各自率軍來此。雙方約定平分戰俘，平分蔡州城，平分完顏守緒屍體，也平分完顏承麟的屍體，各自班師回國。

宋軍官兵知道自己完成了雪恥之戰，擊滅金國，在班師途中狂歡不已，沿途百姓也紛紛送酒送米，歡迎王師得勝凱旋。

回師行軍途中。

一個年輕校尉張玉，見孟珙沒有喜色，便問：「將軍！我們參加了滅金之役，徹底洗雪一百多年的靖康之恥，軍民們都歡聲鼓舞，將軍為何反而面有憂慮？」

孟珙（黃眼眶）一時沒回答，伴隨大軍馬蹄聲過了許久才說：「一則是真的憂慮，另外一則是感慨與迷惘。」

張玉問：「屬下不懂，請將軍教誨。」

孟珙（黃眼眶）說：「從金虜走向滅亡的始末來看，你認為真正滅亡金虜的是我們？蒙古人下一個就是要跟我們作戰了，我們有把握嗎？這是我憂慮之處。」

張玉低聲說：「將軍說的是，屬下也聽很多書生這麼說過。那感慨與迷惘又在何處？」

孟珙（黃眼眶）眼中竟然有些眼淚，哽咽說：「金虜皇帝死在我們面前，國亡淒涼這是感慨。而金國從汴京流亡到蔡州的過程，與我朝當年何其相似？說天道好還，蒙古人豈有這種能力？卻又像有人在背後操縱戲謔，而我們不明所以，這是迷惘！」

說罷，揮動馬鞭，策馬加速向前督導行軍。

※※※※※※※※※※※※※※※※

陰陽一體，古怪相連。

陰古：不懂事的撻鳥，捏掉了。但蒙古，好像格局也不對啊！想用草原大汗的遊戲，來制壓全局，要是真能如此，當年的匈奴我們就放他們進來，何需要等到你等傻蛋！長城遊戲是你說不就不的嗎？

陽怪：是啊。這可不是他們能說不的。不教訓教訓，他以為這股巨浪之力，是他們自己天生神勇而來的。

陰古：也該用些力氣，讓他們懂事一些，不還真自以為，自己與眾不同，看輕了逸品，更何況這跟行情也有關係。時晷官的計時標準，還在等呢！

陽怪：是該用一點力氣，教育蒙古撻鳥們一下了！

※※※※※※※※※※※※※※※※

金國大臣張天綱（紅眼眶）與金國皇族將領完顏好海，被宋軍擒獲，一同被俘虜到宋廷。皇帝趙昀令臨安府薛瓊審問。

兩人一被押到，薛瓊（黑眼眶）看了底下人整理審訊的案卷，不理會完顏好海，反而咬住張天綱，入座就拍案大喝：「張天綱！來者可是漢兒？還有什麼面目到此啊？」

張天綱（紅眼眶）也喝道：「國家滅亡，哪一個朝代沒有？我大金之滅亡，比你們徽欽二帝如何？」

薛瓊（黑眼眶）大罵：「大膽漢兒！靖康之難時，你祖宗還不知道是在哪裡當大宋子民！而今子孫當夷狄虜狗，讓祖先蒙羞，自身還落得如此下場，天道好還，何敢囂張？」

張天綱（紅眼眶）也罵道：「宋朝自棄中原，我等自然食君祿，忠君事。何如貴國高宗皇帝令秦檜殺岳飛之事？我朝皇帝就算不是漢人，也死守江山，不會作這種事！」

薛瓊（黑眼眶）拍案喝叱：「你的夷狄虜主！現在已經成為朽骨！我等宋臣可以告慰九廟，金虜滅亡！靖康之恥已經洗雪！現在是要收拾你等，背叛中華的漢兒時候了！」

兩個漢人繼續互罵，真正的夷狄貴族完顏好海，目光呆滯，似乎有些不明白，他們在吵什麼？薛瓊喝令左右衙役壓住張天綱，用抹布塞住他的口，讓他無法回嘴。

薛瓊（黑眼眶）指著他罵說：「背叛華夏祖宗，假忠假義的漢兒，最讓人噁心！當年就是你這種漢兒，敗壞中原的！接下來看本台府怎麼收拾你！」薛瓊罵完之後，命令衙役，將兩人押到大牢。

兩人被關押三天，隔著牢門走道對望。除了喝水之外，獄卒就只送來一些粥與蔬菜，維持生命所需。但兩人都飢得發昏。

薛瓊帶著一群獄卒走到牢門走道，先命令獄卒搬進桌椅，進到兩人的牢房中，擺上筆墨紙硯等文具。可以看見薛瓊得意的笑容。

薛瓊（黑眼眶）笑說：「呵呵，我大宋今上皇帝仁慈，給爾等夷狄殘虜與漢兒走狗一次機會，讓你們兩人寫供狀。招供在金虜酋廷所見所聞，直到蔡州城破金虜滅亡為止。若有參考價值，還有機會編成史料，供史官參考……」

繼續露出奚落地笑容說：「你們可得注意修辭語句，若有胡言亂語，不切實際，信手塗鴉，或有詆毀我大宋朝廷之事，就會全部撕掉，重新讓你們繼續寫。直到寫出個完整段落，才會有人送飯來。寫出個滿意答案，才會讓你們有水可以洗澡，才會有水讓你們自己去清理這污臭的牢房。我們有的是時間，有的是紙張，可以跟你們兩個慢慢磨蹭！」

來回走了幾步。

又接著說：「倘若你們最後都乖乖配合，那就還有走出這牢籠的機會，否則就永遠關在這裡寫，寫到天荒地老，寫到你們都變成白骨為止。」

接著從袖口抽出一張紙，上面寫著『虜主』二字，示意在兩人的面前。

冷笑說：「注意啦！你們兩個看清楚啦！除了剛才我說的之外，若寫到你們以前金虜的主子，一律不得用什麼聖上、主上、廟號、諡號、年號等等敬稱代詞，甚至也不可以用名字。直接就給我寫這兩個字！所謂的金虜皇帝，其實就是個強盜之主！是個『虜主』！倘若不這麼寫，一樣撕掉重來，沒飯吃，沒水洗澡，只能喝粥啃菜葉，慢慢等著磨蹭！直到變成白骨為止！」

薛瓊（黑眼眶）斜眼瞄了一下，軟癱在牆角的張天綱（紅眼眶），繼續冷冷笑，用大姆指歪著指著張天綱的方向，不屑地說：「尤其是你這個漢兒，最讓人倒胃口，本官都懶得說出你的名字了，甚至都不想要正眼看你一下。明明是個漢人，跑去侍奉夷狄，還敢振振有詞？現在給你一次機會，重回華夏衣冠，倘若繼續如此桀傲不馴，就永遠關在這裡，慢慢寫。本官倒想看看，你光靠喝粥啃菜葉能活多久？」

於是把『虜主』二字的紙張，拋在兩個牢房的中間。鎖上牢門後，帶著獄卒們離去。

完顏好海已經完全屈服，拿起筆，書寫自己所見所聞，並且接受他的要求，將金國皇帝一律寫成『虜主』。張天綱在牢中仍然不屈，本來昏昏沉沉，沒注意到完顏好海在做什麼，忽然聽到監牢對面磨硯的聲音，瞪大眼一看，完顏好海竟然在如此動筆。

便隔空喊話……

大喝說：「完顏好海，你做什麼？」

接著說：「大丈夫死就死，為何要屈服這種供狀！你不就是我大金太祖皇帝女真遺脈嗎？是大金國完顏皇族正統血脈！我大金皇帝豈是『虜主』？」

此聲音震動天地。

繼續拍著牢房欄杆大喊說：「完顏好海！你聽到沒有？完顏好海！給我放下筆！你身上有著太祖皇帝的血！是女真皇族的遺脈！不可以替漢人寫供狀！」

用盡發狂地力氣大喊：「完顏好海！你快放下筆！你知道你現在正在做什麼嗎？」

完顏好海（灰眼眶）手拿毛筆，呆滯著看著這個漢兒。一點也沒有感動張天綱（紅眼眶）對大金國的忠誠，只像是在看戲，感覺張天綱這個人，非常非常地入戲……

他用力猛拍監獄粗大的木製欄杆，手極力伸出欄杆外，面目猙獰，似乎想要把完顏好海抓起來撕成碎片，繼續嘶聲大喊。

「完顏好海！大金國太祖太宗皇帝在上，正在看著我們呢！女真男兒們的氣節，到底去哪裡了？啊！絕對不能寫！你看看當年我們大金的敵人岳飛，他寫的『滿江紅』！」

張天綱（紅眼眶）雙手如同厲鬼索命，伸出欄杆外上下攀抓，當然抓不到對面牢房的完顏好海，但仍瞪眼開始大聲喊：「我們的敵人岳飛說過，怒髮衝冠，憑欄處，瀟瀟雨歇，抬望眼，仰天長嘯，壯懷激烈！啊！！！啊！！！我大金國啊！啊啊啊！！」說完，真的仰天長嘯，壯懷激烈，忠於金國的漢兒張天綱，如同抗金的精忠岳飛一樣。真的大聲地，仰天長嘯，壯懷激烈了。

「完顏好海！放下筆！我大金國一定會復興的！我大金皇帝怎麼會是虜主？還我河山啊！還我河山啊！！！」

完顏好海繼續呆滯看著張天綱狂吼。

久之，張天綱（紅眼眶）已經無力，才喘著氣，靜默下來，癱軟在牢房牆邊坐著，但還是瞪眼怒目，盯著完顏好海。

等靜默後，完顏好海（灰眼眶）開口：「你喊完了，可以安靜聽我說了嗎？」

見完顏好海似乎有話，張天綱不語。

完顏好海（灰眼眶）接著說：「當年我女真先祖，發兵南下攻宋，目的就是為了擄掠你們漢人的土地，擄掠你們漢人的財富與女子，你們漢兒在當中幫不少忙。如今跟著你們漢兒，玩到連我們女真人自己的土地、財富、女子，都沒有了！完顏皇族比當年的趙氏皇族下場還更悲慘！本來以為我都被俘虜了，一切都該結束了。

沒想到身旁還有你這個漢兒來跟著，甩都甩不掉……再跟你們漢兒這樣玩下去，我會被玩到連命都沒有……完顏女真皇族血脈……也就絕了……」

說到此有氣無力……

接著竟然哭了出來。也仰天長嘯而哭。

流淚繼續說：「我是女真人，你是漢人。歷代完顏皇帝，是我祖先，又不是你祖先。我祖先被稱為『虜主』我都不激動，你到底激動什麼？」說到此已經快泣不成聲。

「至於你說將來大金國會復興？這或許吧……但這一切也得看你等漢兒們，接下來要怎樣去玩蒙古人？玩到什麼階段？有沒有這個需要了……」

繼續邊哭邊說：「你們漢兒的歷史規則，我大概也看明白了……」

看了狀紙，放聲大哭說：「還是寫吧！求你了！」

完顏好海崩潰，毛筆掉落，雙手扶桌頭趴在桌上面朝下，嗚咽大哭。

張天綱聽了，臉色轉而陰沉　，面貌鐵青，目瞪發呆，一句話都說不出。這種臉神，好像是在說：『喔，原來是這樣喔。』終於完顏好海哭完，監獄中頓然寧靜，於是完顏好海提筆，繼續書寫。

片刻後，張天綱此時也慢慢拿起毛筆，開始書寫供狀，不過他折衷了一下，改書寫金國皇帝為『故主』，拒不稱『虜主』。兩人的供狀都有參考價值，史官予以接受。最後兩人都被皇帝趙昀赦免出獄，並且授官。完顏好海當本司副將，張天綱當本司計議官。

「恭喜兩位，陛下給恩典了。陛下還說，兩位任職之後的任務是，招攬中原女真遺族與完顏後代，無論男女老幼，皆到江南替本朝效力，共同對付蒙古人。」薛瓊（黑眼眶）宣讀完詔書，緩和地這麼說。

「臣謝主隆恩。」兩人下拜，共同這麼回答。

薛瓊（黑眼眶）歪著嘴笑，看著下拜的完顏好海說：「尤其最該恭喜的是完顏先生。經過大家一起一百多年的努力，終於完顏女真，也成為華夏子民啦！啊！」語氣的恭喜之意，是頗為認真。

完顏好海（灰眼眶）真誠地用力抱拳行揖，聽到掌拳相擊清脆啪一聲，大聲答道：「非常榮幸！」

薛瓊（黑眼眶）扶起兩人，低聲說：「我們接下來人生的終極任務，就是針對蒙古人，盡一份華夏子民微薄的心意！啊！」

兩人堅定地神情點頭，跟著歪嘴的薛瓊身後，走出牢籠，邁向廟堂。

他們終於一同更換服裝，替下一個階段針對蒙古人的劇本，去做努力！

女真族主體的歷史到此結束，後續還有沒有？得看殘存在東北邊，沒有進中原的少數女真族延續情況，並還要看將來是否有需要。

因唱改編歌曲一首：

《曲目節錄於：『小蘋果』作曲王太利，作詞王太利，改詞筆者，新曲名：共同入華》

編號：含章可貞

我種下一顆種子，終於長出了果實，今天是個偉大日子，跟你一起城破被俘，隨你一起書寫供狀，共同重回華夏黎民。漢兒當年燃燒自己讓你主中國，把那一切都獻給你讓你當皇帝，即便國破家亡也是忠心不易，朝代短暫華夏長遠**不滅不亡**！你是我的小丫小蘋果，怎麼愛你都不嫌多。你必須犧牲貢獻給華夏格局，續燃華夏生命的火 火火火火火。你是我的小丫小蘋果，就像天邊最美的雲朵，異族又來到了獻身華夏格局，跟著漢兒就會收穫。

天下蠢人！牛鬼蛇神！全都靠邊！

從不覺得你討厭，你的一切都喜歡，有你的每天都新鮮，割地賠款引你來，共建長城引他來，都是馬仔我來消費。漢兒磕頭打躬作揖讓你當皇帝，後宮佳麗任你挑選讓你很開心，條件是你必須貢獻給華夏格局，假設你不上道那就**很對不起**。你是我的小丫小蘋果，怎麼可讓你不合作，你必須犧牲貢獻給華夏格局，續燃華夏文明的火 火火火火火。你是我的小丫小蘋果，怎麼愛你都不嫌多，就世界末日也伴你飛到月球，陪吳剛與嫦娥數蘋果。

此

時鬼局多了成員，共稱臨安三煞：

此人，歪嘴瘦骨老頭，說官話時有濃厚客家腔，官職臨安知府，工作嚴謹頗受朝廷重任，祖上歷代都是大漢正統的愛國臣民，血脈正宗，興趣書畫寫作，乃第一煞薛瓊。此人，形銷嘴尖，眼袋深層，新任臨安本司計議官，本是忠於大金國女真族的漢官，即當代漢人們口稱的異族漢兒，然而當金國滅亡後，精神意志逐漸重回華夏正統，為中國漢兒本命回歸之榜樣，乃第二煞張天綱。此人，體胖腮鬍嘴寬，髮色略黃，大金國女真族正統嫡系完顏皇族血脈，新任臨安本司副將，金國滅亡被俘後，率先寫下供狀，重要的是經過四代人一百多年努力，讓他成為華夏新的子民，負責招攬散落的女真男女一起注入華夏新血，乃第三煞完顏好海。

三煞一起加入鬼局，替下一個階段來做努力。

整個臨安城乃至江南各地重鎮，聽說金國滅亡，都展開了一系列慶祝活動。臨安更是張燈結綵，煙火沖天。正像是當時在臨安城旅館牆壁上，有人匿名提詩諷刺時政云：山外青山樓外樓，西湖歌舞幾時休，暖風薰得遊人醉，直把杭州作汴州。

不過說大家都把杭州作汴州，並不是事實！

臨安御前廷議。

和戰兩端，又是一番激烈爭論，已經爭了一個上午⋯

宰相鄭清之說：「金虜已滅，然而蒙古比之於女真，更加凶悍殘忍。若不未雨綢繆，朝廷未來將有後患。而今蒙古主力北去，黃河南北皆為我大宋故地，南遷以來，歷朝都想收復。此時機遇千載難逢，正是收復之時。」

真德秀：「鄭相此言差矣。某以為收復中原的時機，尚未成熟。而今中原經歷戰爭，殘破不堪，蒙古軍力強大，我們即使收復河南，能固守多久？」

鄭清之非常不悅，大聲喝說：「南渡這麼多年！每每都有人說北伐時機不成熟。現在金國都亡了，若還不成熟，何時成熟？在陛下面前也恕我說一句真實話，難道我們大宋要跟東晉一樣，最後變成偏安格局，等著氣數耗盡，然後改朝換代？」

真德秀語塞。

兵部尚書史嵩之與參知政事喬行簡都表反對。史嵩之說：「蒙古軍力強大，滅國四十，而今又滅夏亡金，我們誠不足力與之抗衡。只能和。」

滅李全的將領趙葵與趙范兄弟，都在廷議。趙葵站出來說：「在我中國，消極偏安，只能是滅亡之道。中原雖然殘破，但我們可以西守潼關，北依黃河，與蒙古對峙。以江南之財力，徐圖恢復中原生機。更何況故都收復，可以大大提振軍民士氣。如今中原士民都盼望王師北上庇護，若不北上，不止中原民心喪盡，江南士民也會對朝廷大失所望。」

樞密院副都承吳淵說：「能收復中原誰不希望？但我們騎兵數量不夠，無法防守黃河沿線。中原地區被戰亂破壞，隋朝的運河經過這數百年使用，已經堵塞，糧草供應與運輸也是個大問題。所以某堅決反對此時跟蒙古開戰！各位難道忘了宣和舊事？別使之重演。」

趙范跳出來爭論說：「我們與蒙古根本沒有真的結盟，先前朝廷不借他們假道攻金，就是為了避免重演宣和舊事！但他們竟然就舉兵相攻，直接奪路而走，讓我們蜀地軍民，傷亡慘重！我們最後是被局勢所逼，不得不遷就他們，與之聯合滅金。況且蒙古人貪婪無厭，既然滅國四十仍再用兵。聽說他們還在西征泰西，也東征高麗。遲早也會來打我們。不先手中原，因關據河，壯大自身勢力，而繼續怠惰偏安，便毫無勝機！遲早一覺睡醒，蒙古大軍就兵臨城下！」

淮西總領吳潛爭論：「國家數次北上皆無成功，伐金尚且不勝，況乎更加凶悍的蒙古？」

鄭清之說：「蒙古人不過草原強盜，騎馬射箭而已，能力也不過當年匈奴單于之狀。為何我們手上有火砲槍銃，還要畏懼這些強盜？過去北上數次不成功，皆因和戰兩端搖擺不定！前方大兵一出，後方黨爭就起，人心始終不肯團結！從靖康以來皆是如此！若朝廷一力主戰，寸土必爭，即便兵連禍結，我們若能咬緊牙關死撐，敵人也無力與我們相持對耗，強弱之勢，就不會是今天如此！國家也就不會一直有此無窮外患！更不會一直糾纏於恐懼與不安當中！」

此語一言中的，和戰兩端搖擺不定，前方打仗，後方黨爭，猛扯自己人後腿，才是唯一的問題。內部糾紛，自己就已經認輸，誰也無力擊敗敵人。

兩邊人繼續爭論。

趙昀終於忍不住，開口說話：「眾卿不必再爭了，朕已有決斷。」

眾臣遂閉口聆聽。

趙昀說：「朕三派使者，到汴梁祭祀祖墳，也聽聞當地百姓已經痛恨蒙古殘暴。倘若金國已亡，朝廷仍不做任何反應，不僅中原士民厭棄大宋，江南百姓也將大失所望，就認定朝廷只能偏安，無所作為，利弊得失就在此處。所以無論戰爭成敗，也無論蒙古將有什麼反應，朕決心出兵收復河南！改變人心狀態，才是社稷長遠之道！不然我等就不是中國的朝廷！」

眾臣低頭：「臣等遵旨。」

說對了，趙昀做了最正確的判斷。此時勝敗已經其次，想要享國更久，並且在天下人面前抬得起頭，只能是自己掌握主動，只能是向天下人表示我持續在努力。最後勝敗，則謀事在人成事在天耳。

於是宋軍大舉北上。廬州知州全子才率淮西兵萬餘人收復歸德府。接著繼續進兵，又收復東京汴梁。半個月後，趙葵也率兵五萬由泗州抵達汴京城。

軍隊開進故都，趙葵歡喜異常，但開進城之後才感覺氣氛不對。汴京民眾並沒有夾道歡迎，因為飢饉的狀況還是沒有改變，乃至城內百姓大多都逃荒去了，只能空望傳說中故都清明河道的舊樓，意想當年北宋時期的街頭盛事。

筆者矯正千年前那首詩！

眞實狀況是：日思夜想故都舊，沒把杭州當汴州，終於提兵成心願，人事全非空望樓。

進入汴梁皇城外，只見全子才還在整軍，但士氣低落。趙葵非常生氣，質問：「全知府，你怎麼還在東京？不是早該開往西京了嗎？」

全子才說：「這你要問史嵩之了，他該運給我軍的糧餉，到現在都沒有來。你一路走來，也知道這沿途赤地千里，蒙古軍還將汴梁外的河堤都決開，一團混亂，沒有糧食無法進兵啊！」

趙葵喃喃道：「又是黨爭……」

全子才問：「現在你有帶糧食來了嗎？我們只要有吃的，就立刻進軍！」

趙葵一言不發，調轉馬頭離開。

徐敏子與張迪這一路，倒是已經兵臨洛陽，城中沒有任何守備，只有三百人老百姓開城門投降，讓部隊進洛陽。但是蒙古軍四處決黃河堤，河水氾濫，糧食奇缺，這一路部隊只能出城採集野菜與麵充飢。

還有一路，楊誼帶著部隊也到洛陽東邊，還押了不少糧草，正散開就食。蒙古的漢軍將領劉亨安，忽然帶隊打來，楊誼倉促迎戰難以整隊，一團混戰之下，部隊崩潰，掉入洛水者眾多，死傷慘重，楊誼逃到城中。

蒙古大將塔齊爾也帶隊來到洛陽，徐敏子與張迪率軍殺出城，在城外與蒙古軍激戰，互有勝負。塔齊爾發現宋軍不是想像中那麼衰弱，於是大舉退走。

徐敏子軍也開始缺糧飢餓，殺馬而食，士卒整天與飢餓纏鬥，見到蒙古軍撤退後，於是也班師撤退。趙葵與全子才這一路也缺糧，史嵩之理由千千萬，就是沒有運糧來增援，不得不一同南撤。

各路將領紛紛上疏表示，史嵩之沒有按期將糧草押到位，以致部隊缺糧不得不撤。史嵩之則上疏替自己辯解。

事實上，確實也不是史嵩之故意要拖延押運糧草，這倒不是黨爭。

就在各路大軍還在北上收復故都之時，建康城北渡口。

史嵩之親自來此督辦糧草渡江。

「二順子！你們在這做甚麼？」

這二順子是史嵩之家丁，精通會計，帶著百來號人，來此清點船運軍餉，但渡口只有十來艘船，他們早就清點完畢登錄在冊，都攤在渡口岸邊休息。

眾人紛紛起來。

「老爺，我們已經把您交代的事情做完了。」二順子如此回答。

「做完了？八十萬石糧，能一上午就清點完畢的嗎？」史嵩之頗為氣憤地這麼說。

二順子指著渡口旁十幾艘船急道：「稟告老爺，沒有八十萬石，我們清點了一早上，也就這十幾艘船十萬石糧。不信您可以依冊抽點。」

史嵩之大驚，轉面對參知政事喬行簡說：「不是個道州今日要集結八十萬石北運？到底是哪些人沒運來？這可是陛下的嚴旨啊！」

喬行簡趕緊跟二順子核對各船號清冊，史嵩之也不敢怠慢，在渡口旁搭桌椅等待清算結果。

過不久，喬行簡回報說：「各道州都有押運糧草來。但各地隨船公文上，有的告知糧食因船破損，沉船損失，要等候補。有的告知，地方上百姓抗捐，籌數不夠，要等撥調三個月。有的告知地方歉收，只能借糧湊數，還需要公倉救濟。另外還有些則說，道路遙遠，人力不足，只能分批繳納，求我們寬限時間。」

史嵩之揮手說：「可以了！又是一堆理由！這要請旨嚴懲！」

喬行簡說：「恐怕很難，大宋律令是有遭遇人為難以抗拒之時，依律寬限。除非我們派人一一調查這些人的理由是不是真的。」

史嵩之急著說：「前方大戰在即，哪有時間一一調查這個？」

喬行簡說：「所以我先前在廷議時，反對貿然北伐，就是因為官理民情都不附，一定會碰到這樣那樣的問題。先前幾位先皇出兵北伐，都是碰到這類情況才失敗。

我朝又怕重演秦朝與隋朝嚴律逼反百姓的覆轍，所以都得依律寬限！」

史嵩之說：「不說先前了，現在該如何辦？隋朝的運河又堵塞，走陸路則運糧損耗會很大，數量配額不超過數量的話，送到前線能剩多少給將士？」

喬行簡說：「只能來多少糧草運多少，盡力過後，走一步算一步。」

史嵩之苦惱，手拍額頭皺眉說：「大家整天喊北伐收復河山，一旦來真的，就忽然官理民情不附，道路運河不通。這可不是我們不用力啊！」

所以軍糧運送零零落落，終於各路兵馬以敗撤回。

皇帝趙昀非常失望，降旨將各路將領，都削官降職，同時罷免史嵩之一切官職。

蒙古高原北方，和林。

此地逐漸變成蒙古的重鎮，各地商人雲集，蒙古擄掠的財富在這裡交易，所有蒙古貴族都發了大財。窩闊台雖然好喝酒，但沒有遺忘成吉思汗死之前，交待的那些話。在宮殿後與耶律楚材單獨面談。

「南方宋人敗盟了，本汗沒想到，金國滅亡沒有幾個月，他們就敢那麼快挑戰我大蒙古汗國！真萬萬沒想到他們這麼不怕死！你說是不是該立刻南征？」

耶律楚材（金眼眶）說：「不可。」

窩闊台疑問：「宋人向來軟弱，連金人都可以侵奪他們，若我蒙古專力南征，豈有不滅之理？」

耶律楚材（金眼眶）說：「大汗別忘了，先汗臨終前說的那些話。關於萬里長城的故事……」

窩闊台沉默了一會兒。

低聲說：「這件事情，暫時不能全依先生之言，南征是一定要執行的。」

又打開窗戶望著西方說：「高麗王已經磕頭稱臣，上表說只要能存活，什麼都可以接受，另外一方面就暗中指揮部眾，與我大軍糾纏。這個國家除了一直磕頭求存活，沒有覬覦中國的野心，也就不用堅持滅掉他們，只要派個偏師，把他們死纏爛打的部眾消滅即可。東真國也已經被滅掉，無任何後顧之憂。企圖重興花剌子模國的扎蘭丁，也已經被殺，部眾潰散。那麼我們就繼續西征吧，羅斯人準備反抗我們，征伐羅斯是必然！但是宋人也肯定會一而再，再而三不斷嘗試北上…」

轉面說：「而今我大蒙古，國土廣大，兵力雄厚，西與南兩方面都可以同時作戰！甚至還可以分出偏師，去逼令高麗王停止糾纏。」

「宗親們都認為，讓蒙古回回部隊南征，而把漢人們調去西征，如此不會背叛，你以為如何？」

耶律楚材（金眼眶）說：「不可。中國與西域遠方相去甚遠，漢人進入西域必定人困馬疲，回回人進入中國，則必定增加漢民抵抗的力度。應該各從其便。況且萬萬不可低估宋軍的戰力，不可遺忘過去其他的草原民族與中國的歷史。若南征一定要執行，則南征這一路，應當由大汗親衛本軍，特別加強。」

窩闊台點頭說：「這就當依你的建議。」

耶律楚材（金眼眶）說：「稟大汗，另外我們治理的漢人土地愈來愈多，總需要有一個規範。包括女真族、契丹族以及其他民族，先前都依照中國體制，儒學治國，請大汗選拔儒生為官員，並尊封孔子，以利漢地安穩，才能令他們生產財富，貢獻汗庭。」

窩闊台點頭笑說：「能增加財富，什麼都好。」

於是蒙古主力兵分兩路。外加組織一個偏師打高麗。

蒙古戶，一人壯丁西征歐洲，另一人南征中國。漢戶，一人壯丁南征中國，另一人征高麗。其他歸降的西域部族，全部加入西征行列。而大汗直屬親軍精銳，由王子統帥，調派加強南征。

於是南征宋朝兵力最強，西征歐洲兵力稍弱，征高麗最弱。

第二十五章　巨浪持續　強而未久

先說西征這一路，各宗室都派長子或長孫為代表出征。朮赤部派出拔都領軍，察合台部派長孫布里領軍，大汗窩闊台部派貴由領軍，拖雷部派蒙哥領軍。由拔都當統帥，總計十五萬兵力。

原本西征大軍都是蒙古人，與其他部族士兵所組成。但拔都希望，攜帶中原的火砲部隊，協助西征。於是從南征的部隊中，抽調了兩百多名善於製作火藥與砲彈的漢人，跟隨西征。

王俊傑是河北的儒生，在金朝的時候考中過科舉，會說蒙古語，也是整個火砲部隊的統制。另外有兩百名蒙古兵，說是保護這些火砲部隊，實際為監視，防止這些漢人中途逃兵。

「西征西域？西域不是已經被大汗所征服了嗎？」王俊傑在拔都帥營中這麼說。拔都為人謙和，對漢人也稍微友善，於是說：「西域的範圍很大。這次要去征討羅斯諸國，以及羅斯國更西邊的西域。」

王俊傑內心十分不願意，但又不敢說出口。

拔都說：「難道你不願意前往？」

王俊傑露出僵硬地微笑說：「不，能跟隨殿下出戰，是我們的榮幸。」

拔都說：「不必假裝了。你們漢人最會來這一套，外表掛著笑容，內心的表情是相反的。要去這麼遠的地方，你們肯定不願意。」

王俊傑苦笑說：「殿下英明，一切都隱瞞不過殿下。」

拔都瞪大眼睛說：「我們需要火砲軍，攻城的時候得要你們上場。蒙古人不喜歡研究什麼火藥成份，滿山遍野去挖土尋礦，研磨過濾，平常還要保管妥善，稱斤論兩，防潮溼，防蟲鼠咬破，一堆麻煩事！但我們又需要火藥，所以你願意得去，不願意也得去！會有人緊緊盯著你們，不要跟我耍心眼！」

王俊傑行揖說：「下官不敢⋯⋯下官不敢⋯⋯」

拔都接著說：「聽說你讀過不少書，還會計帳算錢，你就在大帳中老實待著，火砲的相關生產器具，各種你需要的東西，都全部帶上馬車，本帥隨時會來突擊檢查。倘若需要發砲的時候，你卻發不出來⋯⋯那你就永遠都不要想回來了！」說到最後，手指嚴厲地只著他。

王俊傑低頭說：「是是是。」

拔都又拍拍王俊傑肩膀說：「醜話已經先說完了。聽說你還未婚，只要過了羅斯國，打到更西方去，那邊的女人隨你挑。搶到的財寶隨你選。」

王俊傑低頭說：「是，謝殿下賞。」

拔都哈哈大笑：「漢兒們也真可愛。」

拔都於是率大軍西征，大軍勢如破竹，蒙古鐵騎兵一下就把羅斯諸國聯軍，打得大敗。相關的城池薄弱，一一被平定。羅斯人原本分成小股，分散在東歐平原叢林中，使用游擊戰糾纏，但蒙古騎兵採用圍獵的戰術，將其一一消滅，抵抗的城池都屠殺殆盡。羅斯諸國終於被迫都投降，請求不要屠城。

征服了羅斯諸國之後，設下大帳與眾將領宴飲。

拔都先飲酒，蒙哥沒有意見，而布里與貴由非常不高興，開始吵鬧，弄得宴會不歡而散，逼得拔都不得不派人向大汗窩闊台告狀。主要原因是，他們記得朮赤不是成吉思汗親生子，自然也看不起朮赤部的王子，認為拔都根本就不能算是王子。蒙古汗國的內部，已經出現分裂的徵兆……

拔都大帳。

「可惡至極！身為統帥，連先喝一杯酒，都會被罵！」拔都一個人獨自喝著悶酒，說著氣話，臉色非常難看。衛兵見狀，都閃得遠遠，以免遭池魚之殃。

王俊傑經過大帳外。

「誰在外面？滾進來！」

王俊傑趕快低頭進帳。

拔都臉色陰沉，醉醺醺地問：「你在偷聽嗎？」

王俊傑趕緊搖頭說：「不不，下官沒有聽到任何事情，是來稟報，關於火藥補充的問題。」

拔都說：「有什麼問題？」

王俊傑：「未防止攜帶來的火藥，最後不足。希望殿下同意我們，在附近山上尋找礦源。硝石、硫磺平常都要先行蒐集。」

拔都用力把酒杯丟到地上大喝：「去你的殿下！我不是殿下！我只是雜種！」

王俊傑被嚇出一身冷汗，不願意下跪屈膝，會被他看不起，丟了漢人的臉。但也怕遭殃，趕緊低頭彎腰，不敢說話。

拔都怒目說：「把酒杯撿起來！坐過來！陪我喝！」

「是是是…」王俊傑應聲行動。

拔都於是跟他一起猛灌酒，情緒稍微控制了一些。

「我根本就沒有想要大汗的位置，他們鬧什麼?你說！」

「互相秉持立場，相互鄙視競爭者，乃人之常情。殿下真的不要太在意，大汗一定是信任您，才命您當西征統帥的。」

拔都再與他乾了一杯，問：「這種氣，你不了解。每次在大汗金帳中，我們朮敕部宗親王子，總被人用異樣眼光看。甚至我們的手下部眾，也被有意無意地貶低。大汗是體悟了這種事情，為了平衡我部的不滿，才讓我當統帥的！」

王俊傑說：「若這次西征，殿下建立大功，國土遠拓到天邊之廣大，大汗如何有效管理？大汗或許會將西域的領土分封，屆時殿下統馭西域羅斯，遠離是非之處，其他部王子必定東返爭奪大汗的繼承權。而殿下在此受封，只聽命於大汗的旨意即可。這種事情不就可以避免了嗎？」

拔都睜大眼睛，恍然大悟，酒杯用力置在案上喜道：「對啊！我怎麼沒想到呢？大蒙古國若國土遠拓到天邊，不分封給我們王子如何管理？到時候自立一方，只聽命於大汗的旨意即可！誰也拿我們朮敕部無可奈何啊！」

用力拍了王俊傑肩膀說：「你這個漢兒說得太好啦！乾完它！」

兩人喝到暈頭轉向，各自倒頭睡去。

之後兵分三路，北部蒙古軍遭遇到波蘭主力。蒙古軍和波蘭軍戰於西多羅夫，波蘭軍首戰大敗，主將戰死，士兵傷亡慘重，潰軍北逃。博列斯拉夫四世，攜家眷從克拉科夫倉皇出走，避入中歐修道院中。波蘭貴族相繼逃走，居民則逃亡山林河川間躲藏。蒙古軍進占克拉科夫，縱火焚燒空城。隨即進攻拉齊布日，該城守將見寡不敵眾，率軍北撤。拜答兒軍進入西里西亞，渡過奧德河西北行，攻取西里西亞都城布雷斯勞。下西里西亞大公亨利二世此時已退守里格尼志城，布雷斯勞城民自焚其城，與士兵退守河洲中的堅固堡壘。下西里西亞大公亨利二世，調集波蘭、日耳曼、波希米亞各邦國軍隊組成聯軍，尤其以日耳曼條頓騎士團，為其主力。

要趁蒙古軍遠道而來，準備重裝部隊，以逸待勞對之猛擊。

清晨，波蘭日耳曼聯軍的將領及士兵，舉行彌撒後，正式列隊開戰。蒙古軍與波日聯軍，在里格尼志城西南奈思河平野上對峙。聯軍第一部先出擊蒙古軍，碧眼金髮手持各類武器的士兵，衝殺而來，廝吼叫聲震天。兩軍終於開始激烈碰撞，刀兵相交。

蒙古軍前鋒初戰不勝而後退，日耳曼人狂追不已。日耳曼義勇兵多是步兵，而且衣甲不整，尾隨蒙古軍而遠離聯軍主力。蒙古軍突然旌旗四面豎起，滿山遍野旌旗揮舞，氣勢磅礴，日耳曼軍士氣開始動搖。早在古羅馬帝國前三雄時期，克拉蘇率軍進攻後波斯帝國，當時後波斯帝國已經跟中國的漢朝有所往來，學了伏兵旌旗這一招，震撼敵軍，大破羅馬軍，還將克拉蘇殺了。如今日耳曼人也碰到了這種兵法，全軍陷入混亂。

蒙古軍趁日耳曼軍混亂，從而四面包圍殺至，猛烈衝擊，聯軍第一部在混亂當中全軍覆沒。隨後，第二部與第三部波蘭軍急忙趕來支援，遭到蒙古軍的迎頭痛擊，兩軍潰敗退走。由於形勢危急，亨利二世立即將第四部與第五部條頓騎士團都投入戰鬥。一時刀兵混戰成一團。但蒙古軍人人血戰，外圍不斷有小股蒙古軍，四處插立旌旗，讓條頓騎士團以為到處都是蒙古兵，最後重裝盔甲的騎兵也大敗。

真是兵敗如山倒，波日聯軍全軍覆沒。於是蒙古軍一路燒殺姦淫，往匈牙利與主力會師。

另外一路拔都統帥蒙古西征軍，收編了一些羅斯降軍，與本軍加在一起共七萬眾，由加里西亞出發，再分兵兩路進擊匈牙利。另一路由速不台向羅馬尼亞進軍。拔都同時命昔班率兵一萬從波蘭與莫拉維亞之間，先行進入匈牙利，偵察敵情。命合丹左翼軍從匈牙利東面的摩達維亞進兵，保障主力軍的側翼安全。

拔都率軍抵達喀爾巴阡山關卡，佔據要道。匈牙利軍則用木頭建立防禦工事碉堡，上頭弓箭手林立。稍微靠近，就是飛矢蔽地。

「王俊傑！火砲兵！」

「來了！」王俊傑領著一百多個漢人，扛著青銅火砲管與砲架奔來。畫出陣地架設火砲。

「三成開花彈，七成實彈。」「點火！」

轟隆！轟隆！連續火砲轟擊！把所有砲彈都打完。

匈牙利兵大驚失色。「這是什麼東西？」「快支撐不了啦！」所有木頭工事被轟垮，上頭的士兵東倒西歪，隊伍混亂。

拔都跳下馬揮刀大喊：「下馬衝殺！」

所有蒙古兵跟著紛紛跳下馬，徒步衝過去，殺聲陣天，匈牙利弓箭大隊在大亂中紛紛潰逃。拔都軍攻破關卡後，長驅直入匈牙利境內，進抵距佩斯特城半日路程之地。

蒙古將領昔班的偵察兵，回報匈牙利兵力兩倍於蒙古軍，兵甲相當強盛。蒙古軍派遊騎到佩斯特城下挑戰，別拉四世堅守待援，拒不出戰。

城外金帳。

「稟殿下，火藥用完了。」

拔都說：「用完了？我正要攻城呢！」

王俊傑說：「先前攻打關隘的時候，用掉一大半火藥，之後行軍下了一場大雨，剩下的都受潮了……」

拔都陰沉沉走到他面前，然後說：「我記得西征之前對你說過，該發砲的時候若發不出來，你就永遠別想東返。」

王俊傑渾身發抖，謹慎低頭說：「是…是…只是沒想到路途這麼遙遠…道路顛簸…殿下息怒，一路走來我有觀察地脈，標做記號，某些山區也有硝石硫磺。往回走一百里附近一個小城聚落後山，應該可以採集得到…殿下讓我們回去採礦研磨，不久就可以再次使用火砲。」

拔都喝叱：「就要開戰了，我有那麼多時間等你嗎？」

王俊傑嚇得低頭不語。兩人沉默了一會兒。

拔都低聲說：「這次攻城，我暫時不用火砲，另外想辦法。給你五天，把火藥做出來，以備後續作戰使用。不然別怪本帥軍法從事。」

王俊傑趕緊點頭說：「是是是！立刻去辦！」

於是拔都改變攻城戰術，蒙古遊騎往返退走後，又來挑戰，佩斯特城兵踴躍要求出戰。大主教烏古蘭不滿意別拉四世的謹慎，認為他膽小怯戰，於是率重裝步兵，列隊出城與蒙古軍迎戰。蒙古軍佯敗退走，將匈牙利軍引向沼澤地，烏古蘭窮追不舍，身穿重甲的士兵在泥濘中進退兩難，蒙古軍反撲而來，以強弓密集射擊匈牙利軍，士兵紛紛倒斃，烏古蘭僅帶四人脫圍回城。此時，瓦如丁主教率領征募的援兵，趕往佩斯特城，途中遭遇蒙古軍，雙方激烈死戰，結果瓦如丁主教的部隊全部被殲，僅主教隻身逃走。

小城後山。

王俊傑帶著手下一百號漢兵，與另外一百號蒙古兵，開挖礦石。有些人已經支撐不住勞累，病死在當地，就地掩埋。

「王老大，這些夠了吧……」

「還不夠！繼續挖！沒看到我也在挖嗎？只剩下一天時間，不然我們全部要被殿下砍頭！」王俊傑自己也累得不成人形，但為了求生存，繼續逼迫手下挖礦研磨。

一個蒙古兵拿翹，說：「這是你們漢兒的事情，我們要先回去了！」其餘蒙古兵也紛紛丟下工具，準備騎馬離開。

王俊傑喝說：「我是統制，你們應該聽我的命令！」

蒙古兵說：「少來這套！我們的任務是，監督你們忽札漢人別當逃兵的！這幾天是看在殿下要打仗的份上，才幫你們的忙！假設再逼老子，就當你們想逃跑，把你們全剁了！」

其他蒙古兵也紛紛附和。

王俊傑吞了口水，無可奈何。

「走了，先去小城休息⋯他們跑不掉的⋯」蒙古兵紛紛先回小城。

王俊傑說：「你們聽見啦！來到這裡，離家千萬里，誰也跑不掉！挖吧！大不了少挖一些，之後省省使用火藥。」

總算把礦石都蒐集齊全，裝上馬車回小城。

赫然聽到一群女人的哭聲，發現這群蒙古兵如同禽獸，把小城中的女人衣服撕開，捆綁著她們。地上躺著一些男人與老人的屍體，必定是被蒙古士卒殺的。蒙古兵哈哈嗤笑，如獲至寶。

一夥人朝該處看去。王俊傑說：「有什麼好看的？這一路走來蒙古人就幹這種事情！沒有我們漢人的份！」

王俊傑也對蒙古兵大喝：「我們都挖完，準備回去見殿下了！你們繼續開心吧！看之後殿下怎麼處置你們。」

說罷帶著馬車回途，蒙古兵知道拔都軍法嚴厲，但又捨不得這群剛抓到的碧眼金髮女人，於是將她們綁在馬上面，當貨物一樣運送回去。

正當蒙古兵想把抓來女人藏到後帳，忽然拔都來突擊檢查。

「稟殿下，礦產都採集齊，只要再給三天研磨製作，火藥武器就可以使用。」

拔都拿著馬鞭，指著那一群抓來的金髮碧眼，哭哭啼啼的女人說：「你好像不是只有採礦回來。」

王俊傑苦笑說：「這…我們只負責採礦…我們…沒有辦法管這種事…這…您知道我本來是儒生，不敢的…」他不敢指責說這是蒙古士卒，不聽漢官命令所做的，不然這些蒙古士卒將會報復，他的處境將更艱難。

拔都內心知道這種情況，他自己在蒙古貴族中，也常碰這種事情。有功，大家分享，有過，就全推給他。無怪乎派他當統帥。

拔都看了看這群受到驚嚇哭泣的女子，再看了看採來的礦石。對親衛兵說：「蒙古籍火砲隊百戶長，解職，所有人，鞭打六十，發配到前鋒騎兵隊去，補充陣亡士兵的缺額。漢籍統制官與其士兵，每人賞十金。」

所有人一陣發愣。

「還不快動！」親衛兵紛紛跑來，把火砲部隊中蒙古官兵都抓下去。

拔都策馬走到王俊傑旁邊說：「這些女人全賞給你們，由你分配。」

王俊傑始終僵硬恭順地微笑說：「這我們不敢，殿下不如放她們回家。」

拔都說：「以本帥的經驗，她們的家人一定被殺了，若在這裡放她們離開，她們很快就死在野外。如果你同情她們，就收留她們在你帳中。你若是想當漢人常說的謙謙君子，就自己想辦法保護她們。本帥行軍打仗的時候，不會管她們死活，而你的火砲還是要隨時就定位。」

王俊傑說：「是是，謝殿下。」

於是王俊傑把蒙古軍的鎧甲找來，讓這一百多名抓來的女子都穿上，嚴禁手下對她們非禮。雖然語言不通，但她們知道這什麼意思，雖然都是黃皮膚黑頭髮，但她們看出這些漢人跟蒙古兵不同。

拔都與速不臺兩軍會合，匈牙利軍同時亦集結完畢。別拉四世率軍六萬，從佩斯特出擊蒙古軍，拔都大軍後退至多瑙河的支流賽育河東。匈牙利軍追擊至賽育河西，別拉四世派裝甲精兵千人堅守賽育河上的石橋。蒙古軍紮營於賽育河東處，其地三面環水，樹木叢雜，易守難攻。匈牙利軍則布陣於河西，環車為營，懸盾於上，形如堡壘，但其地形開闊，行動暴露。

相持數日，拔都決定乘夜突襲，以一軍奪橋，一軍迂回下遊渡河。恰巧蒙古軍中有羅斯士兵叛逃到河對岸，投奔匈牙利軍，告以蒙古軍將要夜襲。別拉四世收到情報後，不與理睬，而別拉四世的兄弟羅克曼公爵和烏古蘭大主教，則態度不同，極其重視此項情報，於是大量增兵於石橋。故蒙古軍奪橋時，匈牙利軍早有準備，萬箭齊發，擊退了蒙古軍的偷襲。

速不台率軍乘夜迂回到賽育河下遊，渡河後在翼側列陣。拔都則指揮正面部隊，於夜中再次對石橋發起了奇襲，又遭到堅強的抵抗，匈牙利軍準備了鐵甲弓箭陣。等蒙古兵衝到石橋附近時，就忽然箭雨如下，蒙古士兵非死即傷，紛紛倒斃。而蒙古軍反擊的弓箭隊，被對岸重裝盾牌步兵抵擋下來。

整個對峙作戰，讓蒙古軍的弓箭隊處於下風。

「火砲兵！」拔都這麼喊著。

王俊傑率領著漢兵們，在箭雨中，趕緊架設火砲，只有少數盾牌部隊替他們掩護。一路走來漢兵水土不服，死亡也不少，只剩五十人不到，但此時多了一群碧眼金髮女子，穿著蒙古鎧甲，或拿著盾牌掩護，或協助搬運砲彈。原來這些先前被虜來的女人，都是日耳曼人，王俊傑找了歸降的羅斯老兵中，懂各種日耳曼方言的人，翻譯告訴她們。殺她們家人的蒙古人，都被抓去騎兵隊打仗陣亡，他保證沒有人會強姦她們，只要幫忙搬運砲彈作戰，就有吃住，戰爭完結就放她們自由。

拔都哈哈笑說：「你這漢兒，真有你的。語言不通還能讓她們聽你的話。若不是我們蒙古人了解你們的特性，還真會被你們給玩了。」

於是蒙古軍在石橋左岸列火砲七具，淩晨時在炮火掩護下，蒙古軍發動了一次又一次的強攻。

接二連三轟隆巨響，裝甲弓箭隊被炸得四散。當中鐵丸四射，一砲可以打死打傷六、七人。

匈牙利人從未見過這種火器，可以把鐵甲部隊炸得四分五裂，嚇得紛紛逃竄，士氣十分低落。

於是蒙古軍占領了石橋。拔都軍渡河後，會同速不台軍猛烈夾擊匈牙利軍，雙方展開了激烈的戰鬥。匈牙利軍在被包圍後漸漸支持不住，陣營混亂。羅克曼公爵和烏古蘭大主教及聖堂騎士長，三人共同組織士兵，兩次出戰失利，聖堂騎士團盡被殲滅。戰至中午，羅克曼公爵見不能取勝，決定率兵突圍。正當羅克曼公爵帶兵進入激戰狀態時，蒙古軍將包圍圈放開一個缺口縱敵逃走，匈牙利軍士兵爭相出逃。這戰術在滅金戰役時，也使用過，而今搬到歐洲作戰仍然有效。

蒙古軍追逐逃逸的匈牙利軍隊，雙方在賽育河右岸蒂薩河匯流處展開戰鬥。別拉四世親自督軍迎戰，但匈牙利軍心已去，一戰而潰。別拉四世乘駿馬單身逃脫，烏古蘭大主教戰死，匈牙利士兵生還者無幾，積屍綿延兩日路程，賽育河水染成了紅色。蒙古軍取得了賽育河殲滅戰勝利後，再次使用火砲，攻破佩斯特和布達城。

其城牆不如汴京城牆那麼堅固，於是被砲火轟垮。蒙古軍衝入後，縱火焚燒，屠戮居民。

拔都命合丹率軍窮追別拉四世的殘部。別拉四世先後在匈牙利境內東躲西逃，後逃到奧地利，他致書羅馬教皇格利高里九世和神聖羅馬帝國國主菲特烈二世求援，均被婉言回絕。別拉四世逃到亞德里亞海上的小島上。合丹軍在亞德里亞海東岸，相繼攻取多座城鎮，再取道塞爾維亞與拔都軍會合。

西征軍各路兵馬駐營於多瑙河畔，休整兵馬，分兵四處劫掠。冬季，多瑙河凍冰後，拔都分軍兩部渡多瑙河，向西掃蕩。蒙古攻取克蘭大城，四處縱掠，其中一支蒙古軍抵達奧地利的維也納城郊。至此，蒙古西征軍基本橫掃整個匈牙利。

另外一支蒙古軍再繼續西南行，進入義大利境內，準備進攻威尼斯王國。若威尼斯國被攻破，羅馬就危在旦夕，教皇格利高里九世被嚇出一身冷汗，立刻開始修書到歐洲各邦各國求援。

至此，全歐洲震動，都知道蒙古軍姦淫擄掠，好殺成性。由教皇致書告知各國，必要時得組織，全歐十字軍迎戰，保衛基督徒，抵抗這次『黃禍』。蒙古軍這次西征，火砲這種武器，頭一次進入歐洲人的視野。

維也納城郊，多瑙河南岸，蒙古軍營金帳範圍。

此時已經開春，沿岸青蔥翠綠，暖風宜人。

拔都騎著白馬，看著多瑙河風景，王俊傑騎著棕色馬在旁跟著，後面有一百多名蒙古親衛兵。

拔都指著多瑙河北岸一片麥田說：「漢兒！這世界真的很大，我們一路向西打了好幾年，聽本地人說，向西還有很多國家，直到另外一片大海為止。」

王俊傑說：「是啊…真的很大…我們漢人容易思鄉，真有點想念家鄉了。」

拔都哈哈笑說：「誰叫你們喜歡定居？死後還要建什麼墳墓？還非得建在家鄉不可！看我們蒙古人多好，出生不需要證明，到處飛奔，四處搭起帳篷就是家。死後不要留任何痕跡，隨便找個地方埋了就好！你們漢人就是沒看開！」

王俊傑說：「殿下說的是。這是我們該學習的。不過春秋戰國時代有思想家叫作莊子，他也是逍遙天地，甚至死後不要埋，遺言是要他的徒弟們，在他死後把屍體丟到荒郊野外，以天地為棺材。可見我們漢人祖先，也是有蒙古人的心胸的。」

拔都點點頭，看著西方說：「回到剛才說的，這一路往西直到大海才沒有國家。大海過去又是什麼？你學問很好，在這戰爭途中你也時常看書。你認為大海過去到什麼地方，才是世界的盡頭啊？」

王俊傑說：「王某所知，這世界是個圓的，所以沒有所謂的盡頭。假設殿下現在騎著一匹會飛的馬，直直向西行，渡過高山大海，最後又會回到蒙古草原。」

拔都瞪大眼，看著他問：「是誰說這世界是圓的？你怎麼知道？」

王俊傑笑說：「早在春秋戰國時代，一直到東漢。我們漢人祖先對於這天地，就有三種說法。稱為論天三家。第一種叫作蓋天說，即大地是平坦且有限的，有世界的盡頭，而天是圓蓋，帶著日月星辰壟罩大地。這種說法是基於我們眼睛所見的直觀，人太過渺小，直觀之說未必準確。」

「第二種說法，叫作渾天說。早在中原的戰國時代，魏國的天文官，從觀測月亮的陰影與太陽每天的繞行，就猜測月亮的盈缺，是我們大地的影子。從而猜出這世界是個圓球，當時的魏王也是吃驚萬分，不予置信。西漢朝的時候，張衡製作渾天儀，就以這天文官的記錄，製作了一個圓球，把星辰都分佈在這圓球上！認為這天象就依託在這圓球形狀的世界之上。還因此劃分線條刻度，稱之為灑網於地！到了唐朝的時候，曾經有人運用漢朝的渾天儀，以及觀測角度與時間的記錄，以灑網於地的線條，推算兩個地點直線距離有多長。也繼續反推這個世界到底有多大！那記錄記載在資治通鑑裏面，可惜沒有帶那本書來！不然我用類似的方法，推算給殿下知道，這世界到底有多大。」

「第三種說法叫作，宣夜說。由東漢秘書郎郄萌提出。他沒有直接論及這世界是什麼形狀。而是設想，包圍這個世界的宇宙是無限的，天體全部飄浮在虛空之中，互相遠離，受「氣」的推動而運行，進退不一。此說不認為天有某種形狀，沒有「天球」的想法。這種說法雖然有其原理，但沒有任何可供觀測的實據。所以我比較認同第二種，渾天說！」

拔都頻頻點頭說：「你們漢人厲害！難怪大汗會聽耶律楚材的話，要你們漢人儒生來當官！我從小看著天地蒼穹，心中長久的迷惑，給你三言兩語就解答了！這世界多大也就別去算啦，免得勞心費神，我只要知道是圓球狀的就好，哈哈哈。」

王俊傑說：「這世界每個族群都有聰明人，也許我們漢人的觀察不算是最早，也許有世界其他人，比我們漢人早推算出來這個世界有多大，只是我們還沒看到記錄而已。」

兩人邊聊邊回，直到黃昏。

忽然一隊哨騎兵，拿著大汗的金牌，進入拔都的金帳。拔都見了趕快進帳。聽到消息面色凝重，命令所有傳令兵大隊集合。無論蒙古部將怎麼問，他都一言不發，反而把王俊傑找來，單獨面談。

「大汗歸天了，我們得班師東返。」

王俊傑瞪大眼，須臾，出現非常悲痛的神情，鼻子一酸，用衣袖遮眼，似乎要崩下眼淚。

拔都也瞪眼看他，改口用漢語說：「王書生，王秀才！你是想要哭嗎？我都不想哭，你哭什麼勁？別裝了！」

王俊傑放下衣袖，苦笑說：「主上歸天，國喪人人該悲痛……」

拔都冷笑一下說：「我就知道你們漢人很會演戲！閒話少說，我們要班師回朝，這裡距離我們蒙古草原還有很遠的路，就算騎馬回去，至少也得走個一年以上。暫時也不會再打仗了，我承諾你可以選當地女人為妻妾，跟著你的那群尼迷思女子，全賞給你了。回去之後，你當我的軍師。」

王俊傑說：「謝殿下，但王某想留在這裡，不想回去了。」

拔都吃驚地說：「你說什麼？你不想回去？」

王俊傑說：「火藥的技術，現在很多蒙古人也學會。一路走來，王某好累。那些尼迷思女子，教會了我一些尼迷思語，我想住在這裡，不回中國了。跟著我來的漢人也只剩下七人，他們都娶了尼迷思姑娘，也想住在這。」

拔都愣了一會兒，搖頭說：「這不可以，你們在這，將會把火藥術，傳給他們！」

王俊傑說：「放心吧殿下，絕對不會的。您知道我說話算話，保證不會把火藥術傳出去。我的手下們，他們也只是一知半解，不知道我調製火藥的配方。況且您回去參加庫里耳台大會後，也許還會回來。您儘量爭取先前我們談過的，取得封地。」

拔都沉默許久，嘆氣說：「也好！你也立了不少功勞，吃了不少苦頭，幾次九死一生從戰場上跑回來。若這一點要求都不答應，也就枉費我『撒因』的稱號。」

於是拔都派出大量傳令，沿著驛站，通知所有分出去的部隊。大舉集合在多瑙河畔，準備班師。

班師之前，拔都還告訴王俊傑等人說：「你們漢人的長相跟我們蒙古人沒有多少差別，這裡的人非常仇恨黃皮膚黑頭髮者，而你的尼迷思姑娘們未必能保護你，接下來的安危，自己要小心了。」

王俊傑笑說：「多謝殿下關心，回去的路途遙遠，願殿下一路順暢。」

拔都笑說：「回去是要回去，但我是不會參加庫里耳台大會，就等著如你建議，要個西境無人要的封地，遠離是非圈子。」

看著蒙古大軍開拔東返，王俊傑準備繼續向西走。

這些日耳曼女子，當中有八個人嫁給了王俊傑，其他六個漢人也各自娶妻妾，一起定居在維也納。

這裡的人確實非常忌諱東方面孔者，於是他們又結伴西行，分散到較為友好的城鎮定居。只有王俊傑皈依當地的基督教主教，利用他提供的資源，帶著日耳曼妻妾們漸漸往西，終於到達西海岸某處，在一個海邊城鎮居住。此時他身上還藏有不少，拔都賞賜的金銀。於是置換了一棟靠海的樓房，耕種生活。

從房屋頂層，看著這大陸西緣的大海，王俊傑喃喃自語說：「從最東邊的大海，到最西邊的大海……」

「晚餐準備好了。」他的一個日耳曼妾室，這麼呼喚著他。

「是啊，我們以後就永遠不搬家了，吃晚餐吧。」

最後他擁有二十多個子女，當地城邦的國王，還好奇地招見他多次，詢問關於中國的一切，他是有介紹了製作火藥的大概方式，但王俊傑不肯詳盡地把火藥術都傳授，改傳授醫學與人文思想理念，因為他不希望殺人的兵器，在此不斷傳遞、發揚與進化。

不過火藥術在歐洲人當中引起不小震憾，開始有人希望，能從蒙古人手上獲得這種，能把城牆轟垮，聲音震天的火藥武器。並且更深入研究當中的原理！王俊傑雖然沒有教，但已經有人從蒙古人那邊學到這技術。

鬼局之作，透過萬里長城的糾纏當稜鏡，投映到了遠方…

不止火藥，還有連鬼局都會感到意外的事情，將在此開始醞釀。

※※※※※※※※※※※※※※※※

陰陽一體，古怪相連。

陰古：又西征…那種感覺又來了…這肯定是你判斷的『緊隨影』。

陽怪：可惡啊！時晷官的計時得盡快開始。

陰古：我們似乎把巨浪掀得太大。我很怕萬一，陰錯陽差，把我們的罔兩型即老五一門弄毀了，那就得不償失。

陽怪：這妳擔心什麼？目前巨浪所及，沒有罔兩型的跡象。倘若有蛛絲馬跡，我們會立刻搗毀巨浪，讓他變回搓鳥的本質，甚至直接裂解他們。不過說也奇怪，若是我們自己的罔兩型，早已出現，怎麼會沒有他們的蹤跡？

陰古：我推測，在巨浪所及的方向，肯定沒有。這條道，我們在漢朝時期就已經用商業模式與自身的西征，摸過脈絡，一直都沒有老五的氣息。而海上的商業貿易，似乎也沒有這個氣息。我的那種直覺跟老五有很大關係，萬一那種直覺是真，老五必首當其衝。

陽怪：海上商業貿易的摸底，常有意外與損毀，比較不穩定，也許已經找到，但我們因為如此，所以沒有感應到。似乎……巨浪也該歇一歇，以免意外觸碰到老五。老五必須我們自己去找才行。

※※※※※※※※※※※※※※※※※

罔兩型，老五一門為何？且先按下，很快就會揭曉。

話鋒回頭，回到西征之前時間點，談另外一路。

說窩闊台兵分兩路，一路西征，一路南征。西征這一路派各宗族長子或長孫為代表，拔都為統帥，一路打到歐洲中部，讓火藥武器進入歐洲人的視野，只是尚未把火藥術西傳。

而同一時間，蒙古南征這一路，則由大汗親生王子為統帥，都是親子的身份，闊端與闊春分別領軍，打蜀地、荊湘與江淮。

蒙古前鋒部將塔思，大軍攻破棗陽，闊春主力則攻破襄、鄧。南征軍跟西征軍一樣，一攻破城池就開始屠殺、放火與姦淫。漢民們逐漸被激怒，開始全部自組民團，分布在鄉野防禦。

塔思進攻郢州，蒙古軍多造木筏過河。江陵統制李復明率戰艦出戰，趁蒙古軍渡河一半，發動突擊，蒙古渡河軍被殺得全滅。塔思只能引騎兵沿岸以弓箭射擊，企圖挽救潰退，李復明中箭身亡。於是守軍憑藉堅城，擺出火砲，蒙古軍早已經領教過火砲的威力，不敢靠近，擄掠城外落單的村落而退。

闊端這一路，進入蜀地沔州，知州高稼率軍出城迎敵，四處佈置疑兵，連續反擊，竟然大破蒙古軍前鋒部隊。闊端非常忿怒，但不敢在野外與這些疑兵糾纏太久，於是繞道而行直撲沔州城下，城內軍民大亂，守將出逃，高稼急忙率軍回師，途中被蒙古軍打了埋伏，一場激戰，宋軍全軍覆沒，高稼也戰死。

曹友聞為宋朝開國大將曹彬之後，聽到高稼戰死的消息，急忙簡選精銳士卒，先大舉營救青野原小城，一戰擊退蒙古的圍城部隊。再接著與蒙古軍前鋒三萬多人交戰。殺聲震天，滿山遍野刀兵相交，血流遍地，草木都染城紅色，蒙古軍傷亡慘重，大敗潰走，宋軍奮勇斬殺蒙古兵一萬人。

曹友聞大勝之後，遂繼續進兵，控制仙人關，佈置火砲，累積弓箭，扼守險要。闊端收到敗報，大為吃驚。他出兵之前認為，宋人戰力最弱，而父汗窩闊台，又把蒙古精兵加強於南征這一路，應該是勢如破竹，最後直接抓住南宋皇帝才對，結果才打到川蜀而已就踢到鐵板，非常憤怒。於是集中蒙、漢兩軍主力部隊，再次大舉殺來。蜀地因先前遭到拖雷軍殺戮，漢民們對蒙古人的憤怒已經發酵，暗力已經開始匯聚。

制置使趙彥吶不願意支援，曹友聞只能跟弟弟曹友諒，孤軍以寡擊眾。先在各山頭張旗幟佈疑兵，然後精選兵將萬人，渡江設伏兵。

蒙古兵果然經過這必經要道，忽然砲聲一響，伏兵四起，滿山遍野殺聲震天。前鋒蒙古軍再次陷入苦戰，緊急呼喚援助，蒙古將領巴虜圖與塔爾海，率精銳騎射鐵騎來援。

在殺聲震天中。

「將軍，蒙古兵太多了，出現騎射鐵騎…」

「撤！換下一個埋伏地點！」

「軍隊撤不開啊……」

「撤不開也得撤，再糾纏下去會全軍覆沒！」

最後曹友聞只率了三百騎兵衝出戰圈，但人人都還鬥志高昂，銜枚行軍，埋伏於另外一個要道處。但大風雨不止，部下請求先退兵，曹友聞大罵：「蜀地就靠我等阻擋蒙古！雖然兵少，但為保家園，只有死戰而已！」

於是再次打一個埋伏，殺得蒙古軍屍橫遍野。蒙古將領醒神之後，發現對方人數不多，於是招來鐵騎兵與重裝步兵，一同齊聚於此，將曹友聞團團包圍，宋軍士卒人人喋血死戰，直到最後一人倒下去都沒有人投降。曹友聞最終陣亡。

闊端聽聞大喜，總算是靠此戰雪恥，於是縱兵衝入蜀地，連破城池，又開始縱火殺戮。蜀地各州軍民聽聞殘暴的蒙古軍來，緊閉城池，張列火砲矢石固守。闊端攻略開始出現困難，後續糧草支援開始不足，不得不頓兵堅城之下，雙方都火砲互相射擊，但蜀地的城池堅固。最後進攻不得，後退不甘，就地固守營壘求援軍。

另外一路，闊春統兵繼續猛打，襄陽重鎮被岳飛收復以來，累積諸多兵甲財貨，但趙范統馭無方，部將為求不被屠城，於是開城降敵。趙范因而受到牽連，被削職為民。接著蒙古軍攻破隨州與郢州。

蒙古大將特穆爾岱，趁勝進攻江陵，已經被勝利的假象迷惑，沿途擄掠女子與小孩近兩萬人，連營二十四寨。孟珙率大軍及時來援，其他路宋軍也紛紛趕來增援。只見蒙古營寨設置火砲弓弩，防範甚嚴。

孟珙自滅金之後，就如自身預測，必與蒙古決戰，所以平常都不斷練兵與磨練戰術，所屬全部都是善戰精銳。命令全軍深夜潛伏逼近，壓制住蒙古軍寨外的犬吠與銅鈴警戒線，到一段距離。一聲沖天砲響，煙火四散，全軍同時舉火，發動突擊，火光照天逼近寨前，蒙古軍大為吃驚，調來的火砲無從施展。雙方箭雨互射，繼而刀兵相斫，從深夜一直打到白晝，蒙古軍大敗，死傷慘重，宋軍當場斬首蒙古兵萬人。孟珙趁勝全軍反攻，連破二十四寨，奪回擄掠的女子與小孩而歸，令她們各自帶子歸家，安排孤寡住處，改配良人，民心大悅，高呼萬歲。

另外蒙古大將察罕，大舉進攻真州，知州丘岳死守城牆，蒙古兵不得不後撤，準備火砲與投石機來攻城。丘岳見了，知道蒙古人已經也熟練火砲術，於是設下一計，忽然大開城門以步騎突擊，逼使蒙古軍也放下火砲與攻城機器，大舉上馬突擊反撲。他則趁勢鳴金收兵退到城內，當蒙古軍衝入城中達到千人左右，忽然一聲砲響，全城滿佈旌旗，伏兵四起，萬箭飛來，殺得突入城中的蒙古軍死傷慘重，部眾潰退。丘岳此時才趁勢全軍出城反撲，攻破蒙古營寨，大破蒙古軍，搶奪蒙古軍的火砲。蒙古將領察罕見狀不妙，率殘軍撤走。

所有戰情回報後，闊春也異常忿怒，大罵部將無能，親自揮鞭，鞭打部將。

征伐南宋的兩邊蒙古統帥，都是一下歡喜一下憤恨。只感覺這宋軍，不是先前聽說的那麼荒謬可笑，而是斷斷續續，不時地會發作強大的戰力反擊，打得蒙古軍鼻青臉腫，然後又忽然收縮害怕，繼續等著挨打，只讓他們感覺非常古怪。

昆布哈率軍進攻黃州，發現抵抗強烈，於是招募蒙古死士為巴圖虜，採取突擊作戰，拼死攻城，但孟珙率軍來援，在城外一場混戰，再次把蒙古軍擊潰，蒙古巴圖虜後援被打散，自身也被圍困攻殺而全軍覆沒。

闊春帳營。

「整個戰線陷入僵局，形成拉鋸戰，傷亡慘重。自從先祖成吉思汗起兵以來，我蒙古大軍從來沒有這麼艱難過！若再有這種大敗仗，我怎麼跟父汗交代？」

眾將領一言不發。

闊春冷冷說：「不要管江北的一些小城，拔掉一個，漢人又造一個。集中所有部隊，直撲廬州，攻破廬州後直渡長江。誰願意擔任主將？」

察罕說：「末將願往！」

闊春說：「這可是要打水戰，你有把握？」

察罕說：「不管多困難，就是猛打到底，才是蒙古勇士！」

闊春笑說：「正是如此！」

於是察罕率蒙古與漢軍主力，大舉殺向廬州，號稱八十萬之眾。造船舟於巢湖，於濠外築土城六十里，水陸兩邊圍攻廬州。宋軍守將杜杲率軍死守，蒙古軍屢屢打不下來。

於是蒙古軍先大舉築壩，一夕之間增高，高於城樓，大壩上面架設火砲，直接轟擊城內。城內守軍與百姓，驚慌失措。

杜杲派出死士，以黑色易燃油罐，即宋代就發現的新礦產石油，放置入罐，綁以易燃乾草，就在壩下發動突擊，先以藤牌兵殺敗守備大壩的蒙古軍，然後焚燒木頭底樁，大壩坍塌一大半。火砲東倒西歪。

但蒙古軍不放棄高處架砲的構想，紛紛在城外寨內搭起雁翎七層高樓，再次架設火砲，直接轟城。高樓底下滿佈蒙古鐵甲騎兵，防止宋軍再次攻擊。居民因而被火砲打得傷亡慘眾。杜杲非常憤怒，集中全軍，激勵士氣，開城門全力衝殺，就在砲樓底下刀兵相斫，殺聲震天，將蒙古騎兵殺得大敗。

察罕見狀不妙，急忙調來蒙古漢軍混合步兵增援，但宋軍人人死戰，殺得血肉橫飛。漢軍步卒發現敵人異常兇猛死戰，才不願意替蒙古如此賣命，況且一旦被宋軍抓住，查出自己是漢人身分，必定會被大罵是替異族效力的漢兒，即便不被下令處死，也會被宋軍底層士兵當場打死。所以一戰敗後，漢軍先紛紛潰逃。建立的攻城高樓，紛紛倒塌，最終蒙古軍也因而全線崩潰。另外宋軍也派出堅船水軍迎戰，蒙古軍卒不熟水戰，且知道陸師已經敗跡，於是也紛紛退走。

皇帝趙昀聽聞大捷，於是大喜，加授杜杲淮西制置使，開國庫賞賜軍民錢糧。

孟珙也率軍發動大反擊，反攻已經被蒙古軍打下的襄陽與樊城要地。

先派遣突擊敢死隊，化裝成為一般難民，潛入城中觀察情勢。而後主力部隊在郊外列陣挑戰，蒙古軍先前都是主攻，宋軍最多只有防守作戰獲勝而已。

王子闊春率領的蒙古守軍異常憤怒，立刻組織兵力對郊外宋軍發動野戰攻擊，孟珙親在陣前指揮，殺聲震天，戰場四處喋血，但宋軍越戰越勇，連續三次衝殺把蒙古軍打得大敗。蒙古軍不得不退到襄陽城中固守。

孟珙見機不可失，先遣突擊隊立刻發動攻擊，打開城門讓宋軍突入城池之中，城中居民忿怒蒙古軍殘暴，紛紛持武器響應宋軍，四處追殺蒙古殘兵。蒙古軍再次大敗潰走，拋棄所擄掠的金銀女子。王子闊春在慘敗撤退之中，被砲火打中身亡。

於是宋軍趁勝收復襄陽與樊城要地，與附近州府城池。皇帝趙昀收到襄樊大捷，還打死了蒙古王子的消息，喜上眉稍，降旨撥款，重賞將士。

蒙古南征軍的東路與中路都吃了敗仗，闊春在大敗中戰死。只剩蜀地的闊端，聽聞弟弟戰死，大為吃驚。再不斷求援之下，等到了大批援軍，還稍微有一些進展，連破州府，於是大軍進攻重慶。守軍建立營寨架砲設弩，依靠地形連續阻擊蒙古軍，闊端一時又打不下來，再一次頓兵城下，士氣低落。

孟珙之兄孟璟，知道蜀地軍民堅持頑抗但遭遇困難，於是率軍增援蜀地，也在蜀地側翼配合居民發動反攻，接連擊敗蒙古軍，收復淪陷的州府，解除重慶之圍。於是皇帝降旨，重賞孟環全軍錢糧，另外加授孟珙為四川宣撫使，令孟珙也一同率軍進川蜀增援。

余玠同時被皇帝授命，要收復被蒙古軍侵佔的蜀地。到任之後，招賢納士，共商大計。冉璡、冉璞兄弟應召入幕，首先建議於合州城東釣魚山上築城，並移州府於釣魚城。余玠任命冉氏兄弟為合州長官，負責築城。此前，已修築多處山城，此後也修築了十多座山城，許多州府移居山城，形成一個網路山城的模式，頑強地抗擊蒙古軍。余玠又實行輕徭薄賦政策，俞興又開屯田於成都，經濟有所恢復。余玠率部巡邊，穩扎穩打，一直推進到被蒙古軍佔領的興元，逼近漢中，整個川蜀居民四處響應，民團暗力不斷合流，追打從北方不斷增援的蒙古援軍，闊端發現若繼續交戰下去，最終可能會全軍覆沒。不得不率蒙古軍主力敗走，狼狽撤離蜀地。

和林窩闊台金帳。

大汗窩闊台召集了所有蒙古王公大臣會議。

「消息回報，西征似乎連戰連勝，打到遙遠的西境。東征方面，高麗也稱臣降服，入貢受封，送上王子當人質，請求罷兵。怎麼南征各路常有敗仗？有時說打了勝仗，攻陷什麼州，什麼城！結果這些州名、城名，在下一次勝仗回報時，又出現！一個城池難道可以攻陷兩次，這還叫勝仗嗎？你們平時不是常說，宋人最是軟弱，最是可欺，怎麼今天會有這種情況？竟然連闊春都戰死在漢人的土地上！這到底是怎麼回事？」

「闊春原本是本汗最在意的大汗繼承人選，統帥的部隊也是最精銳的！為何會是這種情況？」

窩闊台非常憤怒，強忍著眼淚，拍案大罵。

蒙古諸王公大臣面面相覷，一句話都說不出來。

「本汗的繼承人都戰死了！你們說句話啊！」窩闊台大吼一聲。

眾人還是不敢搭腔。靜默許久。大家都把眼睛看著耶律楚材，只剩他有資格在這種情況之下說話而不被怪罪。

耶律楚材（金眼眶）發現，這種情況自己不說話不行，於是站出來說：「一百多年前女真人攻宋，之所以連連得手，並非女真人戰力有多可觀，而是運用和戰兩手策略。宋人朝廷內部傾軋，相互黨爭不休，倘若朝廷能不斷使用和談為煙幕，掩護戰爭進行，必定弱化宋人的抵抗能力，最終使戰爭局勢，走向對我有利的局面。」

窩闊台不喜歡這個策略，因為他認為蒙古軍天生神力，所向無敵，根本不必用到這種卑鄙手段。喃喃低聲說：「我們蒙古人不需要學女真人那些鼠輩的招數。」

耶律楚材（金眼眶）說：「兵不厭詐，能使戰爭勝利，減少我蒙古勇士的傷亡，就是好招數。畢竟蒙古族人，雖然近年來，隨著土地財富擴大與生活物質提高，人口因此增加不少，但跟漢人相比，仍然是少數。更何況先前入主中國的女真人、契丹人，還有被消滅的黨項人殘部，都與漢人相交雜，從而漢化。此次南征，數次增援，我蒙古壯丁傷亡頗多。為保住我大蒙古男丁人口興盛，正是戰爭當中，首先應考慮者。」

窩闊台喃喃一陣，才軟化說：「好吧！耶律楚材說的肯定沒錯！派人議和，要他們繳歲幣！就像以前他們對女真人磕頭一樣！不然不可停戰！」

使節是來了，但戰爭持續中，宋廷內部仍然議論不休，沒有決議。乃至於蒙古使節被糾纏來糾纏去，有些竟然就因水土不服，病死在臨安。再來一批蒙古使節團，或被分散帶開，給他們四處觀察南宋境內虛實，但就是沒有論及歲幣與和談的內容。和談的策略，竟然也跟戰場一樣，拖耗不止，慢慢旋轉來推掩去。以和來當掩飾的策略於是破功。

這一次，宋廷沒有陷入和戰兩端，反而蒙古人陷入和戰兩端。整個兩國邊境的戰線，陷入僵局，互有勝負，變成消耗戰。雙方都損耗大量的錢糧與兵力。蒙古軍終於難以支撐，攻勢暫停。

不久，窩闊台酗酒而忽然暴斃，大獲全勝的西征大軍逐漸班師回來，征伐高麗的部隊也獲勝回師，南征的部隊反而是大敗後撤。蒙古高層正等待舉行忽里耳台大會，推舉新大汗。這期間由大汗王后，脫列哥那乃馬真氏稱制。

之後大會推舉窩闊台長子貴由繼位，但耶律楚材已經病死，血脈已經傳到第三代，相互之間已經疏遠，宗室內部開始爭權奪利不休。且南方的戰局，就像掉入泥灘，繼續拖耗。於是貴由招來弟弟，被封為西涼王的闊端問計。

「父汗在位時，本汗參加西征，所向無敵，消滅許多國家，甚至打到尼迷思這麼遙遠的地方。怎麼你們南征一個小宋，會糾纏這麼多年，最後還以敗告退？闊端，你是兄弟之中最足智多謀者，怎麼會如此難堪？」

闊端低聲說：「兄汗有所不知，漢人並不像一般蒙古人亂傳的那麼軟弱！兄汗您若親自南征，就會知道。他們很鬼啊！」

貴由在地圖面前，往返走著說：「大汗之位傳到本汗，已經是第三代，宗室人口增加，派系林立。這個汗位被不少人覬覦。若不對外繼續打勝仗，落實先祖父成吉思汗的願望，遲早會出內亂。打宋人你可有想出什麼想法？」

闊端說：「弟無能，不知道該怎麼辦⋯」

貴由嘆了一聲。兩人在地圖面前打轉。

闊端忽然想到一事：「啊！有了！」

貴由瞪眼問：「你想到什麼？快說！」

闊端說：「在先祖父成吉思汗，南下攻打金國之時，有一個漢人叫作郭寶玉來投誠。先祖父成吉思汗問他，如何取中國？他說中國勢大難以速取，而西北各族戰力強悍，可先取之而後攻中國。這個策略可以反復使用。如今我們可以先降服吐蕃，漸漸圖謀大理。在整個宋國周邊建立根據地。最終，由多個方向出兵，就可以把宋人消滅。」

貴由笑說：「就這麼辦！但吐蕃在高山中，我們如何能取之？」

闊端笑說：「他們有許多蕃僧與我蒙古交好。吐蕃乃宗教立國，招降並不難啊！」於是派闊端在涼州與吐蕃領袖會盟，吐蕃宣佈稱臣於蒙古，並同意蒙古派官入吐蕃監督施政。

總算想到方法了⋯但仍然不是鬼局要的答案⋯

因為蒙古武力南及中國內地，西及歐洲內地，所以兩個地方都不少人，都希望用文化力量，把蒙古大汗拉攏過去。

歐洲人首先開始動作，他們傳言蒙古大汗信仰基督教，因此教宗英諾森四世，派遣若望．柏郎嘉賓出使，希望勸說蒙古大汗不要傷害基督徒，同時要他真的皈依受洗。但是他未能說服貴由皈依天主教，得到貴由的回信後，只好離開蒙古草原，向西踏上歸途。

同化其實根本不是用文化的力量⋯

蒙古王子忽必烈，拖雷的嫡次子，在蒙古各部宗王派系爭奪的壓力中，非常有憂患意識，他認為拖雷系的宗室，被窩闊台系壓制，還有察合台系的一群人喧鬧。

自己難以爭奪大汗位，必須要有特殊方式才能奪取。而且即便奪取之後，遲早各宗室王子會愈來愈多，而汗位只有一個，這種體制難以長久持續下去，忽里耳台大會遲早人滿為患，吵吵鬧鬧，一大堆人都有資格來當大汗。拖雷系繼位會愈來愈難。即便拖雷系獲勝，拖雷系內部也一堆王子可以繼承，相互也都劍拔弩張，若如此下去，蒙古也就四分五裂。

唯一維持的方法，就是把大汗的權力降低，採取宗室共和制度，類似於周朝早期曾用的「周召共和」，來保護蒙古不分裂。但是降低大汗的權力，是任何大汗繼位者都不願意的。況且宗室共和制度必須相互斯文講理，蒙古人以鐵血起家，武力為尚，共和最後反而會不和。忽必烈如此當然更不喜歡這種制度。

那就只剩下另外一種方法，所以他在這一團混亂之中，慢慢摸出鬼局要的答案了⋯⋯

忽必烈藩邸，招開宴會。

先來的是蒙古諸將領與商人，忽必烈在宴會中，很坦然地把庫里爾臺大會的情況說明。

他說察合台系與窩闊台系的諸王子，聯合起來對拖雷系王子無端打壓。並表示以蒙古傳統習俗，本來就是幼子繼承為原則，當初成吉思汗臨終之前也是讓拖雷監國，示意宗親要拖雷繼位。只是拖雷把位置讓給兄長，才最後讓窩闊台繼位的。對此他忽必烈非常不滿。

雖然這些蒙古人都紛紛奉承，堅決表示擁護忽必烈，但始終拿不出什麼具體有效的辦法，忽必烈甚為失望。

接下來第二輪宴席，就找來漢人官吏與儒生會面。

真定路的經歷官張德輝（金眼眶），是最經典的儒生，不但道德之名讓大家稱讚，還精通天文數算，歷史經典，乃至自然百科。

忽必烈在這些漢人面前，當然不能直說自己的心病，這會曝露出蒙古人內部矛盾，於是轉彎問：「孤王知道，孔子已經死了很久，其性安在？為何你們還要這麼尊崇他？」

張德輝（金眼眶）說：「聖人與天地相終始，無往不在，倘若殿下也能行聖人之道，其性也是傳之久遠，記錄在史冊，無往不在，受到後人所推崇。所以唐朝的時候，稱皇帝為聖人，正是皇帝之名也希望記錄在史冊，傳之久遠。」

忽必烈心結用暗示地問，張德輝便暗示以達，希望他能夠當所謂的『聖人皇帝』。忽必烈內心燃起一股希望，皇帝二字讓他嚮往不已，正與他想要謀奪大汗位，有魂合鬼契的互通之理。

忽必烈問：「可孤王聽說，以前遼國以佛教而廢，金國以儒學而亡。可有乎？」

張德輝（金眼眶）答道：「遼國的事情臣沒有周知，但金國的事情是臣目睹的。

在金國朝廷宰執當中，或許會用一二儒臣，但其餘都是宗親武將。一但涉及軍國大事，又不准漢人過問，只有完顏宗親才能議論。漢人以儒侍奉金主者，三十人授官一人，其餘皆拒之門外。儒生提的治國方略，金主表面尊重，但根本不落實。金國之衰亡，自有其責任，與儒生何干？」

談到都是宗親，忽必烈聽出了一絲端倪，頻頻點頭，於是稍微再露出一些暗示，笑容有些詭異，問他：「我蒙古的祖宗法度具在，然而未盡事宜者也甚多，將如何呢？」

張德輝（金眼眶）愣了一下，知道這話題會有些敏感，漢人對於蒙古大汗的祖宗法度，本來不應該妄自評論，但忽必烈既然自己問了，那就不妨也給些意見，於是『指桑論槐』指著面前的銀盤說：「所有的創業之主，就如同製作這個銀器的工匠，精選白金，良匠規矩而成之。交給後人傳之無窮，當讓謹慎保護的人執掌。否則難免會缺壞，或被人偷竊。器物本身之後的命運，已經與先前創造之主，沒有多大關係，後人要永久保護它，使之永遠為寶，自然也該隨機應事，有所變動，不能夠墨守成規。否則只是死守著舊俗，最終卻讓至寶本身毀壞，就違背了最早製作這個器具者的初衷。」

忽必烈微微一笑，頻頻點頭，也聽出了端倪，於是內心跟漢儒搭上了線。根本不需要歐洲人玩那套『皈依』的宗教假把式，忽必烈在內心已經嚮往用儒來治國，以寄望他們能解決自己的心病。

但此時張德輝更加謹慎，更不能明擺著議論，只能在他問的時候用暗示，慢慢讓他走入正軌。

忽必烈過不久穿上了漢服，跟著儒生們一起祭祀孔子，趁機問張德輝：「孔子廟祭祀的食禮，有這麼重要嗎？我們蒙古人從來沒把這種繁瑣禮儀當一回事！」

張德輝（金眼眶）說：「孔子之德，萬世王者之師。統治國家的君主尊重孔子就修廟，以重禮祭祀。這廟與食禮，到底如何，其實於聖人本身的道德，無所損益，確實並沒有這麼重要。這禮儀只是給其他人看，當前統治國家的君主，對聖人之道重不重視而已。古代某些君主不在乎別人的觀感，自然也不修孔廟了。那自然有人看在眼裡，想在心裡。所以食禮這個並不重要的形式，反而成了君主重不重視道德，該不該被萬民景仰的參考。」

忽必烈哈哈笑說：「以後這個禮儀千萬不能廢！千萬不能廢！」

又問：「打仗用兵與統治者危害，哪一個比較嚴重？」

張德輝（金眼眶）說：「打仗用兵若軍隊無紀律，危害很重，但統治者荼毒生靈，使人民水深火熱，危害更為嚴重。」

又問：「若如此該如何？」

張德輝（金眼眶）說：「應當派遣賢仁的宗親族人，遵從聖賢之道者，例如昆布哈使之掌兵，嚴肅紀律，如忽都虎，使之掌握民政。自然無論任何族裔的百姓，都能受惠。即便是我們漢人，對於這樣的人來管理，也會誠心擁護。」他推荐的既是蒙古貴族，也是學儒的人。忽必烈內心從而沒有任何矛盾可挑剔，非常開心地接受。

昆布哈與忽都虎，受命要職之後，聽說了是張德輝的推荐，且稱讚他們是遵從聖賢之道者。於是也暗中送大禮感謝，更加推崇儒術，謝謝他對於自己的稱讚。不少蒙古人聽了，也暗中跟漢儒對上了眼，相互稱兄道弟，不斷送禮。

過不久貴由去世，由皇后斡兀立海迷失臨朝稱制，由於貴由與拔都早年不和，拔都拒絕奔喪。為了對抗窩闊台家族，拔都以長支宗王的身份遣使邀請宗王、大臣到他在中亞草原的駐地召開忽里耳台大會，商議推舉新大汗。窩闊台系和察合台系的宗王們，聽說朮敕系要招開大會，非常反感，多數拒絕前往，貴由皇后斡兀立海迷失只派大臣八剌為代表到會。唆魯禾帖尼則命長子蒙哥率諸弟及家臣應召前往。

忽里耳台大會在中亞地區拔都的駐地召開，拔都在會上極力稱讚蒙哥能力出眾，又有西征大功，應當即位。並指出貴由之立，違背了窩闊台遺命，窩闊台後人無繼承汗位的資格。

大會通過了拔都的提議，推舉蒙哥為大汗。窩闊台、察合台兩家聽到消息後，拒不承認！派使節通知四方，說拔都不在蒙古發源地招開大會，那個大會不具有真實效力！唆魯禾帖尼和蒙哥只好遣使邀集各支宗王，改到斡難河畔召開第二次忽里耳台大會。拔都也只能派其弟別兒哥，率大軍隨同蒙哥前往斡難河畔，但窩闊台、察合台兩家很多宗王仍不肯應召，大會拖延了很長時間。

由於蒙哥的母親唆魯禾帖尼的威望甚高，並且善於籠絡宗王貴族，最終多數宗王大臣才勉強應召前來，在蒙古草原斡難河畔再次舉行忽里耳台大會。最終蒙哥還是順利成為蒙古帝國大汗。蒙哥即位的當日，尊唆魯禾帖尼為太后。此後，為了鞏固汗位，唆魯禾帖尼鎮壓反對者毫不留情，並親自下令處死貴由的皇后斡兀立海迷失。

自此汗位繼承，便由窩闊台系家族轉移到了拖雷系家族，但由於鎮壓異己，皇族內部開始分裂，許多人非常不滿，只是暫時隱忍不發。但既然輪到了拖雷家族，忽必烈就有希望了！

蒙哥當大汗之後，而對外最大的眼中釘就是南宋。他認為自己先前曾參加西征，路途如此遙遠，敵國如此眾多，仍然勢如破竹。而南宋被認為最衰落，距離也不算太遠，竟然屢屢失敗打不下來，關鍵在於窩闊台的兒子沒有能力。他決定表現拖雷的後代有所不同。

於是令忽必烈總領漠南漢地事務，替征伐南宋做準備。

忽必烈在這段時間內任用了大批漢族幕僚和儒士，劉秉忠、許衡、姚樞、郝經、張文謙、竇默、趙壁等等，還並提出了「行漢法」的主張。派遣他們巡視漢地，剷除貪官暴吏，嚴懲不少豪強惡棍，公布律法穩定秩序，維持社會公理，受到百姓稱讚。

由於忽必烈不斷穿漢服，祭祀孔子，尊崇儒術。於是儒士元好問和張德輝趁機請求，忽必烈接受「儒教大宗師」的稱號，以讓漢民心悅誠服，忽必烈悅而受之。

但蒙哥大汗討厭漢人，不喜歡儒學，尤其當中要約束統治者的獸性與享樂，還要明辨是非，而不是統治者說了算。這點是所有統治者最討厭的。於是找了已亡國滅種的前西夏能人高智燿，討論治國之術，結果高智燿才剛拜見蒙哥，就立刻表示，應當尊崇孔孟之道，大興儒學。

搞殊途，竟然會同歸，蒙哥目瞪口呆，頗為訝異，猶豫良久，只好接受。

忽必烈再次大加尊崇儒學，聖度優宏，開白炳烺，好儒術，喜衣冠，崇禮讓。自時常穿著漢人儒服，拿著紙扇，唸詩作對，在城中附庸風雅，在牆壁上題詩，不少蒙古人都難以理解，學這種孱弱漢人為何？

但他們很快也會理解了……

蒙哥親自點將，派遣曾經跟隨自己西征的蒙古將領，率領蒙古草原的精兵，再次南下。快速通過中原的領地，還加入了各族部隊與漢軍部隊，聲勢浩大，共集結五十餘萬大軍。

整個浩浩蕩蕩的南征大軍，有蒙古精銳騎兵，有中亞色目人投石車隊，有漢人的火砲與步兵隊。甚至有駱駝兵，象兵等十多兵種。

以泰山壓頂之勢，直接進攻郢州、隨州、安州、復州。

宋軍馬步軍副總管馬榮，率各軍迎戰。

「蒙古韃子來啦！蒙古韃子來啦！」城牆上負責瞭望的一個士兵緊急高喊，接著各城垛的士兵也紛紛大喊。如同骨牌一樣，全城士兵一同大喊。但奇怪的是，不僅士兵沒有慌張，連城內城外的百姓都沒有慌張。城牆外的百姓有秩序地快速收攏糧食，推車牽馬入城。

城外蒙古各軍列隊，經過這麼多年被火炮轟擊，與火藥雷炸的經驗，已經不敢像最早的蒙古兵一樣，用騎兵快速衝殺到城下攻擊這些百姓，只能等待自身火炮與各種攻城投石車先來，同時也插滿旌旗壯聲勢，然後才緩緩前行。

雙方投石車與砲火同時交錯，打到雙方火器用盡，煙硝瀰漫散光，蒙古軍才吹起攻城的號角，所有攻城部隊衝鋒上城牆，短兵相接。

殺！鏗將！鏗將！殺！鏗將！鏗將！

馬榮收到各戰地宋軍，毫無畏懼，拚死殺敵的消息，興奮地大喊：「我大宋軍民不懼強敵！去把最後的王牌拿出來！」

身邊的親兵，於是從倉庫運出來一千多支青銅打造的槍銃。兩人操作一支，一人負責攜帶火藥彈丸與裝填，另外一人負責點火射擊。

殺！鏗將！鏗將！蒙古兵殺入城中大道，忽然眼見數百宋軍佔一排，手持青銅槍銃。

帶隊的蒙古軍官彎刀大喊：「殺過去！」

蒙古軍排山倒海衝過來。忽然聽聞，啪啪碰碰聲響，宋軍槍銃齊發，一排一排衝在前面的蒙古官兵被彈丸擊中，應聲倒下。

一排打完，後面一排又補上，並且還有弓箭手與槍銃配合，有時應聲齊發，蒙古官兵傷亡慘重，紛紛潰退出城。

蒙古軍又見識到新的武器，知道這些槍銃厲害，只有等待幾日。

一日下午，忽然雷聲大作，下起大雨。蒙古將領發現機會大好，如此不管槍銃火炮都不能使用，甚至弓箭手都難以準確發箭。為了減少蒙古族人繼續傷亡。於是改調集蒙古軍中的色目人軍隊與漢軍部隊，命令其所有騎兵與駱駝兵都全部下馬步戰，再次沿著上一回毀掉的城牆處，排山倒海衝殺進城。

宋軍官兵早已料到，在大雨當中，伏兵四起，投石甩棍齊發，最後盾牌碰撞短兵相接，從午後大雨一直殺到雨停，一直殺到夜晚。宋軍拼死廝殺不退，從城上搏殺到城下，蒙古軍的色目人與漢軍部隊都大敗撤走，其餘各隊見狀不妙紛紛潰逃。

馬榮親自帶領親兵出城，到附近各小城營寨催促其他各路宋軍出擊，各戰線宋軍全面反攻，各路蒙古軍紛紛敗退。一色目人將領率領色目人部隊迎戰宋軍，結果被殺得全軍覆沒，駱駝全數被宋軍俘虜成為運輸工具。從而宋軍也開始編制駱駝運輸隊。

馬榮命令各營清點人數，還有六萬餘人，士氣高漲。馬榮率領大軍長途追擊到大脊山，與蒙古部隊十萬餘人在夜晚的深山中開戰。

廝殺吶喊響徹雲霄，蒙古各軍大為吃驚，沒想到夜戰是這樣打的。在山谷，在山脊，在山腰，各處伸手不見五指之地，忽然點燃火炬，向各處衝鋒。已經毫無陣列可言，也分不清前線後線，只是見到不是友軍就揮刀砍殺。有時候，背後叢林摸出敵軍亂砍，有時候側面草叢飛來弓箭射擊，有時候臨時營地忽然被點火，接著刀兵相殺一片。甚至有時，大樹後面就來一刀。

最後蒙古各軍被殺得七零八落，只能自保，山林野外混戰一直打到第二天下午，蒙古軍崩潰四散逃跑。光馬榮本部親兵與蒙古軍交戰之處，就斬首數千人，其餘蒙古軍陣亡死傷無法計算。

整個這次南征的五十萬大軍，只剩下三萬餘人蒙古本軍撤回，其餘色目軍隊或漢人軍隊，或失蹤或逃亡或陣亡皆無法估算。

和林。蒙哥汗招來忽必烈、旭烈兀與阿里不哥三個弟弟，來一同討論戰略。

「⋯五十萬大軍潰敗！本汗絕不相信，這些漢兒能有這種戰力！這些草包蠢材，只會猛說宋軍難纏，到底難纏在哪裡？這些人就該斬首示眾，無能！要不是看在他們都是宗室姻親，早就殺了！」

蒙哥來回踱步，破口大罵。

「被我們消滅的女真人，以前能打得他們落花流水，抓走他們兩個皇帝，逼他們磕頭稱臣。我們打他們應該更是猛虎撲羊，更是狼群攻羊，怎麼老虎與豺狼反而被羊群咬死咬傷，四處潰逃？這到底怎麼一回事？怎麼我們大蒙古軍，會撞在一些破城池面前，損兵折將？竟然野戰都會大敗！傷亡如此慘重！這到底是什麼原因？」

忽必烈、旭烈兀與阿里不哥，都不知道如何回應。

「把這些庸將都去職，自稱老虎，結果被羊打得大敗，爪牙全斷！他們應全部放到西大海去牧羊！他們只配去牧羊！」蒙哥繼續這麼罵著。

忽必烈先開口說：「兄汗息怒。臣弟記得父親曾說過，先祖父成吉思汗曾問漢人郭寶玉，平定中國之策。他說中國勢大難攻，從古至今入主中原的異族多了，但尚未有一個外族勢力能一統中國者。他主張先西北收兵，拓土增資，增加治下人口，而後定略中國。這項戰略在前任大汗時，也曾經這麼做過，所以收降了吐蕃。然而吐蕃過於靠山偏遠，又貧窮乏力，無兵可調，更沒有可靠的作戰根據地，可為攻宋之用。弟以為同樣的戰略，應先收位於宋人西南的大理國，而後從三個方向對宋展開總攻。宋人就算再頑強，已經以一個小小江南，跟我們大蒙古糾纏多年，錢糧兵馬同樣損失慘重，再加上如此更多方向的壓力，必然能壓垮他們！」

旭烈兀說：「沒錯，形勢對我們有利，宋人永遠只有小小江南，雖然善治，能擁有諸多財富兵力，但畢竟沒有可以拓展之處。我大蒙古只要持續擴張，力量就會愈來愈強。宋人要玩長久拖耗，不是我們的對手。」

蒙哥說：「如果是以持續增加壓力，最後把宋人壓垮，就應該要更大的土地、更多的人口、更多的物資。」

阿里不哥說：「是啊！兄汗！臣弟建議再一次西征。先祖父成吉思汗的戰略，窩闊台汗、貴由汗也延續。只要繼續這麼做，遲早能壓倒宋人！不過再執行這個計劃之前，應該先滅大理與高麗，然後再落實這個計劃，必定順利。」

蒙哥盯著一個歐亞大陸大地圖，微微點頭。

於是在準備西征與滅宋之前，令忽必烈進攻西南的大理國。命宗親耶虎攻打高麗，高麗國幾乎崩潰，國王徹底投降，不敢再玩裝病死鬧的招數，立刻入朝晉見。因為入貢與磕頭都非常恭順，貢獻美女財寶也充實，蒙哥同意保留其故俗與政權存在，但條件是必須徹底聽命蒙古，年年進貢財寶與高麗美女供應蒙古大汗享樂。

忽必烈率軍從陝西出發，穿過漢中川蜀之地，進攻宋廷西南方的大理國。同樣勢如破竹，忽必烈攻大軍攻克大理城，國王段興智投降，大理國滅亡，雲貴高原併入大蒙古國版圖。段興智前往漠北和林皇宮覲見蒙哥，被蒙哥任命為大理總管，子孫世襲。

同時大將兀良哈台，為了徹底包圍抵抗異常強悍的南宋，平定大理建立基地之後，避開南宋的統治區域，繞道大舉進攻更南方的安南。

安南國王萬萬沒想到，宋朝未亡，蒙古軍隊就先打來，倉促迎戰安南軍大敗。安南國王大敗乘船南走，徐圖再舉，安南北部遂由蒙古軍駐兵控制。

總算兩路都相當順利，南宋已經被蒙古帝國，從北到西到南，徹底包圍，除了面對大海對面的日本，陸地接壤處都被蒙古軍攻佔。

於是開始再次重複，成吉思汗先前的戰略。南征同時也必須西征。

以旭烈兀率軍西征中亞阿拉伯地區。蒙哥大汗、忽必烈與大將兀良合台，各率蒙古的所有主力軍，分三路全軍攻打南宋。阿里不哥留守和林，負責供應所有出征大軍的後勤。

先說西征的旭烈兀這一支。

旭烈兀的西征軍從漠北草原出發，大軍渡過阿姆河後所向披靡，先攻滅波斯南部的盧爾人政權，接著攻滅位於波斯西部的木剌夷國，大舉攻破阿拉伯世界的重要城市巴格達，阿拔斯王朝滅亡。再繼續進攻敘利亞的阿尤布王朝，並派兵攻佔了小亞細亞大部分地區。攻佔敘利亞後，旭烈兀西征軍兵鋒抵達地中海東岸的的巴勒斯坦地區，即將與埃及的馬木留克王朝交戰，此時旭烈兀得到使者帶來的消息，蒙哥大汗在四川去世。使之大為震驚。於是只派先鋒怯的不花率不到一萬軍隊駐守敘利亞，自己率大軍開始東返。埃及馬木留克王朝，趁著旭烈兀攻率主力東返，大舉攻佔敘利亞，殺怯的不花。旭烈兀憤怒至極，本想率軍繼續西征，但此時他和朮赤系的蒙古分支欽察汗國的別兒哥汗爭奪亞塞拜然，爆發了戰爭，只好結束西征。

旭烈兀東返途中，得到忽必烈和阿里不哥爭位的消息，於是留在西亞，自帝一方，並派使節宣布支持忽必烈，後來被忽必烈封為「伊兒汗」，西亞的伊兒汗國從此建立。

話鋒回頭，說南征這一路。

蒙哥大汗御駕親征，把先前跟隨他西征歐洲的主力部隊都全部押上來，當中除了蒙古人之外，還繼續抽調中亞與西域一帶的色目人，來增加兵力，共計四十餘萬大軍。全力進攻一直與蒙古軍糾纏多年，讓蒙古軍死傷慘重的蜀地。

忽必烈則召集所有漢軍與蒙古軍混編，使蒙古軍兵力大增，率軍近三十多萬，進攻洞庭湖北，襄陽與樊城要地。大將兀良合台，則收編大理兵與蒙古軍混合，率軍十五萬人從安南北上，由後翼進攻南宋腹地，準備與忽必烈會師後，沿長江東下，最後打臨安。

如此這次再次南征，動員百萬大軍分三個方向總攻擊。

蜀地軍民見到滿山滿谷的蒙古軍殺來，拼死抵抗。劉整率領五千人宋軍，在遂寧江旁與蒙古軍大戰，從早打到晚，寡不敵眾退走。數量眾多的蒙古軍瘋狂進兵，包圍成都。最後宋軍主力撤走，成都等各州投降蒙古。

蒙哥汗聽了大喜，繼續猛攻，渡東勝河過六盤山，加速進兵。他已經知道，先前自己的父親拖雷進攻此地，因為屠殺過甚，引起川蜀軍民強韌作戰，使得後來蒙古軍傷亡慘重。此時嚴格約束軍紀，無論蒙古人或色目人士兵，若搶奪民眾糧食與財物，或汙辱婦女者，立刻斬首。

出乎意料，全世界都知道蒙古軍燒殺姦淫，殘暴不仁，此時竟然秋毫無犯，買東西還會付錢。蜀地不少州府百姓，已經厭惡如此漫長戰爭消耗，投降者甚多。蒙哥打出了信心，率軍接連攻城拔寨，所過皆降，最後大軍兵臨合州城下。

守將王堅列弓架砲，全力固守。滿山遍野蒙古軍列陣，而蒙古軍早已經熟悉火砲，同樣也以火砲攻城，但此城池已經在余玠任內時，建得固若金湯，變成連環山城的網路系統，自然光靠表面的進攻砲轟，是打不下來。

蒙古軍不得不全軍以攻城器具衝殺，再以飛蝗般弓箭掩護，連戰數天，從城牆下打到城牆上，但始終打不下來，城下兩軍屍體堆積如山，有蒙古軍也有宋軍。蒙古漢將汪德臣在城下高喊勸降，被一砲打來轟傷，之後重傷因病而死。

蒙古全軍再次衝殺，先拔掉周圍的小山城，宋軍網路山城的系統發揮作用，拔掉一個城池，另外城池就沿著小道反擊，一場廝殺後重新在山間小道立寨阻擋，使得蒙古軍力不斷耗損，前進困難。蒙古軍中的色目人因為傷亡慘重，又在陌生的地方無法適應，已經首先不願作戰，不斷請求他們可以撤回西域。

漢人部隊更是害怕被宋軍俘虜，被詬罵為通番賣國的漢兒，將被斬首示眾，於是潰散者更多。

為了提振士氣，蒙哥大汗親自率蒙古本部的士兵督戰，進攻合州釣魚山城，一時砲聲隆隆，矢石蔽天。但每次督陣進攻，都被宋軍密集的火砲還擊打退，蒙古軍傷亡慘重，西域色目人部隊因過度傷亡，當場潰散，進而影響蒙古全軍士氣低落，從而蒙哥也抑鬱不爽。

揮鞭大怒說：「可恨蜀地一群小山城，竟然讓我蒙古大軍屢次受挫！當年本汗率軍橫掃整個極西之域，而今竟然會打不下這一群小城！把蒙古本部與中原的部隊全部調來！全部調來！之後攻下此城，要殺光全城所有人！要殺光！要殺光！」

不斷地狂吼，氣悶難消，因憤恨不爽，之後受傷得病，又不願意跟窩闊台一樣以敗退軍，終於病倒。部將再次代替他指揮進攻，又被打得潰退，蒙哥汗頓兵許久，因憤怒病情加重，病死於釣魚山。

當然攻打不下來，這已經是系統作戰，川蜀所有的小城池只是假象，製造的是一片地域密網聯結，依托地勢地貌與軍民合作，變成總體作戰，最終總有一個小城池，會讓蒙古大軍頓挫潰敗。

整個戰術，高過一個時代不止，自然能以寡弱勝眾強。

說大將兀良合台從安南北上這一路。

遭遇當地自組的民間武力，層層截擊。兀良合試圖招降各地武裝，用來當作自己伐宋前鋒，但是與當地文化觀念差距太大，收效甚微。反而投降的人，往往再與宋軍暗通款曲。加之氣候炎熱，蒙古兵不能久待，大理降兵不忠誠，一有機會就逃離。宋軍小股部隊趁勢反擊，兀良合台只得率軍退走。

又敗了一路。

忽必烈這路分兵圍困襄陽重地，但宋軍防守極嚴，甚至不時出城偷襲。各軍將領不斷向本部求援，要求增添火炮攻城，但是運輸輜重，往往又被偷襲得逞，蒙古軍接連失利。

忽必烈率領諸多蒙漢兩族將領，兵臨長江洞庭湖口。

漢軍將領展示火炮巨型船隊，水兵們踩踏輪船，逆風向上移動，忽必烈大感吃驚。

「原來火炮可以配合船隻作戰，而且還這麼靈活？」

「是的，當年女真金兵大軍南下過長江，我們南軍曾經以此大破金兵。」

「孤王沒聽說過，這故事是怎麼回事？」

「稟大王，當年完顏宗弼率領女真金兵南下，勢如破竹。追殺宋室高宗皇帝，一路過長江臨大海。稱是要搜山檢海抓趙構。但宋高宗趙構已經乘船逃到海上，金兵追不了。只好北上，但是在長江黃天盪這個地方，就被眼前這一群火炮巨艦阻擋。被困四十多天，怎麼都逃不出去。」

「被困四十多天，那四十多天後他逃出了嗎？」

「逃出去了，用了很多漢人提供的方法，不然他當時真的以為自己要兵敗身死在江南。」

忽必烈思索片刻。

「這火炮巨艦，也需要高明的指揮方式，當時的宋軍是誰指揮？」

「名將韓世忠，但實際指揮的是他妻子梁紅玉。她乃軍中娼妓出身，但用兵打仗竟然比將軍元帥還要厲害。」

「妓女比將軍元帥高明，這倒是有可能。孤王見識這麼多，尤其你們漢人這麼多光怪陸離的事情，對此已不驚訝。不過孤王更有興趣的是，到底是哪個漢人，用了什麼計策大破眼前這些水上火炮巨獸的？」

「據說是一個不知名的商人，揭了完顏宗弼的告示，用小船覆土，趁無風出水寨，當巨艦改用輪軸前行迎戰時，小船隊油火弓箭射擊風帆，之後風來大火焚起，結果大破韓世忠的水軍。完顏宗弼便能率軍北逃。」

「為何當時無風之時，巨艦不收風帆？」

「因為當時大江臨海，有風無風變化很快。那名商人料定，宋軍雖然改用輪軸運動，但必定張帆等風。所以才能施計得逞。」

忽必烈仔細反覆深入思索這一段戰史，發現這麼精巧厲害之物，卻被簡單的方式擊敗。漢人一下拉出古怪驚奇之物，又自己用簡單的方式打敗它，女真人難怪被玩弄，但我們蒙古人又如何？

忽必烈喃喃自語說：「真是古怪。」

他已經心中有了謎團，之後要想辦法理解當中奧秘。

忽必烈水路兩軍逼近襄樊，但是宋軍同時也水路佈防。往往以寡擊眾，蒙古軍連續失敗。但蒙古兵力強大，宋軍也不敢主動出擊。雙方便僵持下來。

回到蒙哥汗一病而死，消息傳到各處，龐大的蒙古汗國，為了汗位，又要開始內部激盪。

皇道無間第二部：歷史深處　1916

第二十六章　巨浪停歇　尋覓之心
驚雷破夢

話說蒙哥頓兵受挫，氣憤難消一病而死。整個龐大的蒙古汗國各地王子，又準備要招開庫里耳台大會。阿里不哥在蒙古故地，近水樓臺，聽聞蒙哥去世消息，於是準備先招開大會，搶先繼位。

忽必烈異母弟末哥派來使者，向忽必烈宣布蒙哥去世的消息，並請忽必烈北歸繼承汗位。忽必烈則認為：「吾奉命南來，豈可無功遽還？」

於是繼續進兵。忽必烈的正妻察必，派使者密報，和林眾臣謀立忽必烈之弟阿里不哥，而且阿里不哥已經派阿藍答兒在開平附近調兵，脫里赤在燕京附近徵集民兵，庫里耳台大會推舉，很可能最後會被阿里不哥操弄。使者催促忽必烈早日北還。

忽必烈始終猶豫，他認為先前蒙古攻宋屢屢慘敗，終於滅了大理國，計劃了一個三面包圍的全面進攻，如今勝利可能就在眼前，絕對不能放棄大功。頗有完顏亮當初的執著與愚癡，恐怕最後整個局面會重演金國歷史。

終於關鍵人物恰在此時出現，南宋鎮守鄂州的丞相賈似道，也收到了合州城傳來蒙哥汗死亡的消息，於是派人來見忽必烈請和，請求他退兵回國。表示願意稱臣、歲奉二十萬兩銀、絹二十萬匹。

賈似道才是真正勸忽必烈北上的…最後一個動力…

收到賈似道的表文，忽必烈開始有所心動，於是找來儒臣郝經詢問。

郝經（黑眼眶）說：「易經說：『知進退存亡，而不失其正，其惟聖人乎！』國家自從平定金國以來，連年對外用兵，三十年矣。且不說其他三大系諸王子，阿里不哥、旭烈兀等諸王，也都覬覦汗位。一有失誤，腹背受敵，大事去矣。大王獨不見金世宗與海陵王完顏亮之故事？倘若諸王先正了大汗位，大王的雄心壯志將來又如何達成？不如先同意議和，正大王蒙古大汗之正位，屆時再大軍南下，宋廷臣民必當歸順，天下必當混一有期。大王圖之。」忽必烈頻頻點頭。

既然從自己的弟弟、正妻、蒙古部將，到手下漢人，乃至宋廷宰相賈似道，全都一同配合，勸他回去。於是忽必烈放棄堅持，撤兵北上，準備返回和林爭奪大汗位。

在私下議和後，賈似道（粉紅眼眶）與其他將領會師，並趁蒙古軍撤退時進攻，殺傷了敵軍僅僅一百七十多人。賈似道（粉紅眼眶）誇大戰功，連奉「捷報」，卻不報蒙古軍撤退的真正原因，向宋理宗報導：「諸路大捷，鄂圍始解，匯漢肅清。宗社危而復安，實萬世無疆之福。」

宋理宗收到情報後，賜賈似道（粉紅眼眶）晉為衛國公與少師，更大力讚揚賈似道，令朝中的文武百官恭迎賈似道「凱旋」，宋廷上下開始被鬼遮眼。

也沒關係了，宋朝自宋太宗開始，就一直被鬼遮眼到現在。這整個朝代，只是個誘餌而已。

一切竟然都是替預設的結果鋪墊前因，看似自然，實則不自然……

但這次的庫里耳台大會，已經不似以往。因忽必烈受許多儒生獻上了統治天下的方法，使他自認為，自己的才幹與能力，遠遠高於其他蒙古王子，實質上也確實如此。所以忽必烈雖然要參加大會，但準備夾帶私貨！

忽必烈率軍在燕京近郊駐紮，度過整個冬天，並不斷派使節團乘快馬，沿著各驛站向四面同時出動，積極和四大系諸王聯絡，準備在春天召開庫里耳台大會。但在燕京他就已經得到消息，聽說其他各宗室王子們爭論不休，他繼位的希望渺茫。於是派使節去告訴四大系王子，他忽必烈在漢地統治有功，一定要繼位蒙古大汗。

到了春天，帶著四大系諸王的使者繼續北上，走到漠南蒙古草原的開平，碰到四大系諸王回覆他消息的使者，他們都告知忽必烈，這種預先一定要繼位的作法，完全違背成吉思汗遺命，他們堅決不能接受。不止朮赦系、察合台系、窩闊台系諸王子都不會承認，連同為拖雷系的親兄弟阿里不哥也拒絕承認。宗親王子派來的使節都責問，為何不依照成吉思汗定下來的法律規矩，讓四大直屬宗親一同回來招開庫里耳台大會？四大系王子，一致堅持招開大會之後，才可以決定大汗是誰。

忽必烈發現自己無法下台，再這樣下去，四大系宗親都會拒絕忽必烈，繼位肯定會發生變數，連自己手下的蒙古人都會有口實背叛他，他永遠都不會當上大汗，於是在開平急招所有漢臣密商，討論對策。

張德輝、趙璧、郝經急忙來赴會密商。

【忽必烈出現紫眼眶】

忽必烈（紫眼眶）坦承自己在蒙古貴族中遭遇的難處，然後開門見山問：

「現在的情況你等都知道，孤王已經通知他們，孤王是一定是要繼這個大汗位置的。但是四大系宗親使者，都傳來四大系宗親諸王的強烈批評，說這違背先祖父成吉思汗的遺命。孤王目前下不了台。」

「先前大汗位置，只在窩闊台與托雷系之間擺盪，朮赤系雖無法爭位，但察合台系諸王反應尤其激烈，對孤王批評最為嚴重。孤王再次強調，孤王是一定要繼大汗位置。若招開大會討論大汗位置，肯定會變成眾矢之的，失去繼位的可能，這如何是好？」

聽到忽必烈有『一定要』繼大汗位置的決心，漢臣們內心都相當高興，才願意出謀劃策，指點迷津。忽必烈也知道漢人內心所望，所以才再次強調一定要繼位。

郝經（黑眼眶）首先說：「大王勿憂，整個蒙古目前的形式，有三汗在西北至極西邊陲，旭烈兀在西南極遠之處。依過去經驗，招開大會至少得等一到兩年的時間，甚至多則拖到四五年。他們並未有充足的時間阻止大王繼位。大王可以先行以監國者的身份繼位之後，再告知他們來開會，背書承認即可。只有阿里不哥王子近在眼前，若以兵力相抗，曠日費時，這才是大王繼位的最大障礙。」

忽必烈（紫眼眶）坦說：「這些孤王都知道，也都預有準備！先生所言雖然有理，可是就失去合法性！要監國繼位，依照傳統也是先汗的王后才能監國。且萬一等到大會招開，四大系諸王子人數眾多，各有部眾與貴族支持，屆時清點人頭，別人總是多數，孤王又已經被人詬病，怎麼輪也輪不到孤王繼位。若先自行繼位，蒙古人都會批評孤王沒有依照成吉思汗的遺命，落入勢單力弱，被所有人圍攻！病根在這裡啊！」

趙璧（棕眼眶）說：「依據現在情勢，大王若要繼承大汗位，這是必須要承受的病根！即便蒙古各部一致批判，也要先行繼位。繼位之後才能開始安撫諸部，相易條件。若一旦失位，大王先前的行動，才真的被蒙古各部拿來批判，以後被諸多兄弟排擠，失去權勢，那真是大王打江山，而別人坐大殿。強行繼位，已經是勢在必行，至於人數問題，我等漢人願意策動天下漢民支持，請大王不用過慮。」

忽必烈（紫眼眶）坦喃喃低聲說：「以漢民支持來繼位，雖說是妙招，但這畢竟是犯忌諱的事情，不合成吉思汗之法，整個蒙古部族人心會離散的……」

張德輝（粉藍眼眶）笑說：「大王勿憂，某有一策，雖未必能安撫各部擁護大王為蒙古大汗，但能先聲奪人，且令天下人都不會質疑大王的合法性。只要天下人都不質疑，那些拒絕讓大王繼位的蒙古貴族，又能如何？即便他們打從內心不願意大王繼位，有天下人支持，他們就沒有口實來批評大王。」

忽必烈（紫眼眶）坦瞪眼急問：「何策？快說！」

張德輝（粉藍眼眶）笑說：「古往今來，統馭天下最正的名份，不是只有大汗而已。若陷入大汗的格局，則必要遵從往例，招開幼稚可笑的大會。這大會幼稚可笑在於，逐年王子人數越來越多，紛紛擾擾不息，大汗之位就變成了不分賢能愚鈍，相互爭奪吵鬧，人人可坐。倘若跳出這個格局，也未嘗不能統馭天下。所以大王就乾脆不要當大汗，以其他名義來統馭天下。」

忽必烈（紫眼眶）坦問：「孤王不當大汗，你要孤王當什麼？」

張德輝（粉藍眼眶）笑行揖笑說：「繼九五之極位，成為天子，稱皇帝，定年號，立太廟，建廟號，自稱為朕，稱先大汗為先皇。稱成吉思汗為太祖高皇帝，後續大汗皆有合法定制廟號，一脈相傳到大王。之後再伺機以四書經典改國名，依從中國之制，提升位階，統治天下。如此格局一變，人心一動，思慮一轉，則即便蒙、漢、契丹、女真、乃至西域諸人，皆知中國格局，都再無口實批判大王犯何忌諱矣！至於各汗心中不服，待中國之制穩固，大王穩居皇帝之位，再以中國之制套入各汗封地，封其為宗親之王，全都歸屬皇帝。那麼大王就反客為主，統制全局！宗親繁衍，也就只能依照宗親之法管理，血緣疏則降階去位，一切如古制。那麼大王的心結，就永遠不存在了。」

忽必烈（紫眼眶）坦聽了哈哈大笑說：「好啊！耀卿果然神人啊！一語道破萬重玄機！就先自行登蒙古大汗，然後晉位為中國皇帝！如此既是蒙古大汗也同時是中國皇帝！」

於是忽必烈招來四大系各王子使節，強壓牛頭，逼他們觀禮，先行登位蒙古大汗。過沒有十天，再強壓牛頭拉他們過來，發佈稱帝的即位詔書，即《皇帝登寶位詔》。在詔書中，他自稱為「朕」，稱他的哥哥蒙哥為「先皇」。之後要制定從成吉思汗以降，所有蒙古大汗的廟號，皆稱皇帝。

過幾天，忽必烈又派出一大堆人，把上千人的四大系諸王使者，又挖起床。

「全部給我起來啦！大汗告知今天要繼位觀禮啦！」

「先前不已經觀禮過了嗎？忽必烈不是已經是大汗了嗎？」

「這次的繼位是更重要的位置！通通起來！」

第三次將他們強壓牛頭過來，這回真的忍不住一陣騷動。

「這到底寫的是什麼啊？」「我們看不懂漢字！」「我看得懂，但上面寫什麼經典明文，還是看不懂啊！」「快來翻譯一下！」「這到底什麼意思？」「什麼是中統？什麼是制諭？什麼是建元年號？什麼又是謚號？什麼又是廟號？」「怎麼是中國？我們國號不是蒙古嗎？中國是哪裡啊？」「忽必烈怎麼拿這種漢人的古怪東西玩我們？」「大汗怎麼改叫皇帝？太祖高皇帝是什麼意思？成吉思汗怎麼變成太祖高皇帝？」

在吵吵嚷嚷中，忽必烈正式發布《中統建元詔》，正式建年號「中統」。要所有蒙古各部，悉從中國年號之制，承認皇帝體制。

異民族政權看上聯　捧你送你給你來佔中國等待多久活多久
漢民族政權看下聯　拿我吃我用我去建朝代目標何時死何時

時晷官：很好很好，可以計時了！從金長城開始，到今天忽必烈稱帝，共九十七年。我們等他們計算為九十七年，那麼從忽必烈稱帝往後，也就定制九十七年。

漏斗塔：呵呵呵，按下沙漏機關，計時開始！回報陰陽古怪之主與其他各局。

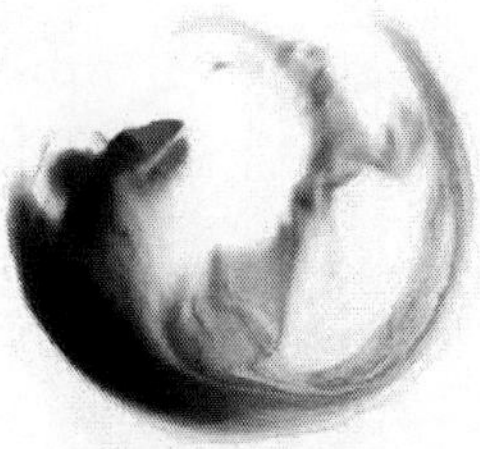

※※※※※※※※※※※※※※※

陰陽一體，古怪相連。

陰古：很不錯喔，非常上道。計時遊戲也依序啟動。現在南北分隔也許久，既然要一管到底效果加倍，就不用玩南北朝那一套了。

陽怪：直接全部融合，然後再次打通南北相隔，接著我們要去探索那個問題。那個非常棘手的問題！

※※※※※※※※※※※※※※※※

一群快馬通信，將建元登基為皇帝，詔書自稱中國的消息，經過驛站，一站一站傳到蒙古汗國各地，最遠到達歐洲。

所有蒙古各部聽到這消息，輿論譁然，在歐洲西亞的諸王，本來搞不清楚這一大堆名堂，通過懂行情的人打聽一下才知道，忽必烈倘若玩這一個大招，以後他們永遠都不必希望什麼庫里耳台大會，也永遠不必想繼承什麼蒙古大汗。

只能是拖雷系，不不，甚至應該更正說，是『忽必烈系』壟斷那個位置。

既然沒有大汗只有皇帝，那誰都別想爭！即便遠在歐洲與西亞者，全部改叫做宗親王爺，乖乖稱臣！同為托雷系的阿里不哥首先大聲抗議，堅決不承認中統建元，他於是也招集諸王使者觀禮，自行繼任蒙古大汗，拒絕接受皇帝與年號的各項制度，更不承認成吉思汗是什麼『太祖高皇帝』。

於是忽必烈率軍討伐，兩軍在蒙古草原大打出手。

西北地區的欽察汗、察合台汗、窩闊台汗聽到大汗變皇帝，推舉變成壟斷，氣得紛紛自立！尤其是察合台系，最為窩火，論血統來說，他們也符合繼位，但從成吉思汗死後到今天，大汗的老鼠屁股任次都沒輪到他們這脈坐一回，最後竟然告訴他們，以後都沒有大汗可以繼位了，只剩下中國皇帝可以用！而這中國皇帝，是『忽必烈系』永遠壟斷。

此時尚在西亞進行西征的旭烈兀，從信使處得知忽必烈改當皇帝，永遠沒有蒙古大汗之可以推舉，各汗紛紛自立之後，也準備自立一方。

準確來說，無論忽必烈還是阿里不哥都只得到一部分宗王支持，沒有召開成吉思汗四子嫡系後裔，所參加的大庫里耳台大會。只是把各宗系使節當作各系宗王，強押牛頭背書承認。

忽必烈不被廣泛承認。為了得到更多支持，於是忽必烈將大汗在西亞的直轄地，阿姆河以西直到埃及邊境，封給旭烈兀，換取旭烈兀的支持，旭烈兀於是建立伊兒汗國，派使節改口宣佈承認中統建元，支持忽必烈當皇帝，西亞地區也用中統年號，從屬於忽必烈皇帝的統治。

忽必烈又將大汗在中亞的直轄地，阿爾泰山以西直到阿姆河的農耕和城郭地區，封給察合台汗阿魯忽，換取阿魯忽的支持。其實這些土地，早就都在他們手上，不封也無可奈何。

蒙古草原混戰四年多，由於忽必烈有漢人的支持，財力與兵力都遠遠強於阿里不哥，阿里不哥終於失敗投降，被軟禁至死。

忽必烈接著發布《至元改元詔》取《易經》「至哉坤元」之義，改「中統五年」為「至元元年」。到了至元八年，取《易經》「大哉乾元」之義，將國號從大蒙古國改為大元。如以往的金朝規制一樣，皇帝詔書並列漢蒙兩族文字，自稱中國。同時拿出各項五花八門的古代典制禮儀，派使節到各汗國，要他們全部理解，悉從中國之制。

眼花撩亂的東西，不斷出現在各汗宗親面前，直到出現『普天之下莫非王土，率土之濱莫非王臣』一句，他們終於從當中，領悟到玄機。就是忽必烈拿漢人當中國皇帝這一招，擠壓大汗推舉，魚目混珠又珠混魚目，逼他們半推半就承認忽必烈當大汗之後，又繼續用這套，讓他們放棄自立的權力，被忽必烈全部吞併。以後自己的土地與大汗位置，永遠都是『忽必烈系』所有。

蒙古汗國被這樣一步步拖成了中國，所有蒙古貴族全都傻眼，他們都認為，蒙古人被漢人們玩了一道，遲早先祖們死傷慘重打下來的一切，都會全盤皆輸。

在改國號之前，所有蒙古貴族就已經知道這種詭異的動態，不斷派使來，堅持要忽必烈開會，即便是事先內定忽必烈繼位也可以，但一定要繼續遵從傳統大會推舉的制度，不要去玩漢人那一套，否則他們將起兵抗拒。

忽必烈眼神飄忽，面貌上勉強同意召三大汗與伊兒汗，請他們東赴蒙古草原，祖先發源之地，開庫里耳台大會。實際上內心是要逼他們承認這個皇帝，永遠壟斷下去，以免之後他們還有念想。

欽察汗別兒哥、察合台汗阿魯忽與伊兒汗旭烈兀，都同意參加，窩闊台汗海都比較聰明，憤恨大汗位置旁落，還被玩到變成什麼中國皇帝，知道庫里耳台大會已經沒有真實的作用，去了也是被逼承認忽必烈的皇帝位，所以拒絕前來。

本來少海都汗也無所謂，也可以繼續開會，但各汗國都各自發生戰爭，無法再行來此。過不久，欽察汗國、窩闊台汗國與察合台汗國自行招開庫里耳台大會，達成了共同反對拖雷家族控制的大汗直轄地和伊兒汗國。並劃分各自在阿姆河以北地區的勢力範圍的協議。拒絕聽從所謂的『大元中國皇帝』的號令。

忽必烈套上了中國皇帝的一切體制，拿出了誠意。鬼局對此甚為滿意，所以忽必烈雖然因此失去西北，造成蒙古汗國整個分裂，但可以獲得東南為補償。

原本宋廷出了歷史奇跡，與所向無敵的蒙古軍交戰，多次戰勝，以東南一隅擊纏鬥整個蒙古汗國。但在忽必烈悉從中國體制之後，奇蹟就消失，開始鬆動。而實際上鬆動的不是只有宋廷，成吉思汗想以更大土地，分散更多蒙古與各族人，以擊敗萬里長城糾纏的計劃，也在蒙古分裂之中，開始鬆動。

在北方各族，開始會懷疑萬里長城後，鬼局也用全力撲上去拉扯，寧願把漢族政權暫時放棄，全族投入整個局當中。

忽必烈稱皇帝之後，為了更加悉從中國體制，宣佈把首都從和林遷到燕京，宣告定鼎中原。

接著大舉南下用兵，一定要滅掉南宋，首先進攻襄陽。將波斯人協助改良的投石機，運用到這裡來，但輪翻進攻仍然打不下來。襄陽仍然堅固防守了快五年。回回砲雖然威力強大，但畢竟只是投石機，襄陽周圍滿佈火藥武器，元軍攻城部隊傷亡慘重。

此時已經有地雷出現……

元軍士兵避開火砲衝鋒，忽然地上陷阱線被絆斷，埋在地上的『伏地沖天雷』連環爆炸，元軍一下垮掉一大片，面對地雷這種新式火藥武器，嚇得紛紛退回，非常害怕。

忽必烈深知漢人作戰能力，根本不是外表裝得這麼弱，知道來硬的已經不行，再如此一座城一座城，這樣挨火藥武器打下去，蒙古軍人都會死光。於是派人帶著『中國皇帝詔書』到襄陽勸降守將呂文煥。

襄陽城內，使臣也是漢人，王某（綠眼眶）。在場除了呂文煥沒有其他人。把勸降詔書交給他後，呂文煥頗感吃驚，沒想到蒙古人已經『悉從中國體制』，忽必烈也親手寫漢文，蓋上皇帝御璽。

「將軍，我中國大元皇帝陛下，非常欣賞將軍的作戰能力。襄陽城困守五年，貴國丞相賈似道掩蓋消息，讓此處成為孤城，外無援軍，單獨面對我大元。如此昏庸黑暗的朝廷，將軍何必要再替他們賣力？」

呂文煥（灰眼眶）露出狐疑神情，眼神飄忽不定，喃喃低聲說：「中國？大元？貴國不是叫大蒙古國嗎？」

王某（綠眼眶）哈哈一笑，竦動地說：「早在兩年前我們就已經改國名，從大蒙古國改叫大元，皇帝詔書自稱中國，悉從中國舊制。且遷都燕京定鼎中原，融入漢地。將軍不知道嗎？」

呂文煥當然知道，只是在使者面前故作疑惑而已。

呂文煥（灰眼眶）喃喃：「這大元…」

王某（綠眼眶）露出乖異的眼神說：「此取《易經》『大哉乾元，乃統天』之義。如此可見，我大元皇帝雖然出身漠北草原民族，但亦從中國舊制。將軍若降元，就不是降夷狄，而是降中國。」

呂文煥（灰眼眶）點頭說：「甚好…甚好…然而呂某還是有疑慮啊。」

王某（綠眼眶）問：「疑慮為何？」

呂文煥（灰眼眶）說：「蒙古兵殘忍好殺，這是天下人皆知。豈會因為一個改國名而改變？若呂某投降，蒙古兵進城四處姦淫屠殺…」

王某（綠眼眶）堅定神情說：「這絕對不會！我大元皇帝已經下了嚴旨給城外大將阿里海牙，同時也告誡伯顏丞相，一定要學當年大宋的曹彬一樣，不殺戮平江南。即便有堅持抵抗者，城破之後也絕對不能屠城。在給您的詔書上面也有說啊！」指著他手上的詔書。

呂文煥（灰眼眶）再次看了看詔書，仍頗有疑慮，喃喃低聲：「只是一紙詔書，實在難見大元皇帝陛下真正的誠意啊，真的有誠意悉從中國，且絕對不屠殺無辜？」

王某（綠眼眶）哈哈笑說：「誠意肯定是有的，將軍知不知道，蒙古人的大汗，原先是由宗族於庫里耳台大會所推舉？」

呂文煥（灰眼眶）點頭說：「略有耳聞。」

王某（綠眼眶）又說：「那將軍知不知道，我大元皇帝改了舊制，悉從中國之後，西北三大汗與西南皇弟，四股勢力非常生氣。從此脫幅而去，斷絕與我大元皇帝的往來？」

呂文煥（灰眼眶）點頭說：「聽北方來的商人說過。」

王某（綠眼眶）堅定神情說：「這就對了！自古擁有國家者，誰願意宗親與國土四分五裂？我大元皇帝為從中國體制，改變了先祖成吉思汗的遺命，與過去宗族決裂，以致喪失西北與西南廣大疆域，只為了平定江南，實踐一統天下中國舊制，這難道不是誠意？嚴格說起來，大宋三百年江山，後半部流落江南且不提了，即便前半部在中原之時，燕雲在契丹手上，隴右則被黨項控制。是故從唐朝滅亡之後近四百年，中國只有小一統和平治世，沒有大統一的盛世。如此則對不起千千萬萬中國子民。如今我大元雖起於漠北，但悉從中國之制，混一華夏，重整一統格局，正在此時！這正是我大元皇帝的誠意所在！」說到此事還不斷敲擊桌面。

呂文煥（灰眼眶）瞪大眼，嘴巴張開，頻頻點頭，表示認同，就僅此一條勝過千言萬語。

王某（綠眼眶）見到情況鬆動，趁勝追擊說：「若對於蒙古勇士的軍隊紀律有所疑慮，這部份我會請城外大將阿里海牙，親自到城牆下與將軍盟誓！軍旅中無論貴賤，誰取百姓一針一線立刻斬首！若有違約，子民憤怒，終將不得好死！讓天下人都知道此事！明天正午，將軍登城牆見之。」

呂文煥於是回信表示願意見面。

蒙古大將阿里海牙，果然騎馬單騎赴約，在城牆下折箭為誓，若襄陽歸降，任何兵將敢搶奪一針一線，他就如此箭一般折為兩半。呂文煥感動落淚，城牆上士兵也紛紛點頭認同。

於是開城池投降，元軍果然秋毫無犯，進城做儀式性佔領，改換旗幟之後，便退出城外。

襄陽一降，全城得到保全的消息，讓後方所有南宋城池全部動搖。伯顏大舉南渡，依樣畫葫蘆，對所有地方都保證投降不殺，絕對秋毫無犯。結果所過城池一個接一個投降，宋廷上下亂成一團，大家逼迫賈似道親征，結果賈似道走到半途就臨陣脫逃，宋軍最後的一支十三萬主力，在混亂中崩潰。賈似道被貶殺。

伯顏一路南下大舉進逼臨安。

宋恭帝派遣使者給元軍統帥伯顏，奉上傳國玉璽和降表，在降表中，宋朝君臣給忽必烈打入最後一劑，宋恭帝為忽必烈上尊號『大元仁明神武皇帝』。忽必烈坦然接受，於是元軍俘虜五歲的宋恭帝和謝太皇太后。

至元十三年二月十一日，忽必烈發布《歸附安民詔》，詔諭江南一帶新附府州司縣官吏士民軍卒人等，穩定江南社會秩序，安定江南士人和百姓之心。

在北方新來的各族開始質疑萬里長城，鬼局遭遇困難之際，宋朝立朝三百餘年，糾纏契丹、黨項、女真與蒙古，上演無數的忠奸戲碼，終於達成任務，全部入中國受用。

但太過讓宋朝順利結束，會讓再後面的人質疑歷史，謝幕之前的最後一齣『孤臣孽子』！繼續打入忽必烈的內心。

至元十五年，丞相文天祥（黃眼眶）被張弘範部將王惟義在五坡嶺生擒，文天祥作詩《過零丁洋》，尤其以『惶恐灘頭說惶恐，零丁洋裡歎零丁，人生自古誰無死，留取丹心照汗青』一句感人肺腑，忽必烈見到此詩，也為之落淚。派人勸文天祥投降，可以當元朝丞相，統治廣大疆域。但文天祥堅決拒絕。

逃離臨安的部分大臣陸秀夫等人，先後扶持宋端宗，宋帝昺，建立海上流亡政權，在東南沿海一帶繼續和元軍對抗。

至元十六年二月六日，在厓山海戰中，元軍漢人將領張弘範擊敗南宋海軍，南宋丞相陸秀夫挾八歲的小皇帝趙昺，跳海而死，不少後宮宮女和大臣亦相繼跳海自殺。宋朝遺孤也徹底滅亡。

忠鬼孤臣孽子的戲碼繼續上演，文天祥被俘北上，王炎午等文天祥過去舊部，非常害怕文天祥會在蒙古人的威逼利誘之下，變節投降。在沿途官道四處張貼『生祭文丞相』地祭文，意思是要文天祥自殺，以保全正氣。

押送他北返的官吏也是漢人，雖然撕毀了所有祭文，但無意間也透露這個訊息給文天祥知道。

文天祥（黃眼眶）決心殉國。被關押三年不屈服。

忽必烈召見文天祥，親自勸降。文天祥（黃眼眶）堅貞不屈，答曰：「一死之外，無可為者。」忽必烈又請出當時已經降元的南宋大臣，出面勸降，結果遭到文天祥的痛罵；忽必烈又派出已經被俘的宋恭帝趙㬎勸降。認為自己身為宋朝皇帝都降了，你文天降也就不要再堅持了，結果文天祥一言不發，置之不理。

最終只好將他押赴刑場，文天祥（黃眼眶）向南方跪拜，從容就義。行刑後不久，忽必烈詔書專使趕到，俄有詔使止之，然文天祥已死，忽必烈落淚惋惜說：「好男子，不為吾用，殺之誠可惜也！」文天祥的妻子歐陽氏收屍時，在其衣帶中發現絕筆自贊：「孔曰成仁，孟曰取義；惟其義盡，所以仁至。讀聖賢書，所學何事？而今而後，庶幾無愧！」

見到後，其妻歐陽氏痛哭說：「夫君不負國家，我又豈可負夫君？」也在刑場自殺身亡。全場驚擾大慟，哭成一遍。

數年後，元大都皇宮。

忽必烈每每想到宋朝滅亡，孤臣孽子的最後一幕，都感動落淚，甚至暗夜思及，都會哭泣。認為蒙古部族若滅亡，是不可能有這種人的。

「臣太史令郭守敬叩見陛下。」

「起身賜坐。」「謝陛下。」

忽必烈（紫眼眶）微笑沉穩地低聲說：「如今大元奠基大都，格局已定。江南富庶而貨運皆仰賴隋朝運河，不少漢臣建議，以疏通隋朝運河為基礎，再重修一條運河，從江南直通大都，你以為如何？」

郭守敬（白眼眶）說：「臣贊同此議。當年隋朝一統，建立運河疏通南北，使分裂許久的南北隔閡，重新混一。從而隋唐國力大增，對外開疆闢土。我大元在滅宋之前，即不斷進取，國土超過漢唐。陛下神武，統一金人破汴京以來，一百多年的南北分裂。若再大通南北，毋須繼續征伐，而國力倍增。」

忽必烈（紫眼眶）說：「是啊！先前朕出兵兩伐日本沒有成功，當前出兵兩伐安南也陷入僵局。大元國土廣大，竟然打小國不下，已經不復有當年太祖皇帝成吉思汗的威力。一切原因是人心因區隔而離散，現在重視內治，實質互通，增強國力，才是當前要務。」

原來滅南宋前後，元軍打日本兩次，遇到颱風大敗而歸，之後進攻安南，建征交趾行省，結果兩次陷入苦戰糾纏而敗，只能無功而返。

忽必烈（紫眼眶）說：「爾等漢人有許多宏偉建設，還真是受用。增強國力的大運河是其中一個，另外萬里長城……」

說到這，忽必烈呆愣了一下，竟然露出了苦笑。若運河是讓大國領土，能迅速打通交流，增強國力，萬里長城就不是了。而且他也聽說過，祖父成吉思汗對於長城的判斷。

郭守敬（白眼眶）疑惑問：「難道陛下有意重修長城嗎？臣以為這恐怕……」

忽必烈（紫眼眶）急忙搖頭苦笑說：「你說笑了！我大元橫跨漠北直到嶺南，西過西域，除了蒙古宗親三汗自立於西北遠處，日已派軍討伐，還能有誰能威脅大元？朕怎麼會需要這種東西？」

郭守敬（白眼眶）點頭說：「是，的確是不需要。那種東西不再需要了。」

忽必烈（紫眼眶）小聲笑了一下，又問：「不過既然說到了萬里長城，不如就討論一下。聽說你學問淵博，朕反而要問問你，你們漢人的運河打通國土障礙，使交通繁盛，國力大增，其用途很明顯可見，所以歷代不斷重建。可萬里長城卻不是如此，這段歷史，朕也聽父輩們傳聞。明明沒有多大作用，為何歷代還要不斷重建呢？」

郭守敬（白眼眶）說：「臣以為，這是為了安全感。實質上，臣也知道萬里長城根本無用。秦漢長城最後沒有阻擋五胡南下，北魏隋朝長城沒有阻擋安祿山等雜胡南下混雜與契丹興起，先前金人曾重建長城，甚至在城牆前還加上了密佈的困馬溝，稱為金界壕，功效比前朝長城更大，但也沒有阻擋陛下的祖先興起，南下破金。但為何還有人要不斷重建長城？其實都是人心安全感作祟而已。」

安全感作祟，聽似有道理，但忽必烈（白眼眶）畢竟見多識廣，低聲喃喃搖頭，非常小聲地自語說：「不對啊，其他遠極西邊的各族也有文明，沒有人像你們漢人這樣的。他們也要安全感啊，知道長城無用，就不會再花力氣去建，而是另謀他途。」

的確，蒙古人勢力遠至歐洲，鄰近非洲，往返和林的各族人都有，沒聽說過像漢人這樣，如此樂而不疲，不斷反覆玩一個耗費巨大又沒用的大東西。

因為忽必烈聲音很小，郭守敬（白眼眶）沒有聽清楚，但看出忽必烈有所困惑，不認同自己的話。於是說：「陛下若有時間，可擺駕秦漢長城、北魏隋長城、金長城去看看。在該處靜心獨自思索，也許可以看出個端倪。」

忽必烈（紫眼眶）說：「朕以前往返上都與大都之間，就有見過。不過都是驚鴻一瞥，聽你這麼一說，倒是該花多點時間，專程去看看。」

靜默片刻，忽必烈（紫眼眶）又露出笑容地說：「朕聽說易經為陰陽之祖，我大元國號也從易經而來，運河的工程就像是純陽剛正的工程，功效非常明顯有用，這一切就拜託你了。至於長城這種，比較陰性難理解的工程，朕會親自去看，了解這是怎麼一回事。」

郭守敬（白眼眶）說：「臣謝陛下信任，必定竭盡所能，不負重託。」

於是忽必烈與蒙古貴族們，帶著大隊人馬，到了當年成吉思汗繞過的金長城段。這金長城跟漢人建的長城一樣，只是多了困馬溝與各種界壕防禦網。

忽必烈（紫眼眶）對著所有人說：「這就是當年女真人模仿漢人建造的萬里長城，各位看看，這氣勢也是雄渾磅礴，綿延不絕，讓人感覺這不是簡單的防禦工事而已。」

忽必烈這樣稱讚，但蒙古王公貴族們卻不以為然。

「這有什麼用啊？」「仍然阻擋不了我們蒙古南下！」「當年女真人真是愚蠢，怎麼會學漢人這一套？」「還不是因為他們都重用漢人造成的？」「漢人永遠不會再回來，我們蒙古人可不當傻子，不可能再建這種無用的東西。」「不會再有人笨到，再建長城的。」

蒙古貴族們與他一起參觀長城，如此議論紛紛。

忽必烈（紫眼眶）若有所思，發現自己的思路已經跟所有蒙古王公們脫節，轉面對近侍說：「今年暫時不去上都，去黃河北套，前往秦漢長城遺跡看看吧。」

近侍說：「陛下，令所有人都跟著去看嗎？」

忽必烈（紫眼眶）說：「對，全都去看看⋯」

大隊人馬於是前往黃河北套地區。沿著已經頹壞的秦朝長城，住紮上千蒙古包，週邊都有騎兵警戒。忽必烈騎著馬，沿著長城奔馳，後面有護衛親兵跟著。

忽必烈（紫眼眶）說：「這又是另外一個時代建造的長城，已經風化了許多，但仍然可以看得出當年建造完成的時候，可能比金長城還要更雄壯威武。」

一個蒙古勳貴說：「陛下，您看這一路走來，大家都沒贊同的意思。這漢人的萬里長城已經是過去的事情，從女真人學漢人重新建造這長城，仍然抵擋不了我們成吉思汗結果，所有人都能明白這是沒有用的。」

忽必烈聽了，沉默沒回話，在旁所有人見了，總感覺詫異，怎麼大元皇帝陛下會對這長城這麼執著？忽見遠處河套地方，有一村落，於是招來一個當地百姓詢問，打聽出有一個農夫在修砌這座秦漢頹壞的長城。忽必烈非常好奇，於是帶著騎兵隊來到此處。

村長被地方官通知大元皇帝駕到，嚇得帶著全村村民跪在村外迎接，但那一名農夫還在城牆上修砌。經過翻譯：「這裡是什麼地方？」

村長跪著用當地話說：「皇帝陛下，這裡是王家村，我們祖先世世代代都住在這。」

忽必烈（紫眼眶）在馬上，指著遠處在城牆上，繼續修砌的人說：「他是誰？是你們村裡的人嗎？」

村長看了一眼，聽翻譯轉述後，點頭說：「是的，他叫作王舞，是本村的一個怪人。是否讓草民去叫他下來？」

忽必烈（紫眼眶）說：「不必，朕去親自去見他。你們各做各的事情，朕的人不會進村打擾你們。」於是忽必烈策馬到了長城遺跡底下，那王舞非常地專注，在城牆上，搬著已經作好的夯土，繼續修砌。

忽必烈（紫眼眶）命令人，在底下用當地的漢語喊：「城上的人下來！大元皇帝陛下在此！」

王舞聽見了，才醒神。趕緊爬下來，跪在忽必烈馬前。

「草民叩見皇帝陛下，萬歲萬歲萬萬歲。」

忽必烈（紫眼眶）命翻譯說：「這城牆已經沒有用了，你為何還在修這座城牆？」

王舞直接用蒙古語回答：「替祖先的事業，繼續維繫之。村民們都放棄了，就我接著做。」

忽必烈（紫眼眶）笑說：「原來你會說蒙古話，跟誰學的？」

王舞說：「我母親是蒙古人，我在燕京出生的，讀過漢書，精通蒙古與漢族各地語言。因為自己經商有成，想回家鄉做一些事情，才搬回祖先的村落居住。」

忽必烈（紫眼眶）下馬，走到了城牆下，對他說：「起來吧！跟著朕上來！朕想看看你親手修砌的這一段長城。」

於是上了城牆，身邊的侍衛也隨行在後。

忽必烈（紫眼眶）說：「你還沒回答問題。」

王舞說：「就接替祖先事業，因為祖先們都住在城牆邊上。看著這城牆已經倒塌而不顧，太可惜了，所以就修補了這一小段。」

很明顯從村莊到遠處一座丘陵頂，都重新修砌過。

忽必烈（紫眼眶）說：「這一段沿著到丘陵頂，都是你修的？」王舞頻頻點頭。

「花了多久時間？」「三年多。」

忽必烈（紫眼眶）又問：「除了覺得可惜，接替祖先事業，還有其他原因嗎？」

王舞點頭說：「有的，這座城牆，將來也許還會有用途，至少給後人知道，這是秦朝的長城。所以我盡自己的微薄之力，能蓋多少算多少。」

忽必烈（紫眼眶）大笑說：「如今寰宇皆為我蒙古人所治，大元橫跨之域無遠弗屆，怎麼還會需要這種東西？難道你不知道嗎？」

王舞苦笑著點頭說：「是，陛下說的是。小民當然知道，請陛下原諒小民的愚蠢。」

忽必烈（紫眼眶）發現他言不由衷，大概也知道原因。於是回頭對所有衛兵說：「這位是個有學問的人，也算是半個我們蒙古人！你們全部下城牆去，朕與他單獨談談！」衛兵們只好遵命下城牆，但在下方不遠處監督，害怕出了什麼意外。

忽必烈（紫眼眶）說：「現在你說什麼都可以！不必顧忌！把內心的話都說出來！朕一律不怪罪！說，為何你認為這城牆將來還是有用？」

王舞說：「陛下知道萬里長城的歷史嗎？」

忽必烈（紫眼眶）點頭：「從小就聽父親拖雷汗說過，先祖父成吉思汗去世之時，也在猜疑這座古怪的城牆。我大蒙古之所以不斷地西征，其實與這座城牆有關係，難道你也聽說過這段故事？」

王舞說：「是啊！我母親是蒙古人，木華黎孫子所養的女奴，之後賜給屬下的漢人官員為妻，就是我父親。母親也聽木華黎孫子談過，當年太祖皇帝去世時，傳聞太祖對這長城的評論。後來我也聽祖父說，我祖先在秦朝的時候，在這城牆下立過碑，可惜碑文本身找不到。後來歷代子孫都曾有重新立碑，但都已經被破壞，連重新立的碑都找不到了。我只有聽口耳相傳，這碑文的內容，所以推測，將來還會有人再建長城。以致先來修砌，感受那碑文的事。」

忽必烈（紫眼眶）說：「那碑文的內容是什麼？」

王舞有些遲疑，低聲說：「陛下聽了，會殺了小民的。」

忽必烈（紫眼眶）哈哈一笑說：「朕是那種暴君嗎？即便是謾罵我們草原民族，也無所謂！現在全都是我大元治下，要罵就罵，眼前誰也無法改變事實！所以朕全部赦你無罪。你大膽說出來！也大膽罵出來！只是要敘述的是真相，不是情緒謾罵。」

王舞點頭說：「那小民就敢說了，請陛下赦罪容寬。我聽以前村中老者說，相傳碑文是秦朝時候的祖先所立，內容是說這長城是活的，其實是一個叫古怪之獸的嘴，後代將會有許多人企圖翻過牆進到中原。但凡與這座牆糾纏的族群，都會逐漸肢解或消失。因為被古怪咬住了。」

接著說：「從過去的歷史上看來，似乎也是如此⋯但我想，大元橫掃八方⋯也許不會⋯但只是也許⋯」說到這停滯。

忽必烈（紫眼眶）面無表情，沉穩地說：「把你的想法說出來，朕再一次強調，不怪罪。」

王舞點頭稱是，說：「大元朝太祖皇帝，成吉思汗，曾看出萬里長城造成的歷史規則。在大元朝建立前，所看到的規則是：最早進來的強盜會相互火拼而消失。後續的規則是先進來的強盜，會被後面進來的強盜所消滅，久之自然會有人看出這個規律，想要當這最後的一夥強盜。那麼再接下來的規則變成，進來的同時，消滅一切可能的競爭者。所以太祖皇帝蕩平四海，陛下也繼續征伐四方。但是小民以為，大元雖然掃清寰宇。也不能保證，沒有掉入陷阱當中。」

忽必烈（紫眼眶）拉下臉，靜默了一下，低聲問：「為什麼？」

王舞說：「因為先前規則變化了幾次，還有可能繼續變化下去。最早被搶的受害者還在，甚至以前的強盜，也在這過程當中，都跟著最早的受害者站在一起了。只要當上了這個最後一人，就得面對最早被搶的受害者。」

忽必烈邊走邊看，沉靜不語，沿著長城上面階梯，丘陵上爬去，衛兵們在周圍跟著爬，王舞謹慎地跟在他後面。

爬上了山陵，望著北方，先長噓一口氣，然後低聲說：「你所說的規則，太祖皇帝真的有這麼說過，沒想到你這漢兒也知道。你認為，為何最早的受害者，經過這麼多強盜洗劫，還能存在？」

王舞答道：「古代的中國人就常說，千里之行始於足下，萬事都會有根基。漢人們的一切，陛下也都見識過，根基穩固就不怕風吹雨打。所謂的強盜洗劫，若碰到根基穩固，陷阱得當，隱藏的實力很強的受害者，只要肯暫時隱忍等待機會，最後就會變成，受害者反過來洗劫強盜。」

忽必烈（紫眼眶）冷冷地問：「若強盜有辦法慢慢挖掉這個根基呢？」

王舞以反問為答：「若強盜本身也算是它的根基呢？陛下別忘了，先前走其他規則的強盜，現在都變成如何了嗎？」

忽必烈（紫眼眶）聽了瞪大眼，他想到了自己下詔建設大運河，承接漢制，以及蒙古最早的征伐各國，銜接漢地。難不成強盜要自殘，才能毀壞其根基？

忽必烈（紫眼眶）沉吟半刻，低聲說：「漢人⋯」

王舞說：「小民所言純屬猜測，陛下切莫見怪。」

忽必烈（紫眼眶）說：「不會。你說得非常好。你是否願意在大都任職？朕可以給你高官厚祿！金銀財寶美女，都給你挑選！」

王舞笑說：「非常感謝陛下信任，在下很喜歡大都，過幾年會再去一趟，但純粹愛經商，不愛當官，這樣比較自由自在一些。金銀財貨與美女，雖然也是小民所願，但自由自在，才是更好。所以小民會去大都，但只是商人，陛下若看得起，也可以招見。」

忽必烈（紫眼眶）笑說：「也好。也好。就只當商人，這樣說話還比較輕鬆沒有拘束。」

於是望著北方說：「秦朝的時候，應該也有人站在這個位置，時時堤防北方匈奴的騎兵。」

「朕以前讀你們漢人的史書，曾經還以為匈奴人是我們蒙古人的祖先，但聽說匈奴人最後，除了少部份西逃，大部份都進了這道城牆裡，才知道根本不是。後來看鮮卑人應該是我們的祖先，但史書又說鮮卑人都已經翻過城牆進來，最後漢化，鮮卑漠北故地，被柔然人大舉侵佔，才知道鮮卑人也不是。柔然、突厥、回紇、契丹都曾在這長城以北，侵占先前覬覦長城內的族群故地，最後各自都四散。才知道我們蒙古人祖先，其實是更北方的蒙兀族群，跟著這個歷史潮流，依序南下的。北方的強盜來洗劫，最後變成洗劫北方來的強盜。漢人一朝換一代，長城北邊則因此一族換一族。朝代容易重組，民族垮了很難重生，只有靠其他的民族來遞補。還真的是針對強盜的陷阱⋯⋯厲害⋯⋯」

轉面對王舞說：「你說的古怪碑文，可能就是預言這個，被無意間塑造出來的歷史規則。」

王舞低頭嚴肅地說：「小民絕對沒有意思提強盜二字。」

忽必烈（紫眼眶）微笑說：「別怕，朕說過不怪罪就是不怪罪。」

忽必烈（紫眼眶）於是慢慢往回走說：「我們蒙古人，應該是擺脫長城的糾纏了。應該吧，但真正以後的歷史，還是後人才知道！離開這裡，朕也不會跟任何人提起，因為這些都只是我們的猜測而已！」

忽必烈又在河套地區逛了幾天，賞給王舞一個金牌，可以在大都與上都經商，並且與他相約可以互相通信。然後返回大都。

他走之後，王舞喃喃自語說：「真的擺脫了嗎？真的嗎？」

當然沒有擺脫！沒達到真正的終極目的，怎麼能擺脫？

忽必烈先前非常重視漢人，從此開始稍稍疏遠，因內心始終疙瘩著歷史，所以雖然元朝建立，蒙古貴族也因此非常排斥漢人。整個元朝分成四大階級，蒙古人第一，西域色目人第二，北方漢人第三，南方漢人第四。說是以時間先後，被蒙古所統治的人做劃分。

忽必烈去世之後，四大汗國承認元成宗為宗主，元朝只在名義上橫跨歐亞大陸。之後窩闊台汗國被察合台汗國滅亡，其他三汗國，逐漸獨立自主，也各自陷入分裂內亂，乃至被當地人篡奪權力，元朝無法控制局面，實質上只能最西邊銜接天山，最北接近北極，最東在遼東，最南至嶺南。吐蕃則為藩臣上未併入版圖。

另外所有元朝皇帝都對漢人與儒生產生矛盾。以儒治國雖然名義上保存，但政策上對儒生士人，加強監控與排斥。科舉廢而又復，復而又廢，廢而又復。乃至元朝皇帝，恢復了落後部族的人殉制度。堅持蒙古文字，時而禁止漢人學蒙古語，漢人低位竟然低於阿拉伯等色目人，以為這些可以逐漸軟化漢人的根基。

但這些都還不是重點。對鬼局而言，這些都可以逐漸克服。又是那個原因，使之不得不變化……

※※※※※※※※※※※※※※※※※※※

陰陽一體，古怪相連。

陰古：不太受教非好鳥：：開弓沒有回頭箭：：既然想當最後一個強盜：：就豈能讓他們分散在各地，分化出去不受用？把我們看成最低層的，搞不清楚當初誰讓你們起來的，迷夢不醒啊！

陽怪：這不是不能解決，可以把他們搓成乖鳥。但時晷官回報的計時，給這元的時間可不多！

陰古：那就別搓了，重開長城局面吧。我擔心一件事情會發生。

陽怪：好不容易搓出這麼大一股，可以說長城之局可以在此收官，直接時間到，一口吞光蒙古搓鳥們，為何重開？擔心什麼事情？

陰古：先前這麼大一股，讓我擔心我們的『罔兩型』老五一門。若是因這次巨浪而產生間接影響，這就很不好了。

陽怪：你是說，自源文明系的問題。

陰古：我們很早就注意到旁門左道很多，本質上另外三個自源文明系，不會不懂得旁支的威脅，沒有理由都不懂得像我們這樣吞食旁支。可是經過這次打通大陸的氣脈，他們已經滅絕多年無疑。所見全部都是旁支，問題不單純。我感覺到，還有另外一個自源文明。倘若氣候不對，那我們必須要先找到它。

陽怪：可惡的這股力量。要拚就來拚，誰怕誰？

陰古：不要掉以輕心！我有直覺，這股力量除了盯著我們，也會找老五一門！經過這次打通大陸氣脈，先前三個同系者，被用不同的方式點穴切斷，走向崩潰滅絕！手法不一般啊！

※※※※※※※※※※※※※※※※

元朝重新規劃隋朝運河，南北之間再一次打破金宋對峙之後的隔閡，向西與色目人的通商，也打破了西夏立國阻擋東西溝通的隔閡。該有的流程都繼續進行。

大運河往返，也很多蒙古人商販，使用蒙古文，但漢人對蒙古文並不在意。唱曲仍然是用漢字漢語來作曲，甚至對蒙古征服者，尊重的表皮下，反帶著一種鄙視。

甚至很多讀書人都這麼說：若不是有那麼多漢兒，主動跑去跟韃子合作，韃子們根本就無法建立元朝。

是沒錯，世界人類古往今來，一民族爭服一民族土地，都會要用當地人合作。但征服者以武力為後盾，索取任何，往往不需要付出代價，唯有在中國，會有整體的對價關係，漢兒們出賣靈魂往往會反過來向征服者索取報酬，征服者當然只能從最底層去盤剝，但自己也要滿足，自然會給出賣靈魂的合作者低少。但往往合作者胃口很大，一旦不能滿足，合作關係，就會開始變質。這才是在中國不一樣的最關鍵因素。

其他民族的歷史，被征服只能單向抵抗，力不能及則逐步衰亡。但一開始設局，若就是故意明明比對方強還要出一大堆漢兒做局被征服，那就成了扮豬被吃，而結合出賣靈魂的合作者，這群豬得不到滿足，那自然而然就會去點燃，先前被壓在底層，受盤剝的隱藏力量，最後整個群體面貌，由豬變成了龍，反過來吃老虎。

更何況還有個倒數計時的遊戲隱藏在底下。壓在底下的壓力鍋，隨時會被這一連串綜合不滿的情況引爆，成了『神龍吐息』。把自以為自己是征服的人，反過來變成被征服。

鎮江，大運河邊小鎮。

原本科舉辦了又廢，廢了又辦，最後改稱暫停幾年。蒙古統治者總害怕漢人遲早會靠著科舉壟斷統治階層，像以往歷史一樣，反過來統治蒙古人。一個考生，名叫鄭玉堂，因為科舉暫停，先前跟親戚借錢讀書，趕考的準備，得不到任何回報。只能在小鎮邊上，跟著戲班，唱曲作詞來吸引觀眾。

鄭玉堂邊彈琵琶，唱馬致遠的走紅曲：「枯藤、老樹、昏鴉。小橋、流水、平沙。古道、西風、瘦馬。夕陽西下，斷腸人在天涯。」

剛開始慢調，接下來越唱越快。底下的觀眾一陣叫好。

下了台，戲班主認為台與戲都是他們搭的，盤剝他的賣唱錢，只夠他吃幾餐。鄭玉堂只感覺自己懷才不遇，若是在宋朝，可能自己已經考上科舉，當了官員，何至於現在賣唱斯文，操賤業？

這戲班主除了正常的戲曲，賺正常觀眾的錢之外。另外還有安排夜晚裸妓的表演，在一個偏房角落卻熱熱鬧鬧。裸體女人會出場歌唱，引一堆有錢商飯淫樂。有蒙古人也有西域色目人。這個官府雖然明令禁止，但這些蒙古與色目商販才不管這禁令。甚至看完裸體表演，還會集體買春。

鄭玉堂早已經見怪不怪，自己搭小舟回住所，到了一陰暗的水道。只見一個女子從另外一艘小舟上跳水自盡。鄭玉堂急忙把她拉上岸。

點亮燈籠，發現這女子衣冠不整，哭泣中帶著幾分憤怒。

鄭玉堂仔細一看，發現認識，說：「妳不是戲班女，屈妹嗎？」

屈妹（青眼眶）怨懟地看了鄭玉堂一眼，怒目說：「原來是你，窮書生，為何不讓我去死？」

先前兩人就相互認識，只是鄭玉堂都是唱正常曲，夜晚離開，裸妓表演時，這屈妹就是裸妓之一。往往一絲不掛取悅商旅，鄭玉堂當然立刻離開。

鄭玉堂手指著裸戲屋，說：「妳不是應該在那？」

屈妹激動地再次要跳運河，被鄭玉堂拉住。

「有什麼事情可以好好說，何必如此？」

在拉扯中，屈妹（青眼眶）說：「我不死，他們肯定會來找我回去！」

鄭玉堂大概懂什麼情況，肯定是戲班會找他。於是說：「妳先上我的小船，我們沿著這艘船北上！這水道在這一團黑，他們追不上的！若有什麼委屈，白天可以去官府，官府不成我們上京告狀。」

屈妹稍微鎮定，於是上船，鄭玉堂搖槳在黑暗中行舟，兩人尷尬沉默許久，才開始說話。原來這屈妹本來也是因窮困，自願表演裸戲，但幾次被蒙古與色目商人輪姦致孕，流過產打過胎，但身體不適不敢再打胎，也曾產過一私生子送給他人。戲班主不但沒有主持公道反而利用這行為收費，並且還盤剝她，說她沒有認真避孕。

這一次屈妹真的已經無法忍受，所以表演完，趁人不注意逃跑，但無處可以去，遂跳河自盡。

鄭玉堂聽完內容，低聲說：「這個人世間就是很多黑暗！人性之醜陋，我們無可奈何，只有找機會想辦法抗拒或遠離。」

屈妹（青眼眶）稍微鎮定一些，低聲說：「我犧牲了這麼多！這些禽獸卻越來越過份。你告官也沒有用的，蒙古人與色目人他們踩在漢人與南人的頭上。」

鄭玉堂說：「這是蒙古貴族他們自己的說法。但他們之間也互相爭權奪利，往往引用漢人當自己的後台實力。我雖然因為科舉被暫停，失去了考功名的機會，但一個蒙古人府台請我去當師爺。要不是我因為先前考科舉借債，有了債務，必須先償還，不得不賣藝。不然我也可以去府台當官吏。」

屈妹（青眼眶）說：「至少你還是賣文化，而我在眾人的眼裡，只是賣肉的便宜貨。」

鄭玉堂說：「不要這樣說自己。妳只要願意打從心裡，割捨過去，重新出發，那別人才可以幫妳。不然別人不知道妳心裡怎麼想，也不知妳是不是真的喜歡做這種事情？怎麼幫？」

屈妹（青眼眶）說：「我原本是自願下賤，就如你所想的，只要有人有錢，就可以做的是天性淫蕩賤婢。我只是沒料到，命運最後是這種情況。」

鄭玉堂說：「這樣吧，我正好想要北上，去找府台。妳願意跟我走，我帶妳去沒關係。倘若不願意我就讓妳回去。」

屈妹（青眼眶）說：「我不想回去，你能有錢讓我有飯吃我就跟你，其他我已經不索求。老實說，原本我祖先在宋朝時，也是江南的書香大族，族人們還說我們祖先是屈原大詩人。我小時候也讀過書，但家道窮困，才離開做此賤業。」

說罷哭了出來，又想要跳河，鄭玉堂急忙拉回她。

鄭玉堂說：「不要想這些，之後情況開始好轉。我雖然這次去府台那邊，也不見得能再爭取文吏的要職，但能賺多少錢，就盡量。妳不嫌就好。若嫌那也可以隨時離開。」

屈妹才逐漸穩定，兩人慢慢又閒聊。

兩人沿著大運河北上，中途投宿客棧，若沒有辦法投宿，直接就睡在船上。大運河南來北往許多船隻，也相互可以交易食物。

「原來鄭哥，你的學問這麼好。這麼會講故事，我幼年時曾聽人說一些鬼怪的故事。你有沒有什麼很奇怪或驚悚的故事可以跟我說？」

鄭玉堂點頭說：「還真有。這個故事，是我幻想出來的，起源於我去趕考科舉時，經過一座小山，廢棄了一堆銘石。那銘石叫做《紹東銘石》，是一個北宋年間的人寫的，裡面許多陰陽詭變之術。當時我拓印下來，熟讀於內心，引發了我很多想像，所以才幻想出這段故事，妳是否要聽？」

屈妹（青眼眶）說：「反正在這運河上，沒什麼節目，就說說我聽。」

鄭玉堂說：「有一個單身農夫，我且稱他為時一農夫，他撿到一個能穿越時間的神物，叫做崑崙鏡。回到家中，竟然發現另外一個自己。我且稱那另外一個自己叫做時二農夫。這時二農夫急著向時一農夫說，趕快離開家裡，三天後會有盜賊搶掠整個村莊。」

屈妹（青眼眶）苦著臉說：「等等，怎麼可能有這種事情？」

鄭玉堂說：「屈妹別急，聽我講完。這時一農夫被這情況也嚇得手足無措，時二農夫不知道怎麼解釋，只說自己是跳入崑崙鏡，穿過三個月的時間回來的。三個月後的農夫，當然知道三天後會有盜賊來搶村莊。時一農夫就反駁說，那你為何不去報官？時二農夫說，報官不信，而三個月後他才找到使用崑崙鏡的方法，所以只能回來先救自己。時二農夫拉著時一農夫出門，忽然見到了第三個自己，我且稱為時三農夫。」

屈妹聽得目瞪口呆。

「時三農夫說，別跑了，你們兩個跑出去的話，自己最後也會遇盜賊。原來這時三農夫，是五個月後的自己。他知道時二農夫想要拉時一農夫到遠處，不要再回村，然後才穿越崑崙鏡回到三個月後。但時三農夫知道，他這樣回到三個月後，村莊人早都死了，他自己五個月後會因此意外死在田中。所以時三農夫先去救了三個月後的自己，然後再到五個月前，改變時一與時二的情況，希望全村都活著然後自己也就能活。」

屈妹（青眼眶）說：「等等，時三農夫，怎麼能夠知道自己會死？死了怎麼用崑崙鏡去改變命運？」

鄭玉堂說：「對了，時一農夫就這麼問他。這時三農夫說，五個月後，他在田中碰到另外兩個自己，就是時一農夫與時四農夫，因為時一農夫聽了他現在這麼解釋，提前知道現在崑崙鏡往返時間的使用方式，所以跳到半年後，發現自己死亡，找到原因之後，回頭去五個月後救時三農夫。可命運改變了，時三農夫沒有死，所以又不會發生時一農夫發現自己死亡這件事情，見到半年後的自己即時四農夫，兩人尷尬對面，時一農夫變成不知道自己為何要來半年後。」

露出詭異笑容說：「時四農夫也不知道時一農夫為何要來？屈妹你猜猜，回到故事最初，那個時一農夫最後有沒有躲開盜賊？」

屈妹（青眼眶）說：「我不知道？我頭暈了，全身雞皮疙瘩，聽了好可怕。」

鄭玉堂說：「答案是沒有。因為你仔細畫圖去想想，這一些不同時間的農夫，開啟了互相知道的大門，越來越頻繁穿越時間告知，越來越混亂。但最後撞到矛盾，開始從『知道』變成了『不知道』。最後時一農夫只發現，又出現一個時五農夫跳出來，然後時二傻呼呼跳回去，時三也傻呼呼跳回去，時五也傻呼呼跳回去。他也搞不懂崑崙鏡到底怎麼用，以為撞邪有幻覺，只是擺在一邊，去找村中道士喝了符水壓驚，最後盜賊來了，他跟全村的人還是都死了。」

屈妹（青眼眶）苦著臉說：「從越來越『知道』，變成越來越『不知道』。鄭哥是說，這世界會有一種陰陽平衡？不但平衡眼睛看到的空間，也能平衡眼睛看不到的時間？」

鄭玉堂瞪大眼說：「屈妹，妳好聰明啊。我沒想到妳能聽出這故事當中的關鍵處。」

屈妹（青眼眶）說：「如你先前所說，我要割捨過去下賤無恥的自己。我喜歡你的故事。真的很喜歡你的故事。你會不會嫌棄我是個骯髒賣肉的便宜貨？」

鄭玉堂說：「你別嫌我窮就行了。」

屈妹（青眼眶）說：「窮可以等時機變為富，也可以努力想辦法改變。就像鄭哥你現在去找府台，不就是改變中嗎？但我骯髒了，就改變不回來。難怪古人會說覆水難收。除非男人不介意這種事情，得看你們男人的態度。」

鄭玉堂沉靜片刻，說：「我可以的，妳只要真的願意切割過去，不要心態重演，就不會介意。」

「另外，我教妳怎麼作曲！這也是從碑文那邊領悟，在唱曲的過程中我有了心得。」

屈妹（青眼眶）說：「好啊好啊，我很想寫曲。」

鄭玉堂說：「當屈妹妳理解我那段故事的背後原理，就知道無論任何形式，也就是無論歌詞也好，歌曲也好。都有一個維持平衡的控制力量，而這個控制力量，可以看成歌詞與歌曲的交集。那麼妳只要會歌詞文字，就可以作曲。」

收出一張紙，上面寫了一段詞：**長遠的運河，自隋起，元繼之，我在這搖櫓，看著繁星皓月，與兩岸燈火，唱著那情歌**。

接著說：「看著這一段詞，每一個字都可以是五音，七音，甚至十三音組合；

每個字可以拉長或縮短節拍，讓歌曲唱快或唱慢；每一個字，也可以只蓄涵一個音節或多個音節；每一段話中間，都可以夾雜自由的組合曲度，可以讓其他樂器進來伴奏。倘若運用對聯對仗，那歌詞增加，曲也可以增加。倘若製作完成後，除掉歌詞，所剩的歌曲也能單獨給樂器演奏。給你看這張圖。」

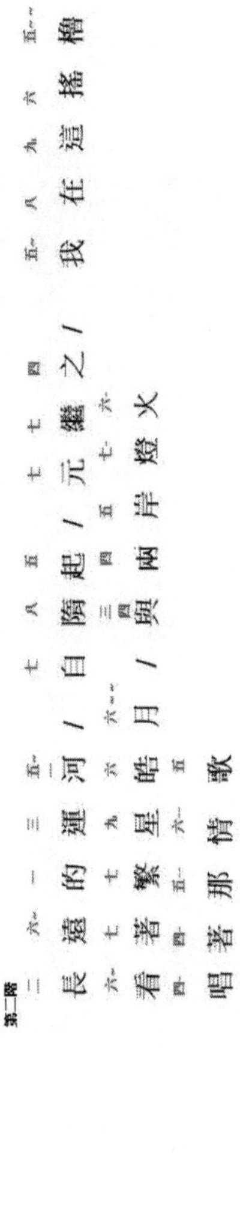

屈妹（青眼眶）說：「這上面第二階是什麼意思？」

鄭玉堂說：「這是起步的音階，你看到在詞上的音階高低，都是本詞之間的相對高低。『第二階』那是表示，絕對音階。從人的耳朵能聽到最低的音階往上，為第一階。常用的為第二到第五階。第六與七階基本上就是高音神曲，人通常用不到。但我發現，有些動物可以聽得到。」

屈妹（青眼眶）笑說：「動物？難到你會對牛彈琴？」又指著圖問：「這上面

曲線什麼意思？直線又甚麼意思？」

鄭玉堂說：「曲線代表拉長一相對節拍，直線代表縮短一相對節拍。兩個曲線就是拉長兩個節拍，代表總共三個節拍。而節拍時間都是相對的。一個字有兩個數字，代表一個節拍擠了兩個音，那唱到這個字，就要行走其音階。」

「整個來說，理論作曲，通常找一安靜無人之處，沐浴更衣，點燃清香。放縱思想音律，不斷反覆依照此簡單的作曲規律，既能作曲又能作詞。去掉詞又可成單曲，變成純粹的單曲，進入高階段就是以曲作曲。再進高階段，曲本身就有生命，可以律動自身。而進入最高階段，曲本身與自然法則相吻合結合，如同男女之媾和一般，無憂無限，最後成為透析一切事態之調。但這絕對不是男女媾和那種骯髒低下的淫態，而是高雅的貞態。」

「我之不介意屈妹曾經作賣肉之女，在於在我觀念，妳能否把自己從低音階拉到高音階而已。」

屈妹（青眼眶）說：「我肯定能，我要學你的作曲。願意嫁你，若將來你功名有成，那再娶妾我也不會在意。」

鄭玉堂呵呵笑說：「娶妾？我很想，但先把妻子照顧好再說。以我這樣的生活而言，可能永遠沒辦法娶妾。所以屈妹只要真能拋棄過去，走入心靈音階，那不必擔心我的心思。」

1961　第二十六章　巨浪停歇　尋覓之心　驚雷破夢

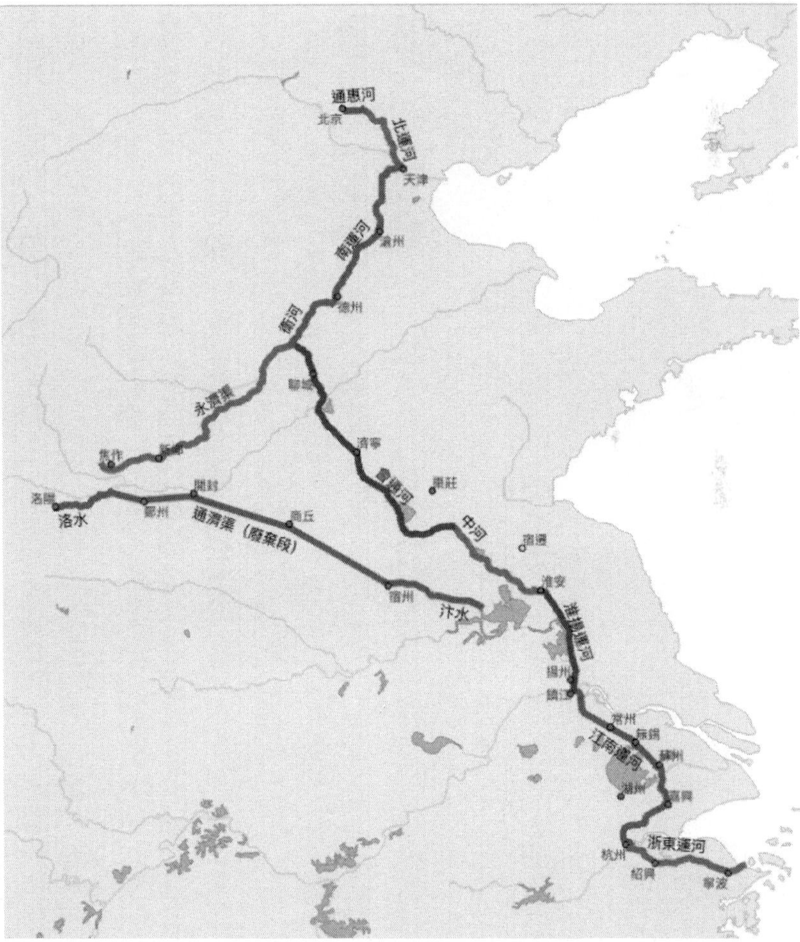

到了滄州找到府台，那個蒙古人府台任用鄭玉堂當師爺，協助他在官場爭奪出謀劃策。而鄭玉堂也娶了屈妹為妻，生了兒子。屈妹把鄭玉堂這個故事，寫成了一段神文，還繪圖。兩人一起把故事講給子孫聽。恰巧後來碰到元末民變，變民軍北上四出追殺蒙古人與色目人官吏，蒙古府台逃跑。鄭玉堂幫助紅巾軍官吏治理滄州，年老又投效明朝北上的軍隊，之後全家都幸福到老不提。

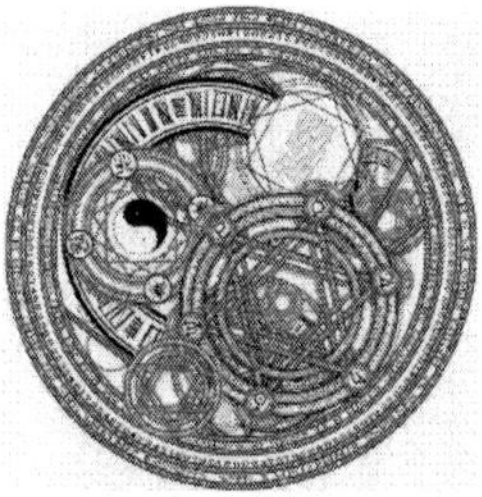

要一個文明傳承長久，關鍵在於最平凡人的思維必也傳承。

脈絡子：傳承還是最重要的，繼續銜接傳承。催動更多的傳承脈絡，主脈絡先接上。

殘影錸：立辛／陰陽家↓仇盂／陰陽至易↓高人／ 陰陽真學↓王睦／太極劍↓楊

鑑／三鬪仙器型圖／太初與太罡劍↓曹通、元子攸／太元劍↓祖世光、楊蘭芷／三元自然簡式 ↓陳益民、黑藍雲月／ 機關要術↓陳永／傳書 ↓永嘉公主、陳胤 ／天元陰陽書↓蘇頌、蔣文象／水鐘鑄法↓梁紹東 ／ 紹東銘石 ↓ 鄭玉堂、屈妹 ／時空乖錯寓言與神曲之律

脈絡子：糟糕，陰陽古怪之主又來任務，很討厭也！我們明明是最不重要的，最清閒的，怎麼反而要接一堆重要事情。這不是好事！

殘影鍊：別激動，我看看。任務是，趁著時晷官倒數計時元朝滅亡之前，靜摸地脈，觀察廣大大陸區域通商脈絡，探索陸地上有沒有『罔兩型』的氣息。喔喔喔，這確實是很重要的大事！但我看除了我們這一局，其他都沒辦法做這件事情。

脈絡子：煩啊！我們明明最不重要！也沒有放局中鬼的能力！怎麼反而要做這種高技術工作！找『罔兩型』做什麼？到底有沒有『罔兩型』陰陽古怪之主確定嗎？

殘影鍊：別抱怨。我來摸吧！陰陽比對，乾坤平衡，立足地脈，文物人心。

脈絡子：這樣摸不到，得借局！我去找心訪使與罔兩鏡！

須臾。

心訪使：來作客。

罔兩鏡：我們知道該怎麼協助。

須臾。

脈絡子：沒有『罔兩型』的氣息。
心訪使：海上貿易呢？那邊有感應嗎？
脈絡子：海上也沒有。
罔兩鏡：好失望。
殘影鍊：也只能如實告知陰陽古怪之主。

異民族政權看上聯　捧你送你給你來佔中國等待多久活多久
漢民族政權看下聯　拿我吃我用我去建朝代目標何時死何時

時晷官：時間快到了，進入輪替階段！從金長城到忽必烈稱帝，等九十七年。
再從忽必烈稱帝到滅亡也只能九十七年。

漏斗塔：陰陽古怪之主認定，弄了一堆色目人當官，抗拒被消費，一肚子鬼水，要狠狠地教訓。放出局中鬼，陰陽古怪之主要求，驚雷破夢！這有點狠喔。九十七年時間到，擺出陣型，放局中鬼，驚雷破夢！

元至正十一年，西曆一三五一年。大都大殿內。

皇帝脫歡鐵木兒，命人抬出了金製的假人玉女，給群臣觀看。蒙、漢與回回大臣們，圍繞在這週邊觀看。

鐵木兒用漢語說：「朕參考了宋朝工匠做的『自行人』原理圖，還有宋朝蘇頌的水鐘機關，也製作了這個『金人玉女』，諸位愛卿可以看看，這當中有什麼玄機。」

這金人玉女約有一條腿這麼高，手持一個鈴鐺，玉女背後有一扇小窗，但關閉著，沒有皇帝同意，誰也不敢隨便觸摸。

群臣你一言，我一語，皆看不透。還以為這有什麼政治的暗示，但又不敢確定。

忽然金人玉女開始搖起鈴鐺，群臣一震驚愕。搖了約十來下，就停了下來。

「會動也！」「竟然會自己搖鈴！」「嚇我一大跳啊！」「難道不用水力？」

鐵木兒哈哈大笑說：「看出玄機了嗎？誰能猜出這有什麼用途？」

群臣面面相覷，似乎都不知道這能有什麼用途？

便一同說：「臣等愚昧，陛下聖訓。」

鐵木兒說：「這金人玉女，朕設計每一天會搖鈴一次，而可以不必人工扭轉上條，搖鈴三次。」

於是親手打開後面的小窗，裏面一大堆齒輪。抽出發條，上緊之後內部齒輪自動一格一格旋轉。

群臣驚嘆。

鐵木兒得意地哈哈大笑說：「現在是午時，朕上條之後，明日午時，這金人玉女又會搖鈴。此乃自動報時器也！哈哈哈！」

漢臣工部尚書賈魯說：「陛下匠心獨具，臣等不及也。」

其餘群臣也跟風說：「陛下匠心獨具，臣等不及也。」

鐵木兒得意地哈哈大笑。

「這東西若放置在床榻旁，以後要定時起床，就不用麻煩僕人叫喚，也不用打梆報更人。再配合朕的另外一項發明，『宮漏』，那麼時間將會更加精準。想要什麼時候報時，隨時可以做得到！」

轉面對後面伺候的宦官們說：「抬上來！」

於是抬上來一個天造奇物。

鐵木兒親自介紹：漏壺高七尺，寬四尺，以木為櫃，中置漏壺，以水運行。櫃上雕有三聖殿，櫃腰立一玉女，捧一漏箭，上有刻度，隨時浮水而上，顯示時刻。櫃左懸鍾，櫃右懸鉦，鐘鉦各立一金甲神，按時撞鐘擊鉦，不差分毫。鐘鉦響時，兩旁的雕鳳鏤獅亦飛舞應和。在三聖殿兩側分別為日宮、月宮，宮前各立飛仙三人，子、午時刻一到，飛仙便合為一隊，魚貫而行，度過仙橋至三升殿前舞拜。時間一過又自動退回原處。這種漏壺因為有日、月兩宮，故名宮漏，其構思奇妙，精巧絕倫，非常罕見。

「倘若調整得當，與日晷配合使用，隨時可以看現在是什麼時刻，再配合『金人玉女』，那你想什麼時候報時，就什麼時候報時。想要明日丑時三刻，不必等今日丑時三刻預先準備，就可以調整到位。蘇頌當年還要用水，朕這用人扭動機關就可以，也是一絕啊！」

群臣驚嘆不已。鐵木兒又得意地哈哈大笑說：「京城人說朕是魯班天子，說得對啊！朕正是現代的魯班！」眾臣們總覺得他像漢人，甚至是儒生巧匠，一點也不像蒙古人。

趁他開心，賈魯奏：「陛下，近年來黃河氾濫嚴重，請下詔徵民夫協助治理黃河，開黃河故道引之入海。」

脫歡鐵木兒思考都不思考，馬上說：「准奏。」

於是下詔開黃河故道，命令賈魯為總治河防使。

脫歡鐵木兒的工藝，竟然與蘇頌可以比美，也屬脈絡子傳承之一，難怪推翻元朝的局中鬼，最後放走他。

本來他下的旨意這都是好事，但當時河北山東地飢荒，已經引起不少民變，當地民風剽悍，一但徵發民夫開黃河故道，只會更加嚴重。

潁州。

韓山童以『彌勒佛』下生為號召，聚集許多信徒。

「彌勒托降了！彌勒托降了！」「快去看！」「到底怎麼回事？」「彌勒托降要給預言了！」

一眼眶發黑，面瘦如柴，話聲沙啞，面貌兇惡者，穿著道不道佛不佛的服裝，拿著一毛筆在牆上畫布寫了歪七扭八的一首詩句，一般人都看不懂。此人就是韓山童（橙眼眶），從他祖父開始就是神棍，曾經被流放到廣平，但之後到了他仍然繼續承繼神棍之業。

另外一人是他的助手，叫作劉福通（黑眼眶），他手舞足蹈，裝神弄鬼地對信徒喊道：「天下將亂，彌勒下生，至正數亡，宋室再興！」

接著又向鬼上身一般，韓山童（橙眼眶）寫了另外一首詩。

劉福通（黑眼眶）又唸道：「炎運宏開天下同，金烏隱匿北原中，自此不敢稱雄長，兵氣全消運已終！」

底下又有幫襯者說：「韓山童就是宋徽宗八世孫啊！應當再興！」「推翻蒙元！再興宋室！」一群眾們一陣呼喊。緊接著越來越多的民眾聚集，參加他們的組織。

劉福通（黑眼眶）於是通令部眾，綁上紅巾為號，約定辛亥日起事，號為『辛亥革命』。官府很快收到消息，派人追捕韓山童，當場抓獲，之後押到刑場斬首。韓山童兒子韓林兒與妻子楊氏，逃往武安。劉福通仍繼續接手糾集部眾，於辛亥日起事。

河道。民夫都在這裡挖黃河故道，元朝朝廷也有發錢糧當作勞力薪資，但層層蒙古與漢人官吏從中扣了不少，以致到民夫手上數量都不足。

「怎麼這麼少？」「跟徵發我們時候所說的不一樣啊！」「被狗官貪污了！」「我們還要養家啊！」

民夫一陣怨恨…

忽然一名民夫喊：「挖到石人啊！挖到石人啊！」

所有民夫都趕過來圍觀。

「只有一隻眼睛。」「難道是韓山童說的，彌勒派獨眼石人降世。」「背後有字啊，寫什麼看不懂啊？」「請個書生來看看。」「誰有唸過書啊？」

忽然一個人說：「我認識字，我來看！」

「到底寫了什麼？快告訴我們啊！」

此人乃韓山童的黨羽，他先前將石人埋在這裡的。然後喊說：「莫道石人一隻眼，此物一出天下反！」

眾人一陣傳誦。

忽然河道官員帶兵趕來喝道：「不許聚集！全部離開！全部回去工作！」

眾人一哄而散，紛紛回去工作。石人當然也被官員砸碎了。

然而這個消息逐漸散開，甚至改編變成童謠，開始歌唱。

「石人一隻眼，挑動黃河天下反！」「石人一隻眼，挑動黃河天下反！」「石人一隻眼，挑動黃河天下反！」

於是紅巾起事，『辛亥革命』正式爆發，攻破穎州，前來鎮壓的色目人將領，見到賊軍勢大，嚇得臨陣脫逃。

超個體『驚雷破夢』開始，將會是古往今來最快的胡漢更替。

紅巾辛亥革命的消息一下傳出去，蕭縣的李二，家中有芝麻一倉，見到天下人飢饉，而蒙古人與色目人喝酒吃肉，好酒好色，民怨沸騰。於是開芝麻倉賑濟災民，暗中糾集部眾，斬關而入，誅殺蒙古與色目人官員，攻佔徐州縣城。號為芝麻李。

陸上反，海上也反。

方國珍兄弟在海島建立水寨，擁有水師，雄踞一方。蒙古將領羅搏帖穆爾，率軍征剿，大敗被擒。為了活命，表示願意替他們招安，最後朝廷授方國珍兄弟官職。

他們遂利用資源，蒐集火砲船隻，勢力更加壯大。等到海上水軍勢力足夠，又宣告叛亂造反。

徐壽輝本來以販布為業，聽聞紅巾辛亥革命起事，也以燒香聚眾，綁上紅巾造反。原本捕魚為業之家的陳友諒（紫眼眶），讀了一些書，在縣衙當小吏，相命者說其祖墳富貴，於是準備跟從叛亂。

父親陳普才罵他：「為何作要滅族的事情？」他答道：「而今四處叛亂，風起雲湧，相命者的預言應驗了。」

於是陳友諒不顧家人反對，投奔徐壽輝。

元丞相脫克脫，知道漢人們開始異動了，而且是大規模的異動。於是通令各地：「河南漢人反！所有官員一律嚴查漢民，蒙古與色目人貶謫在外者，全部赦免回京。」

所有軍機要務，無論被定義為第三階層的漢人，還是第四階層的南人官吏，一律不許參加。河北的漢人聽聞，紛紛私下串聯，準備配合南方的紅巾軍一同起事。

徐壽輝首先攻城拔寨，擊破蒙古親王的征剿，宣佈自立為皇帝，國號『天完』，改元治平。接著大軍攻破武昌重鎮，連續殺戮蒙古人與色目人官員，不投降的漢人官員也一律殺戮。

定遠人郭子興，聽聞天下有變，散盡家財召集少年千人，結納壯士，也跟著起兵造反，自稱元帥。跟著攻城掠地，拼命組織部眾。此時造反，已經不需要再曖昧模糊地用宗教，彌勒佛這種東西，直接就是自組軍事單位，最後自組政治單位，公佈自己的法律。

鐘離人朱元璋因飢荒家人相繼死亡，而投奔皇覺寺為沙彌，但四方兵起，和尚們都紛紛避難。後來流浪淪落為乞丐，知道天下大亂，於是投奔郭子興軍中，受到重用。

過不久，張士誠原本是運鹽工人，不堪鹽官壓榨，也召集同夥十八人造反，應和者愈來愈多，最後成了勢力，起兵反元。於是各地愈來愈多人，用各自不同的理由，與各自不同的方式，紛紛造反。

原本都是各自起事的，但大家都不約而同，號稱受紅巾起事影響，遵奉所謂彌勒下生。以至於元朝朝廷中央，只把鎮壓的矛頭全力指向最早發生的紅巾軍。從而江南各地其他反民，有更大的發展空間。無論元朝怎麼反應，都沒有辦法正確地分析各股民變勢力的根本結構。

皇帝脫歡鐵木兒在上都遊玩，聽到了紅巾起事，大為震驚。把丞相脫克脫招來上都。

開頭就大罵：「你常說天下太平無事，竟然會有紅巾起事，愈滾愈大，怎麼先前都沒有稟告朕？」

脫克脫汗流浹背，謹慎地回：「在大都時，漢人官吏甚多，不方便把這種事情告知他們，否則他們必生異心。」

鐵木兒大罵：「誰說漢人就一定有異心？丞相為何所言顛倒？」

脫克脫張口結舌。

鐵木兒說：「你親自率軍去平定叛亂！辦得到嗎？」

脫克脫說：「臣與兵部尚書密爾厤和謨，已經有私下定議征剿方案，必能平定此場民變，當不至於驚擾聖心。」

鐵木兒本身並不排擠漢人，甚至他就是宋恭帝與回回女人所生，贈妻贈子於元明宗。蒙古人男女關係血緣防伺不嚴，帝位傳承的爭權奪位狀況嚴重，自然能有縫隙可以鑽。但而今一切都不重要，因為這一切都跟文化同化沒有關係。

超個體『驚雷破夢』繼續。

脫克脫首先進攻芝麻李，用巨砲轟城，日夜不息，芝麻李大敗被擒殺。

當脫克脫向皇帝報捷，並派人打聽其他變民勢力之後，發現了一件怪事，這些變民勢力相互之間，乃至勢力內部，也開始相互爭權殺戮，根本不能團結。

這讓他大有信心，認為漢人如此造反，最後必定都不能成事。的確，大多都不能成事，但只要有一股勢力能成事即可，也只需要一股。而且在這內部也自相殘殺的情況下，卻又眾口一致把最早起事的紅巾勢力推到台前，讓他們先吸引元朝大軍，其他勢力才好互相打殺併吞。

脫克脫沒有搞懂一件事情，把紅巾推到台前只是吸引元朝軍隊注意，變民軍之間相互吞併，是在整併最後一股力量，這種相互殘殺就不是內耗，而是一種整合與壯大。只要叛變的能量足夠，就能承受相互吞併之中的損耗，整併一股足以推翻元朝的力量，就能完整地改朝換代，而不會陷入分裂。

這種巧奪天工似地反亂，跟其他民族的反亂不同，看似自然，實則不自然。背後有一股莫名的力量與目的在操作。蒙古人自以為無敵的力量，至此全告瓦解。

劉福通迎接韓林兒為皇帝，國號曰『宋』，定都亳州，信徒以佛教經典稱之『小明王』。一個宋朝復興，引起了元朝大軍注意，於是集中兵力與這勢力先行交戰。而紅巾軍也卯足了勁，正面與元軍主力交戰。其他變民勢力，則各自相互交戰。

先說紅巾軍這一路故事：

元軍統帥達實巴爾圖，率大軍進攻亳州，劉福通率軍迎戰。兩軍大戰於太康，元軍兵力強大，紅巾軍陷入苦戰。

「丞相，元兵太強大了，我們必須避其鋒芒。」

「若此處失敗，亳州就會被圍！」

「留得青山在，不怕沒柴燒，快退吧！」

殺！鏗鏘！鏗鏘！

元軍再次排山倒海之勢攻來，劉福通大敗潰走，派人迎接小明王逃往安豐。

然而接受紅巾軍招攬的中原變民，替小明王與劉福通等人打氣，大舉攻破汴京附近的州府，大軍進攻中牟，另外一支負責平紅巾的元軍統帥察罕帖木兒，率蒙古精兵迎戰，見到紅巾軍力勢大，所有蒙古兵都面面相覷，察罕帖木兒激勵士氣，趁著風沙大作，發動突擊，紅巾軍敗走。

雖然失敗，但分散的紅巾軍相互之間，很快又重新組織力量，劉福通於是又聲勢大振，所過都劫掠殘破，百姓見紅巾軍如同盜賊，於是望風而逃。元軍在陸上不斷圍剿，以至於紅巾軍沒有發展。

劉福通雖然沒有安民壯大的能力，但是跟元軍消耗作戰卻是非常有本領，便派將領毛貴，建造海船，從海路進攻膠州。

「有海船！有海船！」膠州守軍們陷入一團混亂，他們沒想到有人會渡海而來。「到底是誰？」「不是外邦人，是紅巾賊！」

守軍根本猝不及防，紅巾軍直接登陸作戰，守軍紛紛敗逃，最後攻破膠州。然後從海邊的膠州為基，一路往內陸打。最後陷萊州，據益都，整個山東因而震動。元軍只好分兵再攻入山東，於紅巾軍對峙。

另外一股紅巾將領李武、崔德強攻潼關不克，於是繞過潼關，大軍進攻長安，整個關中震動。

守備關中的蒙古皇族豫王，喇特納實理，聽聞紅巾軍入關，大為恟懼。平常非常看不起漢人，此時計無所出，於是只好親自問計於行台治書侍御史王思誠。

王思誠說：「關中兵力寡弱，而賊軍勢大，不能夠把官軍派出城去交戰，否則整個關中必然淪陷。而今之計，只能通令所有城池的守軍，以火砲槍銃為武器，據守各州府城池，不得出戰，並且殿下分散財貨出去，動員百姓協助守城。另外派人求助於察罕帖木兒，請他分兵入關中，從賊軍後方發動攻擊，如此關中才能保全一時。」

喇特納實理說：「本王沒有這麼多錢財啊！」

王思誠此時冷冷地說：「錢財本身就是使用的，當沒有命的時候，這些錢就都是別人的。殿下若惜財不惜命，那在下也無能為力。」

喇特納實理苦著臉說：「好吧！如今這種狀況，只好都聽你的！」

於是通令各州府守城，變賣金銀財寶補充糧草，讓百姓協助守城，另外請求察罕帖木兒率軍入關。察罕帖木兒收到消息，親自率領五千蒙古騎兵，另外招集漢軍李思齊部，秘密進入關中。從紅巾軍背後發動突擊，紅巾軍再次大敗。只好退走南山，逃入興元。

劉福通知道自己兵力雖眾，但都是變民改編，有些則是裹脅而來，戰力不如元軍強悍。於是準備來一個遍地開花，把力量分散出去，全面略地。

驚雷破夢的雷聲，是越打越大，一波接一波。

劉福通自帥一軍攻打宋朝故都汴梁，其餘軍隊分三路北伐：關鐸、潘誠、沙劉二等攻懷慶，深入晉冀河北，白不信、大刀敖等再次出兵西取關中；毛貴自山東北上，直接進攻大都。

汴梁城全面戒嚴。

這個城池以前，曾經被契丹人進攻而攻破，被女真人進攻而攻破，被蒙古人進攻而攻破，終於有一天，也面對漢人的進攻。

紅巾軍首先排山倒海之勢推著攻城器具，衝殺而來。城中開始放火砲……

轟！碰！嘩！轟！碰！嘩！殺……

伴隨著火砲，就是雙方弓箭隊互射，接著城上一盤廝殺。但是城池非常堅固，激戰之後紅巾軍敗退。劉福通與以往異族進攻這座城池一樣，硬攻打不下來，就改以長久圍困，以斷城中軍糧。

整個汴梁城外滿佈紅巾軍，越聚越多，聲勢浩大……

另外一路，毛貴率軍攻佔濟南。接著北攻薊州、漷州，進逼棗林，已經距大都一百二十里。

整個元朝首都震恐。

「賊軍破薊州了！逼近棗林！你們到底怎麼搞的？」

皇帝脫歡鐵木兒非常生氣。群臣跪在地上一片，全部一言不發。

「平常說天下無事！不然就說紅巾小賊可以隨時平定，現在已經逼近京師！難道你們要朕放棄世祖之基業不成？」

群臣一言不發。

「快說句話啊！全部別跪了！全給起來！」

群臣站起，面面相覷。大家都看著左丞相泰費音。

他自知無法躲避，站出來說：「臣有罪，沒想到紅巾賊又死灰復燃，其勢更大。唯今之計，只有動員三路大軍正面迎戰。第一路，招察罕帖木兒，率精銳騎兵快速進涿州。第二路，北調漠北草原遊牧騎兵，南下增援大都。第三路，以大都守軍，托樞密副使達國珍出戰。」

脫歡鐵木兒說：「就這麼辦！」

察罕帖木兒收到大都危急的快馬急報，於是留下主力部隊在潼關，繼續迎戰進攻關中的紅巾軍。自己親率精銳蒙古騎兵北上，快馬加鞭進入涿州，威脅紅巾軍的側翼。而草原的蒙古遊牧騎兵也不斷集結南下，讓大都後備軍得以源源不絕補充。

同時紅巾軍在毛貴率領下，與達國珍率領的元軍在畿甸大戰。雙方犬牙交錯，一片混戰廝殺。

達國珍見戰局不利，親率騎兵衝殺側面而來。

毛貴大喝：「火砲兵！快放！」

此時野戰當中亮出青銅火砲，列成數排，連環輪流上陣發射。同時有大量弓箭手掩護射擊。元軍成片倒下，達國珍當場戰死。元軍大敗潰走。毛貴見狀大好，全面整頓部隊，繼續向大都開進。

大都再次震動。『驚雷破夢』已經打到耳旁了，蒙古貴族群情震恐。大元皇帝脫歡鐵木兒，此時已經開始害怕，打算先撤出大都。

「沒想到賊軍這麼強大，我太祖皇帝崛起於漠北，根基在和林，各位愛卿是否能考慮，退往上都或和林以避其鋒，招募西北三汗的軍隊來增援？」

眾臣相互交頭接耳，紛紛點頭贊成。

左丞相泰費音再次進言：「陛下千萬不能退出大都，更不能招募三汗的軍隊，否則大元氣數盡矣。」

脫歡鐵木兒問：「此言何義？」

泰費音說：「陛下鑾駕一北遁，則人心崩潰，賊軍攻破大都摧毀世祖根基，就成了定局。三汗各自為政已經多年，都遠在天邊，而且他們都不會再聽命陛下了。據臣所知，欽察汗國在太宗時期就已經奠定基礎，控制金帳等地，距離太遠，部眾而今都是金帳人，蒙古人數非常少，連長相都已經與我蒙古人有差異，表面遵奉太祖大汗，實際上不可能會聽命增援。察合台汗國自併吞窩闊台汗國之後，就內部紛爭不斷，陷入分裂危機，其可汗已經控制不了國內各蠻族，自己已經變成傀儡。伊兒汗國則早已經分裂，各自被篡，去年首都被欽察汗國所破，更是各自為政，掌權的因為血脈混亂爭權交替，早已經不是太祖的子孫，甚至不是蒙古人。雖然表面都還自稱蒙古汗國後代，實際上無人會聽命於陛下。」

脫歡鐵木兒苦惱地喊說：「沒想到太祖的子孫，才一百多年就如此潦落……」

確實，欽察汗國是朮赤後代，不是鐵木真親生不提，且所部蒙古人數不多，最早自立。窩闊台汗國早已經滅亡。察合台汗國已經分裂內戰，實權都已經在突厥語系的貴族手上，察合台後人只是傀儡。伊兒汗國更是分裂後各自被篡奪，都由當地實力派貴族奪權而立，都不是旭烈兀的後人了，只是表面還假稱蒙古後裔。

甚至延續著大汗位置的脫歡鐵木兒本身，也是狸貓換太子，在蒙古貴族爭權內鬨，男女防伺不嚴的狀況下，被換成宋恭帝血統者繼位。而今延續正宗大汗的元朝，都已經面臨倒台。

泰費音說：「陛下勿憂，漠北草原援軍已經到達，倘若朝廷上下一致堅持抵抗，必能擊退賊軍。」

同知樞密院事劉哈喇不哈說：「臣願往！必定與賊軍死戰到底！」

脫歡鐵木兒揮手說：「准！快去吧！」

於是劉哈喇不哈，率領草原趕來的蒙古軍與當地漢人軍，聯合出擊，在柳林大戰毛貴的紅巾軍。

雙方都使用排砲，接著騎兵衝殺，從早晨打到晚上，再從晚上夜戰到清晨，紅巾軍終於因遠道而來，糧草體力不支，大敗潰走。整個大都才告解嚴。

察罕帖木兒趁勝追擊，連破紅巾軍，毛貴退往濟南。

雖然進攻大都失敗，但汴京城卻打下來了。

紅巾軍再次發動進攻，守軍依靠漢人們的守城方式，勉強再次擊退紅巾軍。但蒙古守將珠展，知道城內沒有糧草了，於是趁著紅巾軍暫退，棄城北逃。

城內官民大驚，知道情況不對，於是派使者告知劉福通，倘若不像攻打其他地方一樣燒殺搶略，就開城投降。劉福通大喜，立刻同意，難得地約束軍紀，整隊進城。自安豐迎韓林兒，定為國都。政權中央分設六部、御史等諸官屬；還在山東、江南等地分設行省。

此時脫歡鐵木兒遊上都，去招募草原蒙古軍南下，並通令中原與江南各地的元軍，繼續追剿叛軍。紅巾軍打聽到這消息，擔心元軍會從草原不斷來增援，於是準備來一個釜底抽薪。關鐸、潘誠、沙劉二等紅巾軍將領，東攻全寧，焚魯王府宮闕。然後竟然大舉北上逼近元上都開平。

脫歡鐵木兒大驚失色，再次退回大都。

蒙古草原騎兵遊牧軍趕來增援……

元軍擺出騎射大隊，蒙古人一向自認為靠此能破漢人的步軍，沒想到紅巾軍的火砲弓箭交叉射擊，再加上長矛突刺迎戰，蒙古騎兵大敗潰逃。上都守軍見狀不妙，棄城逃走。紅巾軍趁勢焚燒上都。

繼續東進剽掠，攻破遼陽，已經打入了以前遼與金的統治中心。

先前高麗王非常白目，摸不清楚中國的風向已經改變，竟然不斷派軍支援元朝軍隊作戰，非常努力地進剿紅巾軍，想阻擋改朝換代。於是紅巾軍將領，也準備進攻高麗。

紅巾軍毛居敬率領大軍四萬渡過鴨綠江，開始第一次討伐。紅巾連續攻克高麗西北部義州，麟州，宣州，定州和西京，沿路殺略搶奪，高麗民眾人心惶惶，四散逃亡。但因天寒地凍，紅巾軍中凍傷者甚眾，只好撤離西京，退至龍岡，咸從。後被高麗軍李芳實、安祐擊敗，殘部約三百人退回鴨綠江。此次交戰，紅巾軍與高麗軍均傷亡慘重。

但紅巾軍後續部隊，再次打入，十幾萬部隊侵入高麗西北部，攻克安州，越過慈悲嶺。高麗軍節節敗退。高麗軍主帥安佑，金得培見狀不妙，棄城逃逸。紅巾攻進高麗首都開京。高麗國王恭愍王逃往安東。

紅巾軍在開京搶掠燒殺姦淫，高麗百姓傷亡慘眾，紅巾軍同時焚燒高麗王室宮殿。鄭世雲率領高麗全國軍隊與元朝軍隊增援部隊會合，共二十萬人，屯駐於開京東郊天壽寺。命安佑，李芳實，崔瑩從東，南，西三面圍攻紅巾軍。

雙方激戰，但高麗軍隊面對這一群善戰的中原盜賊，仍然不斷被擊敗後撤。尤其紅巾軍火砲犀利，高麗軍接二連三被擊破，不得不再次後撤與元軍重組兵力。所幸天氣幫了大忙。

一日大雪，紅巾軍多於營中取暖，高麗萬戶李成桂見狀大好，率精兵三千人夜襲，城內的高麗人受不了這群燒殺姦淫的盜賊，於是打開城門接應，高麗軍隨後攻入，紅巾軍倉促迎戰，後續高麗軍與元軍也攻入城中，紅巾軍大敗，沙劉等十萬人戰死，高麗軍從紅巾軍手中繳獲無數元朝的玉璽、金寶、金銀銅印、兵仗等所掠物品，將其交還元朝官員。

李成桂見到國內滿目瘡痍，傷亡慘重，知道高麗王招惹了不該惹的國家，去攪局中國，與之為敵，是半島民族歷代最大的忌諱。果然又造成可怕的災難，遂有推翻高麗王自立的打算。紅巾潘誠率餘部在高麗軍隊追擊下，逃出朝鮮半島。潘誠的殘軍退往遼陽，被元軍圍攻，最後所有紅巾將領被元軍俘虜，並斬首示眾，將屍體燒毀。

紅巾軍軍紀敗壞，各自為戰，不受劉福通控制，乃至繞過大都北方進攻高麗，主旨在挖空元朝北方的元氣。目的達成，就沒有必要在理會這群用來消耗元朝實力的盜賊。

察罕帖木兒見紅巾軍四散，各自被擊破，於是大軍突擊汴梁。汴梁百姓開城門迎接元軍，紅巾軍大敗逃走，劉福通與韓林兒退據安豐，準備往南方發展。

張士誠控制沿海，知道紅巾軍將要擠壓自己的勢力範圍，於是宣佈降元，遣呂珍圍攻安豐，大破紅巾軍，並殺劉福通。

朱元璋則反向操作，宣佈投奔紅巾勢力，前往救援，打敗呂珍，迎韓林兒到滁州，宣佈迎接小明王，以之招納紅巾軍餘眾。但等招納紅巾餘眾都順利達成後，便於小明王渡河之時，將船鑿沉，小明王韓林兒也死。

第二十七章　架空問題　黑暗路線
老五的蹤跡

※※※※※※※※※※※※※※中軸線訊息※※※※※※※※※※※※※※

承前

∵群〈異〉〉3　異〉本，又異〉1

1／本〉1／異

∴令異→0　母=1／本　／／明朝建立必須翻轉母體／／

母=1/本（+代）　//　靖難之役確定翻轉　//

本+→1　本-→1　//　衰變加速，所以程序要加速，搜尋罔兩型　//

令母=1/代（+本）+異　//　土木堡長城局加速重新建置，跨過那道1/0

正變負當中0的陷阱　//

令群（代）>群（本）　|本-|>|本+|　【| |絕對値，變化的行上】　//　察覺失去

罔兩型

本-∈代　代→-1　本→0　當本=0

母=1/代+（本）

※※※※※※※※※※※※※※※※※※※※※

紅巾軍扮演了，替江南群盜，抵擋元軍主力與挖空元朝北方實力的角色。換江南這一路：說紅巾起事後，江南同時也群盜大起，相互併吞殺戮。實際上這種多元並起而後整併的態勢，自相殘殺並不是內耗，而是相反的結果，成了累加，形成最後一股，可以推翻元朝的統一力量。

群盜相互吞併最後的結果出現，徐壽輝、郭子興與張士誠三股較大的力量。

徐壽輝麾下將領明玉珍進攻川蜀，攻佔了川蜀之地。而陳友諒投靠徐壽輝手下將領倪文俊麾下。趁著倪文俊叛變，企圖誅殺徐壽輝的同時，陳友諒立刻誅殺倪文俊，得到徐壽輝信任，趁機坐大勢力，最後他反而真的把徐壽輝殺了。

隨即陳友諒（紫眼眶）登基稱帝，建國號曰漢。

同時間郭子興死後，朱元璋逐漸奪取了該集團的領袖地位。從而陳友諒、朱元璋、張士誠三股力量，在江南呈現犬牙交錯的局面。使之不得不相互繼續大打出手。陳友諒聯合張士誠，全力向朱元璋進攻。朱元璋則想盡辦法穩住張士誠坐山觀虎鬥，全力迎戰陳友諒。

陳友諒率巨艦大砲，沿長江東下兵臨集慶城下。陳朱雙方在集慶城西北的龍灣展開惡戰，砲聲隆隆，朱元璋軍的船艦與岸上士兵被打得暈頭轉向。陳友諒見狀大好，準備發動兩棲作戰，分派小船艦登陸。結果忽然江水退潮，所有掩護登陸的巨艦，紛紛擱淺難動。朱元璋軍隊趁機反撲，所有巨艦成了不動的標靶，被一一擊破。

陳友諒敗退回根據地武昌。

局勢是一定要相互吞併的，所以陳友諒（紫眼眶）當然再接再勵，於是動員六十萬大軍，進攻洪都，引誘朱元璋出兵來救。朱元璋果然發二十萬大軍來援，於是陳友諒轉動主力，進入鄱陽湖。雙方在這巨大的湖泊中水戰。

轟！帕…嘩…轟！帕…嘩…

陳友諒軍的巨艦大砲，把前鋒朱元璋的小船打得粉碎，紛紛跳水逃生。朱元璋的座艦中彈，無法動彈。陳友諒軍士兵開始向這裡圍攻。

鏗鏘！鏗鏘！雙方士兵開始肉搏戰。朱元璋幾乎被俘。

「吳國公快走！」來了許多小船接應朱元璋。他登上小船逃離現場，千鈞一髮躲過了陳友諒軍這次的衝殺。

新的座艦上。

「陳賊的船艦巨大，火砲兇猛，在水上非常難打。但這場仗已經非得在湖泊中打不可，你們說該怎麼辦？」朱元璋非常懊惱地詢問眾將領。

徐達說：「湖水因為秋陽久曬導致水位降低，陳賊的樓船大重，吃水深，動作慢，容易擱淺、必定不敢靠岸。先前在集慶城他們的失敗，必定牢記在心。我們可以利用這個特性，以小船快速攻擊，也可以靠岸紮水寨作持久戰。」

朱元璋說：「這個意見是沒錯，但持久戰必定夜長夢多，我們地盤旁邊，還有張士誠虎視眈眈，一定要主動進攻，讓他們露出敗跡才可以。」

郭興說：「敵船巨大，運動都靠風帆與木槳相互配合，也有某些船隻運用腳踏輪船。但不管如何，現在秋高氣爽，船隻都容易著火。他們砲多且猛，上面一定有很多火藥。倘若我們利用這特性，以投石機遠距離拋射，並用小船搭上火箭進攻，必能以小克大，把他們的船連燒三百里。」

朱元璋拍手說：「對啊！這才是勝機啊！郭興，你是怎麼想出來這一招的？」

郭興笑說：「這是一個儒生告訴我的歷史故事。說當年金兀朮被困在江南，因為韓世忠的艦巨砲大，無法渡船北上，一個福州王某獻策，用小船搭土以利平穩，然後用火箭射帆，最後大破了韓世忠的巨艦，順利北上。這些讀書人還真多鬼腦筋，我只是借來用一用而已。」

眾將領一陣呵呵笑。

朱元璋露出詭異地笑容說：「喔…原來如此…」

【朱元璋出現藍眼眶】

朱元璋出身微賤，忽然出人頭地，內心本來就是有鬼，認為這些讀書人怎麼會這麼多鬼點子？而且還有歷史的經驗累積，傳授給這些武將用計，乃至在許多歷史關鍵時刻，或明或暗發揮作用。他的內心已經開始出現黑暗的陰影，一隻惡鬼已經逐漸萌芽…

於是朱元璋軍再次迎戰，用平底小船載土，然後火箭齊發，在配合岸上的遠距離投石機，投射火球。果然陳友諒軍的巨艦開始著火，船上的火藥連帶爆炸。主力二十多艘巨艦與排砲，全部被擊破燒毀。陳友諒弟陳友仁、陳友貴及其平章陳普略等皆陣亡。陳友諒更悲痛不已，憤而將朱元璋軍俘虜全部殺於陣前，導致朱元璋軍士兵們人人自覺退無可退，非得與陳友諒背水一戰不可。

朱元璋軍開始轉移，一部份水軍繼續以小船火箭，跟陳友諒軍的巨艦大砲混戰，陸上的部隊迂迴側翼，攻破鄱陽湖與長江的要隘地，湖口。以及南端的南昌要地。

陳友諒仔細端倪戰局，發現自己的水軍極可能會因此被困在鄱陽湖，急著要脫離回到武昌。這就犯了一個大錯誤，讓戰爭主動權交給了敵方，落入敵方的陷阱。倘若依靠人多艦大，突擊其他方向，同時也開始迂迴於陸地，那麼戰爭勝負還未可知。

結果他還是率領艦隊強行要北上突圍，湖口岸上步兵萬箭遮天連發阻截，陳友諒軍也依靠船艦，發弓箭與火砲還擊。雙方打得如火如荼，陳友諒從船艙中探頭出來，竟中流矢死。所有部眾開始潰散逃命，朱元璋因而大獲全勝。

接著攻破陳友諒的武昌根據地，佔領廣大的地盤。

滅掉了陳友諒之後，朱元璋開始對張士誠的勢力進攻，張士誠弟弟，名將張士德尤重挫朱元璋軍。連徐達都被他打敗。

朱元璋軍此時力量也不亞於張士誠軍，也是如同陳友諒打他一樣，源源不絕，屢敗屢戰，一定要打到一方倒下去為止。在一場混戰中，張士德之馬發狂，衝入敵陣跌倒，被徐達前鋒趙德勝擒獲，於金陵絕食而死，張士誠力量大失。於是朱元璋率大軍圍張士誠所居的平江，平江城很快被攻破，張士誠被俘，後被押解到應天自殺。

如此江南群盜相互廝殺結果，朱元璋獲得最後勝利，便全面對四方發動總攻擊。命湯和為征南將軍，討伐割據浙東多年的方國珍。接著制定北伐戰略：先攻取山東，其次進攻河南，再次攻佔陝西潼關，最後再打元大都。隨後命徐達為征虜大將軍，常遇春為副將軍，帥師二十五萬，由淮河進入，北取中原。並命胡廷瑞為征南將軍，何文輝為副將軍，進入福建。同年，方國珍投降，徐達率軍破山東濟南，胡廷瑞攻下邵武，湯和等人從海道攻克福州。徐達與常遇春合軍，隨後攻佔整個河南與山西，最終直攻元大都。

同時登基稱帝，建國號為明，改元洪武。

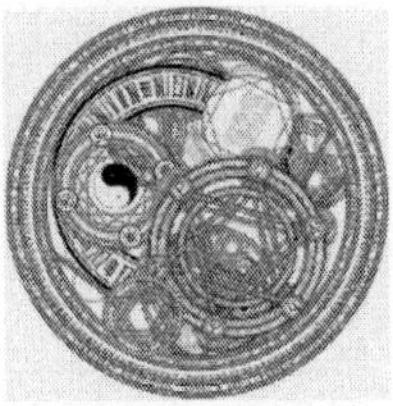

要一個文明傳承長久，關鍵在於最平凡人的思維必也傳承。

脈絡子：喂喂喂！時晷官要幹嘛？局中鬼這樣亂跑，別碰我的脈絡結點！陰陽節以前差點斷了我的主脈絡結點，鬧了『三鬪仙』的事情還不夠嗎？陰陽節惹火我甚多，他也要來湊？欺負我們單位寡少，沒有局中鬼嗎？那就全局開炸來拼喔，這次就不止是三鬪仙這麼簡單！

殘影鍊：這……他們那一局，也是依照陰陽古怪之主，給他們的行情。元朝九十七年，不可以變。況且這也不是主脈絡。

脈絡子：脫歡鐵木兒元皇帝雖然不是主脈絡，但也是我精心設計出的脈絡節點，顯性的！哪一個皇帝可以被稱為『魯班天子』？這次我絕對不退讓，妳去給我傳話，時晷官若真的毀了我的節點，我就跟他鬧翻天！時間問題用長城去解決。

殘影鍊：好好好，你等等，我去協調一下……而且這打壞行情的事情，還得上報陰陽古怪之主。

（須臾）

殘影鍊：陰陽古怪之主的意思是，讓他們拉一拉，慢一慢。讓我們的結點可以逃。好在陰陽古怪之主要重建長城局，所以，讓元皇帝北逃沒關係。不算打壞時晷官的行情。這可以用……另外一種作法……我們要千萬小心，別破壞時間行情！

異民族政權看上聯　捧你送你給你來佔中國等待多久活多久
漢民族政權看下聯　拿我吃我用我去建朝代目標何時死何時

時晷官：脈絡子真是噁心，那麼多單位可以設結點，設在哪裡不好，偏偏設在元朝皇帝本人，如此影響改朝換代。想要給誰難過？

漏斗塔：陰陽古怪之主已經給這個答案，就放走。長城局重設。不算是打壞行情，而且明朝已經是建立……

時晷官：我不要！萬一他北逃，繼續玩出一個只有塞北，不倫不類的元朝，那我們不就是行情很奇怪嗎？

漏斗塔：古怪之主已經給答案……讓兩局都不傷……這麼說吧，也許，奇怪一點，也在長城局古怪主局之中。

時晷官：……去他的脈絡子……我應該學一下陰陽節，管他去死，就弄死他的結點。

漏斗塔：當初鬧出三鬪仙的事情，主要是陰陽古怪之主沒判決，現在有判決，我們最好就照判決來做。

時晷官：……去他的……看在陰陽古怪之主的指示上，這次忍他一回。

漏斗塔：時間到，局中鬼先包圍，驚嚇震動之後，入大都。

═══════════

元大都皇宮。

元朝群臣亂城一團，明朝大軍逼近大都，其勢力已經跟紅巾軍完全不一樣，幾乎所有漢地都已被明軍攻佔。而且經過一些李善長、劉基等等文臣儒生協助，所有地盤都建立穩固的政治體制，明軍完全不是紅巾軍這般盜賊可比。元朝的幾個名將都已經被打得大敗，無力再戰。沒想到漢人可以這麼快速，把秩序全部恢復過來。

「還是退回大漠，徐圖再舉。」「可世祖的基業就會因此放棄。」「若大都淪陷，我們跟其他太祖子孫建立的汗國，這般衰弱淪亡有何不同?」「死守待援吧。」大臣們議論紛紛，糾纏了整個上午。

脫歡鐵木兒長嘆氣說：「眾卿都不要再議了，所有精銳都已經潰敗。如今大局已定，我們只能先退回草原，整頓兵馬之後再徐圖收復大都。退吧……今晚就走……」

巴顏布哈痛哭說：「天下者，世祖之天下，陛下當死守之，奈何棄之？臣願率軍民死戰，願陛下死守京城。」

脫歡鐵木兒說：「不要再提了！局勢很明顯，我們已經完全不是對手，如今只能先退回漠北，將來在徐圖吧！都退了！」

眾臣一陣失落，紛紛退下

夜半開大都建德門北奔，率太子愛猷識理答臘、后妃、臣僚等逃離大都北上。聽到元朝皇帝逃跑了，明軍才大舉從大都齊化門攻城而入。

打跑元朝皇帝之後，明朝軍隊繼續往各方面全面進攻，先攻破川蜀的明玉珍勢力，接著進入大理國故地雲南，鎮壓了企圖復興大理的民族。東北面進攻遼東，一直往女真故地擴展，最終全部置於統治之下。同時脫歡鐵木兒獲得部落兵的支持後，繼續元朝的規制，並且整頓力量，真的企圖南下恢復大都，於是明軍北上迎擊，攻破上都。脫歡鐵木兒失意，自暴自棄，生了病也不吃藥，就讓自己這樣失落，病死在應昌。明軍繼續逼近，聽聞脫歡鐵木兒死了，才大舉進攻。太子繼位後，逃往更北面的和林。

明朝往西北方攻佔以前的西夏故地，開始戡定邊疆。原吐蕃臣服於元朝，如今也派使者請求臣服於明。如此，明朝全部擁有南宋故地、金國最強盛時故地、西夏故地、大理國故地，皆為直屬疆域，並且收攏吐蕃為藩臣。李成桂推翻繼續臣服北元的高麗王後，建立朝鮮，也宣佈對明朝稱臣入貢。

蒙古人等於替漢人削平西夏、金與大理，外送一個吐蕃為半領土半藩臣的區域，一個朝鮮半島為藩屬。

同時宣佈新的政策，所有進入中國的蒙古人，無論男女，只能與漢族通婚。蒙古族群因而只剩下漠北沒有進來的少數，大多數都快速地被吞食消失了。但鬼局真正的目的⋯不是這個而已⋯

重建長城動工了。

朱元璋（藍眼眶）得志之後，忽然發現，自己的皇帝權位，比古代的皇帝還要差了許多，於是內心的鬼開始萌生⋯⋯

殘忍的手段嚴刑峻罰、大肆誅殺功臣已至於屠滅殆盡、甚至牽連殺戮數萬人、禁止百姓自由遷徙、禁止船隻入海、廷仗、文字獄、建立錦衣衛監視臣民、乃至保留蒙元朝的人殉制度。中原民族早在西周就已經廢止，竟因之保留了部分。

人性的黑暗面，隨著殘酷的政治手段，開始孳生。

※※※※※※※※※※※※※※※※

〈陰陽節──朱元璋上訴〉

陰陽節：有人拉鈴上訴了。這是第七個皇帝上訴。

〈一〉第一個是劉轍，過關。第二個是王莽，被懲。第三個是劉協，駁回。第四個是楊廣，被懲。第五個是柴榮，中道崩殂。第六個是趙光義，駁回。這位乞丐當皇帝的，似乎看穿陰陽古怪之主，要架空皇帝職位喔。

陰陽節：看這上訴，又是一個嫌棄皇帝規制太小的人。確實到了這個時代，皇帝的權力開始明脹暗縮。不過從乞丐當皇帝，狀況不錯啊，怎麼還嫌這嫌那？也不懂歷史。我們檢驗一下他的智慧知識，哦，不算聰明人。

〈一〉這對價關係，恐怕很難達成。陰陽古怪之主，現在要去尋找『罔兩型』，對他的上訴很沒興趣的樣子。不過本局有自主的決定，到底要不要受理，一切依照標準來執行，陰陽古怪之主讓我們決定，尋找『罔兩型』不關我們的事情。

陰陽節：他不夠聰明，心靈圖像不夠活，行為很黑暗，上訴駁回！他要亂搞隨他去，但是行情不變。我們沒興趣陪他玩。整個明朝皇帝必須架空，留個樣子很威風就可以了。

〈一〉：確實不夠聰明，上訴駁回。

〈陰陽節第七上訴案：駁回〉

※※※※※※※※※※※※※※※※

洪武三十年年底，南京皇宮。

南京也飄著雪，被封為儲君的皇太孫朱允炆被招入宮晉見。此時的朱元璋（藍眼眶）已經感覺身體不適，可能已經沒有多久可以活下去。

「孫兒允炆叩見皇爺爺。」

他說話已經有點吃力，在太監伺候下，勉強坐起來，慢慢說：「坐著說話吧。」太監搬了一張椅子，朱允炆與朱元璋對坐。

「所有人都退下去。」朱元璋（藍眼眶）這麼一說，太監們與宮女都退出寢宮。

然後他對朱允炆道：「你有很多叔叔，二叔與三叔都死了，扣除一些幼殤者，剩下的叔叔們雖然都封王，但都沒有能力，威脅到你的地位。只有你四叔，在軍中聲望很高，而且性格非常像朕，英勇善戰。他會是你繼位後最大的威脅。依照朕先前詔令，藩王有資格可以舉兵靖難，以清君側，而後嗣皇帝也可以削藩。朕幾乎可以預見，身後你們會起衝突的。屆時，你可以用來平亂的人，朕已經寫好密本，供你參考。平亂之後，儘量善待你的叔父，除非不得已，不要血親相殘。就算要除掉你叔叔，也儘量讓他們能好死便是。」於是指著桌上的一份文書。

朱允炆趕緊離開座位，下跪流淚說：「孫兒不忍看，絕不願意骨肉相殘。請皇爺爺收回孫兒儲君之位，改立燕王為皇儲。四叔最像皇爺爺，孫兒則個性庸弱，不類皇爺爺，不堪繼承皇位。」

朱元璋（藍眼眶）長嘘一口氣說：「只有你才能繼位啊，他不可以的…你坐吧…」

朱允炆坐回後，朱元璋（藍眼眶）握住他的手，輕聲說：「朕怎麼會不知道，該立一個類己的兒子，才能延續朕這三十年來的政策？立你之後，一切原有政策都會發生變化。甚至可能叔姪相互猜忌，最後有血親相殘的事情發生。」

朱允炆不解，結結巴巴問：「那…那為何…皇爺爺要讓孫…」

朱元璋（藍眼眶）說：「朕的政策，你也都知道，其實不得人心。你父親甚至曾經哭著質問朕，為何要殺這麼多人，甚至用這麼殘忍的刑罰，讓臣民們背脊都發涼。朕的回答你應該也聽說過。」

接著以老邁的神情，看著窗外說：「但回答你父親的話，那些都不是真的原因。首先，你想知道為何朕如此作為嗎？」

朱允炆含淚說：「皇爺爺英明聖睿，平定亂世，這麼做必定有道理，孫兒不敢質問皇爺爺任何問題。」

朱元璋（藍眼眶）瞪眼厲聲說：「你必須知道，甚至你應該要追問朕，把一切心中迷惑都問出來，不然你不會知道，繼位之後該怎麼做！」

朱允炆也含淚瞪眼答：「孫兒遵旨，請皇爺爺示下，為何要以如此嚴厲的態度對待臣民？」

朱元璋（藍眼眶）說：「朕出身卑賤，從四處乞討的破乞丐，變成皇帝。人生變化好大啊，古代除了漢高祖劉邦…不，他至少還是個小亭長，有固定的居所，有妻、有房、有飯吃也許還能有點錢喝酒去交朋友，甚至史書上說，他還能包養鄰村的寡婦，生個私生子。先前的我，只是個破乞丐，什麼都沒有，也不會有朋友，甚至到了晚上就開始害怕，怕許明天就已經餓死。其他的乞丐甚至希望你早點死，不要跟他們搶飯吃。」

「所以朕很會看眼神。看懂其他乞丐的眼神，看懂路人的眼神，看懂施捨主的眼神，施主他會施捨給誰，他會施捨什麼，他之後還會不會再施捨，到哪裡去施捨，哈哈！朕都可以從眼神中看得出來。因為當乞丐，也是要有本事，朕對此熟門熟路，呵呵呵。」

轉了神情，接著說：「當了皇帝之後，朕聽那些儒生說古往今來的歷史，好怪！真的好怪！許多不該改朝換代的時候，偏偏會改朝換代，許多不該發生的事情，就偏偏發生了。朕對應自己身邊的所有人，最初朕懷疑是一些儒生讀書人，喜歡在背後搞鬼。後來懷疑應該是大臣與他們勾結。懷疑武將不忠心。最重要的，是發現朕這個皇帝，跟古代其他姓氏的皇帝相比，實質低了很多！這到底怎麼回事？規制輪到朕就縮水？行情不是這樣的！」

朱允炆繼續仔細聆聽。朱元璋（藍眼眶）轉面回來說：「但最後用當年當乞丐的經驗來看，繼續仔細端倪這些人的眼神，才發現其實都不是！朕發現他們有共通的眼神，好像在等待什麼機會！他們共通地有一種等待的神情！臣民們順從，其實都是假象。」

朱允炆說：「臣民們順從，代表皇爺爺皇威普及，不就可以了嗎？為何皇爺爺要認為這是假象？」

朱元璋（藍眼眶）瞪大眼搖頭說：「沒有皇威普及…沒有啊…都是面從心不從而已。我發現臣民們好像…好像在集體忍著…等一個機會…等不知道是什麼機會……所以意圖把朕架空…朕只能繼續屢興大獄，株連甚廣，但他們還在等……到底在等什麼，卻誰也說不清楚。」

「就像當年朕當乞丐時的施捨主，側臉看朕，似乎在等待誰，暫時捨了些東西給朕，應付朕而已。內心看低我，捨給我的皇帝成分，跟他以前捨給別人，差很多啊！」

「朕是從乞丐變成皇帝的！朕內心非常清楚，朕的皇帝位置，是臣民們擁戴才有的，無論真心還是被迫，甚至可以說天下人共同施捨我這個乞丐，我才能自稱朕！甚至應該說，是天下人相互制約之下，產生了一股力量，這股力量捨給朕當皇帝的！但朕非常生氣！」

朱允炆問：「皇爺爺生氣什麼？」

「生氣『他』，或者說他們，還在等待！而且捨的東西不如先前的人！明明已經施捨我老朱了！我老朱一定會非常認真，把全部的力氣放在把這天下治理好，你們到底等誰？還想施捨誰？還想把捨給我老朱的皇帝位置，將來捨給誰？過去『他』捨給很多人當過皇帝，現在都收回，那改捨給我老朱就好了！還要再捨給誰？」激動地這麼說，開始咳嗽。

朱允炆輕拍著他背後，急說：「皇爺爺別生氣，孫子認真聽著呢！」

朱元璋（藍眼眶）喘口氣接著說：「朕告訴你啊乖孫，當乞丐要懂行情，要從眼神摸清楚施主的底，要從言語探清楚施主的耐性，知道該怎樣跟施主乞討。要在他翻臉的前一刻，趕快改變自己的態度與臉色，甚至演一場戲，施主才會最後罷手，或許半推半就，把好東西全捨給朕。呵呵呵，這個門道，朕非常清楚，當初就是靠這個，了解人間世道，存活下來的。」

「既然天下人都有一種等待，朕改變不了，那朕就把他們全部的人，當作一個施主，那朕就要探一探，這個施主的底。才開始株連⋯⋯」

接著說：「從誅殺功臣開始，直到錦衣衛連冤殺四萬人，所有人的眼神都開始變化了⋯⋯這個施主，似乎開始失去耐性⋯⋯好像快要跟朕翻臉了！」說到這感覺有些恐懼，然後又說：「朕才大概懂了一件事情⋯⋯」

朱允炆問：「皇爺爺到底發現了什麼？」

朱元璋（藍眼眶）說：「他們表面上恐懼，其實內心開始忿怒窩火，只是天下才大亂結束，他們還沒那麼快發作，他們認為朕想要打擾他們的等待！眼神集體地似乎變成有些光火！朕感覺到，可能會提早改朝換代，底下開始浮動了，就像當年元朝動盪之前的情況。所以朕拿出當乞丐的本事，在施主變臉之前改變，立刻當眾焚毀錦衣衛的刑具，收回錦衣衛的權力，把先前兩個最得力的錦衣衛指揮使秘密處死！所有刑獄都交三法司。最後只讓錦衣衛回去管儀駕的事情。改讓你來負責審案，釋放了許多無辜者，還修改了許多殘酷的大明律，使之寬鬆。接著宣佈要讓你這個仁慈到底的孫兒，來當皇儲，使臣民們鬆一口氣。朕才發現他們的眼神，又恢復等待，但真不知道是在等什麼？」

說到這開始咳嗽。朱允炆趕緊上前伺候。

朱元璋（藍眼眶）按下他，然後說：「朕的作為，肯定激怒了這股力量，驅動天下人共同等待的力量。只是這股力量還要朕來當皇帝，所以他們繼續等待。得小心喔，千萬記得在翻臉之前要改變態度，不然他就會是一隻被激怒的猛獸，回過頭來把我們朱家，撕得粉碎。」

說到這露出了滑稽的笑容，手指比出『八』這個手勢，接著說：「爺這個老叫化子，先前在外頭，替你們探出了這個數字。」

朱允炆問：「這數字是？」

朱元璋（藍眼眶）低聲詭異地笑說：「八萬。」

朱元璋（藍眼眶）此時的神情，像是老乞丐，很小聲地說：「摸出行情了，那股驅動天下人共同等待的力量，這個施主，能接受的數字。假設接近這個數字，他就會被徹底激怒，反過頭來咬碎我們老朱家。」

朱允炆說：「孫還是不懂。」

朱元璋（藍眼眶）微笑繼續維持手勢，更低聲地說：「不管什麼原因，也不管是不是有正當理由，當皇帝五十年內，可主動殺的人，八萬。這是我們朱家皇帝的行情。你們兒孫可千千萬萬別接近這個數字，離這個數字愈少愈好。爺先前用盡心機，去替你們刺探回來了！大明朝現在各族人，大概六千萬人當中，不可以去動搖到八萬，即便是正當法律用刑也算在內，這是施主的底線，數字愈少愈好！」

朱允炆喘口氣，頻頻點頭。

朱元璋（藍眼眶）又說：「假設是五十年內的天災人禍，戰亂飢荒等等，非皇帝能控制的，那就是這個數字。」說完用兩根手指比出『二』。

朱允炆問：「這又是？」

朱元璋（藍眼眶）微笑地小聲說：「兩百萬。我大明朝將近六千萬人，只要天災人禍死兩百萬，不管是不是皇帝的責任，這股力量，都會被激怒翻臉，皇帝會被咬出來承擔。也就是全天下每六十人當中，兩個人死於災難，得不到妥善安撫處理，『他』都會翻臉。歷代皇帝都有這個案例，你可以去查。所以你們要認真辦事，讓天下儘量遠離這個數字。六十中不能有二，記得，萬一不得已出現了這個數字，那要想辦法勤政護民、改變態度、努力去彌平才可以。那江山就會永遠是我們家的。」說到這更加小聲謹慎。

朱允炆喘口氣，頻頻點頭。

老乞丐朱元璋（藍眼眶）和藹地看著小乞丐孫子，接著說：「還有，依據過去經驗行情，殺讀書人會一人抵三十人，大臣大概一人抵三百人。朕內心暗暗計算，得出了這個結論，切記這個數。」

繼續低聲說：「這力量到底是什麼，朕雖然不知道，但數字是都摸出來了。你要好好地用乞討的心情，仔細觀察下去，這樣就不會改朝換代了。」

原來朱元璋用盡理由，從誅殺功臣開始，一路亂殺，原因就是乞丐的心情與手法，開始是嫌棄自己的皇帝怎麼不如以前的皇帝權力那麼大，好像事事都被安排好。他要摸清楚施主的底線在哪裡？摸清楚皇帝的行情在哪裡？摸清楚那個數字在哪裡？想辦法不要改朝換代……

朱元璋（藍眼眶）顯得有點疲勞，慢慢說：「所以朕要選你，仁慈之君來繼位，與朕截然不同，甚至是完全相反的。繼位之後你可以廢除朕的所有嚴厲的作為，學古代的仁慈之君。從而後代有嚴厲、有仁慈、有剛猛、有柔順。陰陽五行循環，像朕制定你等兒孫的字輩排順一樣，讓這股力量也摸不透我們朱家的內心。就像朕摸不透這股力量一樣，就像當乞丐去伺候施主的內心一樣！這樣就可以永遠貼著這股力量繼續乞討下去，讓『他』以後都不會施捨給別人，只施給我們老朱家。一直把皇帝位置捨給我們！哈哈……」

「所以朕要讓你繼位，性格完全與朕不同的孫子繼位。」

朱允炆含淚說：「孫兒謹記在心。一定做個仁慈之君。」

朱元璋（藍眼眶）說：「這股力量，到底要朕當皇帝做什麼？朕不知道，但朕為了摸清楚那個數字，才會用這些手段去探底。你要改變這個路線，改當仁慈之君，開明之君，讓這股力量也摸不透我們，為的也是保住我們朱家的皇位。這是當年朕當乞丐時，想都不敢想，會有『人』捨這種東西給朕。呵呵，朕是古往今來，最成功的乞丐！」開始苦笑。

然後唱起當年，在鳳陽時，熟練的叫化子歌。這叫化子乞丐歌，傳到了宮殿門外。

那首歌聽似詼諧，實則藏著愁苦之心，朱允炆聽了含淚說：「孫兒一定會做仁慈之君的。一定的。」

朱元璋（藍眼眶）甚為滿意。

朱元璋弄不清楚到底天下人在等誰。那長城不就開始重建了嗎？還摸不清楚個大概方位嗎？

第二年五月，朱元璋崩亡。朱元璋死後，繼承蒙元朝的人殉制度，以數十宮女陪葬，引來不少士人，在私底下相互非議，早在西周時期中原王族就廢掉的制度，或許某些偏遠蠻戎封國與秦國還保留，一直到秦始皇，而春秋戰國時期，主要的封國都不敢逾越此禮制。秦二世滅亡後，西漢時再度廢除，之後所有王朝都沒有人敢恢復。遠方異族入主中原前，或有保留，但為了統治中國就立刻廢除。直到元朝時把部落人殉文化帶進來，又恢復，明明改朝換代回漢人的政權了，聽說北元喪失人心之後，也廢除此制，結果明朝還跟元朝的惡習一樣。

但不管如何，皇帝被架空還是得架空，朱元璋才明令朱允炆繼皇位，但馬上就有人要改掉你的最重要的皇帝詔曰，讓別的皇子繼位。

朱允炆才登基，立刻感覺各地封王蠢蠢欲動，尤其以燕王的動向最為詭異。而且也探查出不少人，與藩王暗通款曲。讓朱允炆非常警惕，他時時想到朱元璋說的『底數』。於是開始上朝沒多久，就希望大臣們直言不諱。但大臣們都面面相覷，不肯發言。

「諸位愛卿，為何不肯言啊？」

群臣仍呆滯，眼神怪異，一言不發。這讓朱允炆想到朱元璋的疑惑，那種集體不知道等待什麼的神情。

朱允炆苦臉說：「你們好像在等什麼東西！那朕也等！等你們說話！朕就坐在這等。你們不肯說話，朕就不退朝！」

場面非常尷尬。

方孝孺（粉紅眼眶）才慢慢站出來說：「臣等並非不肯言，而是大行皇帝洪武朝時，因文字或言語有錯，受株連者甚多。甚至有眼神行為一些不順上意，而獲罪貶官或入獄者更是無法計數。皇威雷霆之力使臣等非常恐懼，只能時時刻刻謹言慎行。雖然先皇大行，然臣民恐懼之心猶在，故在陛下面前，也不敢隨意說話。」

朱允炆笑說：「朕懂你們的意思了！」轉面對身邊的太監說：「立刻派人，把廷仗全部在大殿外折斷！朕從今天開始，不因言語文字獲罪大臣，也絕不再折辱士人。」太監遵旨而行。

眾臣們紛紛點頭，相互露出微笑。眼神也都改變了一些。朱允炆特別看了這些大臣的表情與眼神，知道事情有變化了，應該是往正面的方向變化。一切如朱元璋所料，朱允炆內心頗為自得。

他想廢了廷仗之後，再慢慢地將殘酷的惡例，一一廢除，一切必定如朱元璋告訴他的一般。

把這東西當籌碼，跟鬼局談判要價格，可是不行的！

鬼局並不是這麼好忽悠的施主。

※※※※※※※※※※※※※※※※

陰陽一體，古怪相連。

陰古：我們的陰陽節，已經幫我們把他上訴駁回！發現我們在『等待』，用這種黑暗路線來探底？沒搞清楚，這個黑暗路線可不是我們選擇的，拿這種事情跟我們討價還價。無聊！

陽怪：開弓沒有回頭箭，既然搓鳥用這種黑暗路線來探底，那這條路線就必須終及整個明朝，直到滅亡，達成我們原先的目標為止。之後就由不得他們有真正的實權。沒搞清楚誰是主，也確實，這個時代該把皇權架空囉。上訴的遊戲，得有資格的人，才能玩。沒時間陪他。

陰古：時間！對了！得出海一趟，摸排一下。『天底斜』，你說的那個力量還在追蹤我們的變化氣息對吧？看來得再一次混沌開眼，尋找我們的『罔兩型』，即自源文明系的老五一門。

陽怪：確實滅門行動氣候又再一次掀起。沒想到我們沒有甩開那股力量。

陰古：想想海陸兩邊都沒有老五的氣息，而我們雖然知道這個世界是圓的，但我們的結構，沒有辦法看清楚其全貌。如此則代表老五，並不如我們這般強悍，即使掀起巨浪也沒有他們的音訊，代表陸地上是肯定沒有。倘若我先前那個預感是真的，他們會發生危險。能的話，必須暗中保護，甚至給他們發展之機，作為我們的側翼。

陽怪：這是個高技術活，老五不好找。弄不好，我們自己掀起航海風潮，另外一方面，我們派出的航海隊伍，必須是高度受控制，能使我們穩穩定定，要出就出，要回就回，收發自如，不但不能傷害到老五，甚至不能干擾他們過甚，又要防止航海風潮造成的連鎖效應。不然就得背負，找不到它，卻最後連鎖害到它的風險。出動規模小了，走得近，恐還是找不到。出動規模大了，走得遠，失控的風險就來。最後，還得防止盯著我們的那股力量，查覺到我們的大動作。

陰古：沒辦法，一定得去找。我感覺到變局很快會到。第三次混沌開眼摸氣脈，從海上去！

陽怪：好吧，妳先顧慮內部，重開長城局的安排最重要。而我來看怎麼設計這次大洋摸排，找對映我們的老五一門。這是一次很怪異的航海設計喔。

※※※※※※※※※※※※※

原來明朝氣數，在朱元璋開始大殺戮時，就已先耗盡，存在時間其實是該很短暫的。但到了長城的收官局末，基於歷史經驗，要外族上道那是越來越不容易，鬼局必須真的沉得住氣，用時間去耐心等待最後收尾。畢竟，目標何時死何時。

史學家都以為明朝皇帝開始絕對專權，權力膨脹到極點，實際上恰恰相反，明朝皇帝從朱元璋一開始，就逐漸被架空，所以朱元璋才要不斷去『摸行情』、『探底數』。要不斷靠殺人來自我膨脹，就恰恰證明最沒權力底氣，才要這麼黑暗又辛苦，去如此做為。

而這個局不希望破功，所以會給你一定的數，但架空還是得架空。皇帝的位置太多家玩過，輪到你朱家時，行情早被打壞了。要去充值？但上訴又駁回。朱家皇帝最後只能去玩『錦衣衛』、『東廠』這種小玩具，大事情方面，基本上皇帝詔命下去都會變調，殺再多人也無用。也難怪朱家皇帝之後都一個個得一哭二鬧三上吊，說句實在話，不能將責任都怪老朱家皇帝，因為他們確實外表風風光光，實際上是被架空了。只是他們的責任在於，被架空還沒醒，至少前面幾任皇帝沒醒。

也真是巧合，說南宋最遺臭萬年的奸相秦檜，秦家字輩以五行相生排列下去：金生水、水生木、木生火、火生土、土生金。朱元璋之後的明朝皇帝的字輩，也依此原則排列下去。

這真像是鬼局中的『相生循環以等候原理』為其表徵暗示。無論局面怎麼變，只要局還存在並行運作，堅持在黑暗處等著，最後一定會達到目的。

朱允炆感覺到叔叔們掌握兵權，對自己的威脅實在太大，繼位後很快就開始削藩。在削藩順序上，齊泰認為應先削實力最強的燕王，時戶部侍郎卓敬亦上疏請改燕王封地於南昌；但黃子澄反對，認為燕王有功無過，要爭取輿論支持，應該先找有問題的親王下手。朱允炆支持黃子澄，遂先後廢除五位親王。

繼位不過兩個月，明年的建文年號都才預定而沒有通行，就在洪武三十一年七月，急著削周王。因周王是燕王同母兄弟，而朱允炆怕他與燕王呵成一氣，於是決定先廢周王。時周王次子朱有爋告發父親謀反，於是派曹國公李景隆以備邊之名經過開封，將周王全家押回南京，廢為庶人，遷往雲南蒙化。

建文元年四月，削齊、湘、代三位親王，廢為庶人。湘王不堪受辱，為保名節舉家自焚而死；齊王被軟禁在南京；代王被軟禁在封地大同。兩個月後，削岷王，廢為庶人，徙漳州。朱允炆派往北平的官員，已經開始咄咄逼人，有打算重演前面逼迫諸多親王之故事。

燕王府，周圍的圍牆都有反向聽甕。所以即便隔牆有耳，也聽不出密室中商談什麼事情。一個和尚法號道衍，本名姚廣孝，在此與朱棣密商。

「這小子真的下狠手，而且速度這麼快，讓我們朱家骨肉相殘，即便本王裝瘋賣傻，也無法逃過監視，可恨至極。」朱棣（藍眼眶）緊握拳頭，砸在桌面上。

朱棣（藍眼眶）問道衍說：「在先皇龍馭歸天之前，我等就已經討論過，諸王擁有兵權，必遭中央朝廷猜忌，重演漢朝的七國之亂與晉朝的八王之亂故事必不可免，而親王起兵，自古以來，沒有成功的案例。大師，您智慧過人，但至今仍沒有替本王提出過解決之道。而今事態緊急，他們如此逼迫本王，到底該不該孤注一擲起兵？」

道衍（黑眼眶）說：「雖說王爺眷顧貧僧，但有些話很難在王爺面前說，恐犯了些忌諱。」

朱棣（藍眼眶）苦臉說：「現在都什麼時候了，不管什麼犯忌諱的話，你就說吧！難道你要本王像那五個被削的兄弟一樣？甚至跟湘王一樣全家去死？這才是犯忌諱！」

道衍（黑眼眶）雙手合十說：「那貧僧就說了。七國之亂，藩王兵多將廣，本來就應該獲勝。但當時朝廷有周亞夫等，漢高祖前朝功臣，善於作戰的兵家之後，加上當時梁王等親近於中央的藩王，堅持支持朝廷，抵抗七國之兵，所以諸王失敗。但追隨先皇打下大明江山的功臣名將，都已經被屠戮殆盡，剩下的都不是有能力的統帥之才。庸庸懦懦膽小怕事者而已。如今皇上除了這些人，最多就是用科舉上來的儒生，他們都沒有統帥才能。且皇上才登基沒有多久，自己的兄弟都沒有掌握實力，就急著把叔叔們剷除，以致諸王人人自危，不會有人真心支持朝廷，王爺可以從這兩點著手，勝算就會逆轉，所以首先，如今的中央朝廷沒有漢朝當時的條件。」

朱棣（藍眼眶）聽了頻頻點頭。

道衍（黑眼眶）接著說：「晉朝諸王之所以失敗，並不是朝廷要削藩，而是皇帝本身是個低能者，諸王自相殘殺企圖奪位，最後引來五胡覬覦中原之勢，所以也不能與今日相比。」

朱棣（藍眼眶）聽了繼續頻頻點頭。

道衍（黑眼眶）接著說：「所以王爺今天勝算，大過於前朝，而必勝的把握，則全在北方。」

朱棣（藍眼眶）疑問：「北方？」

道衍（黑眼眶）雙手再度合十，點頭鞠躬說：「在北方三股勢力，只要好好攏住站在王爺這一邊，即便當今皇上能集中百萬雄師，也奈王爺不何，而王爺就可以尋找機會，最後一舉奪得大位。」

朱棣（藍眼眶）追問：「哪三股勢力？」

道衍（黑眼眶）說：「第一股，封在北方，手握雄兵的親王兄弟，如遼王與寧王便是。必要時王爺可以親自與他們相見，攏絡他們的部隊。第二股，就是鎮守在北方，開始修築長城的各將領。這些將領許多都曾經在王爺麾下作戰，只要能與他們密切連繫，將是我們靖難的主力。第三股則更為關鍵，就是歸附大明的東北蒙古兀良哈部朵顏三衛，徵招他們成為靖難軍，以精銳騎射之師為相助，王爺的力量將大增，而且就不畏懼朝廷，在王爺後背安插力量。」

朱棣（藍眼眶）問：「這些歸順大明的蒙古部族，算是大明朝衛所領地，平常也能自由跟大明商人貿易。但畢竟是蒙古人，當初不得已而投降，他們能心甘情願替本王賣命打江山？」

道衍（黑眼眶）笑說：「當然要承諾他們心動的好處，這就不是貧僧敢隨便亂給意見者。」

朱棣（藍眼眶）看了看地圖，喃喃低聲說：「倘若他們同意為本王所用，靖難成功之後，大寧一地可以割讓給他們駐牧。」

道衍（黑眼眶）說：「大寧為關鍵戰略要隘，而且氣候遠好於漠北，牧草肥美，當初契丹與蒙古之強大，都在於獲得此地。倘若割讓，則中原要進遼東，就只能走錦州一路。這如同石敬瑭之割燕雲十六州要隘相當。王爺當深思熟慮之。」

朱棣（藍眼眶）沉吟許久，然後說：「先承諾他們吧！若靖難成功，則屆時再藉口推托，拒絕割讓，賞賜金銀官職便可。倘若還不滿足，本王可以親率大軍征討。本王可不是石敬瑭啊！」

道衍（黑眼眶）合十低頭：「王爺明鑑，如此勝算就高了。」

對了！搓出矛盾糾紛，不管你是像石敬瑭這麼軟，還是自認為很硬，最後得到的傾向性都會是一樣。明朝滅亡的第一步就已經開始於此。道衍這隻鬼，協助朱棣啟動靖難，讓明朝重修的萬里長城還沒有竣工，就已經先把矛盾與故事前導，全部種下。

於是朱棣（藍眼眶）率親兵在王府埋伏，將所有中央官員與燕王府內安插的內應，一網打盡。接著攻佔整個北平城樓，宣告要靖難清君側。

通州主動歸附；接著攻破薊州，遵化、密雲；又攻破居庸關；快速地攻破懷來，擒殺宋忠等；永平府歸附。為防止大寧的精銳軍隊從松亭關偷襲北平，用反間計使松亭關內訌，守將卜萬下獄。至此，北平周圍全部掃清。燕軍兵力增至數萬。

燕軍攻破懷來後，由於領地相距太近，七月二十四日，谷王朱橞逃離封地宣府奔金陵投降中央。齊泰等顧慮遼王、寧王幫助燕王，建議召還京師；遼王從海路返京，而寧王不從，遂削寧王護衛。宋忠失敗後，部將陳質退守大同。代王本欲起兵呼應朱棣，被陳質所控制，未果。朱元璋晚年誅殺了不少良將，導致朱允炆手下缺乏將才可用，只得任命已六十五歲，才資平庸的老將耿炳文，率兵北上討伐，號稱三十萬人，實際先行率領十三萬人出兵。在臨行時，朱允炆親自告誡：「毋使朕有殺叔父名。」

本已經才資平庸不太能打，又必須要顧慮得保護敵方主帥，自然不會打勝仗。最後果然一戰大敗，躲在真定堅守不出。於是朱允炆改派李景隆（灰眼眶）為大將軍，誓師出征，並召回耿炳文。李景隆以德州為大本營，調集各路兵馬包括耿炳文敗兵，增兵至五十萬人。

這個人雖是開國元老李文忠之子，但經過朱元璋清洗殺戮，只有諾諾庸才才能存活，所以也是個草包。不斷遺誤戰機。但畢竟兵馬強大，朱棣人馬不足，聽從道衍和尚建議，到北方去增強自身力量。

朱棣（藍眼眶）於是不理會這五十萬大軍，率燕軍經小路向北到達大寧城下。擊敗守將房寬後請求入城，見寧王朱權，哭訴自己無路可走，向朱權求救，希望能向朝廷上書，謝罪免死。朱權相信並收留了他。在居大寧期間，朱棣令手下吏士入城結交並賄賂大寧的軍官等。之後朱棣立刻提出告辭，朱權在郊外送行；但朱權來到郊外後，伏兵盡起，大寧軍紛紛叛變，歸附朱棣。於是朱權與王妃、世子等一同被強押隨朱棣前往北平，而大寧的全部軍隊，包括其騎兵精銳朵顏三衛，都被朱棣收編。大寧成為空城。朱棣實力大增。並暗中通知蒙古三衛的指揮使，事成之後，可將大寧割讓。

李景隆（灰眼眶）猛攻北平打不下來，知道朱棣領著北方精銳來救，大舉迎戰果然慘敗於鄭村壩。李景隆（灰眼眶）逃到白溝河，得到中央生力軍與殘軍會合，共六十萬人，於是再度反撲，激烈混戰結過又大敗。一路打到濟南。李景隆敗退後，燕軍圍濟南。右參政鐵鉉、盛庸堅守。朱棣射信入城招降，未果。燕軍掘開河堤，放水灌城。鐵鉉見勢不妙，決定派千人詐降，誘朱棣進城。次日，朱棣前往濟南，走到城門口時，城門預設的鐵板落下，但略快了些，只打中了其所乘馬的頭。朱棣逃回，（藍眼眶）大驚，換馬跑回。由於事出意外，斷其後路等工作沒能成功。朱棣（藍眼眶）大怒，圍城攻打三個月。不料攻城不利，朱棣（藍眼眶）憤怒之下決定使用大砲攻城，城中不支。鐵鉉見狀，在一些木牌上寫了「高皇帝神牌」幾個字並掛在城頭，燕軍只得停止砲擊。聽聞中央軍隊包抄威脅北平，朱棣急忙撤退回軍，消滅後方威脅。

朱棣（藍眼眶）聽聞中央軍北上，決定在敵軍落腳未穩時，襲取滄州，再度南下。朱棣（藍眼眶）招降盛庸未果，遂南下；盛庸襲擊燕軍後軍，失敗。燕軍到達臨清；決定擾亂中央軍的糧道，遣輕騎至大名，焚其糧船。燕軍從館陶渡河，先後到達東阿、東平，威脅南方，迫使盛庸南下。盛庸將計就計，決定在東昌決戰，並在陣中擺了大量火槍和毒弩。燕軍至東昌。朱棣（藍眼眶）仍然親自率軍衝鋒，先衝擊其左翼，不動；然後又衝擊其中堅，盛庸開陣將朱棣誘入，然後合圍。朱棣被重重包圍，燕軍張玉、朱能分別引兵來救，朱棣（藍眼眶）死戰，終於和朱能會合，逃離戰場。大量燕軍被火器所傷，張玉被中央軍包圍，戰死。平安亦率兵趕來，與盛庸合兵作戰。次日，燕軍再次戰敗，遂北還。在擊退中央軍的阻截後，建文三年正月十六，燕軍返回北平。東昌之戰，朱棣多次瀕臨險境。但是由於朱允炆有「毋使朕有殺叔父名」旨意，中央軍將士懼怕戰後，被反攻倒算，既不敢傷害朱棣，又難以活捉，只得放任自由。朱棣也恃此特權，單騎殿後，中央軍無可奈何。

「他朱家骨肉親情，把這當兒戲！」「只是皇帝為了要名不想被罵而已！」「他不殺叔叔，那我們可能會死也！」「既然這樣那隨便他們去玩，我們也隨隨便便，當遊戲來玩。」

中央軍逐漸開始厭戰。

此時朱棣（藍眼眶）摸清楚對方的底牌，於是大舉再次反撲，在夾河兩場戰役，運用「毋使朕有殺叔父名」旨意，打出自己旗號在關鍵地方作戰，於是反敗為勝，大破盛庸。

朝廷發現作戰不行，改為通過談判、反間、襲擊後方等方式間接作戰。不斷利用朱高熾和朱高煦的矛盾，先寫一封信給守北平的朱高熾，令其歸順朝廷，許以燕王之位；然後派人告訴朱棣和朱高煦，世子密通朝廷，以使燕軍北還。但朱高熾得到信後，根本沒有拆開，將朝廷使者連人帶信一起送往朱棣處，反間計失敗。南京有宦官犯錯被處罰，轉投奔朱棣，告知南京守備空虛，大家都厭惡皇帝這種號令，所以都不想積極作戰。朱棣大喜，遂決定直接率兵南下，臨江一決戰。道衍亦支持不再與盛庸、平安等軍隊糾纏，直趨京師。

於是勢如破竹，一路打到南京附近，朱允炆問計於方孝孺。他在史書上看過，金人不斷用和談來軟化宋人抵抗，於是也建議派親王與郡主去和談，願意割地，並另外招募各地部隊勤王。但這種不倫不類的類比手法，純粹腐儒書生見解，毫無效果。燕王朱棣大舉逼近京城，最後守軍開門迎接靖難軍進城。朱允炆見勢不可為，於是縱火自盡，皇后也因而燒死，但朱允炆的屍首找不到。朱棣假惺惺痛哭流涕後，決定登基稱帝。

朱棣不承認建文年號，將建文元、二、三、四年改為洪武三十二至三十五年，次年改為永樂元年。凡建文年間貶斥的官員，一律恢復職務。建文年間的各項改革一律取消；建文年間制定的各項法律規定，凡與洪武朝相悖的，一律廢除。但一些有利於民生的規定也被廢除，如建文二年下令減輕洪武年間浙西一帶的極重的田賦，至此又變重。接著開始屠殺建文朝的重臣，一切恢復成朱元璋時期的行為。

錦衣衛權力重新獲得，過不久增設東廠，加碼重用宦官，最重要的，大寧一地割讓逐漸成了現實，蒙古人開始逐漸來此放牧。還加速建長城，遷都北京。征伐安南，管理東北殘餘的女真族。

朱元璋細心思考的一切變化，呵護孫子朱允炆的努力，自己機關算盡，轉變黑暗路線的一切安排，被自己的兒子化為泡影。對鬼局而言，整個明朝至此，其實滅亡在即，但外表仍有一個強大的假象，因為在引外族入主之前，還有一步用途。而這步用途非常之關鍵，所以轉而打算繼續將明朝架空，而不毀掉這個表象。

蘇州劉家河港。

鄭和（金眼眶），原名馬和，蒙古裔回族人，明朝軍進攻雲南時，被抓去閹割為宦官，改用漢姓，信仰伊斯蘭教。雖然人生有悲慘遭遇，但最後得到了人生最大的發揮與信任。皇帝派他率領人類有史以來最大的艦隊出航，宣揚大明朝國威。

「奉旨揚帆出海！」司儀大聲喊著。

一排號角吹響，岸邊群砲接著響起。

超巨大船艦六十二艘，與小船數百，載著二萬八千餘人，眾多火砲槍銃，由鄭和與王景弘兩名宦官率領，出使西洋。主旨在宣揚大明朝強大的威德。

印度洋深處海面上，平靜的夜晚。王景弘與鄭和坐在巨艦甲板上，看著星辰銀河飲酒，遣退身邊所有的人回船艙，兩人相互會談。兩人都喝得有些醉意，趁著酒興與身邊無人，也就比較敢言。

「集中這麼多優秀航海人、工匠、書吏、文士、醫生、兵將與星象人員，這片大洋之中，我大明所向無敵。倘若將這片區域都納為我大明疆域，也未嘗不可。」王景弘拿著酒杯這麼說。

鄭和（靛眼眶）搖頭說：「不可能啊！絕對不可能的。我們已經下西洋這麼多次，我已經看出，這絕對不可能。」

王景弘醉醺醺問：「你三保鄭爺，倒是說說為何不可能？」

鄭和（靛眼眶）酒醉地搖頭晃腦地說：「你知道為何聖上要派我們這種…這種斷了種的人，來統領全部艦隊嗎？」

王景弘說：「不就是信任我們？」

鄭和（靛眼眶）猛搖頭說：「不對！猜猜看，今天我們聊天百無禁忌，你大膽猜！誰都不會聽到，我更以三保太監的名聲做保，絕對不外洩你說的話！」

王景弘也喝得臉紅脖子粗，看著滿天星河說：「是不是，文臣帶不動兵，武將好戰，而令你來統帥我作副手，才能和平地達成出使任務？」

鄭和（靛眼眶）哈哈一笑說：「又猜錯了！再猜！」王景弘搖頭晃腦說：「我不聰明，猜不透了。」

鄭和（靛眼眶）露出詭異笑容說：「因為我們這類斷了種的人，才不會有在海外據土稱王的野心，朝廷的制約控制，才容易使得動！」

說罷又喝了一口酒。王景弘頻頻點頭，緩緩說：「這倒是！我們出使西洋這麼多次，每到一處都要有船往返京城報備，完成了一定任務，詔命船就追上我們，拿著聖旨要我們返航！以至於我們要來來回回這麼多次！這些航程，我們繞這圓球世界一周，都有多了！」

鄭和（靛眼眶）搖頭晃腦，拿著酒杯，指著他笑說：「你也知道這世界是圓球狀的？哈哈…」王景弘拿了酒杯主動乾了鄭和手上的酒杯，笑說：「當然知道！這艦隊上很多人都知道啊！古代就很多智者，都知道這件事情！一點都不奇怪！」

鄭和（靛眼眶）長噓一口氣說：「我們當然不會有海外稱王野心，但我還真想航行到很遠的地方，前人從未到過的地方，去看看！即便有危險，也想去看看！但這也是做不到的…彷彿……這彷彿…有一條線控制著我們艦隊…隨時警告我們，別不按照既定航程走喔……」

王景弘飲了一口，點頭說：「是啊！我們不是海盜船，是官船，所有路線都要朝廷批准。先航行後奏，也要上報理由。聖上不會批准『好奇』，『想去看看』這種理由的。船上還一堆錦衣衛密探，理由說歪了，回去也會被聖上訓斥。」

鄭和（靛眼眶）長嘆說：「哎呀！真可惜啊！好奇之心誰沒有？官員做事情，

一定是保守的，更何況我們還是個內官？是個被徹底調教過的內官！哈哈哈……」

兩人又乾了一杯，繼續飲酒，不自覺，兩人都醉醺醺。

王景弘說：「海外雖然好玩，但從長遠看，我們來這做什麼？還被國內一群人罵，說這是浪費錢！這些航路，確實早在唐宋時期就有人走過，我們只是規模比較大而已。沒有新鮮事。有時候還真想，帶著幾艘船，就一直航行下去，看多久能繞這大千世界一周？」

鄭和（靛眼眶）搖晃晃地說：「永遠不會知道囉，下輩子吧。但我希望，一輩子就在海上，死也要用我們宗教的方式，葬在海中。永遠永遠躺在這廣闊的海洋上頭。」

王景弘哈哈笑說：「你要是死在這當中，我幫你海葬！哈哈！」

鄭和航海的目的，對鬼局而言，只是摸排。對這些細胞而言當然是受巨大制約。

王景弘說：「不過，我對於這次出航的目的，仍然感覺很不對勁。說是要宣揚國威，沒必要花這麼大血本？還密令我們，一定要與當地人交流文物，最好把人與動物都帶回來。倘若是外頭的人亂傳的，找已死的建文帝，這更不可能，先前在南京我都親耳聽到，陛下說他若能逃去南洋，那最好，這樣對陛下最沒威脅。甚至茫茫大海都可能死在海上，或是在炎熱不適應的氣候中病死囉。讓那麼大規模艦隊往返這些地方，可沒意思。還有人說，西域的蒙古殘部帝國崛起，意圖東進，航海是牽制他們，但漠南漠北的蒙古各部沒有與他們聯合的意思，沒必要這麼擔心，大明陸上的兵力，海上八竿子打不著，如何側翼支援。你認為呢？」

鄭和（靛眼眶）搖晃晃地說：「我說一句醉話。這次航海，有一些人在陛下耳朵邊，說一些鬼話。說海外文物奇特，大千世界圓圓一周，陛下應該多看看。其實就是陛下的好奇心！」

王景弘瞪眼醉動說：「不，你這樣說矛盾了。剛才你還說陛下不准我們好奇，那他自己去好奇。倘若我們不好奇，在海外就只走著老航路，帶來的都是見過的老東西，怎麼滿足他好奇？」

鄭和（靛眼眶）醉指天上說：「星相官說，那個『南門二』，是整個大圓世界的南半部導航用的星。上個月追上我們的宣旨官船，給了陛下的旨意。要星相官等人，規劃一條新航路，要橫穿整個大洋，注意一切島嶼與陸地，注意一切沒見過的國度，有任何新的東西，回報。不得擅自入侵任何陌生的國度。盡量……交換物品回來……」

王景弘說：「新航路……又要能回報……這這這。怪旨意。」

鄭和（靛眼眶）站起來醉醺醺東倒西歪說：「是啊，怪旨意。我猜是其他人吹陰風，讓陛下下這個旨意的。不管啦，航海就是要這樣，要穿越陌生的大洋，看能碰到什麼！」

王景弘哈哈笑，也起來發酒瘋說：「好啊！衝出去！」

確實鄭和橫穿印度洋，到了非洲東岸，但越走越蠻荒，帶回來很多東西，不過卻沒有超個體鬼局想要碰的『罔兩型』。第三次混沌開眼，已經逐漸明白目的。巨大的伏筆，即將逐漸在歷史卷軸上出現，可惜除了筆者，竟然至今還未有人理解超個體目的。

首都。南京廷議。

雖然朱棣有些反悔，開始違背先前承諾，不願意把大寧割給蒙古部落。但蒙古部族，堅持要把大寧變為自己的放牧地。最後明朝朝廷只能承認，給兀良哈部三衛他們在大寧自治，但不同意大寧割給兀良哈部當領地。

鄭和在朱棣當皇帝任內，跑去大海洋迎風浪六次，朱棣他自己則要去大沙漠迎風沙五次。

「淇國公中伏，十萬大軍全軍覆沒，韃靼賊虜氣焰囂張，逐漸南下逼近大寧地，兀良哈部與之暗通款曲，乃至聯合韃靼意圖奪取大寧地⋯⋯」

朱棣（藍眼眶）打斷宣佈情報者，堅定地說：「韃靼賊虜不知好歹，朝廷已經用盡安撫手段，至此已經不需要客氣了。這些北元的餘孽，回到漠北之後就恢復部落原狀，在佔領中原這麼多年，也沒學到什麼！朕要親自去教育教育，這群野蠻人！」

群臣們知道他跟朱元璋一樣，都謹慎聆聽，不敢多言。

朱棣（藍眼眶）冷冷笑說：「既然諸位愛卿都沒有意見，朕就要御駕親征！一舉打潰韃靼，還有兀良哈部這群叛徒！」

群臣們都知道，大寧造成的這問題，是他奪皇位時候自己種下的，既然自己種下去，最後還得自己來收拾。朱棣（藍眼眶）於是親率五十萬大軍北上。

「衝啊！」

朱棣率領的明朝軍隊，一路擊破蒙古軍的阻擊，打到成吉思汗出生與發源地，斡難河畔，與韃靼可汗本雅失里的三萬人，在此地激戰。大破本雅失里軍，本雅失里向西逃往瓦剌部，接著又打敗韃靼丞相阿魯台。雖然明軍大獲全勝，但損失慘重，將士們不能再忍受遠征。所幸阿魯台投降，朱棣遂宣佈封其為和寧王，宣佈勝利，趕緊班師回朝。

過三年。南京廷議。

「蒙古各部，自韃靼被我朝廷大軍征剿重創之後，瓦剌趁機壯大。進駐蒙古部族的發源地，臚朐河。狂妄宣稱要跨過長城，再次攻佔中原……」

此時大臣們稍稍有些議論，但大多不切實際，奉承朱棣者較多。朱棣（藍眼眶）冷冷笑說：「蒙古韃虜就是不死心。前些年，西域有個叫帖木兒的韃虜，聽說了我大明朝開始興建長城，他建立帖木兒國後，也放過狂言，說要跨過長城，恢復成吉思汗的偉業，企圖東征我大明。哼！結果受到天誅，死在半路上！今天又一個跳梁小丑，又說要跨過長城征服我大明！朕要親自出去，捏掉小丑們的狂妄野心！」

大臣們群起下拜：「聖上英明勇武！我大明萬壽無疆！」

於是朱棣（藍眼眶）又調集五十萬大軍北上。

「衝啊！」

一路行至勿蘭忽失溫，與瓦剌部三萬大軍交戰。瓦剌依託山勢，分三路阻抗，朱棣派騎兵衝擊，引誘敵兵離開山勢，遂命柳升率領砲隊，發炮轟擊，自己亦親率鐵騎反向殺入敵陣，瓦剌軍敗退，朱棣乘勢追擊，兵分幾路夾擊瓦剌軍的反撲，殺敵數千，瓦剌軍紛紛敗逃。此役，瓦剌受到了重創，此後多年不敢犯邊，同時，明軍也同樣傷亡慘重，財物與糧草消耗非常巨大。於是宣佈班師回朝。

八年後。此時已經遷都北京。北京廷議。

「自瓦剌部受我朝廷大軍重創之後，韃靼部阿魯台又趁機坐大，直接收編叛徒兀良哈部，侮辱或拘留朝廷派去的使節，並對邊境進行騷擾劫掠。今年冬初，更進攻我重鎮興和，殺我邊將。狂言要進入長城，佔領中原⋯」

此時大臣們議論紛紛，神色稍微有些凝重。但也都沒有人敢太提出什麼意見。

「這阿魯台不是已經封王了？又叛了？」「賊虜之心不死啊！」「又一個小丑跳出來要跨過長城？」「可近年來稅收不太好，該不該討伐？這得議一議。」

言外之意，這阿魯台也是你皇帝自己封的，麻煩自己種下，當然也要自己去解決！

朱棣（藍眼眶）也似乎有些猶豫，不過他絕對不認輸。也冷冷地宣佈：「都別議了！教訓一次不夠！朕要親征！」

戶部尚書夏原吉此時終於看出，朱棣的連續北伐將會是鬧劇，頭一個跳出來反對討伐，起奏說：「連年師出無功，軍馬儲蓄十喪八九，災眚迭作，內外俱疲，國家財政已難以承受！況還有航海的支出，民力恐怕已經⋯⋯」

朱棣（藍眼眶）大怒打斷他道：「住口！你的意思是朕在消耗國家財力嗎？你

的意思是朕打仗無功嗎？」夏原吉趕緊下跪不敢說話。

朱棣（藍眼眶）說：「朕出征意決！你夏原吉說國庫空虛，除非是朝廷出了貪官，否則不會空虛。忘記太祖皇帝是怎麼殺貪官的嗎？忘記剝皮實草的嚴刑誅罰了嗎？看來朕要好好辦一辦了！」

明朝官吏薪資很低，以至於大家都有貪污嫌疑，倘若有人敢反對皇帝，只要往貪污去查，就可以抓到證據，置之於死罪。

夏原吉渾身冷汗。

於是繫之大獄，派人抄夏原吉家，但搜來搜去，家中除布衣、陶器等日常用品外，別無它物。朱棣抓不到證據，知道他確實是個清官，只好罵他昏庸無能，放棄殺人，暫時關押著。

群臣也都膽顫心驚，夏原吉清廉不怕被清查，但自己可未必，所以拼命奉承，絕對不會反對朱棣出征。

朱棣怕被人說冤枉好官，於是降旨公告，批評夏原吉昏庸不知道情況，然後下達『聖訓』，抄寫給所有官員知道，還公開聖訓給天下臣民，告知為何一定要勞師北征。

於是又率軍從北京出發。

「衝啊！」

全軍出擊韃靼，其主力部隊至宣府東南的雞鳴山時，韃靼首領阿魯台得知明軍來襲，自知不是對手，乘夜逃離興和，避而不戰。七月，明軍到達煞胡原，俘獲韃靼的部屬，得知阿魯台已逃走，朱棣已經失去銳氣，下令停止追擊，班師回朝。明軍在回師途中，擊敗兀良哈部的叛亂，九月，回師北京。這第三次出擊漠北，雖對韃靼部有一定的打擊，但成效不大，並沒徹底解決盤據漠北的蒙古三個部落對明朝邊境的滋擾。

又三年後。北京廷議。

「阿魯台賊心不死，再次糾集遊牧各部落進攻邊境，屢放佔領中原之狂言，辱罵我朝君臣上下…」

收到這個廷報，官員們此時學乖，恢復到最早狀況，一言不發。

朱棣此時有些身體不適，他深知親自在漠北追擊衝殺，非常地勞累，損耗健康情況很慘重。而且此時全國各地隱隱約約開始爆發民變。這民變似乎來得太早了！早得離奇！到底是不是真的有民變的原因？還是像宋朝一樣，配合外敵入侵的民變？

尤其以山東婦人唐賽兒，民間稱之『唐三姐』，丈夫已經去世，以白蓮教為名起事，率眾斬殺地方官員，甚至發動突擊，大破前來討伐的官軍，震驚整個中原。朱棣大為吃驚，甚至有些恐懼，才號稱永樂盛世，馬上就開始民變，大明皇帝的權威難道真的被架空？朱棣重演朱元璋的猜疑！明朝自己就是民變起家建立，現在那麼快就被別人民變，朱棣（藍眼眶）急忙下達詔書，派使者到唐賽兒山寨，要求歸降，同意赦免其罪。

話鋒且轉向此一事件。

山東唐賽兒山寨。

一名風韻猶存的中年婦女走來，部眾紛紛下拜。此婦正是唐賽兒（白眼眶）。坐在寨上廣場的主座，左右護駕一男一女，正是她所生的一子一女。

「寨外有人身著官服求見聖母，看來他是朝廷派來的。」一部眾這麼報告。

唐賽兒（白眼眶）冷冷說：「朝廷來人能有什麼好事？」

部眾問：「聖母是否要將其轟回去？」

唐賽兒（白眼眶）說：「讓他進來吧！我倒想知道朝廷找我談什麼？」

於是一個中年官吏，領著數名太監侍從，帶著詔書微笑進入寨內廣場。看到中央主座上的風韻婦人，必定就是傳說中的唐賽兒。

官吏陰陽怪氣開心地說：「在下是今上皇帝欽命欽差大臣李建深，奉皇帝之命……」

才開場話說一半就被打斷！

唐賽兒（白眼眶）大喝說：「讓朱皇帝有話就快說！老娘我沒有太多時間聽你

們朝廷的條條框框！更別以為我們見到了聖旨會下跪！」在場部眾同聲一喝。

「朱皇帝有話快說！」在場部眾同聲一喝。朱與豬同音，引發在場一陣嗤笑。

李建深等人都愣了一下，沒想到一介婦人，竟然敢當眾大喝皇帝欽差，若皇帝來此，豈不是被此婦人當眾羞辱？一堆男人害怕而磕頭的皇帝，原來在此婦人眼裡也不過如此。

李建深強扯官架子，拿出皇帝詔書，看著詔書大聲朗誦：「奉旨……皇帝詔曰……」眼睛還偷瞄了一下唐賽兒的表情。

「山東婦人唐賽兒，雖犯謀逆十惡大罪，但朕體恤民情愁苦，知其雖犯大罪而情有可原，若唐賽兒率所部歸降朝廷，解散群眾返家，則赦免唐賽兒與其親屬子女之罪……」

唐賽兒（白眼眶）大喝：「朝廷鷹犬給我住口！」

李建深聽了放下詔書，與左右侍從同時呆滯。

唐賽兒（白眼眶）走近他身邊瞪眼說：「你回去告訴朱皇帝！我聽說他名字叫朱棣對吧？」

李建深不敢接話。

唐賽兒（白眼眶）說：「你回去告訴朱棣，我不需要他赦免！我也不相信他會真心赦免！從他發動什麼靖難，打打鬧鬧要搶皇帝的位置開始，我們家鄉就不得安寧，我丈夫也在戰爭中死去！更別說他當了皇帝之後的行為，跟他的乞丐老子朱元璋一樣，根本就是個暴君！是個賊！老娘我恨不得扒他皮，抽他的筋，將他碎屍萬段！」

李建深目光呆滯，從來沒有人會在他面前，把皇帝罵成這樣，真是匪夷所思。

唐賽兒（白眼眶）指著寨門說：「你可以走了！叫你的主子朱棣要打就來打，老娘不怕他！」

在場所有部眾凶神惡煞，對著李建深等人喊：「快滾吧！」「聖母不怕朱皇帝！」「快滾出去！不然就宰了你！」

李建深與左右宦官侍從，趕緊加快腳步，拔腿開溜。

回到皇宮之後，支支嗚嗚，不敢把詳情說出，但左右宦官當時也在場，又不敢不說。只好讓宦官直接轉達唐賽兒的話。

朱棣（藍眼眶）聽了，氣得暴跳如雷，立刻下詔派軍到山東剿滅唐賽兒軍。

在山區幾場激戰下來，最後擊破唐賽兒軍，但是始終抓不到唐賽兒與其子女。

朱棣懷疑她化妝成女尼姑或女道士，急命地方官吏全面調查，抓整個山東與河北的出家女子一一盤問，引起一陣騷動驚恐，更多地方的民變，隱隱約約要開始。

收到地方官員不斷奏報，朱棣非常害怕，趕緊下詔停止搜捕唐賽兒，改口宣佈賑濟災區，減免稅收，停止調查，撫恤百姓，一大批平定變亂不力的官員也被懲辦。

經過這一場內亂煩心，又有上幾次漠北大鬧，身體健康弄壞。雖然收到了阿魯台又來鬧事。已經喪失了北伐的動力。

朱棣（藍眼睚）稍微轉彎暗示說：「漠北賊虜，不過就是群蒼蠅！先前朕親征三次，把他們打得落花流水，結果他們跟朕玩起捉迷藏。何必為了他們驚擾百姓，引起騷亂？甚無謂……」

說到這斜眼看了看群臣的態度。

但官員們始終不鬆口。咬死也不能鬆口。連清官都被關，自己若出頭，不就死無全屍？

「你們說句話啊！不然朝廷養爾等百官做什麼？」

皇帝催問，不說也不行，但堅決不能同意不北伐。

終於百官推了代表出來說：「我等已經討論出共識，夏原吉確實昏庸無知，不知道我大明朝現在國庫充實，軍力強盛，正是永樂盛世時。陛下先前在聖訓時，也明文寫過，只要北虜敢動我大明朝疆土，就要親征，以免重蹈宋朝守內不守外的覆轍，也避免唐朝守外不守內的覆轍，更讓潛藏在民間的賊人，沒有趁外敵而造反的機會。陛下英明神武，內外皆守，我大明國祚萬壽無疆。」

群臣也一同下跪高喊：「我大明永樂盛世，內外皆守，萬壽無疆。」

朱棣（藍眼睚）命他們起身，顯得有些尷尬，低聲慢吞吞地說：「北征是一定的，不過爾等當中跟隨過朕一同北征的人都知道，這路途可不好走喔……」

「臣不怕路途艱險，願同陛下北征！」「是啊！我們不怕！」「北虜狼子野心不死，意圖再次侵占中國，我等願追隨陛下一同北征！」「是啊！我等願隨陛下北征！」「我等祖輩受北虜統治久矣！而今恢復漢唐衣冠不過五十年，決不容許北虜再次蹂躪中華！」群臣紛紛如此回答。

朱棣（藍眼眶）見了這情況，不得不喃喃自語，最後只好宣佈再次親征。

「衝啊！」

大軍再次北上，但不只朱棣，全軍士卒都愈來愈沒有氣力。

明軍八月初出征，九月上旬，明軍到達沙城時，阿魯台的部下阿失貼木兒率部投降明軍，並得知阿魯台被瓦剌打敗，其部已潰散。而明軍士卒開始厭戰，朱棣只好暫時觀望駐紮不前；十月，繼續北上，在擊敗韃靼西部的軍隊，韃靼王子也先土干率部眾來降明，明成祖朱棣隨即封也先土干為忠勇王，立刻班師回京。

這次北伐純粹就是喝風吃沙，草草了事。你草草了事，這怎麼可以？這個被設計出來的『阿魯台』可不跟你草草了事！

京城某處，就在錦衣衛鎮撫司旁，燈下黑的某處，四個不知名的高官便服密會，相互都用化名，說的也是黑話，旁人也聽不明白這是在說什麼。但在朝中知道內情者，若仔細體會，便能知道他們正在商議朝中大事。

高個子（黑眼眶）說：「老小子得神經病，上一回痲子消息好，切到囉好處，老小子不就繼續開北門？」

矮胖子（綠眼眶）說：「是啊，老小子手段狠，然一隻熊怎麼兇，跟一群狗怎麼玩？熊掌一對，狗嘴一堆，慢慢陪輪著開北門。」

白面書生（橙眼眶）說：「北門風沙大，如同刀子耙，痲子跟北門老鄉有姻親，告知老小子北門跑。一二三四回，才開了病，輪著陪他姻親走五回。」

黑面書生（灰眼眶）說：「老小子五回不上當，窩熊窩，痲子怎開門？」

高個子（黑眼眶）說：「夏天蟋蟀被關在了蛐蛐罐，拉出當面來鬥戲，蟋蟀一鬥，老小子繼續開北門，受刀耙。」

四人一同呵呵笑。白面書生（橙眼眶）開始露出兇惡的眼神，出現詭異地笑容問：「老小子家有喪事，如何落禮金？」

矮胖子（綠眼眶）瞪大眼，但非常小聲地說：「子孫爭產，讓他爭，即便爭破了家，北門迎禮。」

四個人紛紛點頭。

原來大家都希望朱棣繼續去吹寒冰風沙，一直玩到死。就在監控臣民的錦衣衛鎮撫司旁，討論該如何把皇帝弄到死。

永樂二十一年十一月才回京師，第二年開春。北京廷議。

「阿魯台率韃靼軍，正式進犯山西大同與開平，屠戮地方官兵，放言從此打入中原，重演蒙古入主中原之故事。而也先土干則欲歸順朝廷⋯⋯」

朱棣此時已經病態明顯，廷議中面色蒼白，時不時咳嗽，一旁的宦官還得不斷伺候著。而三個兒子，皇太子朱高熾一直不受喜愛，但仍然站著太子之位，在靖難中有功的皇二子朱高煦與皇三子朱高燧都非常不滿，聯合不斷詆毀兄長，但都沒有成功。兒子們想的是皇位的問題，也不會真心管朱棣什麼時候會死。

大家也都知道，也先土干的歸順，跟先前阿魯台一樣，都是利用明朝勢力去壯大自己，最後遲早也會背叛。

朱棣（藍眼眶）拖著病容，氣息軟弱地說：「好啦，這種糾纏人的北虜，教訓得還不夠。不過每次北征耗費都很大，不北征光靠死守也不行，朕與諸位愛卿討論過很多次，解決北虜的游擊騎兵策略，只有重建長城這一途。長城修築得也有規模了，北征的事宜，你們議一議。是遣一員大將北征？還是⋯⋯」說到此，不斷地咳嗽暗示。

宦官在旁不斷伺候。

群臣代表很直接出來奏：「阿虜台先前受封，而今叛逆，此逆臣也，也先土干率眾歸順，忠臣也，夏原吉則昏庸之臣也。北虜夷狄破我重鎮，竊竊中華，亡我之心不死。先前陛下有明令聖訓，告詔天下臣民，臣等皆謹記在心，一字一句不敢遺忘。臣等已有決議，忠臣之請不可拒，逆臣叛逆不可恕，昏臣之言不可信，華夏領土不可不衛。臣等願隨陛下親征。」

「願隨陛下親征！」一群臣一同站出來附和。

朱棣（藍眼眶）大為吃驚，這些群臣，平時不是很會猜測上意嗎？如今表達得這麼明顯，確堅持一口同聲說反話，而且就『以子之矛攻子之盾』，拿著他先前的『聖訓』來逼他就範。

朱棣（藍眼眶）發愣了一下，有氣無力地說：「你們這…這…參加北征是件大事…先前愛卿們有參加的人都知道，朕長年馬上征戰，已經無所謂，但是怕愛卿們受不了…」

「臣不怕！願隨陛下死戰到底！捍衛國都！」「是啊臣不怕！」「要是阿膚台破山西，北京就危險了！臣要追隨陛下死戰到底！」「別說北征五次，哪怕十次、一百次，都要把蒙古野心打下去！捍衛華夏聖土！」「大明朝內外皆守，萬壽無疆！」一群大臣也紛紛點頭高喊「不怕」。

然後群起下跪一同道：「我等願隨陛下北征，內外皆守，大明朝萬壽無疆！」

朱棣（藍眼眶）病奄奄，目光呆滯說：「朕知道了……」

【朱棣藍眼眶消失】

退朝之後喃喃自語說：「你等真是要朕去死啊⋯」

遂調集山西、山東、河南、陝西、遼東五都司之兵於京師和宣府待命。

「衝啊~」

阿魯台聽說明朝軍隊又來，立刻撤退。

明軍以再次北上進至河北隰寧，也先土干率部歸順，抓到了台階可以下，有理由趕快班師回朝，朱棣大喜，封其為忠勇王。如同先前封阿魯台一樣。

正準備要下旨班師回朝，不知道哪裡來的斥候找到了敵人的蹤跡，忽然說有情報，說阿魯台逃往答蘭納木兒河，朱棣只好帶著全軍急速追擊，長途跋涉。進至答蘭納木兒河，周圍三百餘里，除了風沙刺鼻，根本不見阿魯台部蹤影。

明軍幾乎在整個蒙古，四處放探馬尋覓，消息一團混亂，忽說有幾百騎在東，可能是韃靼刺探哨騎，忽兒又說幾千騎在西，韃靼主力遊弋。整個大軍缺糧，東奔西跑，到處鬼打牆，到處鬼影子⋯

朱棣實在撐不住了，不管一切情報，下詔班師，回途癱在車駕中，病奄奄夢見兩個人對話，但是哪兩個人對話卻不知道。

「呵呵，皇帝變成了哨犬，一吹哨就得衝。」
「衝來衝去也衝不出個所以然。」
「既然那麼愛作秀，那就作到死為止。」
「整個底氣都衝掉了就好，愈來愈沒戰力了」
「爐死了這個皇帝，明朝也該差不多啦。」
朱棣氣得醒來，原來是夢，但身體已經病得不輕，而在征途中醫療環境都沒這麼好，招來左右親信宦官與大臣，交給他們遺詔，然後喃喃說：「還是只有夏原吉愛我。」
於是病死在榆木川。
朱棣死後，皇太子朱高熾繼位。確實開始動手架空皇帝。
登基沒多久，立刻修改朱棣許多殘暴的作風。首先停止不斷往返西洋，釋放夏原吉，停止雲南與安南勞動，減輕刑罰。但不到十個月又死了。
換成孫子朱瞻基繼皇帝位。既然朱棣奪姪兒之位有樣，漢王朱高煦也打算奪姪兒之位。於是起兵造反，朱瞻基快速地親率大軍平定。將叔父朱高煦等全家都抓回北京。
本來要去探視他，結果朱高煦竟然用腳絆倒朱瞻基，朱瞻基大為憤怒，命武士將朱高煦本人直接丟進銅鼎，殘忍地烹殺，其後也殺掉叔父全家，使其絕嗣。明朝皇族血親開始相殘。

不過祖父的陰影還沒完，既然大寧已經逐漸實質性地割讓，蒙古部族勒馬長城要進來的行動，就不會停止。而且長城還在繼續修建當中，最詭異的是，修築長城的沿線，並不是依照現實的國境線來建造，而是不斷地依山傍水，逐漸導向北京去。不斷地修建，就不斷地會有騷擾。

但一切過程，明朝皇帝並不知道，即便知道也無法阻擋。

朱高煦認為朱棣承諾過繼承皇位，所以野心不滅，最後被殺，兀良哈三衛也認為朱棣承諾過大寧，所以堅持要佔有大寧。便大舉出兵南下，攻佔了大寧城後，繼續南下欲圖中原，皇帝朱瞻基非常忿怒，招開廷議，宣佈要如太宗皇帝一般親征。

朱瞻基已經摸出，蒙古部族的實力不過如此，沒必要重演他皇祖父的時期，出現勞師動眾數十萬北上，而抓不到幾百人的窘境。於是朱瞻基親率三千鐵騎兵，通知各地守將也率軍配合，與兀良哈部落大戰，斬首千人，大獲全勝，凱旋班師。

同時朱瞻基也嫌棄海外貢品太少，再次令鄭和下西洋，群臣一股反感，但還是執行下西洋的指示。只是這次鄭和死在了海外，被依照伊斯蘭教習俗海葬。下西洋艦隊，除了少數兵卒留在非洲，與當地女人通婚，其餘通通撤回國內，不再航海。

※※※※※※※※※※※※※※※

超個體一而二，二而一。陰古與陽怪。

陰古：很好。這些都搓完之後，就可以扔掉。重演故事，我們需要繼續的滋補，融合捕食到局末。

陽怪：海上一直沒有我們要找的對象。甚至一點感應都沒有。沒有道理，假設繼續找下去肯定會找得到。

陰古：只是至少一段時間…不能說沒有…罔兩問景，亦或景尋罔兩。

陽怪：我倒是有一個想法，將大海當作常態，先手站住這些區域，什麼威脅都有空間可以應付。大不了就掀起這股氣候而已。

陰古：不不不。快退，開始收尾，不要再出海了，這個方向有問題，那不是我們找的方向！快把長城的局全面展開！不要再出海！否則整個航海氛圍反而由我們掀起來！

陽怪：我觀察，這風險短期內還不會出現。若有風吹草動，我們就繼續擴大航海範圍，直到找到老五為止。

陰古：不要冒這個險。沒有罔兩問景的映像。怪啊！這邊海路不對，難道陸上？也不對！沒有道理這次入海摸排，找不到罔兩型！

陽怪：若是現在放棄，萬一那股力量控制的傀儡，先找到老五，那我們豈不就孤立？

陰古：前兩次混沌開眼，你不也發現不對勁了嗎？而元朝時已經完全沒有自源文明的氣息。我擔心罔兩型很脆弱，所以必須用這些特殊的中性成分去找。以免找到之後，自己毀了罔兩型。但目前一直找不到，方向迷失了。

陽怪：何不一直找下去？

陰古：不行，我們若一直找不到，很快航海的風潮捲起，會由我們引發其他航海力量，那就不一定是我們派出的中性可控成分，會先找到罔兩型，要是出個意外讓別的力量找到，那豈不是弄巧成拙？航海風潮不能被吹起的。找不到的話，只能拜託他們自己能保護自己，也許我們在下一個階段可以碰到他們。

陽怪：好了，從海上全面撤退，暫時不去找罔兩型。並且毀掉一切行跡！以防止航海風潮被帶起！

陰古：真是怪了，南來北去，北之極往東不會再有氣脈，往西才是可能的去處！但是元時，陸上西探沒有內容。這次換海上在陌生的海域西探，怎麼也毫無成分？甚至明顯就是走錯，越往西越不對！又不能不斷去尋找，摸不出方向，真是麻煩大了啊！

陽怪：頭一次這麼混亂……

※※※※※※※※※※※※※※

原來超個體早知道長城之後變亂將來自海上，但卻不願意先行防備，即便是超個體鬼局，也開始疑惑一件事情，目前無人能知。乃至很久以後都還未必有人知道……

而鄭和下西洋，整個超個體行動，是沿著元朝西征探索脈絡而延續。但為何如此大規模海上用兵卻總用宦官？用了之後未果，為何立刻停止一切航海活動？又為何開始禁止民間也航海？為何停止一切後續航海的利益？如此詭異的航海行為，甚至對文明體下來說，這等於是鬼鬼祟祟地航海！對超個體而言必有深層的原由。

對皇帝或朝廷而言，這是只是表象利益爭奪的糾結，真相當然不能在表象討論。到底這種大規模卻沒有後續效應，甚至是非常兇猛卻又收斂的航海目的為何？

歷史上傳聞或說找建文帝，事實證明不可能。

或說為了宣揚國威？那麼後續為何就不要國威了？也不可能。

或說為了夾擊鐵木兒帝國的崛起？事實證明蒙古各部還擋在鐵木兒前面，毫無威脅，明朝初期的實力絕對不會怕這種遠方力量，況且若從海上去做戰略布局，卻不佔據任何一個長期的海外根據地，故這也不可能。

超個體你們這次，又張揚又內斂，又大規模又急遽切斷，整個海上氣脈從唐後期就開始打底，如今執行最後一次大規模摸底，可以說內帶矛盾，『鬼鬼祟祟』地航海，到底目的為何？再找什麼？又為何要去找？

從明朝朝廷，違反後續保存光榮記錄的傳統，全面焚毀航海技術與記錄的情況看，超個體這次沒有達到目的，而且投鼠忌器！怕因此掀起航海風潮。至少當前可以判斷，『尋找物』有幾個性質。

一、『尋找物』與中國文明體密切相關而世人不知。二、必須派大規模武力去，以控制情勢。三、若直接找到，可能會因派去的力量失控，反而自身傷害到『尋找物』，由於某些原因不能傷害到對方。所以必須可控制，可以一聲令下就能整個收回所有武力，以防海外稱王不受控。四、超個體察覺了某種變化正在醞釀，想要搶時間，先於某些變化之前，找到此『尋找物』。這『某種變化』，與後來的世界歷史事件可以對接。五、倘若『尋找物』受傷，超個體自身會出極大的問題。這個問題從事後來看，不至於自身受損，但這必然影響超個體的終極目的。六、若尋找不到，必須立刻停止，不能一直找下去，否則掀起海內外航海風潮，怕會因自身尋找，間接傷害到『尋找物』而弄巧成拙。

真是詭異。

鄭和下西洋，背後竟然隱藏如此深遠的內情，即便鄭和本人或朱棣本人也都不會知道。

容後再表！

第二十八章　架空到底　長城翻牆遊戲　一文不值　救贖皇帝

不過皇帝以後如此繼續往返衝殺，也不是個辦法，朱瞻基害怕自己跟祖父最後的命運一樣，於是招開廷議討論治本之道。

「臣以為應當繼續修建長城！方能治本。」閣臣楊士奇（黑眼眶）如此堅持。

朱瞻基先是喃喃自語：「長城已經在修建了。」

接著又疑問：「況且修建長城真能解決問題嗎？朕記得金朝的時候就長期修建長城抵禦蒙古，結果修築完成之日，就是蒙古徹底壯大，入寇滅金之時。」

楊士奇（黑眼眶）聽了趕緊搶答說：「臣啟陛下，當年金人修建的長城，雖然也有規模，但不是依山傍水，沒有講究山勢風水之佈局，更沒有長期駐兵防守，充其量算是個土牆加困馬溝。我大明朝對長城的講究就不同，太祖皇帝派人修築老龍頭到小河口的長城，以致蒙古長年不敢南下。太祖皇帝也對於歷代修築長城的政策，予以肯定。我朝長城依山傍水，氣勢雄偉，又有衛所屯兵，金朝的長城不能跟我朝相比。」

朱瞻基仍然不解，總感覺這裏面有問題，但楊士奇扛出太祖皇帝朱元璋的看法，他又不敢當眾說不好。

朱瞻基於是引朱棣的政策來說話：「太宗皇帝鎮守北疆多年，屢屢親征，蒙古實力大減，以至於朕以三千精銳騎兵，就可以大破上萬蒙古烏合之眾。所以到底是要耗費巨大，繼續修建長城？還是以天子守國門的政策才是正確？還得多思量思量。爾等為何老是執著萬里長城這個老方法？朕認為這沒有多大用途啊！各位還是多思考一下太宗皇帝的策略吧！」

皇帝開始質疑萬里長城的功用了！這怎麼可以？這可是真正的『聖上』的旨意，不是披黃袍的這位先生，你可以說不的！因為披黃袍的這位先生，你只是個『假』皇帝。或只是戲台上唱主角的，導演與編劇可不是你，這齣戲的根本劇情走向，不由得你亂改。

但中國幾千年來黃袍假戲，難演之處就在這裡，要把『假』的皇帝演成跟『真』皇帝一樣，做到當事人君臣上下自己都看不出來，但又不能讓這個『假』皇帝阻礙到『真』皇帝的意圖，所以才要弄出這麼多的『忠臣』『奸臣』『良臣』『亂臣』的各種上竄下跳的政治把戲。

楊士奇的台詞有些詞窮，趕緊有另一個人接台詞。

另一閣臣楊榮（粉藍眼眶）謹慎地且老沉穩重地說：「臣啟陛下，臣以為太祖皇帝與太宗皇帝，皆為英明神武之君，只是所著眼點之處不同，都是正確的，都應該遵從。只是太祖皇帝的眼光比太宗皇帝更為遠大，陛下對此不可不察。」

朱瞻基疑問：「太祖眼光比太宗更遠大？所論為何？又有何依據？」

楊榮（粉藍眼眶）回答：「在於太祖皇帝更加深慮謀國，所圖更為長遠。」

接著說：「秦朝建長城，漢朝依之，匈奴無法跨越，所以漢朝強大近四百年。北魏與隋朝建長城，唐朝依之，突厥無法跨越，所以唐朝盛世國祚也近三百年。我大明朝國祚遠超過秦與隋，自然以大明朝後代子孫依之，北方所有蠻族必然無法跨越，大明盛世將於後幾代出現，這是歷史的定律。太祖皇帝必定是看到了這一點，所以開啟建長城的工程。太宗皇帝靖難起兵，英明神武，所以不僅於專務防守。太宗皇帝看的是當下永樂盛世，太祖皇帝看的是千秋後代的盛世，自然是太祖皇帝看得長遠，望陛下圖之。」

故意繞開金朝的案例，以至於表面上，說得實在是非常有道理，朱瞻基也完全不知道長城的奧義在哪裡？所以無法反駁，只能頻頻點頭。

但他又說：「愛卿說得在理，但長城耗費巨大，建築它的朝代，秦朝、北魏、隋朝、金朝，都短命而終，甚至帶來長期動亂。而我大明朝自永樂後期開始，各地偶有民變，至今還有民變沒有全部平息，逼得朕不得不一直下詔免稅減糧，減輕刑罰，安撫百姓。朕怕貿然建立長城，會重蹈這些朝代的覆轍。」

發現他還是不肯建長城，楊士奇（黑眼眶）趕緊加碼辯論：「太祖皇帝贊同建立長城，但並沒有大規模動工，正因為愛惜民力，所以先從小段開始修建。而太宗皇帝雄才大略，征伐四方，航海遠處，耗費民力巨大，以致有陛下所言的民變。仁宗皇帝在位雖短，修改許多法令，也是在重視民力，以保大明國祚綿長，所以應當回歸太祖皇帝之政策，長遠紮根考慮，逐步一段一段重修長城，使大明朝後代盛世不絕。而宋朝不建長城，所以國勢衰頹，金朝意圖修建，但已然蠻虜強大於漠北，終究來不及應對。這並非長城無用，是時間前後相因而動使然，願陛下圖之。」

朱瞻基又無法反駁，但總覺得不對勁。楊士奇與楊榮都詞窮，另外一個閣臣楊溥繼續接台詞。

楊溥（棕眼眶）趕緊站出來，做最後加碼：「臣啟陛下，萬里長城自古以來時有發揮作用，令我中華文明長久不衰，能善用長城之利者，朝代強盛國祚長久，如漢唐是也。不善用之者，耗費民力，國祚短淺，如秦、隋、金也。不建長城者，國勢衰弱，終亡於外患，晉、宋是也。太祖皇帝鑑識歷史，故改以逐步建設長城之方略，不急於一次成功，緩步達最終長城之功效，乃曠古絕後之遠識，集華夏中國前人經驗之大成，若遵從之，則大明朝必遠超過周朝八百年國祚，千秋萬世直到永遠。

從太祖皇帝龍馭歸天至今，已近三十年，應當再建長城，承續太祖皇帝之策。」

三個姓楊的閣臣，不斷地用『太祖』來作梗，用國祚長短作轟擊，朱瞻基再怎麼狐疑也拿不出理論反駁，只有同意，緩緩點頭說：「好吧，繼續建長城。但是要先從籌款招募民工開始，不要太急，慢慢準備著來，民力要緊。」

「臣等遵旨。」

真是『三陽開泰』，『開太三楊』，長城要繼續努力延長。看北方何時能出現正確變異，一舉吞食掉本來就是為了當誘餌，所建立的大明朝。戲就得這麼演。

過不久，朱瞻基才三十五歲也死了，此時明朝仍受到元朝蒙古人的陋習影響，逼著愛妃也殉葬。九歲兒子朱祁鎮年幼繼位，改年號正統，三楊繼續輔政。

正統七年年底。南京。

張太后病死，受詔輔政的三楊也年事已高，楊榮已經於正統五年去世，楊士奇也因兒子胡作非為的事情，被太監王振攻擊，將退出政壇回鄉，楊溥前來送行。二楊在一堆賓客簇擁之下，於北京皇城外的一酒樓應酬一番，送走賓客之後，兩人於房內密談。

楊士奇（黑眼眶）抖著老邁的聲音說：「好啦！現在無官一身輕，連錦衣衛門口的貓都懶得理我，我們二人從現在起見面談事，也沒什麼壓力！」

楊溥（棕眼眶）苦笑說：「哎啊！人說三陽開泰，可惜我們三楊提早走了一楊，感覺這場面有缺。而且你認為現在談事沒壓力，還會不會說得太快？老朽我還得再多混個兩年呢。」

楊士奇（黑眼眶）抖著老邁的嗓子，也苦臉說：「這內閣已經不是我們的時代囉，太皇太后一晏駕，馬上就是大太監王振把持了權力，連太祖皇帝掛在皇宮門口，不准宦官干政的鐵牌，都被他除掉了，該退還是早點退吧！」

楊溥（棕眼眶）說：「是啊。既然你東里老先生這樣說了，我還能在這官場支撐多久？不過我倒是想問，我們在官場混這麼多年，到底做了些什麼了不起的事情，能傳後世都不遺忘的？還是就是這樣虛度光陰，蹉跎歲月，終將被歷史遺忘？」

楊士奇（黑眼眶）點頭，似乎在沉默思索，腦袋晃悠，最後老沉低聲說：「想想真沒有，只能說慚愧。在這大明朝為官，只能說盡力而已，臨走前還要被猜貳刁難，所以認真說來，能讓後世都不遺忘的事情，還真沒有。」

楊溥（棕眼眶）笑說：「還是東里老先生懂歷史啊！不過說完全沒有，也不至於，有一事情或許不會被後世記得，但肯定影響後世巨大，而且是非常地巨大，不輸給任何一個歷史上知名的皇帝。甚至超過秦皇漢武。」

楊士奇（黑眼眶）吃驚地疑問：「我們這種官場糟老頭，在皇帝面前戰戰兢兢，還會有事情能超過秦皇漢武？你老先生說這句話，不矛盾？不害臊嗎？」

楊溥（棕眼眶）微微搖頭瞪大眼睛說：「沒有矛盾更不需要害臊。這一點我堅持。」

「哈哈，你還真堅持！那到底什麼事情，是我們所做，又如你所說，不會被記得，還影響巨大超越古代知名的帝王？」他語氣顯得有些滑稽。

楊溥（棕眼眶）笑說：「先皇去世之前，我們三楊一同建議他繼續太祖的工作，重修長城。遼東鎮的遼河西和遼河套一帶的長城，今年不就動工了嗎？」

楊士奇（黑眼眶）點頭低聲說：「喔…原來是這件事情…但這也是千年老套工程，哪能如你所說這般磅礴偉大？」

楊溥（棕眼眶）於是喝口茶，看了看左右窗戶說：「還好，現在這時間隔牆也不會有耳，我們兩個在官場上，相互暗語也說了多年。也許此次送您東里老先生回鄉，就永遠再也無見面之日，何不就趁今日我們兩人一起，打開天窗說亮話？把內心的大白話通通說出來！」說到這，手指著屋頂。

楊士奇（黑眼眶）醒了神，低聲說：「你等等…」於是起身打開窗看周圍，確實是夜深人靜，於是遣退門口等候的僕人，關緊門窗，拉上屏風回座。

才說：「現在可以說亮話了。」

楊溥（棕眼眶）一直笑著，手指著他說：「真不愧是在大明朝為官啊。」

「我們在大明朝為官，當到這種位階，太祖實錄都不知道看過幾回，太祖的軼事不知道聽過多少次。這俗話也常說，子孫是什麼樣，跟祖宗八代的教養都有關係，即便這兩代皇上都號稱仁厚，皇子都由學士從小教授，但那個祖宗遺傳目前還是沒變，多防著點吧！」楊士奇臉色眼神，顯得跟平常不太一樣。

楊溥（棕眼眶）笑說：「一語中的。不過今天我們姓楊的，不談他姓朱的祖宗德性，談談我們促成的那條萬里長城吧。你認為這長城建好，大明朝真能有我們當初跟先帝說的一樣，啟動大明子孫盛世嗎？」

楊士奇（黑眼眶）面無表情，很低聲地說：「還盛世呢…什麼時候滅亡都不知道囉…上下兩千多年歷史你沒讀過？」

聲音低沉地有點像是試探。

兩人沉默片刻，。楊溥（棕眼眶）才說：「仔細體會一下這長城的歷史，還有長城的本身，建了它才真會外患不斷，國破家亡。可不去建它，就會出現眼前一堆，折磨人的事情。永樂朝時候，就是這樣。說航海吧，你就放手拓展海外邊疆不就得了？可偏偏又猜忌成性，怕有人想在海外稱王，一定要派太監玩這種海上睦鄰，來來回回在同一處海洋上四處灑錢，號稱宣揚國威，百姓窮困到要造反，大臣們領的薪俸竟然都變成了南洋蘇木，數量繁多，賣出去沒人要，又不敢貪汙索賄被老朱剝皮。你說大臣們靠這怎麼活？退朝回家還得苦思怎麼賣木頭，才能揭開鍋吃飯。真是個鬼航海！」

接著低聲又說：「說北征吧！所有原因還不就你永樂，自己為了皇位，承諾割讓大寧所搞出來的糟糕事？沒本事把整個漠北併入疆域，既封了蒙古人當王，又硬要搞什麼夷夏之防，不肯讓朱家跟他們相互通婚，改採用羈絆之法，放任他們在漠北活動，他們當然要找時機就要南下兌現大寧之約，又得徵兵徵餉了。這不折磨人嗎？與其這樣，那就建長城吧，好歹建完了才會滅亡，拖延時日吧。」

楊士奇（黑眼眶）說：「你我熟讀經史，事情都懂，但在這種朝廷氛圍，到最後說的真話都很少。不過我們在宣德皇帝面前，那可是說得聽起來還真有道理，一氣呵成。尤其已經過世的那楊榮，一下漢依秦，一下唐依隋，漢唐盛世是依靠長城。唬得連自己都快要相信，這長城永固啊！」

「哈哈！有一句話叫做自欺欺人，要先把自己先騙過去，連自己聽了都會上當，然後才去讓別人上當，說出來的話自然讓人無法不相信。」

兩人一同哈哈大笑，端起酒杯對飲了一回。

「來來來！喝一杯……」

「來來來！喝一杯……」

「這樣夠了，都年紀大了，沒多少年可活，少喝些。」

「受他朱家老小子的氣焰，壓抑愁苦了這麼多年，總算今天可以暢所欲言，還達成了長城目標，出了一口惡氣，你說這影響力能不輸給秦皇漢武嗎？人生此時不醉，不暢所欲言，更待何時？入了棺材你講話誰聽啊？」

「夠了夠了，哈…」

對飲了幾杯，稍微有醉意，兩人的真話開始說上勁，無顧忌了，甚至開始揶揄，直呼朱家皇帝名字。

楊溥（棕眼眶）已經有些醉意，食指點著桌面說：「當年，這朱元璋開始分階段建那條長城的時候，我還年輕，也疑惑過，這萬里長城豈有可能永遠派一堆人在上面防守？誰被派過去，一定怨氣沖天，毫無戰鬥力可言。最後就是耗盡國力，衰弱了國防。這北方胡人看到有人建造城牆，肯定開始口耳相傳。這老子說的好啊，『法令茲章，盜賊多有』。你動靜這麼大，防範這麼明顯，豎了高牆起來，自然有人會開始想要翻牆進來。愈擋住，這慾望就會愈大，壓制愈久，最後激發出來的胡騎，就會是排山倒海，把你王朝覆滅。」

楊士奇（黑眼眶）也興起，喝酒喝到紅著臉笑說：「是啊！還不止牆外頭呢！假設全國努力跟牆外頭打仗像漢武帝這樣拼命開疆拓土，也就罷了，也許胡騎還真支撐不了消耗。其實牆內部也會出大問題，時不時就會有人去跟他們作邊境貿易，搓弄招搖冊封，給他們補充氣力，甚至當他們的嚮導。當初那成吉思汗能成這麼大氣候，不就是一條金長城，外加鐵器貿易，還猛出牆去冊封他造成的嗎？這城牆一起，相互隔離對立，外頭的聰明人就會想進來，裡頭的聰明人也會想出去。這合在一起，就會生變膩。這才是長城最後的功效啊！」

接著嗤笑說：「呵呵呵，我們那一句漢依秦，唐依隋，因長城強盛之語。他朱家皇帝也不仔細看看歷史，從漢朝打匈奴到唐朝打突厥，哪一場勝仗是依靠長城打的？漢高祖開始之後扣除王莽腰斬漢朝的時期，勉強湊兩段去拚四百年，是送了多少皇家公主出去？多少連哄帶拐？玩了多少次緩兵計？還用武力打通了西域，聲東擊西轉移匈奴注意力？最後耗掉多少力氣才能阻擋？這長城根本沒用啊！你看這漢朝開始衰弱滅亡之後，不止來了一個匈奴，總共五胡一同混進來！最後在三國一統之後抓走晉懷帝與晉閔帝。」

又嗤笑用手點著桌面說：「說唐朝吧，也是用了公主外帶使用兵力，耗盡多少力氣，最後呢？打跑了突厥，來了多少其他異族？終於打到沒力氣了，唐玄宗只好搓磨利用他們，剛開始還搓磨得好好，最後被雜胡安祿山反咬一口！接著什麼回紇、吐蕃、沙陀通通進來，只能繼續搓磨，搓到唐朝滅亡！滅亡後繼續搓磨，搓出個契丹族抓走石重貴，搓出個女真族抓走宋徽宗與宋欽宗，長城也根本沒用啊！」

楊溥（棕眼眶）點點頭詭笑說：「這朱家皇帝從這一代開始，我看是要開始被長城所困囉。我們年紀大了，看不到結局，但這城牆建立之後，我們也大概猜得出來，即便朱元璋如此用盡心機，最後子孫的結局，不會比宋徽宗與宋欽宗好多少。」

兩老人哈哈大笑。笑聲忽高忽低，還帶抑揚頓挫。

楊士奇（黑眼眶）好不容易收拾笑容，硬作沉穩地說：「老朽我既然要離開官場了，也就做個總結吧！我們蕩蕩中華，這麼多朝代。說朝代朝代，為何朝之後用代？代者假也，所有的朝都是假的。所以這大明朝不也是個假代嗎？假代的東西，大家這麼努力維持著，不就是最後要拿來與人做交易，要以假換真替整個華夏的新生命得到實惠嗎？看誰能摸著路，找對買主而已。我們這幾個糟老頭能勝過秦皇漢武就是這個道理！因為他們是被賣的，接洽買賣不歸他們管！」

楊溥（棕眼眶）接口笑說：「對啊，這朱元璋看到孟夫子的『民貴君輕』之說，非常憤怒，把亞聖孟夫子牌位逐出孔廟，還修改孟子，刪除所有民本之文。可到最後，你明朝一代，還是得以假來換真，蕩蕩中華才能長久。真正的主人，不還永遠得是千千萬萬中華子民？你朱家皇帝再囂張，能逆轉這個事實嗎？」

楊士奇（黑眼眶）頻頻點頭，舉杯與楊溥說：「說得真好啊！明朝之亡始於此！活到這麼老難得如此開懷，乾這一杯！。」

兩個老頭子又哈哈一笑。

確實，長城外的聰明人想進來，長城裡頭的聰明人也想出去。就在二楊說得開心時，馬上就有人努力要再次以假易真找買主。不管這氣候成不成熟，總得先有業務去試探。

同時間，紫禁城內，司禮監。

掌印太監王振（綠眼眶），自摘除掉朱元璋立的，不許宦官干政的鐵牌後，在宮庭內便氣焰囂張，無所顧忌，開始放手腳去辦事。

「馬六子，從北方回來，事情談得如何啊？」王振（綠眼眶）坐在司禮監裡頭，陰陽怪氣地這麼問。馬六也是個太監，鞠躬彎腰遞上了一本帳冊，陪著笑臉說：「稟祖宗，小六不負您的重託，蒙古人同意了，把他們最好的良馬與我們交易，這事情明年就可以開辦。」

王振（綠眼眶）陰陽怪氣地發聲微笑說：「如此便好，接下來的交易落到實處，少不了你的好。」

馬六滿面歡喜笑說：「小六謝祖宗賞。」

王振（綠眼眶）忽然板起面孔說：「咦？別謝得那麼早，交易有這麼簡單就完成嗎？還得錦衣衛南鎮撫司的兵工廠協助呢？」

馬六點頭笑說：「小六手持了祖宗您的鈞旨，他們哪敢不辦？三十萬條鋼鐵箭簇，已經開工研磨，都是一等一的上貨，能換上一百匹上好千里馬與一千匹配種母馬，這些數小六一定會緊緊抓好的。」

王振（綠眼眶）頻頻點頭說：「是啊，可別少了數啊。不然你小六子的腦袋我可不保的。」

馬六趕緊跪下做作地苦笑說：「小六不敢啊，小六的位置是您提拔的，怎麼敢上下起手？這些馬一匹都不少，全是祖宗的啊。哪怕中途死了幾匹，小六自己去生，也要生出個整數來。」

王振（綠眼眶）笑說：「好啦好啦。這些馬到最後也不是我的，還是聖上主子的，我也只是辦事替主子做生意而已。當然這筆交易中間能撈的好處，大家都分得到，你好好當差就是了。」

馬六說：「小六謹記祖宗教誨。」

原來王振（綠眼眶）把箭簇武器賣給蒙古人，換良馬回來。原本這種交易，外表看上去不算什麼，馬與箭簇都是軍事要用的，雖然蒙古人打仗要金屬箭頭，但是明軍打仗也得用馬。雙方軍武交易都有好處，王振也只是從中仲介撈油水而已。不過馬匹對明朝而言容易生產，鋼鐵箭簇對蒙古人而言比較珍稀難產，整個交易，等於是替蒙古部隊補補氣。

正統十三年二月初，同樣在司禮監。

皇帝本來是親自批內閣送來的奏摺，現在改為讓王振代勞。

「……蒙古瓦剌，乞增貢使人數為兩千。然遠超瓦剌每年貢使不過五十之限。叩請陛下聖斷。」識字的小太監唸完奏摺。

王振（綠眼眶）拿著紅筆，懶洋洋地呼喚：「拿過來。」

然後只寫：准瓦剌所請。然後放置一邊。

「……蒙古瓦剌，乞以馬羊交易鐵器、馬鞍、蹄鐵，此不符合本朝兵仗管制律令。叩請陛下聖斷。」

王振（綠眼眶）拿著紅筆，懶洋洋地呼喚：「拿過來。」

然後只寫：准瓦刺所請。然後放置一邊。

「…蒙古瓦剌，乞增邊境交易站，不設交易項目所限，違背往例。叩請陛下聖斷。」

王振（綠眼眶）拿著紅筆，懶洋洋地呼喚：「拿過來。」

然後只寫：准瓦刺所請。然後放置一邊。

於是蒙古瓦剌所請，一律照准。

一個小太監跑來說：「祖宗祖宗，主子萬歲爺召喚。請祖宗即刻往西苑涼亭拜見。」

王振（綠眼眶）此時才提起精神，對左右說：「奏摺都發回內閣。」

「走吧，去見主子萬歲爺。」

西苑涼亭。

「奴才叩見主子萬歲爺。」

年輕的皇帝朱祁鎮見到王振來，喜悅地說：「王先生終於來啦。」

王振（綠眼眶）苦笑著說：「奴才伺候主子多年，萬歲爺稱奴才為先生，這實在苦煞奴才了，常有人以此批評奴才，專恃無禮。您還是直呼奴才的名字得了。」

朱祁鎮揮手笑說：「不理他們說什麼，王先生你以前有中過舉人，竟然自願閹割入宮，放棄能與女人交歡之樂，只為伺候朕的生活，地位自然不同於其他奴才。王先生先前說，在這禁城西邊，有個大興隆寺，是金朝金章宗時期所建，已經頹敝了許久，該斥重資重修。朕思慮再三後，招你來問問，花錢招民伕把它修好，有什麼功用？」

王振（綠眼眶）說：「稟主子，有用啊！近年來人們都說，收成不好難過年，種地賺不得多少錢。朝廷既然收商稅鹽稅，國庫充實了不少，何不趁此讓農民們有事情做，讓大家有錢賺，也讓京城多個南北旅遊景站，增旺人氣買賣啊。錢就如同水一般，國庫總是要花銷的，有流出去，才會流進來。正所謂民足，君孰不足？」

朱祁鎮點頭說：「對啊！那些內閣六部，整天只會說節約，結果愈節愈約，一灘死水大家都苦哈哈的。還是先生有見解，就這麼做了！斥重資，調集愈多工人愈好，把這寺廟建得愈莊嚴愈好！」

王振（綠眼眶）微笑地說：「奴才還有重要事情，要稟報主子。」

朱祁鎮說：「就稟吧！」

王振（綠眼眶）說：「蒙古瓦剌要求把貢使增加到兩千人，解禁邊關貿易，奴才權衡輕重，還是代主子批可了。但又怕事情不妥，若主子不同意，奴才就派人把奏摺追回重批。」

朱祁鎮揮手說：「算了算了，這事情就這麼辦，貿易沒有不好的，要是蒙古韃子貿易還不滿足，朕就討伐他們。朕現在想研究一下那大興隆寺，建什麼比較有趣。」

當然，就快要可以討伐了。

此時瓦剌的首領也先，被明朝封為敬順王，北元可汗後代脫脫不花封其為太師，但實權都在也先手上。先前就利用了與明朝貿易成功，獲得大量資源，整合了韃靼等部。向東進攻女真部族，逼降了許多女真部落，形成整個蒙古的聯盟，對於進攻中原，恢復成吉思汗的偉業更有了信心，於是對明朝要求得更多。

正統十四年春天，派了兩千人來貿易，號稱三千人。依照慣例，應該要按宣報人數，先給皇帝賞賜，然後才開始貿易。

禮部。原先對瓦剌部，非常縱容，乃至給他們予取予求的王振，此時忽然大變性，刁鑽了起來。拿著朱祁鎮批的授權，來禮部主導所有事情。

「什麼？通報三千人？不對吧⋯⋯」王振躺在太師椅上，對著來報告的禮部官員這麼說。

禮部給事中說：「他們就是這樣呈報數字的。是否就依照此數給朝廷賞賜？」

王振（綠眼眶）習慣於刁難朝廷官吏，此時把這賣弄權力放在了這次瓦剌進貢上。傲慢地斜躺著看禮部給事中，面無表情冷冷輕聲說：「不准⋯⋯先前批的是最多兩千人⋯⋯這是虛報⋯給我清算他們的實際人頭，以實際人數給，多出兩千人只能以兩千人算…派這麼多人來想交易什麼？武器嗎？」

禮部給事中趕緊記下。

接著問：「瓦刺貢馬共八千匹，經過兵科給事中審核，尚屬優秀馬匹。他們開價五十兩白銀一匹。」

王振有過拿箭簇換馬匹的經驗，知道馬價。苦臉笑著說：「呵，五十兩，太貴了吧？那豈不是為了瓦刺的馬，朝廷要給四十萬兩？這又是虛報…不准…再好的馬，我們多的是，一匹也就值十兩。總價最多就八萬，要不要隨他們……」

禮部給事中趕緊記下。

接著說：「他們要求以所得價格，全數繼續與我們交易，項目是：鍛造鐵器、鎢鋼、馬鞍、馬蹄鐵、火藥、茶葉、絲綢、布匹、青銅原料、紙張、瓷器、木材、各類治病醫藥材。」

把這一連串項目，呈給他看。王振（綠眼眶）打了哈欠，拿來瞄一眼後交回去給他，然後繼續躺著，搖搖頭說：「鎢鋼不准、火藥不准，木材不准，馬蹄鐵不准。其他依照京城庫房，現有的數量三分之一，先拿出去交易。數量不足者，讓商人們接著作。」

禮部給事中趕緊記下。

王振（綠眼眶）懶洋洋躺著笑說：「野蠻人就是貪得無厭，想要買武器之後再來搶我們？不打壓一下，還真當我天朝軟弱可欺。」

進貢使節團大失所望，但跑了一趟總不能沒收穫，只好拿著這次交易物回去。也先等人見了，所得數量不如預期，大怒。

也先大帳。

「這群乎扎既然這樣，我們蒙古人也不必客氣了！」

「南下開打吧！乎扎們不肯乖乖貿易！」

「我蒙古各部聯盟已經形成，乎扎不貿易就直接打過去搶！」

「我們完全有可能恢復成吉思汗的偉業。」

也先按住大家安靜：「各位安靜。」眾將領於是靜默。

也先說：「以目前的形式，確實有理由可以開戰，此戰也是非打不可，不然我們無法維持，整個蒙古各部族之間的團結。東邊的女真族當中，有不少部族又投奔回明朝，與我們蒙古對抗，所以我們必須要有動作了。」

走了幾步，接著說：「恢復成吉思汗的事業，是所有蒙古人都想做的事情，但事實恐怕沒有這麼簡單。你們應該都知道，漢人們又開始重建萬里長城。」

長子搏羅那哈貳說：「這道城牆雖然堅固，但要突破並不困難，先前女真人控制中原的時候，不也拿漢人的這一套來防我們蒙古人？結果成吉思汗，還不是一下就把他們通通打垮？」

也先搖頭說：「萬里長城或許不值一提，但在當初我們蒙古大汗，統治全中國的大元時期，尤其忽必烈在世時，我們蒙古人數雖然沒有漢人這麼多，但當時數量足以控制從極西的欽察，到極南的安南大海。而後大元與西方三汗衰落，人數大大銳減，乃至分裂成諸多部族。尤其大元北還之後，我們蒙古人至少損失六成以上的人，都陷沒在漢地，被明朝朝廷強制通婚後的結果，就是這一半以上的同胞手足，都成了漢人的同胞手足。北還後的各部族，還全部依賴與漢人貿易來存活，被明朝全部一冊封下去，各自都難以團結，倒戈投奔漢人的男女老幼更多了。」

「最氣人的是，我們滅掉的金國、西夏、大理，收降的吐蕃，竟然全部被漢人繼承過去，成了大明的固有領土，那些子民也全成了大明朝的子民。」

接著踱步於整個軍事地圖旁，喃喃說：「我時常在疑惑，大元朝這一輪迴的結果，到底是誰吞併了誰？」

瞪著地圖說：「若沒有想通，到底怎麼樣永遠統治中原，此次大舉南下，就只是在獲得財富，領土等其他的事情，暫時不要多想……不要多想啊……」

眾蒙古將領這時真的都沉默了，許多人內心對他這樣害怕漢人，非常不認同。

於是瓦剌聯合韃靼各部，約二十萬騎兵，兵分四路大舉南下。一路破居庸關，一路破紫荊關，一路破古北口，另外一路長驅直入往北京進發。

果然萬里長城都還沒完全建好，就引來排山倒海的胡騎。邊境明軍一接戰，就潰敗。急報如雪花般飛到皇宮。

朱祁鎮不得不招開廷議。

但這次的廷議，氣氛與先前明朝朝廷遭遇蒙古軍南下的氣氛不同，而與當年北宋遇到金人南下時，竟然一樣。出現了主和與主戰兩派。兩邊都議論紛紛，還好大太監王振清楚感覺到這件事。所以太監專權，實際上挽救了明朝暫時免於重演北宋故事。

朱祁鎮轉面問王振：「你認為呢？」

王振（綠眼眶）笑說：「稟聖上，群臣們主和不對，必須堅持拒絕，不然我大明朝將重演當年北宋靖康年間的故事。主戰則需要修正，方可實施。」

「怎麼修正法？」

「萬里長城還沒修築好，太宗皇帝與宣宗皇帝，面對胡虜南下時，都御駕親征，打得胡虜兵消瓦解，天子守國門乃我朝自太宗以來國策，應當遵行。」

群臣一片驚愕。吏部尚書王直帶頭說：「臣啟陛下，萬萬不可。」

朱祁鎮問：「為何不可？難道你認為太宗、宣宗能打仗，朕就沒能力打仗？」

王直說：「臣不敢。並非陛下不能打仗，而是如今局勢不同於以往。」

朱祁鎮問：「不同之處何在？」

王直說：「首先蒙古各部落已經聯合，不像太宗與宣宗時期是分裂之勢，相互攻擊。太宗與宣宗時期，韃靼入侵則瓦剌依附朝廷，瓦剌入侵則韃靼在後掣肘。而今他們已經聯合，共二十萬之眾，近年來與我朝貿易中，獲得許多鋼鐵、皮革，鎧甲兵器，戰力大增。若陛下親征，恐怕兵凶戰危。不如遣能征善戰之將領，與其先行交戰。」

群臣也紛紛附和，不同意御駕親征。

朱祁鎮又轉問王振。

他說：「群臣這種議論，是只顧自己安危，無論國家社稷。聖上年輕，若立刻放棄天子守國門之國策，以後大明朝就將像宋朝一樣，逐漸衰弱為胡虜所亡。所以萬萬不能依從。」

王直原本對太監來參加議政，就非常不快，如今又獨樹一幟言論，終於忍不住，指著他大聲厲問：「你王公公倒是說說，為何派大將征伐，這會像宋朝一樣？」

王振（綠眼眶）中過舉，可不是完全沒學問的太監，冷冷一笑說：「且不論眼前太宗皇帝定了祖制，這京城三大營主力只能天子統帥。回顧當年宋太祖與宋太宗時，同樣面對北方胡虜擁有統一強大之勢，但仍親率大軍衝殺在前，所以契丹無法小看中國。但到了宋真宗就開始退縮，一個御駕親征也要寇準拼命勸駕，一路膽顫心驚到前線。但畢竟皇帝親征，士氣大振，局勢立刻逆轉，迫使契丹議和。之後傳承到了宋徽宗，宋欽宗與宋高宗，都變成了文弱書生，一聽到金兵鐵蹄南下，就魂飛魄散，只想著要躲，只顧著要逃。最後宋朝不就是在這類軟弱皇帝手中逐漸滅亡的嗎？如今你們要放棄太宗的天子守國門之策，不就是等於要陷我朝皇帝，如宋朝皇帝這般一代不如一代？」

「這……」王直等眾臣，一陣語塞氣沮，面面相覷，根本無法反駁。

朱祁鎮哈哈笑說：「你們常私下議論朕，怎麼會稱一個內官為『先生』？如今如何？他一句話，就把道理說得清清楚楚。」

於是站起來說：「朕意已決，御駕親征！明日將公佈留守與隨軍的名單。」

眾臣工只好一同低頭道：「臣等遵旨。」

於是命皇弟郕王朱祁鈺留守，朱祁鎮率軍約二十萬，對外號稱五十萬出發。同行的還有英國公張輔、兵部尚書鄺埜、戶部尚書王佐及內閣大學士曹鼐、張益等一百多名文武官員，名義上仍然要大臣們來共同決定軍議。但實際上，皇帝朱祁鎮不讓他們參預軍事要務，把調度軍隊的大權都交給王振一人獨斷。

瓦剌軍隊聽說明朝皇帝親征，果然有些顧忌，各路突入的部隊，開始收兵後撤，尋找其他戰機。明軍遂順利出居庸關，準備正面迎戰瓦剌。

然而大軍集結倉促，軍糧都沒準備好，原本北方的守軍又吃敗仗，所以士氣低落。

大同，王振主事處。

明軍大舉集結於此，前鋒部隊已經與瓦剌軍相遇交戰。一個叫作郭敬的太監，破衫襤褸，狂奔跑了進來，苦著臉說：「不好啦！祖宗，前鋒部隊打了敗仗啦！」

王振（綠眼眶）大為吃驚，急問：「什麼？到底怎麼回事？」

郭敬哭著臉叫說：「前鋒騎兵遭遇瓦剌騎兵，沒想到瓦剌騎兵排山倒海，不斷撲過來，奴才監軍的兩萬人馬，一下就被打散啦！吳大敦監軍的那隊兵馬，更是全軍覆沒，奴才逃回的途中才發現他的屍體，差點也就回不來！不知道瓦剌的兵馬，會有這麼多啊！」說罷哭得悽慘。

王振（綠眼眶）大為吃驚，非常恐懼，急著叫：「快去把大臣們找來，我們不能再前進了，得撤到安全的地方去！」

大同軍議室。

張輔說：「這不能撤，大軍已經一字排開，不能因為前方失敗就撤，一但撤退，恐怕主力軍心崩潰！」

鄺埜也說：「聖上呢？這必須聖上作主。」

王振說：「聖上正在休息，不能這麼快驚擾聖駕。我們做出決定之後再稟告聖上。」

鄺埜說：「戰場上進易退難，倘若沒有精銳部隊掩護，那麼快匆匆撤退，大軍可能人心惶惶，一團混亂。到時候被瓦剌軍追上，那就大勢已去。王公你怎麼能這樣隨意決定呢？」

王振（綠眼眶）怒目說：「聖上在這裡！什麼叫作隨意決定？誰叫前線失利，為了保護聖駕，我們得先到安全的地方，然後再戰。就這麼決定了，你們只需要考慮怎麼撤。」

文武官員們一陣議論紛紛。

王振拂袖而去，趕緊去稟告朱祁鎮。

「什麼？瓦剌打贏了？」

王振（綠眼眶）苦臉著說：「主子，我們得先回安全的險關據守，招更多的兵馬前來，以保全萬一。」

朱祁鎮說：「是你比擬太宗皇帝要朕親征的，才打一仗，就一團亂糟糟，急著打道回府，這太難堪了！朕不信有京城三大營主力部隊，也抵不過一群野蠻人？」

王振（綠眼眶）苦著臉說：「瓦剌已經聯合了所有蒙古部落，勢力已經比太宗皇帝時期還要強大得多。太宗皇帝當年五次北征，動員近五十萬人，最多的一次就只碰到蒙古三萬人馬，有時只碰到幾百人。我們號稱有五十萬，實際上也不過二十萬，其他人大多都已經分散在長城各地鎮守，而頭一次就碰到二十多萬瓦剌大軍，還聽說他們繼續源源不絕，集結人馬當中。所以朝廷也得召集更多兵馬才行啊！」

朱祁鎮來回踱步說：「這太丟人了！太丟人了！發現蒙古軍人數超過預計，就急著這樣撤退，朕的臉往哪裡擱置？」

王振（綠眼眶）說：「聖上還年輕，不應當暴虎憑河，尋找有利的契機再戰不遲。敵人的的確確比以往強大得多了。」

朱祁鎮說：「好，那就撤！」

王振（綠眼眶）說：「奴才的家鄉在蔚州，若從紫荊關撤回去，陛下可以看看奴才家鄉的風光。也避免大臣們的議論，就讓奴才萬死，替主子來承擔這個撤退的罪責吧！」

朱祁鎮笑說：「謝謝先生，你的忠心朕內心感知，有風景看也好，就都依你的。」

坐在床上，搖頭說：「真的沒想到，從太宗永樂年到現在才多久？怎麼蒙古人的勢力會一下子壯大到這種程度？這真的沒道理啊！真是不甘心啊！難道天子守國門的策略也無法對付北方的蠻族嗎？還是大明朝已經進入所謂盛極而衰？先生？」說到這看了看王振。

王振（綠眼眶）搖頭說：「這可能就是古人說的氣數！先前幾位先皇，統御天下都太嚴厲了！只有聖上將來勵精圖治做個聖君仁君，才能挽救天給的氣數。」

朱祁鎮搖頭苦臉嘆氣。

於是大軍開拔，從大同往紫荊關撤退。人馬排成一路往回走，秩序還沒有混亂。大同總兵郭登騎著馬追上王振，急問：「王公公我們這是要撤哪裡去？」

王振（綠眼眶）說：「往紫荊關啊！」

郭登說：「走這裡太慢，很容易在行軍中被瓦剌追上，能否直接轉宣府回去？」

王振（綠眼眶）怒目說：「你一個總兵懂什麼？退下去！」郭登不得不退下。

大學士曹鼐（粉藍眼眶）也騎著馬在一旁說：「郭總兵說的沒錯，王公你不能因為你是蔚州人，就想藉機回家。現在可是打仗啊！」

這說中王振心思，讓他有些不爽，但也無法否認，辯稱說：「敵人還遠著呢，讓我家鄉父老鄉親，盡忠王事，幫忙護駕，有何不可？」

曹鼐（粉藍眼眶）說：「打仗不是兒戲！你王公公自己看看，眼前這麼大隊人馬帶回你家鄉，不一下就把你家鄉莊稼踩得亂七八糟？而且萬一瓦剌部隊就追上來，你家鄉不得馬上變成戰場？到時候你鄉里的人才不會以你為榮，反倒恨你入骨啊。」

王振（綠眼眶）一聽有理，喃喃說：「是啊⋯讓我想想⋯而且這得稟告聖上裁決。」

皇帝朱祈鎮首鼠兩端，想要決戰找不到敵人，又害怕無功而返，走了一段路，終於想通。

王振（綠眼眶）對曹鼐說：「好吧！聖上同意你的說法，轉向宣府，依靠城牆守備。」

王振通令全軍，轉道宣府回去。

終於到了宣府。

「報！瓦剌來啦！瓦剌來啦！距離我們後方不到四十里！」探馬急忙衝過來報告。

王振（綠眼眶）嚇得膽顫心驚，急問鄺埜說：「有誰可以派去迎敵啊？」

鄺埜說：「恭順伯吳克忠、都督吳克勤。成國公朱勇、永順伯薛綬。他們都有作戰經驗，可以讓他們派人馬先迎戰，掩護大軍撤退。」

王振（綠眼眶）苦臉說：「那就快去辦啊！掩護大軍撤啊！」

於是吳克忠、吳克勤率步兵與火砲，先從後阻擊。

瓦剌騎兵呼嘯衝來，明軍火砲齊發，但此時的蒙古瓦剌兵，都已經見識過火藥武器，已經不怕火砲，前仆後繼一下就殺到前面，與步兵交戰，明軍大敗。吳克忠與吳克勤被敵騎兵團團圍住，手持兵器死戰到底，最後陣亡。

朱勇與薛綬，率五萬騎兵，走另外一路逆襲來戰。到了鷂兒嶺，忽然兩翼撲天蓋地，飛來箭矢，騎兵隊被射得一團混亂，傷亡一整片。原來瓦剌騎兵埋伏在周圍，弓箭繼續射擊，朱勇與薛綬指揮弓箭隊回射。但仍然被壓縮在中間，不得不奮力突圍。

一團混戰結果，五萬騎兵全軍覆沒，朱勇與薛綬也陣亡，而瓦剌部隊也陣亡兩萬多人。一時間，不敢太過逼近。

大軍終於退到了土木堡。距離懷來城不遠，王振指示大軍就地駐紮佈防。

鄺埜見了大軍沿著小城堡佈防，急忙問王振：「王公公，你怎麼就讓大軍在這裡停了？」

王振（綠眼眶）說：「後面還有一千多輜重武剛車沒來，得在這等等。」

鄺埜苦臉說：「等他們做什麼？可能他們早被瓦剌軍截走啦！這裡不能久留，快退去居庸關，地勢險要，糧草充足，以防萬一。」

王振（綠眼眶）說：「武剛車的聯絡官才來報，說他們沒被截獲，正準備趕往這裡。那裡有大量的火藥砲彈，還有糧草器械，當然要等他們啊！而且這裡地勢高，城牆堅固，可以架砲，不怕瓦剌來打。」

鄺埜說：「這裡地勢雖高，但沒有泉水水源，假設瓦剌軍要困死我們，豈不是束手就擒？」

王振（綠眼眶）說：「南十五里處有河，那裡不就可以取水嗎？」

鄺埜苦臉說：「你到底懂不懂打仗啊？瓦剌要圍困我們，一定會用騎兵切斷這裡與水源之間的道路，到時候十萬人馬全部困在小城裏面！你已經讓我軍吃了好幾次敗仗，可別再讓大軍全軍覆沒啊！」

王振（綠眼眶）怒目說：「鄺大人，你太無禮了！」

鄺埜也怒目相向：「我懶得跟你這個內官爭論，我要見皇上！」

於是兩人在爭吵中，到朱祁鎮面前爭論，當然朱祁鎮偏向王振的意見，主張繼續留守堅固的土木堡。

過沒有一日，瓦剌軍先行追到，果然就先佔據河水處，並用騎兵包圍整個土木堡。明軍不斷用火砲轟擊，但射程當然無法打到十五里外的河水處，只能將逼近的瓦剌騎兵擊退。

瓦剌兵前鋒大舉進攻土木堡城牆，結果明軍火砲齊發，瓦剌兵大敗。一時攻破不了土木堡。

也先騎著馬，看了土木堡前被火砲轟死的一堆瓦剌兵屍體，也心生恐慌，急令全軍後撤，改為圍困。果然明軍開始缺水，陷入飢渴。

搏羅那哈貳說：「我部也傷亡不輕，看來要硬攻不行，就這樣長久困住，渴死他們。」

也先說：「這不成，假設把他們逼急了，可能全軍殺出來佔據河水地，我們也未必擋得住。而且他們的援軍，距離這裡也不遠了。必須要想辦法趕快把他們引出來，一下全部擊潰。」

卯那孩說：「不如撤掉一面，讓他們出來取水？」

也先搖頭說：「不行，這樣他們還會有戒備，不會全部出來取水的。我倒是有一個辦法……」

於是派人來議和。此時王振已經被百官交替責難，感覺到大臣們的怒氣，都把罪責全怪罪在他身上，他有些恐懼，不敢太過專斷，便稟告朱祁鎮決定。朱祁鎮不顧群臣質疑，立馬答應議和，寫了詔書給也先，表達誠意。

也先看到計謀快得逞，便開始撤軍，往河水方向撤走。王振登城一看，敵軍果然撤出河邊遠處，似乎看不到了。便同意將領們的要求，全軍前往河水邊飲水。

但沒有事先整隊前往，士兵們已經渴了很久，一下全衝到河邊去，瘋狂牛飲，人馬失序。忽然遠方一陣呼嘯，瓦剌部隊全軍衝來。

「瓦剌兵回來啦！」明軍士兵趕緊拿起武器，但沒有整隊，一團混亂各自為戰，誰也顧不了誰。

英國公張輔，泰寧侯陳瀛，駙馬都尉井源，平鄉伯陳懷，襄城伯李珍，遂安伯陳塤，修武伯沈榮，都督梁成、王貴，尚書王佐、鄺埜，內閣大學士曹鼐、張益，侍郎丁鉉、王永和，副都御史鄧棨等，皆戰死。誰也顧不得誰。只有大理寺右寺丞蕭維楨、禮部左侍郎楊善、文選郎中李賢等數人，經由貼身護衛保護突圍下，僥倖殺出圍困而逃出。

但是皇帝朱祁鎮卻沒被救出去，一個瓦剌兵隊長發現一年輕人，身穿金黃龍紋鎧甲，坐騎也是金盔保護，知道這人身份特殊，指揮手下大喝：「把那個黃金鎧甲的年輕人抓起來！」

瓦剌兵一擁而上，跟保護朱祁鎮左右的錦衣衛大隊，混戰成一團。刀兵相殺，血濺四處。錦衣衛大隊雖然殺掉不少瓦剌兵，但最終也被殺剩下數十個殘兵，緊貼在朱祁鎮周圍。

朱祁鎮大為驚嚇，環顧周圍，已經圍上源源不絕的瓦剌兵，跟著別人突圍出去已經沒希望，於是下令說：「放下武器！」所剩錦衣衛紛紛丟下武器，朱祁鎮下馬盤膝面南坐。護衛將軍樊忠非常氣憤，在朱祁鎮旁，以所持棰當場捶死王振，喝道：「吾為天下誅此賊！」

朱祁鎮閉眼不忍心看，但這種環境也無法阻止。

樊忠還大喊：「陛下降！我不願降！」手持兵刃突圍殺數十人，瓦剌兵刀兵齊下一陣亂砍，結果樊忠也戰死。之後瓦剌兵一擁而上，把朱祁鎮當場擒獲。

也先大帳。

眾瓦剌兵將紛紛哈哈大笑。「抓到一條大魚了！」「竟然是中國皇帝也！」「這太好了，可以換很多好東西。」

朱祁鎮與身邊的太監聽不懂蒙古話，全都嚇得發抖。而朱祁鎮被專門兩個瓦剌力士，左右押解到也先面前。

也先懂得說漢語，笑說：「看你的穿著，你就是漢人們的皇帝吧？」

朱祁鎮只點頭，一句話都不回答。

【朱祁鎮出現灰眼眶】

又問了幾句話，但朱祁鎮始終不回答。也先大怒，抽出長刀要砍人，身邊太監喜寧（粉藍眼眶）下跪說：「可汗別生氣，我回答，我來回答。」

也先問：「你們現在還剩下多少人？」

喜寧（粉藍眼眶）說：「已經被可汗打沒了，您瞧皇帝不就被你們抓了嗎？這些都是京師附近的部隊，只剩下京師的駐軍不到兩萬人。」

朱祁鎮（灰眼眶）此時才開口罵：「狗奴才，你敢背叛？」

也先大喝：「我可沒有要你張嘴！」走上前賞朱祁鎮，啪啪啪啪啪！好幾個耳光，打到嘴巴都流血，瓦剌兵將紛紛一陣歡呼。喜寧等週邊幾個太監竟然都冷眼旁觀，一點悲傷或氣憤的反應都沒有。平常這些太監也被你皇帝派人掌嘴，現在輪到你皇帝被掌嘴，自然也沒人在乎了。

也先能打中國皇帝耳光，頗為自豪，瓦剌兵非常欽佩，一陣歡呼，有助於他在部族裡的聲望。

【也先出現了橙眼眶】

也先（橙眼眶）告訴喜寧：「你繼續說！把北京的虛實通通報來，本太師會給你一個官位，重重賞你黃金。」

喜寧（粉藍眼眶）大為欣喜笑說：「謝可汗，北京目前的狀況是這樣的，之前動員五十萬大軍北上，將京師主力都調派了出來，只留下四個比較弱的衛所兵，進駐京師護衛。其所屬兵將不過兩萬人，只要可汗集中兵馬，全力往北京打過去，那北京城裏面的所有東西都是可汗的了。」

也先（橙眼眶）露出一絲詭異地微笑問：「除了金銀財寶各種東西，皇帝的女人有多少？」

喜寧（粉藍眼眶）笑說：「很多啊！他的皇后貴妃都是精挑細選，很美麗漂亮，有十幾個人呢。至於公主、郡主、王公貴婦、宮女與女官加起來，大概快兩千人。之後都可以伺候可汗。」

也先哈哈大笑，所有瓦剌兵將一陣歡呼。朱祁鎮臉被打腫，在旁聽到太監說這種話，要把自己親族女子與后妃宮女，送給野蠻人糟蹋，心如絞痛，哭了出來。

也先（橙眼眶）於是命人架住朱祁鎮，露出淫笑，直接用漢語說：「把你的皇后、公主、妃子還有所有宮女，以及金銀財寶都送給我們，把你的國家也送出來一半，就可以饒你一命，在我們帳下當一個奴才。」

朱祁鎮（灰眼眶）從沒受過如此羞辱，當場痛哭流涕。也先與瓦剌兵將繼續哈哈大笑。於是裹脅著朱祁鎮，繼續出兵向北京進發，真的要來搶他的江山與女人。

消息傳回北京，舉朝震動。皇太后孫氏命令郕王朱祁鈺，招開廷議。

「怎麼辦啊？」「瓦剌兵快來了。」「皇上被抓了，京師空虛啊。」「快招各地兵馬勤王啊。」「來不及了，還是放棄中原南遷南京吧。」

朱祁鈺開口道：「諸卿不要你一言我一語，一個一個慢慢說！」

翰林侍講徐珵（粉紅眼眶），精通天文、地理、兵法、水利、陰陽、方術之書，先前上奏過，大明承平許久，將隱藏禍端，提出過方略但皇帝不採納。後來以星象判斷有禍端將近，果然發生土木堡事變。

於是站出來先說：「臣夜觀星象，熒星入南斗，以致出現禍端。今日應驗，天命已去，只有南遷才能避禍。南遷南京，守太祖根基，再圖復興。」

與多膽怯之臣，紛紛贊同這項提議。朱祁鈺頗為疑惑。

兵部侍郎于謙（黃眼眶），聽後高聲厲喝道：「建議南遷者，可以論斬。京師為天下根本，一動則大勢已去，難道不知道宋室南渡的歷史麼?從晉朝到宋朝，但凡皇帝被胡人所擒，因之南遷的王朝有哪一個最後回得來?」

總算有人看出門道，但即便扭轉這個小規律，仍然不影響長城的大局！

吏部尚書王直說：「臣複議！一但南遷則示弱，蒙古兵將繼續趁勝追擊。當年金國面對蒙古人，也是棄守中都，以至於最後困在河南等著被消滅。躲過今日就躲不過明天，只有全力堅守到底。」

徐珵（粉紅眼眶）語塞。

朱祁鈺說：「說的沒錯，一但動搖，則蒙古再入中原將成為事實。而蒙古人野蠻氣息並未因為元朝九十年而有所改變，為天下蒼生計，今日當堅守北京，號召四方勤王。」

王直奏：「蒙古瓦剌兵扣留御駕，必以御駕為人質要脅，謀奪北京城。臣以為當如春秋時期，宋襄公被楚人抓走，宋國為保社稷而另立新君為例，保疆土不失，不受北虜要脅。待他們發現以御駕為質無用，方能洽談釋放御駕回京之事。如此既保社稷，也保御駕。」

朱祁鈺說：「這，這怎麼行呢？」

于謙（黃眼眶）也帶領群臣說：「道理已明，臣等請王爺登基繼位。」

朱祁鈺說：「這得太后同意才可以，爾等得請示太后啊。」

於是群臣上奏皇太后孫氏，她終於同意。朱祁鈺即位為皇帝，遙尊英宗為太上皇，百官趁勝追擊，哭諫嚴懲王振餘黨，馬順為王振遮護，喝逐群臣，給事中王竑怒不可遏，殺馬順、毛貴和王長隨等洩忿，籍沒王振家產，王振的侄子王山平時做威做福，最為百姓厭惡，於是被凌遲死。于謙升任兵部尚書，積極備戰；隨後兩京、河南、山東等地的勤王部隊也陸續趕到。于謙嚴整軍紀，並選撥新進將領操練軍兵，分守九城，並命令邊防部隊加緊修固沿邊大小關隘。

其實王振可謂無辜，他的決斷其實沒有錯誤，依照先前的歷史經驗，這麼做都沒錯。但在萬里長城搓爐，讓蒙古力量凝聚之後，正確的也會變成錯誤的。

瓦剌軍分三路大舉進攻京師。東路軍二萬人從古北口方向進攻密雲；中路軍五萬人，從宣府方向進攻居庸關；西路軍十萬人由也先自將，進攻紫荊關。初九日，瓦剌軍陷紫荊關，右副都御史孫祥率軍迎戰，最後戰死，京師戒嚴。

于謙率軍在北門堅守等候。

過幾天，瓦剌各路兵馬直逼北京城下；被俘的太上皇朱祁鎮這時被帶到德勝門外土關。由一大群瓦剌兵，架在一個木製攻城車高樓上。一眼望北而去瓦剌兵排山倒海，看不到邊際。

「漢兒們聽著！你們的皇帝在這裡！拆掉城牆上的火砲！打開城門讓我們進去！」也先派懂漢語的人，不斷在攻城車上頭用傳聲筒這麼喊著。瓦剌兵一陣呼喊大笑。

只見朱祁鎮繼續穿著金皇龍紋鎧甲，但披頭散髮，淚流滿面，神情狼狽地站在上頭。正當城上軍士們，見到皇帝如此狼狽，因而恐懼騷動時。

于謙（黃眼眶）派人用傳聲筒大喊：「我們已經有新皇帝了！這太上皇就送給你們，拿去養吧！我們不可能因為他開門的！」

城牆上軍士們於是也一陣呼喊大笑，壓制瓦剌兵的呼叫聲，朱祁鎮聽了反而苦臉痛哭。他此時才徹底明白，原來臨危時，大家是可以把皇帝當垃圾丟掉的。

也先（橙眼眶）聽了大怒，派人上去用好幾把鋼刀，架在朱祁鎮脖子上，繼續用傳聲筒大喊：「別以為我們不敢動手！快開城門，否則就把你們皇帝，當場剁成肉泥！」

瓦剌兵再次一陣呼嘯大喊。

城牆上傳聲筒回：「要剁就快點剁，城門是不可能開的，記得剁完把肉塊分我們一杯羹。」

明軍士兵也一陣呼嘯大喊，壓制瓦剌軍，瓦剌軍士發現人質無用，面面相覷。

朱祁鎮（灰眼眶）則淚流滿面，低聲哭說：「你們這樣，朕命休矣。」

也先的弟弟孛羅問：「兄長，就宰了這個皇帝吧！人頭丟上城牆去！不然忽札們不知道我們是玩真的！」

也先（橙眼眶）搖頭說：「沒有必要。他們都把話說到這個份上，已經拿皇帝威脅不了守軍。倘若殺掉只會引起守軍憤怒，這樣攻城，就非常困難了。」

接著對部將們說：「把他們的皇帝帶到後面去，準備攻城器具，明日夾帶著他們的皇帝當人肉盾牌，一起攻城！這樣他們會有所顧忌，不敢隨意發射大砲與火藥兵器，我們就很快可以打下北京。」於是瓦剌軍暫時後退扎營，準備攻城器具。

此時明朝外省援軍已經趕到，于謙派人打聽到，瓦剌將夾帶朱祁鎮一起攻城的消息，便不等瓦剌軍列陣攻城，立刻大開北京城門全軍出擊。

在火砲的掩護下，明軍分批衝殺，就在瓦剌軍營地之前，一片刀兵相斫，有「鐵元帥」之稱的也先胞弟孛羅與卯那孩，全都中炮陣亡。于謙反覆衝殺五次，也先部隊節節敗退，在不得已情況下，下令帶著朱祁鎮往後撤軍。居庸關方面，因天大寒，明守將羅通汲水灌城，令牆壁結冰，經七天戰鬥，瓦剌軍的攻勢均被擊退。因進攻不利，部隊厭戰心理高漲，又聞明朝援軍不斷趕到，也先恐怕退路被截，傷亡將會更大，乃在十月十五日夜裡下令北退。于謙命明軍乘勝追擊，再一次大破瓦剌軍，附近百姓也紛紛組織起來，襲擊瓦剌軍殘部，奪回了瓦剌所擄的許多百姓和財物。至十一月初八日，瓦剌軍完全退出塞外，京師之圍遂解。

一個貪財搓鳥，連整個戰略都不提出來，不成氣候，蒙古已經跟先前的契丹一樣，不值受用！長城還沒建好，加速建，一定搓得出，夠實力的受用者。

此時已經第二年開春，明朝改年號為景泰。

這景泰年號一開始，朝廷要處理的問題就是被抓的前任皇帝朱祁鎮。

為了解決問題，大臣們張列了古代類似君主被人抓走的尷尬案例，從最早春秋戰國時期的宋襄公與齊湣王、到晉朝的晉懷帝與晉愍帝。一直分析到宋朝的宋徽宗與宋欽宗。

同時間兩邊不斷互派使節。也先已經知道，拿皇帝當人質，要開北京城門，奪取明朝京師是不可能了。於是威脅開戰，開口要求：割讓遼東與長城以南幾塊土地交換皇帝朱祁鎮，明朝也派出使節到也先大本營回復。

也先（橙眼眶）微笑說：「你們答覆如何？你們的皇帝被本太師所抓，還是答應本太師要求了對吧？大明朝土地那麼大，換一個皇帝回去划算的。」

使者（粉藍眼眶）堅定地說：「經過群臣商議，我方的答覆是，華夏的一寸土地都不讓！」

也先（橙眼眶）瞪大眼喝：「你說什麼？你們的皇帝命在本太師手裡喔！」

使者（粉藍眼眶）說：「土地乃國家根本，誰被抓都一樣不可改變。所以可汗還是想想其他條件吧！這個條件不用再提了！而且若要談其他條件，請讓我們見陛下。」

【也先轉變成棕眼眶】

也先（棕眼眶）氣沮，朱祁鎮全身被綁上鎖鏈，並押到大廳，使者跪訴原由。

朱祁鎮（灰眼眶）嘆說：「你們做得好！朕不當晉懷帝與晉愍帝，也不當宋徽宗與宋欽宗，土地乃國家根本，朕願意以自身之崩，換朝廷社稷與百姓之安，換大明江山穩固。」

使者（粉藍眼眶）哭著跪訴說：「陛下聖明！臣替全國百姓叩謝陛下！」

也先（棕眼眶）指著他們說：「好！算你們厲害，但也讓你們見識一下，我也先更厲害！」

大喝：「給我用帶釘夾棍！夾這個忽札皇帝！」使者（粉藍眼眶）哭著大喊：「可汗開恩！可汗開恩啊！」

朱祁鎮手指腳趾被夾得鮮血淋漓，咿啊，哀號慘叫。

使者（粉藍眼眶）拚命磕頭激動地大喊：「大汗開恩！大汗開恩啊！饒了吾皇吧！」

也先（棕眼眶）命令停手，然後狠狠一笑說：「本太師開恩，就把這個帶血的夾棍，給你帶回去給群臣看！假設再不答應本太師的條件，就讓你們的皇帝生不如死！」

於是也先命人把朱祁鎮押回去關，重新派使節跟著明朝的使者回到北京，在朝堂上也先使者威脅開戰，還提出明朝應當仿宋朝對北方的作法：以每年三百萬兩歲幣、開通長城貿易關口、國書平等交換，不得視蒙古為夷狄，當和談條件，另外還加上附屬條件：一百名上等美女、三萬兩黃金。就可以釋放朱祁鎮。

明朝再次派使節到也先大本營回復。

也先直接把朱祁鎮用鎖鏈押上大廳，朱祁鎮已經被整到面容憔悴，意思是讓使節在皇帝面前別隨意信口，否則談判破裂，後果難料。

也先（橙眼眶）微笑說：「你們的皇帝就在場！你們答覆如何？你們的皇帝被本太師所抓，還是答應要求了對吧？看上去很苛刻，但這對你們大明朝算小意思。」

使者（粉藍眼眶）嚴肅地說：「我方的答覆是，歲幣、貿易關口、國書平等，都是國家根本政策，這些不能因為任何人改變，更不因此讓天下百姓受害。至於其他條件，本人沒有得到朝廷飭令允諾，前面問題不解決，這也不能提。必須要先去掉前面歲幣、貿易關口、國書平等，後面條件回去通報之後才可以答覆。」

也先（棕眼眶）大喝說：「本太師沒有聽錯吧？」手指著被鎖鏈捆著的朱祁鎮說：「本太師可以隨時讓他人頭落地喔！」

朱祁鎮當場苦臉呻吟。

使者（粉藍眼眶）大哭，對朱祁鎮下跪磕頭哭訴：「陛下，我大明朝乃太祖皇帝開創，國本不可因此動搖，請陛下原諒臣等啊~請陛下原諒臣等啊！」

朱祁鎮（灰眼眶）說：「朕理解，祖宗法度不可變，回去告訴他們，做得好！朕心甚慰！」

【也先轉變成紅眼眶】

也先（紅眼眶）拍桌大喝說：「住口！你們這些忽扎，以為本太師不敢對他怎樣，想跟本太師玩是吧？好！本太師奉陪到底！」

大喝說：「哈古離！用帶刺皮鞭給我打！把忽札皇帝打爛！」

在旁的衛士哈古離：「遵令！」於是拿皮鞭猛抽朱祁鎮。唔哇！唔哇！唔哇！朱祁鎮痛得在地上打滾，甚至因此抽筋。

「可汗不可啊！大汗開恩啊！」使者（粉藍眼眶）痛哭不斷磕頭。

朱祁鎮被抽了二十多下皮開肉綻，鮮血直流。也先才命令停止。

也先（紅眼眶）對使者大喝說：「把他的血衣剝下，還有這個皮鞭也給他，帶回去給你們朝廷群臣看！立刻答應本太師條件，否則下次就剁掉你們忽札皇帝的一隻手回去！我們看誰狠！」

於是也先命人把朱祁鎮渾身血衣取下，重新派使節跟著明朝使者回到北京。但是在達到目的之前怕朱祁鎮因此死了，命人派大夫治療朱祁鎮渾身傷口，同時也同意，讓同樣被俘虜的錦衣衛指揮使與他作伴，適當時間，也可以在草原上放風，但都有騎兵在旁邊監視防止他門逃跑。

也先使者到北京後，威脅開戰。提出：挑選三百名上等美女、黃金十萬兩，交換朱祁鎮。

明朝再次派那位使節來此。

也先（紅眼眶）冷笑說：「你們答覆如何？本太師開恩，不動你們大明朝的根基。拿美女錢財換回一個皇帝，太值了！」

使者（粉藍眼眶）沉穩又帶嚴肅地說：「經過群臣商議，我方的答覆是。女子象徵國家尊嚴，女子更是人民繁衍的根本，朝廷社稷不能拿這種事情開玩笑！如果這個玩笑開下去，天下子民會怎麼看我們？即便宋朝當年戰敗江山喪失，都不敢拿這種事情開玩笑，大明朝豈能這麼做？所以這個條件必須拒絕！」

也先（紅眼眶）喝叱：「本太師像是在開玩笑嗎？你們的皇帝就在場聽著呢！」

使者（粉藍眼眶）對著旁邊囚籠中的朱祁鎮，下跪磕頭，嘶啞哭訴：「陛下萬歲萬萬歲！臣等有罪啊！事關天下黎民繁衍根本，華夏社稷顏面，朝廷臣工們，不得不痛下最大決斷！」

朱祁鎮（灰眼眶）似乎看出端倪，瞇著眼睛心思：還萬歲呢……朕連三百美女都不如……

但口上說：「朕知道你們的苦衷，朕平常沒有做出有利於天下黎民的事情，的確不值得清清白白的三百女子，為了朕的性命，去喪失人生失去貞操……這確實是不值得。別說三百美女，一個女子的貞操都不可以讓！朕理解你們！」

也先（紅眼眶）氣得蹦蹦跳，大喝：「你們這些忽扎還真有勁！但本太師早就準備好了！來人！拿煮熟的尿水來！往這忽札皇帝身上潑！」

使者（粉藍眼眶）哭著磕頭大喊：「大汗開恩啊！讓臣替陛下承受這一切吧！」說罷哭著擋在全身鎖鏈的朱祁鎮面前。

【也先變成了綠眼眶】

也先（綠眼眶）大喝：「押下他！」也先左右押住使節。使者痛狂哭涕被押到一旁，滾燙尿水潑往朱祁鎮，咿呀！一聲慘叫，朱祁鎮燙得在地上打滾哀號。

也先（綠眼眶）發狂地說：「把他這尿衣剝下，還有被燙得渾身悲慘的樣子，讓畫師畫下來，一併給這個使者帶回去！讓他們的群臣看看，再挑戰本太師耐性的下場！看誰能玩！」

接著指著使者說：「立刻回去告訴你們的滿朝君臣，重新談出一個條件！本太師就請最好的醫生，治療他！假設讓我喪失耐性，下一次就讓你們忽札的皇帝，在你們的面前血肉橫飛！剁成屍塊回北京！立刻滾回去！」

使者立刻返身狂奔回北京。

也先同時趕緊命人醫療朱祁鎮的燙傷，好在朱祁鎮衣服穿得比較厚，沒有多大傷害，整個清洗之後，再讓他多吃多睡，可以放風洗澡。接著重新派使節到北京，威脅開戰，提出：只拿一萬兩黃金，三萬兩白銀，交換朱祁鎮。

那位使者再次從北京來此。

見到北京的使節來，也先（綠眼眶）冷冷地說：「好啦好啦！本太師知道你們肯定是來商議交換地點的，可以依你們所請，指定一個你們大明朝廷控制得住的地點，那些金銀成分稍差本太師也不會過於追究，這樣可以吧？」

使者（粉藍眼眶）低聲說：「太師可汗誤會了，我方的意思是，才經過戰爭，臣民傷亡巨大需要撫卹，各省都回報有一些民變在醞釀，朝廷到了最危險的時刻，倘若對其他地方臨時抽稅又會引起民變。這些錢朝廷實在是拿不出來，還請……」

也先已經氣到無力，抽出佩刀，走向一旁鎖鏈綁住的朱祁鎮，朱祁鎮以為自己沒命，當場癱軟在地，目瞪口呆。但是也先與朱祁鎮都同時面容槁木死灰。

使者（粉藍眼眶）哭著磕頭嘶啞大喊：「太師可汗開恩，太師可汗開恩啊，讓我等迎回皇帝陛下吧！開恩啊！朝廷有告訴我可以答應的條件，那就是我等全體大明臣民，願意約好日期，一同向北下跪叩首，拜謝大汗釋放我們的皇帝！刻石立碑，永世銘記大汗對我大明朝的恩典啊！願意同時一同下跪叩首！願意一同叩首啊！」

【也先變成了灰眼眶】

也先（灰眼眶）面無表情，四肢癱軟，手拿佩刀也無精打采，走到朱祁鎮身旁說：「誒……嗚……」仰天嘆息：「本太師沒力氣了……你們自己說吧，你們的皇帝到底值多少錢？」

使者（粉藍眼眶）痛哭流涕，嘶啞著咽喉說：「我等億萬大明朝臣民，願意一起對太師下跪叩首，甚至全體臣民也願意一起犧牲生命，只求皇帝陛下鑾駕歸京，萬歲萬歲萬歲萬萬歲啊……」說罷不斷磕頭。

也先（灰眼眶）再次長嘆一口氣，刀落在地，砙啷一聲，有氣無力，坐在朱祁鎮旁，跟面容槁木死灰的朱祁鎮（灰眼眶）並靠著肩攤坐在地。兩人像是一同走入絕境。

也先（灰眼眶）對著全身鎖鏈的朱祁鎮，用流利的漢語說：「朱祁鎮，你知道嗎？我年幼的時候進過北京一趟，當時看到皇帝的一切，就以為在當初大元朝的時候，你們忽札們是真心對我們的大元皇帝磕頭下跪。離開北京的時候，看到城門外街邊乞丐向我乞討，當時年幼無知，把身上僅有的一兩白銀丟給他，他竟然就對我磕頭了。當時我認為你們忽札一個人，就值一兩白銀，而皇帝則價值則是可以換一切的東西。現在看來，我錯了！一切都錯了！就算一刀一刀把你肉割下來，他們也只會這樣的。你先前到底是做了什麼壞事？讓他們這樣對你？」

朱祁鎮面無表情。使者繼續哭泣叩首。

也先又轉面看到頻頻叩首的使者，露出無奈表情，指著使者，對朱祁鎮苦笑。

但使者仍然在繼續磕頭哭訴。

使者（粉藍眼眶）哭著對朱祁鎮磕頭哀號說：「吾皇萬歲，全體臣民都願意一起犧牲自己生命換回吾皇鑾駕歸京啊。萬歲萬歲萬萬歲。」

也先（灰眼眶）轉又對朱祁鎮苦笑說：「喂！吾皇萬歲，你的臣民們每個都是戲精，一但唱起來怎麼假的爛戲，都當成真的在演，自己都不知道自己在演戲！甚至都變成了沒人想看的爛戲了！還是可以犧牲生命搏命演出！讓本太師這種，暗處偷瞄的人，不信都不行。但不管怎麼像真的，可這始終還是戲！」

朱祁鎮面無表情同樣看著，不斷喊萬歲，不停磕頭哭訴的使者。

也先（灰眼眶）搖頭嘆氣，緩慢地說：「本太師沒詞了，這戲我是演不下去，我們都別浪費時間吧。你自己去跟你的……你的……你的所謂臣民們，談一談吧，到底你的朝廷群臣們，願意花多少錢把你贖回去？一萬兩？五千兩？五百兩？還是五十兩？又或者是原來中國的行情是，十兩紋銀一個皇帝？總該回給我個價！」

接著認真地說：「養著你本太師還要繼續花錢。等他走了，我還得放你去大一點的囚籠，多派一些大夫照料你的身體，顧著你的飲食起居。哪怕本太師下了決心，絕不殺你，這塞外天寒地凍，讓你不小心生了病，就在我這駕崩啦！你的臣民們又要開始發癲，記下一筆，說你是我殺的，跑來跟我哭鬧開槓，這整筆擄人勒贖的生意！成本回收不了！本太師不划算啊！」

朱祁鎮（灰眼眶）也槁木死灰看著磕頭的使者微微點頭。

也先（灰眼眶）站起來撿起配刀收鞘，率領衛士退出帳外。

朱祁鎮（灰眼眶）對使者說：「好了好了，別哭了。我也不自稱朕了，你快回去問問郕王。不！是問問今上皇帝，到底願意跟也先談多少錢？請盡快，就如也先剛才說的，在這裡天寒地凍，蒙古人又都不喜歡洗澡，上次的滾邊尿水沖淨之後，就再也沒洗了……快去談吧……也先演不下去……朕…不不，我也快演不下去了……大家都要下台階啊……」

說罷就哭了出來。

使者趕緊飛奔回北京。也先也派使者到北京，提出：只要願意和談不打仗，就可以釋放朱祁鎮，但為了也先在蒙古各部面前的顏面，肯出多少錢，明朝朝廷自己決定。

使者再次來此。

也先、也先手下大將、北京來的使者、全身鎖鏈的朱祁鎮，大家見了面都面有愁容，一言不發。都輪流嘆氣沉默許久。把朱祁鎮也拉近議事桌，大家一起商議，到底該怎麼辦？

使者（粉藍眼眶）首先打破沉默，用很成熟的語氣低聲說：「來此叨擾也很多次了，廢話我就不多說了，直接切入主題好了，他們到底肯出多少錢？結果郕王與朝廷群臣們都說，官兵們都欠著餉銀，沒有撫卹，三天兩頭要鬧譁變。飢民都在乞討，大明江山到了最危險的時刻。但朝廷決議也終於下了，已經派宗親乘八百里快馬到南京，告祭祖廟，中間一哭二鬧的事情我也不提了，總之就是請示了太祖皇帝神靈，而太祖神靈卜文下來了，旨意是：『天子聖尊德懷萬邦』。」

於是拿出一張紙，書寫『天子聖尊德懷萬邦』的卜文擺在議事桌上。

也先（灰眼眶）沉默片刻，指著桌上的紙張，瞪眼看朱祁鎮問：「本太師雖然懂漢字，也很認真地在看。但你的乞丐老祖宗寫的這個，你懂這什麼意思嗎？」

朱祁鎮（灰眼眶）苦臉流淚說：「我也看不懂。」

也先（灰眼眶）鬥雞眼苦瓜臉，側面看著自己的手下，低沉語氣，怪腔怪調地說：「原來~忽札~的皇帝~一文錢都不值也！」

說罷，一直歪臉，不再發一語，帶著部眾離開大帳。

朱祁鎮（灰眼眶）被關在牢籠中，已經忍不住，當場以婦人的方式，崩潰流涕，哭哭啼啼地說。

「我早已知道郕王已經繼皇帝位，你們就效忠他吧。嗚嗚…也先太師早已經說了，只要朝廷能意思一下付贖金，就願意放我回去，嗚嗚…可等了這麼久，爾等竟然只來來回回逢場作戲，嗚嗚…只求朝廷能同意付贖金讓我回去，大家都有台階可以下，對皇帝位不再有念想……聽我現在都不敢再自稱朕了……土地是國家根本，女子貞操國家尊嚴，即便皇帝去死！也不能讓給外敵！這我都理解，但你們最後竟然是，一個銅板都不願意出……這太過絕情了……嗚嗚…太絕情了……」說罷痛哭。

使者（粉藍眼眶）說：「陛下勿憂，鴻臚卿楊善，他正排眾議，正在苦勸郕王籌備贖金，很快就會有消息了，就快有消息了。」

朱祁鎮（灰眼眶）雙手上下擺動，激動地哭鬧說：「你不要再欺騙我啦！先前也先太師說，一個乞丐也有一兩銀贖身。就當我沒當過皇帝，只是個宗親，不不不，嗚嗚…嗚嗚…就只是替朝廷打仗被俘的，哀求朝廷一點關愛的普通百姓，朝廷拿出一些錢也可以換條命。當年唐朝也曾經派使節賞賜，去交換贖回隋朝東征被高句麗俘虜的中原士兵，難道仿這個案例也不行嗎？難道像古代這些士兵也不行嗎？嗚嗚…嗚嗚…如果真把我當成一個乞丐…死在野外無人收…這煌煌史冊後世之人看了……大家都怎麼下台啊……整個大明朝將來在歷史上又怎麼下台啊？怎麼下台啊？」

淚流滿面，嗚咽地，一手擦拭眼淚，手指著使者說：「你們太絕情……太絕情了……」

說得非常有道理，這樣鬧下去，怎麼下台？以後皇帝的戲怎麼演下去？

使者（粉藍眼眶）說：「陛下所言在理！臣立刻回去稟告！」

結果使者回了北京。

朱祁鈺冷冷說：「朕知道太上皇在受苦。但國家殘破，軍士經過此戰，傷亡還需要金錢撫恤，太上皇回京之事，事關重大，朕不能草率，不然會落了瓦剌的詭計，天下安危優先，出錢贖太上皇的事情不急，當容後再議。」

鴻臚卿楊善已經勸了他很多次，內心頗為不快。啟奏說：「即使有諸多困難，無法贖回太上皇，也當多派人去探望，忠於故主是為人臣當有本份。陛下，臣願出使瓦剌，再去看望太上皇。」

朱祁鈺也面露不快，但也無法拒絕，勉強同意他出使，但不給任何詔令，甚至連出使的車馬費，都不給。

楊善趕緊變賣家產為金銀，帶著自己的家人當作隨從，拿著出使的關防文書，宣稱帶著朝廷贖金來贖皇帝，到了瓦剌求見也先。

也先見到台階，非常開心，但看到就這幾百兩金銀還有幾匹絲綢，摸著苦笑。

也先（灰眼眶）苦笑說：「活捉大明朝皇帝，終於換到東西了。金錢的事情就算了，和平盟約該怎麼辦？」

楊善先（綠眼眶）問道：「太上皇當朝時候，太師您遣貢使必三千人，歲必再賚，金幣載途，乃背盟見攻，這是為何？」

也先（灰眼眶）答道：「因為你們削減我馬價，給予的絲帛多剪裂，此前派遣的人都不回來，又減少歲賜。漢人們還真小器。」

楊善（綠眼眶）稱：「並沒有削減。太師您的馬年齡增加，價格已經貶值，但我們不忍拒絕，只好稍微降低收價。而絲帛剪裂的事情，是通事所為，我們發現事情後，他們都被斬首正法。這就跟太師貢馬有劣弱，肯定是下面人操作一樣，怎麼會是您的意思呢？況且使者每次來朝多至三四千人，其中又一些做強盜或者違法事情，難免因此得罪，所以都自己逃亡了不歸，並非我們扣留。而貢使受宴賜的，上面報的人數都有虛數，朝廷核實後均給予，減去的只是虛數，如果有人在，那肯定不會減去。」

也先苦笑（灰眼眶）說：「是是是，一切改進，一切改進。」

楊善再稱：「太師您攻打我們，屠殺數十萬人，太師您的部下也死傷不少，據我所知，蒙古軍陣亡也有十萬之眾以上。上天好生，太師好殺，所以現在數有雷警。現在請歸還我們太上皇，和好如故，中國金幣已經送到，您有台階下，兩國俱樂，不亦美乎？」

也先（灰眼眶）笑說：「是的是的，但你們的敕書上為何沒有奉迎太上皇的詞？之前使者往返這麼多次煎熬，搞來搞去我已經懷疑，他到底是不是你們的皇帝？」

楊善（綠眼眶）轉口稱：「您不是說要台階嗎？這是為了成全您的美名，讓您自己去做啊。如果我們寫朝廷敕書，那會被視為太師您迫於中國朝命，非太師誠心。這樣大家都有台階下。」

此時，也先部下平章昂克，已經忍耐不住，問楊善（綠眼眶）：「為何不用重寶，來購換你們太上皇？這點金銀未免太過寒酸！我聽說你們朝廷其實一文錢也不出，這些還是你個人變賣全家財產拿來換得，對嗎？」

楊善笑而不答。

楊善（綠眼眶）對也先說：「如果拿來過於貴重的物品交換，人們都說太師您太圖利了。這次故意只帶少數金銀當見面之禮，是想證明太師您仁義，將會垂史冊，頌揚萬世。」

也先聽後苦笑說：「好啦好啦！你們先前的使節，說這個比你還動聽！我只很好奇想問，他到底是不是你們忽札的皇帝，回去還能不能當皇帝啊？」

楊善（綠眼眶）說：「這就不是我能回答，但兄弟傳位在古代也是有的。和平開市的提議我朝廷有正在考慮，相信很快也給太師您有正面回覆。」

也先（灰眼眶）笑說：「好吧，一切回復舊狀。和平開市，你快帶走他，回去議論議論雙方該怎麼樣和平相處。」

如此，楊善最後在沒有聖旨的情況下迎回了朱祁鎮。大家都有台階可以下了。朱祁鎮大望過喜，搭著楊善的驢車，返回北京。途中下『罪己詔』。

也先放了人，也放棄夾帶朱祁鎮再次整軍南下的策略，就犯了大錯誤。很快蒙古各部落知道了情況，認為這場戰爭根本划不來，賺的錢補不回傷亡損失，也沒獲得領土，於是紛紛拒絕再聽也先號令，改聽從總汗脫脫不花的命令。

也先大怒，率軍打敗總汗脫脫不花後，僭稱大元田盛大可汗，建年號添元。但部將非常忿怒，傷亡慘重沒有收穫，還敢玩這一套！根本沒有再入中原的契機，認為也先只是在玩內部消費。於是叛變，暗殺了也先。整個瓦剌部開始分裂……

終於知道先前使者，明明知道也先只是個太師，但一直裝傻，在他面前，稱呼可汗叫大汗的意思為何……

而朱祁鎮回到北京後，朱祁鈺內心非常不快，兩皇在位局面很尷尬。剛開始在皇太后主導下，還能兩皇一同上朝，太上皇坐在旁邊聽政，監督皇帝朱祁鈺議政，還不時出言給不同的意見。

太上皇朱祁鎮忍不住，在朝上以尊貴口吻，繼續自稱朕，對群臣與皇帝朱祁鈺說話，駁回朱祁鈺剛才說的意見，表示某些政策應該採取另外一種辦法實施。朱祁鈺面色陰沉，眼皮青筋跳動，內心大為光火。心思：你自己說過，回來後，就不再考慮皇帝位，連朕都可以不自稱。現在幹什麼？在朕的頭上指手劃腳了？政策怎樣決定，是你可以說的嗎？

群臣們在底下見了兩個穿龍袍兩個自稱朕的人，一起議政，意見分歧，可真是天有二日了，於是都不敢說話，以免被貼上屬於『上皇派』還是『皇帝派』的標籤。眾臣也都看到朱祁鈺的臉色不對。

才一起議政數日，朱祁鈺就受不了，回到後宮立刻翻臉！

朱祁鎮寢宮來了一大堆太監，面色冷峻。

「皇上有旨，請太上皇到崇質宮去住，以後也就不敢勞煩太上皇上朝議政了。」一個太監（綠眼眶）陰陽怪氣地這麼說。

朱祁鎮（灰眼眶）說：「崇質宮？那宮門外是亂葬墳場與糞堆啊！妃子的冷宮都不能住那邊！朕是太上皇，原本朕就住在這裡，朕的后妃也都在這裡跟朕見面。為何要朕離開去那種地方？」

沒想到這個太監（綠眼眶）也板起面孔說：「太上皇！這是皇上的旨意啊！現在皇帝已經不是您了，皇上要您立刻去崇質宮住！不要為難我們這些做下人的。」

朱祁鎮（灰眼眶）旁邊伺候的太監李俊反駁：「魯訓！你狗仗人勢啊！你現在可是跟誰在說話？」

魯訓（綠眼眶）大怒說：「這是皇上的旨意啊！要立刻遷走！東廠小子們！」左右技勇太監十幾人一起喝：「在！」

魯訓（綠眼眶）說：「把這杵逆皇上旨意的奴才李俊，給我拿下！拖到司禮監修理到死！」

「是！」於是上前幾拳就把李俊打倒，拖下去。

朱祁鎮（灰眼眶）大怒說：「住手！你們敢如此放肆？叫朱祁鈺立刻來這裡見

我！」

魯訓（綠眼眶）大喝打斷他說：「太上皇！皇上的名諱是可以隨便亂叫的嗎？現在的年號已經是景泰，不是正統了！」

朱祁鎮（綠眼眶）被嚇到，忽然想到先前被俘虜時，投降瓦剌的太監喜寧也用這種口氣與眼神羞辱過他，現在又被投靠自己弟弟的太監喝叱，氣得滿臉通紅。

「奴才只說最後一次，這是皇上的旨意，請您擺駕崇質宮，以後不用您再上朝議政了。若是您繼續這樣堅持！別怪奴才們來點硬的了！總之皇上有了嚴旨，今天是一定要落實的！不然誰也不能罷休！」

朱祁鎮（灰眼眶）怒目說：「要是朕就堅持不走呢？」

魯訓（綠眼眶）陰陽怪氣地冷面說：「可見您在瓦剌時沒學乖，您是當主子當久了，不知道後宮陰暗角落的手段，今天就讓您也嘗一嘗，平常奴才們，是怎麼落實你們主子的旨意的！」

「來人啊！給我扛到崇質宮去！」

「是！」

又擁上來十幾人，想把他連人帶椅子扛起來，朱祁鎮想揮手打太監，沒想到一個太監手快，竟然就用繩子套住他，緊緊綁在椅子上，然後整個扛走。朱祁鎮當場苦臉慘痛，大喊鬆綁，但太監當作沒聽見，真如同當初被瓦剌兵架走一般。

於是真的扛到了崇質宮，才鬆綁，關上大門，用鐵鎖鎖住大門，鎖頭上還用鉛灌注，以至於朱祁鎮怎麼推也打不開，裡頭只有棉被與普通日常用品及一口井水，因後門外就是糞堆與亂葬崗，所以井水苦臭。錦衣衛在外頭輪流看守，不准任何一個人進去探望。食物與飲水，都是年輕宮女吃剩下的送過來，從小洞遞進去，而且還是有一餐沒一餐，有些宮女若還記得將自己吃剩的東西送來，朱祁鎮才有飯吃，若忘記送來，則只能餓肚子。

朱祁鈺希望用這種方法，讓他哥哥提早愁苦病死餓死。

夜晚陰森，會有風呼號，沒有一個人來伺候，只有朱祁鎮一人在陰暗中，比被俘虜在瓦剌的待遇更差，於是痛哭流涕。所幸自己的皇后錢氏，趁看守鬆懈，時不時派宮女送飲食與衣物，勉強在幽禁生活中稍微有些寬慰。

一日，小洞送來食物後，一名女官要求進門伺候太上皇，被門口錦衣衛趕走，朱祁鎮請求讓她進門伺候，被錦衣衛嚴詞拒絕，把女官轟走，朱祁鎮非常生氣，警告說已經記住你們這些人的姓名，將來要處置。

一錦衣衛士兵說：「哇！太上皇，你都已經落得吃剩菜剩飯的下場，還想著要女人伺候啊？您要嚴旨處置誰？我們可是受了皇上嚴旨，要您老實待在這！要不是皇上沒有嚴旨禁止送飲食，我們是可以讓太上皇您連飯都沒得吃。您不感激我們，還說要處置我們，這真是天威難測，不盡人情啊！」

另一個錦衣衛士兵用諷刺的口吻說：「張武啊！別這樣說人家！人家從小到大，都女人伺候慣了，一天沒女人，就下體難受啊！」

錦衣衛士兵張武笑說：「李剛你說的對啊！他玩的女人跟我們玩的可不一樣，我們都是玩野燕，甚至娶個黃臉婆都已經是再嫁的潑婦，沒得挑選。他可都是玩精挑細選的大家閨秀，玩膩了也可以找妖豔伶女，要什麼樣有什麼樣，要多少有多少。但如今得關到不知何年何月，連母狗都碰不到，你說他怎麼能忍受？」

朱祁鎮（灰眼眶）又痛哭失聲了，罵門口說：「你們這些奴才，也許朕明天就死了！為何朕這樣求，你們也不可以？」

錦衣衛士兵張武冷著臉大罵說：「你現在知道了吧？你們朱家皇帝死的時候讓宮妃殉葬，她們想見家人也被拒絕，甚至有些親王也僭越做這種事情，而你竟然不聞不問。她們下葬之前也被幽禁在類似這種地方，只是現在也讓陛下你嘗這種滋味！不要以為只有你朱家才是人，別人都該死！」

錦衣衛士兵李剛，伸出手掌五個手指頭說：「上頭已經有旨意，誰都不能來看陛下你，我們想幫也幫不了，陛下你還是回去好好反省吧！想要女人，用你手上的『五姑娘』吧！我們士兵都是用這一套！現在教教你皇帝也這麼用！還想要誰來伺候？想得美啊！像我們這種基層士兵，存夠錢，娶妻也得省省花。你實在是爽日子過太久，不能體恤下情囉！」

朱祁鎮頭一次被如此打擊，癱軟在宮門口，內心頗為懺悔。爬回房中的床頭哀怨。

忽然跪床頭外，雙手合十對窗外的藍天起誓：「我一切都明白了，一切都明白了，以前祖宗到我的種種不是。乞求上蒼，讓我能重回皇帝位，假設能復位，不記恨任何人，願意行仁政，做善事。去做善事……去做善事……」

說罷真誠地眼神看著窗外的藍天，眼中含著淚水，哀怨著神情，不斷喃喃重複誓言。

本來朱祁鎮的皇太子一同被廢掉，然而朱祁鈺的皇子也夭折，膝下無子。景泰八年，朱祁鈺病重，無法臨朝議政。朱祁鎮也被孤單地囚禁快七年，他原本的皇太子朱見深，同樣被囚禁，無法見到外人，也不能碰其他女人，只有跟大自己十九歲的奶媽萬氏，相互私通。

徐珵（綠眼眶）此時改名為徐有貞，聯絡石亨為首的大臣，勾結曹吉祥發動奪門之變，率死士攻入崇質宮救出朱祁鎮。

朱祁鎮（灰眼眶）得到自由之後大喜，立刻派人反過來把病重的弟弟朱祁鈺囚禁，不久朱祁鈺也就死去，追貶為郕王。朱祁鎮復辟後，即以謀逆罪將兵部尚書于謙、大學士王文等人下獄，剛開始還認為「于謙實有功」而不忍殺之。

但徐有貞（綠眼眶）堅持說：「不殺于謙，今日之事無名，恐天下人不服！」

遂於五日後斬殺于謙、范廣於西市。眾人寃之，朱祁鎮忽然發現，這樣與當初被囚禁時所發的誓言不符，害怕之後又有厄運，於是非常後悔，改詔令為：此事實不得已，不准牽連他人。

大學士李賢，觀察到朱祁鎮內心矛盾，便告知朱祁鎮背後秘密，「奪門之變」沒有用處。因為郕王病重無子，擁立朱祁鎮的孫太后仍在世上，所以帝位遲早會回來，不需要奪門。奪門只是徐有貞導演的一齣戲，目的是求自己的陞官發財。

朱祁鎮悔悟，便令宮中不得再使用「奪門」一詞，並且罷除因奪門之變而晉升的一切官職，疏遠了徐有貞等人。曹吉祥與石亨等人勾結，先設法中傷徐有貞，讓他被流放出去。而後石亨涉嫌謀反，被囚禁而死。曹吉祥則殺了許多官員最後仍失敗，被凌遲處死。

朱祁鎮在天順朝除掉這些奸佞之後，便轉變態度。開始重用儒生仁政，勤政愛民，減少刑罰。釋放被囚禁五十年的建文帝的幼子，同時還立了遺詔，廢除明太祖以來的宮妃宮女殉葬制，明朝後代皇帝與宗室親王，誰也不准犯忌恢復，如此得到士人們的認同。

明朝皇帝開始專意收攏人心。不過也因土木堡之變後，明朝朝廷開始，繼續加速修建萬里長城。

第二十九章　山雨欲來　罔兩型危機

失落老五

經過土木堡事變的朱祁鎮去世之後，明朝的中央軍事權力，已經旁落到文臣閣僚之手。經過文臣集團的引土木堡為鑑，明朝轉為全面防守制，加速萬里長城繼續修建，同時民變也斷斷續續地出現。然而超個體所等待終結長城的契機，仍然還沒有出現，須耐心等候。經歷了成化朝、弘治朝，來到了正德朝。

※※※※※※※※※※※※※※※※

〈陰陽節──朱厚照上訴〉

陰陽節：又有人拉鈴上訴了。這是第八個皇帝上訴。

〈一〉第一個是劉轍，過關。第二個是王莽，被懲。第三個是劉協，駁回。第四個是楊廣，被懲。第五個是柴榮，中道崩殂。第六個是趙光義，駁回。第七個是朱元璋，駁回。這個人就是個年輕小子潑鬧之徒，沒看清楚陰陽古怪之主是什麼。

陰陽節：檢驗一下他的智慧知識。智慧與知識不怎麼樣，不過似乎有很強的好奇心，很強的動力，獵奇能力非常好喔。

〈一〉：不過這個朝代，陰陽古怪之主，走主局長城局，一定是要依照時晷官，目標何時死何時的行情運行。受理的話，不知道會不會影響。

陰陽節：妳去問問。

須臾。

〈一〉：回復是，仍然依照最初的標準來，由我們自行判定，不要有變化。只有一點要注意，此朝代已經架空許久，所以萬一遊戲者落敗，朝代的生死是長城主局控制，由時晷官來掌握，我們不要介入。而對遊戲者的處分只限於他個人，其他通通不變。

陰陽節：好的，這還是非常地公正，那就受理。

〈一〉：遊戲受理，依照過去期望值行情，十五年計時開始。

〈**陰陽節第八上訴案**〉

※※※※※※※※※※※※※※

此時，葡萄牙人第一次找到了新航路，來到中國，被稱為佛朗機人。這件事情，超個體必然感應到事情有異狀，然而卻假裝完全不知。此時正是超個體全力要把長城假態，做出最後效果的關鍵時刻。

葡萄牙人與西班牙人各自來到這，就企圖搶掠，明朝朝廷的水師官兵迎頭痛擊，火炮齊發，葡萄牙人與西班牙人被打得大敗。於是轉而改換面貌，開商船來此，宣稱要建交通商。但明朝廷議拒絕。正德皇帝朱厚照聽聞此消息，卻感到非常好奇，親自招見船團使者，了解許多歐洲的人事物。他們頻頻表示，來中國純粹是為了貿易，把海外更多財富運過來，請給澳門一個小地方當作貨物集散的買賣地。朱厚照不置可否，純粹只為了滿足好奇心。

※※※※※※※※※※※※※※※※※

超個體一而二，二而一。陰古與陽怪。

陰古：來了不速之客，看來那股力量真的快找上門。這只是傀儡的前鋒刺探。

陽怪：難道是當初停止航海，投映而感應到？這不對勁，他們沒有道理可以從這裡過來！已經一千多年，『緊隨影』還沒有失效？我們才航海過後，他們也開始航海，且反向出現在這裡！當初我們的航海，非常謹慎低調，沒有掀起風潮，怎麼他們開始動了！

陰古：我的直覺很準對吧？

陽怪：先前你的感應是這個？可這根本搆不成直接威脅？到底是為何？

陰古：等等！往另外一個遙遠的方向看！我幾乎快知道，罔兩型正確方位……

陽怪：那個方向？第一次航海就先到日本摸，向東沒有氣脈……

陰古：先前我怕風險，誤判形勢，倘若當時繼續堅持向西，也能到達老五的地界，現在這些刺探踩點的哨兵已經出現在門口，我現在很怕，老五已經凶多吉少！

陽怪：後悔已無用，現在抓緊探氣脈，看看老五是不是真的已經被結果。倘若真的是這樣，我們要全面警戒！

※※※※※※※※※※※※※※※※※

不過正德皇帝對這些事物，好奇一陣子就沒興趣了，打發他們到廣東沿海貿易，自己去尋找真正的興趣。

永平府城。

這裡的知府毛思義張貼了一張告示，引來不少百姓圍觀。上頭寫著：近來本省府縣衙，常有人自稱皇上駕到，騷擾百姓，侵占民女。今後凡是沒有官府文書，敢自稱皇上駕到者，立刻將其拿下扭送本府嚴懲。

「沒想到有這種事？」「對啊！這也未免太誇張，不怕掉腦袋嗎？」「肯定是有人假冒的。」「未必喔！可是聽說當今皇帝就是喜歡外出遊玩，還四處民間招女入宮。」「對啊！還聽說皇帝搞了一個什麼『豹房』，養了猛獸為伴，」

眾人議論紛紛。

這正德皇帝朱厚照，就愛四處遊玩，此時還真就到了永平府地界。此時他好玩之心又起，帶著兩名勇士微服出巡，這兩名勇士一個名曰江彬，曾經在豹房護駕朱厚照，徒手打倒失控的老虎，另一個名曰許泰，曾替朱厚照擒獲從西域進貢，意圖逃出牢籠的獅子。朱厚照有此二人為伴，便大膽出遊四處作怪。

他們來到一家酒樓，看中了一個賣唱女子，為了獵艷方便，朱厚照直接秀出自己皇帝的身分，要拉她去後房快速『寵幸』。直接一手抓住這賣唱女子要往門外走。

「客倌你這是做什麼？」

「朕就是當今正德皇帝，快跟朕到後房，朕有重要事情跟妳相談。」

但沒想到這女子見多識廣，一耳光打在朱厚照臉上。啪！

江彬跟許泰同時大喝：「大膽！」要立刻衝上前教訓此女。

沒想到這女子也是有身分背景的，身旁兩個伴唱的男子，拿起木凳就掄人。這江彬與許泰跟那兩個男子拳腳互毆成一團。

女子也不閒著，追打朱厚照，竟然三拳兩腳把朱厚照反手壓在桌子上。

女子大喝：「看你這外地來的，是沒搞清楚老娘混哪裡的？有什麼名號？在這永平府沒人敢對老娘這樣毛手毛腳！」

朱厚照（紅眼眶）被她反手扭住肩膀，痛得受不了，苦喊說：「快放手！朕真的是皇帝！」

女子哈哈一笑說：「那老娘是天庭的母夜叉！玉皇大帝見到我都怕！你皇帝算什麼東西？永平知府毛大人已經有立告示，最近有人假冒皇帝，四處拐騙民女，逮到就扭送官府，連皇帝都敢假冒，看你有幾個腦袋可以掉！」

江彬見到朱厚照有難，快速把眼前與自己互毆的男子一拳打倒。衝上去要救駕。

女子放下朱厚照，跟江彬動起手來了。

兩人拳腳相交，鉤拳轉腿，一個是徒手制虎神勇士，一個是柔拳繡腿母夜叉，互不相讓打得周圍桌椅七零八落。

此時許泰也擊倒了糾纏的男子，跳進戰圈幫助江彬。

這女子見狀立刻用腳從地上勾起，兩根被打斷的桌腳，一左一右掄起武器，與江、許二人混戰。江許二人雖然武藝高強，竟然也一時戰不倒這名女子。

朱厚照在旁，扭動疼痛的肩膀，露出笑容，看得津津有味，對此女子更是著迷。

忽然大批官衙兵勇，衝進門來，原來店老闆在朱厚照鬧事之時，就察覺不對，跑出去報官。所幸店門距離官衙不遠，知府毛思義親自帶著大隊人馬趕來。

「全部罷手！」

毛思義（粉藍眼眶）大喝一聲。女子與江彬許泰各自後退，所有官衙一擁而上，將在場鬧事的六個人都拿下。

朱厚照（紅眼眶）大喝：「你是永平知府毛思義對吧！你認得朕吧？」

毛思義（粉藍眼眶）大喝：「這裡是永平府，不是北京城！本府沒收到朝廷內閣通知有什麼皇帝駕到，當今皇帝乃聖明天子，豈是像你般無賴流氓？你在繼續冒認皇帝聖駕，休怪本府不客氣！」

朱厚照、江彬、許泰三人當場傻眼，毛思義明明見過皇帝，竟然還耍官威。

但一切教訓都只在言語之中，不敢命令官府衙役動手，可見他是真認得朱厚照。

女子上前趕快喊冤道：「府台大人，這個流氓除了假冒皇帝，大逆不道，還進門喝酒就拉我手，企圖施以非禮。請大人一定要嚴懲這個流氓！」

朱厚照（紅眼眶）尚要開口，毛思義（粉藍眼眶）立刻指著他鼻子，堵他嘴說：「本府台知道你想說什麼！你可以閉嘴了，回到府衙大堂再說！」

毛思義（粉藍眼眶）對衙役說：「把這三個流氓帶回府衙！」

於是衙役把三個人都押走。

押住女子的衙役說：「大人，那這三個人呢？」

毛思義（粉藍眼眶）指著女子，握拳苦臉說：「你們三個真的可惡啊！給我找天大的麻煩！殺你們一千次都不嫌少。」

女子說：「府台大人，你知道我們三兄妹雖然混跡江湖，但在永平府可是謹守分寸。剛才若不是那個流氓假冒皇帝施以非禮，我們豈會動手？」

其中一男子也裝可憐喊說：「對啊，大人！我們是冤枉的啊！您自己公開告示，若有人假冒皇帝就要抓去送辦！」

毛思義（粉藍眼眶）氣得緊閉眼，五官扭在一團，喊道：「住口！你們說的那個流氓就是真的皇帝！他沒有假冒，是如假包換的真天子！」

兄妹三人當場嚇傻。

毛思義（粉藍眼眶）說：「你們現在只剩下一條路，離開永平府！往哪去都可以，跑得越遠越好！這樣就算等一會兒他追問下來，本府台來個一問三不知！快滾吧！否則定依律嚴辦！」

兄妹三人相互攙扶，趕快跑出店門，買了快馬，逃出永平府。

毛思義故意晚一個時辰回，替那兄妹三人擠出一些時間。

「臣永平知府毛思義，叩見吾皇萬歲萬歲萬萬歲。」毛思義（粉藍眼眶）平伏在地，所有府門衙役才知道皇帝聖駕，紛紛退到堂外下跪。

朱厚照此時坐在堂上，江彬、許泰二人站立於側。

朱厚照（紅眼眶）拍桌喝道：「毛思義，你既然認識朕，剛才為何故作不認識？」

毛思義（粉藍眼眶）平伏說：「臣謹遵朝廷律法，守境安民。陛下雷霆聖駕，讓百姓惶恐，為了守護朝廷尊嚴，恐奸人趁機犯上作亂，不得不如此。這當中原由，陛下聖心獨照，請陛下恕罪。」

朱厚照（紅眼眶）怒道：「沒錯，你遵守律法，守境安民。那朕就是擾民之君囉？」

毛思義（粉藍眼眶）說：「臣萬萬不敢。但陛下在酒樓的舉止，確有不妥，聖明天子不當在酒樓跟一群刁民打打鬧鬧。」

江彬怒喝：「你大膽。」

朱厚照（紅眼眶）揮手止住江彬。

接著說：「朕問你，剛才對朕動手的那名女子呢？」

毛思義（粉藍眼眶）仍平伏在地，叩首說：「為了維護陛下聖名不污，臣已經告訴他們陛下是真的當今皇帝，令他們滾出永平府，有多遠滾多遠，永遠不得踏入此處，否則臣定依律嚴辦。」

朱厚照（紅眼眶）喝道：「你真把她給放走了嗎？你是故意的！」

毛思義（粉藍眼眶）叩首說：「陛下！天子乃守護萬民之君，當年漢文帝時有人犯蹕，廷尉張釋之將之罰金，既保了百姓生命，也護了天子聖名，更保障律法尊嚴，成為千古美談。臣今日斗膽將其驅逐出境，正是依此古例，維護陛下聖名不污。」

朱厚照（紅眼眶）苦笑說：「罷了！你也知道皇帝不缺女人，她跑了便跑，你舉的漢朝古例這也沒錯。但是朕問你，你貼出安民告示。說誰妄稱皇上駕到，藉故騷擾百姓，要嚴懲不貸。這是什麼意思？」

毛思義（粉藍眼眶）叩首說：「臣聽聞鄰近省府都在傳有人以皇帝之名，佔據民宅蒐羅民女。臣非常害怕這是賊人利用陛下出遊的事情，假冒聖駕，四處招搖撞騙。陛下，臣既為朝廷命官，守境安民是必要的職責。當年唐太宗有過，魏徵也不惜犯顏勸諫，於是有貞觀盛世。所以臣……」

朱厚照（紅眼眶）站了起來打斷他，冷冷說：「夠了。朕說不過你們這些文臣。今天就算朕輸了！你真的跟內閣九卿那些大臣一樣，有他們喋喋不休勸諫的功力。但朕可以告訴你！朕不是漢文帝，也不是唐太宗！朕超過他們，有自己的風格！你等著朕派人來拿吧！」

說罷朱厚照氣沖沖，帶著江、許二人離開。

過不久，真的錦衣衛上門，將毛思義帶往京城下獄。楊士和等群臣集體上奏求情，朱厚照只同意赦免其冒犯皇帝之罪，但仍關押牢中不放，等自己氣消再說。

朱厚照於是在豹房繼續玩樂，忽然靈機一動，策動一場掌握兵權的輪調計畫。

楊士和等群臣紛紛上奏，又是勸諫、甚至內閣群臣以集體離職作威脅，要求收回詔命。朱厚照雖然鐵了心不理會，但此時內心已經犯了滴咕。

豹房之家。

朱厚照在躺椅上，左右四個美女替他按摩四肢手腳。江彬、許泰、李琮三人則坐在旁陪侍，一名太監唸大臣們的奏疏，內容大體都是阻擋邊軍輪調到京城。

唸完之後，江彬說：「萬歲爺，這些大臣們似乎是學了毛思義的案例，鐵了心要擋此事，若不讓錦衣衛去教訓他們，恐怕以後還有對您不恭敬的奏疏會呈上來。不如讓東廠或錦衣衛的小子們……」

朱厚照（紅眼眶）躺在椅上說：「住口！虧你還跟了朕這些年，連朝廷規矩都不懂嗎？」

接著說：「沒有兵部勘文，不能動用錦衣衛。至於東廠，要是連大臣上疏都動用，這全朝廷都要開鍋了！請問這誰收拾？大不了朕來個相應不理就是！」

江彬語塞。但李琮確心有不甘說：「當年太祖皇帝與太宗皇帝時期，大臣們就不敢這樣一哭二鬧三上吊，擾得皇上心煩。為何如今廠衛俱在，皇上卻不能用？」

朱厚照（紅眼眶）起身，摟著左右美女說：「誰說朕不能用？是他們沒有明確的罪證，即便言語過激，也沒理由拿人。就你們知道的，朕強令兵部，動用錦衣衛，拿一個小小的永平知府毛思義，結果朝廷不就開鍋一次？還逼得朕不得不赦免他，朕想關押也頂個半年就被放了！」

眾人不得不再次語塞。

朱厚照（紅眼眶）說：「說也奇怪，朕查閱史料，當年漢武帝作風也跟朕差不多，結果漢武帝就成了千古一帝。但朕為何才準備積極進取，就遭遇這麼多的阻力？甚至整個朝廷武官大多都站在那幫內閣腐儒一邊！真是怪哉！」

許泰說：「太祖太宗皇帝，有武功在身。這幫文臣必然是欺萬歲爺您沒有武功，才敢這麼大膽犯上。您若能建武功在身，相信他們就會改口。到時候誰再這樣阻擾萬歲爺上意的，就派廠衛拿人，也就沒人敢去炸開鍋鬧事。」

朱厚照（紅眼眶）拍大腿恍然大悟說：「你說的沒錯！自從英宗睿皇帝土木堡之變後，那些文臣就理所當然控制兵權，皇帝也無可奈何。乃至當年朕的父皇，帶著朕夜晚經過六部衙門時，還令朕遵守規矩不可以吵到官衙，必須依律下馬，結果我們父子竟然最後是，小聲快步，牽馬走過，不敢驚擾到六部職夜班的官僚，以尊堂官。這種事情在太祖或太宗皇帝時期，就不可能發生！哪有身為皇帝還要遵守堂下規矩之理？哪有那麼多綁手綁腳的東西？真是欺朕太甚！」

忽然站起來哈哈笑說：「朕想到一計，一定可以建立軍功，重塑太祖太宗時期的皇威。」

江彬、許泰、李琮三人同聲讚說：「皇上聖明。」

北京吏部大堂。

幾十個高官對著一紙上喻議論紛紛。

「匪夷所思啊……」「這太荒謬了！從古至今，未聽說過有這種上喻！」「未免太驚世駭俗了！」「無語，無語。」

原來朱厚照下詔令，自己改叫做朱壽，策封自己為「鎮國公總督軍務威武大將軍總兵官」。並通知吏部增加這個官，要給官俸。

一名內閣堂官問楊廷和說：「先前用八虎，之後迷信番僧，這都可以說年少不懂事。後來愛出遊也可以說年少貪玩，搞出個豹房當做年少荒誕，但現在不顧禮法硬要來這一套，皇帝已經是最大了，還要自封自己當官，您身為內閣首輔，說說該怎麼辦？你將來遇到這個總兵官，到底是陛下還是部屬？該不該跪拜行禮？」

楊廷和（青眼眶）說：「我怎知道該怎麼辦？」

「兵權轉移，政風大變，這可不比豹房鬧劇，說不知道怎麼辦，可不行喔！」

另外一名大臣出面插話了，此人不是內閣官員，但也是封疆大吏，此時正在京城述職。

正是大名鼎鼎的王守仁。

楊廷和（青眼眶）露出了笑容說：「王陽明先生，您是當代大儒，對此亂局必有見解。」

其他人似乎從王守仁身上看到了轉變契機。

王守仁（粉黃眼眶）說：「還是別吹捧了，當代大儒又如何？還不是在八虎控制朝政時期，被劉瑾弄了廷仗四十，貶官出京還得假裝自殺，受如此羞辱的大儒哲人，自古未聞。」

楊廷和（青眼眶）說：「汙辱你的劉瑾，已經被聖上凌遲處死，王陽明先生又何必跟死人在乎羞辱。當今朝政如此混亂汙濁，我等正是要想辦法匡復朝政，規勸聖上走正道，遠離邪道才是。您還是賜教一二！」

王守仁（粉黃眼眶）搖頭說：「賜教不敢，只是山人我得先澄清，我絕對沒有記恨劉瑾。反而劉瑾被剮死時，我還心痛了一番，默默為其悼念，倘若是聖明天子當朝，天下時政清明，人心都如上古純樸，又為何要保有這種殘酷的刑罰，玷汙我中國上邦？理應廢除才是！」

楊廷和（青眼眶）哈哈笑說：「陽明先生好啦好啦，別走題，這些您說的都對，我們都說不過您！您還是回歸正題，說說我們該如何面對眼前的這個難題？」

王守仁（粉黃眼眶）說：「陛下此舉看似荒誕，其目的再清楚不過。無非想要藉打仗，收回旁落已久的兵權，所以才惹得諸公唸唸叨叨。本來天下大權都歸皇帝陛下，此舉並非不可，但我朝自土木堡之變後，兵權調度之大事，必須先歸內閣六部九卿共同廷議後，才交皇帝判決，陛下詔令則可以留中不發。我得先問問，各位的意見是否願意，讓當今陛下如太祖太宗皇帝在位時一樣，兵馬調度皆直接皇帝直令？」

群臣紛紛搖頭，楊廷和（青眼眶）甩了眼神說：「陽明先生你明知故問，當年的英宗睿皇帝是仁德自省過錯的賢明君主，對此尚且不可。恕我不恭，當今聖上太多荒誕不經之事，天下人皆知，因此非議不休，能跟英宗睿皇帝比嗎？」

王守仁（粉黃眼眶）說：「有共識就好，如此本山人才敢提出解決的辦法。否則朝廷利害糾葛紛紛，就算提出妙法，得罪誰我也不自知。」

眾人已經忍耐不住，議論紛紛。

「陽明先生別賣關子了。」「我們早就有一致意見。」「是啊是啊！這個大家都有共識，你就快說吧！」「只要有辦法，我們絕對不會掣肘。」

王守仁（粉黃眼眶）對眾人拱手作揖說：「好，那本山人就說說己見。陛下要藉此亙古未聞的鬧劇手段，收回兵權，那就讓陛下去收。不然我等若不斷違抗詔令，只會逼急生變。而陛下與其身邊的奸臣小人，著眼的是北疆九邊防衛蒙古諸部的精兵。但諸位也知，自蒙古北逃，分裂諸部後，早已經沒有入主中原的勇氣與實力，騷擾邊關不過就是為了打通貿易與掠奪財寶。如今天下最大的危機，根本不在於蒙古北疆，而在於對陛下行為荒誕，因此萌發野心的各地藩王。自太宗皇帝靖難繼位後，建立了古往諸多朝代所沒有的，藩王奪位成功的案例，以至削藩之策受阻，不斷有藩王想要學太宗皇帝。先前就不說，光在正德朝就有先前安化王之亂。但據我所知，實力更強的寧王，正在江西招兵買馬，不斷派出眼線查探京城，密切觀察聖上動向，就是為此準備。我們應付眼前問題，就從這裡著手。」

楊廷和（青眼眶）苦笑著指著朱厚照自封的詔令說：「陽明先生所說我們也知道，但跟解決這個問題有什麼關係？」

王守仁（粉黃眼眶）笑說：「這大有關係！北疆兵權就讓給陛下去跟蒙古鬧騰，蒙古不是大患，陛下鬧不出什麼大的動靜，這反而加速藩王造反的腳步，我們把重心放在南邊，只要南邊一生亂，我們以自己的方式一舉平定叛亂，那麼陛下發現，自己鬧騰了半天無尺寸之功，最後還是要靠我等儒生來收拾真正的亂局，天下人議論之下，那對於兵權的話語，即便陛下九五聖尊，也無可爭奪。」

「我懂了。」「陽明先生這是避實擊虛。」「是啊是啊！這太有道理了！」

楊廷和（青眼眶）哈哈一笑說：「看似平凡的見解，其實洞察先機，才是真正的奇謀妙計！不過誰有把握能戰勝寧王？」

王守仁（粉黃眼眶）說：「在下不才，請巡撫江西。請先行安插在寧王身旁，諸位只要在京城與我遙相呼應支援便是。」

楊廷和（青眼眶）說：「巡撫沒有兵權，衛所調兵都需要經過朝廷，更需要陛下批准。但寧王已經續謀已久，擁有藩王兵力不下八萬精兵，閣下倉促之間怎麼可能跨過陛下這關，自行打敗寧王？」

王守仁（粉黃眼眶）笑說：「山人自有妙法，寧王兵力雖精，又有火砲槍銃，但畢竟紈褲子弟，聲色犬馬慣了，跟本山人『格竹致知』，最後體悟『心即是理』者相比較，有太多的弱點。況乎我法眼先行，對他先有觀察準備，他自以身分高貴看不起一般文人，故他在明我在暗，請各位不用擔心，只要各位在朝廷與山人相互支援，不要掣肘，那一舉破他精兵，擒獲寧王，絕對不是問題。不然在下縱有岳飛那般用兵之能，也抵擋不住爾等鬧出的秦檜十二道金牌。」

此與惹得眾人一陣哈哈大笑。

楊廷和（青眼眶）大喜，也哈哈笑說：「這你放心，我們都與你同心。自太祖皇帝羞辱士人之後，我們儒生除了當官之外，沒有其他長處，都被天下人恥笑說『百無一用是書生』，只會跪在皇權腳下乞討吃飯。但看到王陽明先生之後，天下人這種謬論可以休矣。我看諸葛亮、王猛、甚至本朝劉伯溫，也不如先生。」

便將王守仁調往南方。

這王守仁不愧是一代大儒，甚至是鬼局中最精良的一個細胞。在這種毫無造次機會的時代環境之下，還能一舉破局，用斬掉你朱家強悍藩王為自己立威，扭轉士大夫全盤被動的局面，大敗皇帝朱厚照想要搶回兵權的企圖。

如今長城局面，異族越來越不容易上當，倘若皇帝威權還真的牢牢建制，一旦機會出現，沒有立刻裡應外合掌握好，錯失了良機，那可是鬼局絕對不願意看到的。所以當然不會給你皇帝拿回兵權，只能是表面上歸你，實際上要交給另外一股力量隨時策動變化。

從這角度來看，這些百無一用的書生，反而比披黃袍的皇帝，更加接近中國真正的聖上。

果然朱厚照在自封當官後，總領兵權，然後到蒙古韃靼部經常出沒的宣府，御駕親征。經過一段時間蹲點等候，果然探馬來報，蒙古小王子帶五千人馬跨長城來劫掠，朱厚照當下帶齊兵馬四面圍攻，以眾擊寡。一場激戰，手刃一個蒙古兵。蒙古小王子之後也陣亡。

朱厚照大喜，馬上若有其事『上奏皇帝』稱打出了應州大捷。然後自己又跳到皇帝的位置，下詔對朱能褒獎，班師回朝命令百官在外迎接。在台上自己對自己報告，這場大捷的經過，然後自己再給自己升官，升為『太師』，統帥天下兵馬。

百官表面上吹捧拍馬，萬歲高喊，但私下議論紛紛，對這場大捷評論為小勝。「這就叫大捷。」「什麼跟什麼？」「不過就是想誇耀武功。」「還有皇帝能升官的嗎？」

朱厚照派人打聽，知道百官頗有微詞，都並不認可這叫做大捷。

豹房。

「這批腐儒，以為朕在邊塞打仗很容易嗎？」朱厚照（紅眼眶）抱怨。

江彬說：「臣認為，他們就只想阻擋陛下收回兵權，所以來這套。但陛下現在是武功在身，甚至有太師與總兵官之職，調動天下兵馬不需要廷議，百官也不敢究責議論。實質上兵權已經收回。」

朱厚照（紅眼眶）悶悶地說：「是收回沒錯，但朕知道這種氛圍，倘若沒有實實在在一次震動天下人的大獲全勝，仍然堵不住這些人拿著英宗睿皇帝，土木堡之後的規制，不斷糾纏。」

許泰說：「皇上英明神武，倘若學太宗皇帝北上漠北討伐蒙古韃靼部呢？」

朱厚照（紅眼眶）冷面看許泰說：「太宗皇帝五次往返，駕崩在途中。英宗睿皇帝則不說了，你是想朕幾次北上往返啊？」

許泰低頭承認說：「臣愚昧。臣愚昧。」

朱厚照（紅眼眶）說：「朕聽東廠密報，說這楊廷和把王守仁派到了江西，說是要監視寧王。這寧王先前不是送給朕不少火砲禮物，怎麼楊廷和自己也搞出了自己的東廠，監督皇親宗室不成？」

江彬說：「這就僭越，還大逆不道，應該要拿下。」

朱厚照（紅眼眶）皺眉不耐煩說：「你又來了！以後不要朕再提醒你朝廷法度！楊廷和派他去江西南部巡撫一職，也是按照吏部流程得到朕朱批的。怎能以此拿人？不過就是東廠那些小子們，捕風捉影預先探查一說，要是真這樣搞，那真是沒有證據誣陷他人，連太后都會跳出來罵朕！」

江彬低頭承認說：「臣無知。臣無知。」

許泰轉念問：「稟皇上萬歲爺，那寧王是不是真的有不軌的企圖？之前安化王不就因為企圖造反被斬了嗎？藩王企圖不軌，那可是大事。」

朱厚照（紅眼眶）說：「沒收到廠衛的回報，但這種事情不無可能！寧王是太祖皇帝時代就封的藩王傳承到今，而靖難之役時，太宗皇帝說要跟寧王朱權平分天下共治，但最後反而撤了他在遼東的封地，遷到江西以防有變，聽說歷代寧王對此都有怨言。現在的寧王朱宸濠的兒子都沒有讓朝廷來按照五行相生字輩命名，說有異志，未必不可能！」

許泰說：「臣聽說，寧國招有不少兵馬，火砲槍銃齊備。之前當是為了協助朝廷防禦盜賊，但兵力也未免太過。倘若寧王真的有變，皇上萬歲爺您不正嫌應州大捷軍功不夠嗎？」

朱厚照（紅眼眶）從躺椅跳起說：「哈哈哈哈！沒錯！倘若這寧王敢反，那朕就可以真正打一場大仗，讓這些跟朕為難唱反調的百官，全部閉嘴不敢言！」

過不久，寧王果然起兵造反。

皇帝朱厚照大喜，下詔令抽調九邊部隊，與守護京城的所有部隊會合，同時任命『太師威武大將軍朱壽』掛帥，在北京城外誓師南下，討伐寧王。

然而這一切，王守仁早就已經佈置妥當。

王守仁將去福建督導剿匪時，身邊只有一千人不到，所率部隊行軍剛到豐城，寧王朱宸濠突然舉事。因此王守仁積極備戰，調配軍糧，修治器械，然後發出討賊檄文，公布寧王的罪狀，要求各地起兵勤王。當時，王守仁最為擔心者，就是寧王揮師東下，占領故都南京金陵。如果南京失守，寧王就有了稱帝的資本，同時也占了地利，那就不容易消滅了。王守仁虛張聲勢，將身邊的軍士全部改編為細作，大量利用假宣傳，製造一個假的局勢變化，擾亂寧王的視線，寧王結果做出錯誤的判斷，以為各路大軍已經出發。同時使用反間計，使寧王猜疑自己部下的進攻南京策略。寧王果然上當，有半個月時間猶豫觀望，沒敢發兵攻打南京。王守仁利用這一時機，做好了防守南京的準備，第一步就使寧王欲攻南京，已無可能。

寧王在探清楚狀況之後，大為憤怒，先率六萬士卒，攻下九江、南康，渡長江攻安慶，而後徐圖進入南京。王守仁在欺敵的這段時間，忽然聚集了八萬大軍，主要成份為臨時招募的雜牌兵，農民團，甚至是願意從良的土匪，對外號稱三十萬。

有人指出應該急救安慶，王守仁（粉黃眼眶）說：「現在九江、南康已經被敵軍占領，如果我們越過南昌跨江救援安慶，就會腹背受敵。現在南昌空虛，我軍銳氣正盛，可以一舉攻破。敵軍聽說南昌失守，定會回師來救，這時我們在鄱陽湖迎擊他，肯定能取得勝利。」

南昌很快攻破，停了兩日，王守仁便派諸將分五路迎擊回援南昌的寧王大軍。四路分兵迎進，一路設伏。交戰以後，寧王大軍很快腹背受敵，被分割成幾部分，後又中了埋伏，一場混戰後，慘遭大敗，潰逃退守八字腦地區。寧王眼觀局勢不妙，急忙調九江、南康的精銳部隊出擊，王守仁派幾路大軍迎戰並取南康。

這一仗打得相當激烈，官軍一度退卻，王守仁部將吉安知府伍文定立即斬殺了後退之人，命令諸軍一決死戰。最後終於打敗了寧王軍，寧王軍退保樵舍地區，將大船結成方陣，寧王拿出全部的金銀珠寶犒賞將士，要求他們死力一搏。但寧王軍的方陣被王守仁看出破綻，他決定仿效鄱陽湖之戰，放火燒船。

第二天，寧王群臣聚集在一起，正在船上召開「早朝」會議，王守仁大軍殺到，用小船裝草，迎風縱火，燒毀了寧王的副船，王妃婁氏以下的宮人以及文武官員們紛紛跳水自殺。寧王的大船擱淺，不能行動，倉促間換乘小船逃命，被王陽明的部下王冕部追上擒獲，寧王的其它文武大臣也成了階下囚。不久，南康、九江也被官軍攻陷，寧王之亂全面平息，前後只有三十五天時間。

此時，朱厚照親率的軍隊好不容易集結完成，才離開北京城南下。

太師威武大將軍軍營。江彬急忙回報寧王之亂已經被平定狀況。

朱厚照（紅眼眶）瞪大眼狂叫說：「你說什麼？平定了？這怎麼可能？」

江彬謹慎地遞交一封塘報，點頭說：「確實平定了，兵部塘報才剛到。」

朱厚照（紅眼眶）仔細看了之後自己唸：「……王守仁先以欺敵策略，迫使反王不敢進攻南京，同時招募民團，並臨時招安降匪，經過數場大戰，擊敗反王軍……反王從起兵到被擒，前後共計三十五天，目前正由王守仁親自押解北上，準備交朝廷審訊。」

「啊！」朱厚照狂吼一聲，在場所有人全部低頭不敢言。

朱厚照（紅眼眶）用力把塘報摔到地上，大喊：「啊！張永！進來！」

掌印太監張永趕進入營說：「主子萬歲爺，奴才在！」

朱厚照（紅眼眶）激動地說：「王守仁怎麼可能那麼快就平定寧王造反？你……立刻去王守仁那邊！」

張永問：「奴才斗膽問，去王守仁那邊要傳達什麼聖諭？」

朱厚照（紅眼眶）氣不打一處說：「寧王是威武大將軍朱壽……不，是朕要討伐的！他狗拿耗子多管閒事！要他給朕滾回來！」

張永結巴還手指了一下旁邊說：「聽兵部回報，他現在就正押解反王來陛下這。」

朱厚照（紅眼眶）說：「朕的意思是，讓他把反王給放了，讓反王重新整頓軍隊，朕要親自跟反王交戰。」

張永瞪大眼，在場所有將領也都吃驚。

朱厚照（紅眼眶）說：「朕的旨意還不明確嗎？」

張永急忙低頭說：「奴才遵旨。」立刻跑出帳外，招集隨從往南傳旨。

王守仁軍營。

張永等人進來，傳達了朱厚照的旨意。

在場所有人也全部驚愕，竊竊私語。

王守仁（粉黃眼眶）：「這種旨意，臣不遵。」

張永瞪大眼說：「你說什麼？你打算抗旨？」

王守仁（粉黃眼眶）大喝說：「張公公自己也知道，天底下哪有造反的人被抓住之後，還要預設好放回去，讓他重新再反，然後再抓？大明朝律令哪一條可以容得下這個？」

張永結巴：「這……」恍神之後，仍然堅定地說：「主子萬歲爺已經有了這個旨意，不放也不行！王大人還是遵旨吧！」

王守仁（粉黃眼眶）說：「遵旨？請問旨在哪裡？經過朝廷正式流程頒下詔令了嗎？」

張永結巴：「你……這是皇帝陛下的口諭！你不知道口諭嗎？」

王守仁（粉黃眼眶）說：「口諭是對你們這些內官用的，對我們這些外臣，必須要有朝廷正式流程頒下的詔令才算數。以目前制度，內閣要先過問，若有不可，即便皇帝旨意也可以留中不發。而我王陽明更不會巴結上意！」

張永瞪大眼說：「王守仁你……」

王守仁（粉黃眼眶）命令在場其他人說：「我跟張公公私下談一談，你們全部下去！」

眾人於是退出。可能摸出了，太監就比較喜歡私下解決，必須給他一個台階下。

王守仁於是苦口婆心，不斷動之以情，曉之以理。

「先前在下之所以能勝寧王，是因為用了各種方式欺敵。倘若放了寧王，他必不會再上當，必定為了活命，報他已死的部屬與宮妃仇恨，招集殘黨拼死一戰，猛攻南京，就不那麼好解決了！」

「況且經過這一戰，已經死了不少人，若再放走，那不是要死更多的人？這豈是聖明君主所為？」

「若如同兒戲，把平定的亂局自己再次攪亂，天下百姓以及軍中將士如何看待朝廷？」

「屆時寧王記取教訓，拼死作戰，而百姓軍士離心，萬一一敗，豈不是不可收拾？」

「當年太宗皇帝還是燕王，發動靖難之變，當時的建文皇帝就幾次可以生擒太宗皇帝，但都因為『不可傷皇叔』的諭令，放縱了好幾次，以至於靖難之役拖延不絕。許多朝廷軍士面對這種宗親叔姪鄉愿，卻要他們犧牲性命，都已經不願盡力，最後南京被太宗皇帝攻破，建文皇帝自己受殃，這些教訓陛下難道不記取嗎？請公公回去將這些話回稟陛下。」

張永聽了這些，點點頭說：「你說的有道理，咱家這就回去稟告。」

張永於是把原話稟告朱厚照。

朱厚照（紅眼眶）剛開始不從，但聽到王守仁舉靖難之役的故事，打中了要害，才伏軟。左顧右盼，悻悻然，喃喃低聲說：「好吧……那就聽他王守仁的……但是朕還是要出兵討伐寧王。你去給朕想辦法。」

張永疑問：「不放又要討伐？這……」

朱厚照（紅眼眶）說：「他王守仁不是很厲害嗎？沒有兵權，光靠拿出一個『心即是理』，憑空就變出十萬大軍，三十五天就把寧王的八萬滿佈火砲槍銃的精兵，打得落花流水！你去請他用方法，讓朕也能討伐寧王。」

張永於是在馬不停蹄，跑去找王守仁商量。

最後兩邊商量結果，讓朱厚照大軍南下到南京，城門全部嚴密把守，王守仁在南京城中央，放出寧王朱宸濠，朱厚照當場帶兵在城內四處追捕。

朱厚照（紅眼眶）大喜：「哈哈！反王朱宸濠，原來你在這！」

帶兵圍著一個民宅，朱宸濠（灰眼眶）已經狼狽不堪，爬出民宅苦說：「罪臣投降！」

朱厚照全副武裝蹬步上前，用力一抓他背後衣服，展現勇武，然後甩給左右護衛拿下。在場官兵一陣高呼萬歲。

朱宸濠（灰眼眶）大喊：「成王敗寇！陛下要殺就殺，都是太祖皇帝血脈，不要再羞辱罪臣！」

朱厚照（紅眼眶）大喝：「就如你所願！拿下！在太祖皇帝陵前問斬！」

張永在旁急忙阻止說：「陛下，這場亂局牽連甚廣，依律要交朝廷大理寺與刑部共同審訊。」

朱厚照（紅眼眶）頗感掃興，甩甩頭說：「真是無趣，那就先把朱宸濠押解北上。之後朕再跟他算總帳。」

之後北上押解到通州，大理寺與刑部官員也得到共同結論，必須處死。於是將朱宸濠在通州處死。寧國國除。許多寧王妃子侍女，也被改嫁他人。

在北返途中，經過於淮安清江浦上學漁夫撒網，作為遊戲，卻失足落入水中，雖然被救起，看似也沒甚麼大事。

※※※※※※※※※※※※※※※

〈陰陽節—朱厚照上訴〉

〈一〉：十五年亂搞，秤沒有平衡！

陰陽節：喂喂喂！是用這種嘻笑怒罵的態度來玩本局的嗎？你朱厚照的老祖宗朱元璋我們都駁回，卻受理你的上訴，結果用這種幼稚的方式來玩，殊不知本局是六大子局當中，聰明皇帝專用的不要自作聰明的遊戲，行情最高，也最嚴酷摳門！

〈一〉：王莽是騙，楊廣是爐，這個傢伙是拐。不過他許願的時候，還只是十四歲幼嫩小子，這些年難怪會用這麼幼稚的方式來玩本遊戲。是否看在他還有強烈獵奇能力，給他延長賽？

陰陽節：不不不，本局若是太容易說情，就不叫做陰陽節了。況且中國的領導者，該怎麼做就要怎麼做。行情十五年，時間到，不想給他延長賽，該要債去啦！本來該連帶讓他王朝滅亡，只是主局已經控制此朝代走向，要時晷官計時監督，我們只是和對付他個人，就找他個人要債。

〈陰陽節第八上訴案：落敗〉

※※※※※※※※※※※※※※

返回北京城，又入住豹房，內閣首輔楊廷和，帶著所有閣員來見面。楊廷和代表發言。

楊廷和（青眼眶）說：「聽聞陛下在淮安失足落水，臣等在此問安。」

朱厚照（紅眼眶）說：「你不是已經讓御醫們，共同來替朕看過了嗎？還問什麼安？」

楊廷和（青眼眶）神色有些詭異地說：「臣聽御醫們說，陛下燥熱難退，臣擔心陛下龍體有恙，必須親自查看。這也是臣職責所在。」

朱厚照（紅眼眶）說：「他們都是一堆庸醫，朕身體好得很，朕沒病。」

楊廷和（青眼眶）說：「不，臣認為陛下有病，必須服藥。」

朱厚照（紅眼眶）跳起來說：「你說什麼？你在說誰有病？」

張永在一旁也指著楊廷和說：「楊閣老，你太放肆了！」

楊廷和（青眼眶）堅定地搖搖頭說：「陛下，聖駕四處遊蕩，從北到南，身旁聚集了一大堆佞寵，疏遠大臣，有皇宮不住偏偏要住豹房，有后妃不寵幸，偏偏四處去拈浪蕩優妓粉黛。過去也徵了不少民女，惹了民怨，但之後又放在後宮不幸，以至於沒有皇子，太后對此做為，非常不高興。違反祖制扭曲律法。臣不得不轉述太后懿旨，以及百姓們的怨恨，請陛下要照顧龍體，矯正作風。」

朱厚照（紅眼眶）指著楊廷和說：「誰是優妓粉黛？你可別胡說八道！」

楊廷和（青眼眶）苦著臉說：「不是優妓粉黛？那個小鳳姐是誰？」

朱厚照（紅眼眶）聽到小鳳姐，確實這是他用皇帝身分，去搭訕的民間情人，轉而低聲喃喃說：「這只是朕在民間的女性友人。」

楊廷和（青眼眶）大聲道：「荒唐！這就更荒謬了！國家自有國法，朝廷自有律令，君臣各有分際，交往都必須依照朝廷規矩來做，百官哪一個可以不遵？大明律令官員若有娶娼妓為妻妾，立刻剝奪功名，貶為平民。而皇帝陛下竟然會直接有所謂的民間『女性友人』，一搭一唱打情罵俏，甚至還聽聞她都要陛下親自前去，才肯相見。這民女招見皇帝，亙古未聞。陛下這樣如何做百官萬民表率？如此必然會有賊人會利用這段民女可以招見陛下的友誼，圖謀私利。經過這次寧王之亂，江南百姓騷然，寧王之所以敢鋌而走險，就是看準朝廷規矩已經敗壞，以為有機可趁。現在是藩王造反，將來若是延伸到大規模民變，那就天是天命動搖？先前臣等給陛下上奏過，聽聞兩廣也有猺族勢力因寧王之亂後，蠢蠢欲動，亂局漸形下行！陛下應當要重歸正軌，臣不敢以太后懿旨相逼陛下。就純粹以臣的職責相勸，陛下身繫天下安危，有病就當醫治，重新上朝主政，讓朝廷重回正軌。」

朱厚照（紅眼眶）指著楊廷和說：「小鳳姐的事情，朕自知做得太過。之後自然不會再如此。不過朝政朕會受理，不讓那些不軌之人再有機會，但朕沒有病，你要怎麼看病？」

楊廷和（青眼眶）冷著臉搖頭說：「陛下過去做太多奇事，臣民們都怕了。臣不相信，臣堅持要太醫再來看，而且陛下必須服藥，以防不測。」

朱厚照仍然不言。

楊廷和（青眼眶）看著張永接著說：「張永公公識大體，能聽王守仁先生的意見，勸陛下做正確的事情。但聽聞內官張忠就為人奸賊，他與寧王及江湖盜匪有勾結。甚至之前隱瞞王守仁的捷報，直到兵部發塘報陛下才知。內官吳經追隨陛下南征，更是強徵民間處女與寡婦，說沒有金銀就必須入豹房不能回家，這等於是助賊叛逆，阻擋聖聽，可有此事？」說到這異常嚴肅，並且一步不讓。

朱厚照感覺自己被楊廷和逼宮，但這一切都是事實，況且所言都在理，對此已經沒有底氣，看著張永問：「他說的可是真的？」

張永低頭說：「是聽說，有這樣的事情。」

楊廷和（青眼眶）說：「陛下對小鳳姐的事情，臣等可以睜一隻眼閉一隻眼，等待陛下改變。但他們二人做這種事情，等於替朝廷埋下一次的叛亂的種子，歷朝歷代盛衰，史冊歷歷在目。東漢的十常侍勾結黃巾賊，唐朝的亂政宦官搜刮財寶勾結藩鎮，也不過如此。難道大明朝要放縱這些人，如以往朝代中期過後自埋隱患直到衰亡？對此臣等無法容忍，臣斗膽請問陛下該如何處置此事？」

朱厚照（紅眼眶）不知道為何，已經沒有底氣，對著張永說：「你立刻著人把張忠與吳經拿下，查明若屬實就問斬，民女與財物全部派人護送回家，交還親人物主。」

張永遵旨。

楊廷和（青眼眶）說：「那豹房與先前那些民女。」

朱厚照（紅眼眶）低聲說：「好吧，通通都派人送回去，每人還給三兩黃金當作補償。只是豹房是朕的家，朕住習慣了，暫時不撤。」

楊廷和（青眼眶）說：「那陛下的病。」

朱厚照（紅眼眶）揮手低聲說：「好吧好吧，你就去招太醫他們來吧。看到底有沒有病。」

楊廷和（青眼眶）開心了，下跪磕頭說：「天子聖明，臣等遵旨。」

太醫們於是開了不少藥方，太監檢查這些藥方也都正常，但由於朱厚照住在豹房，很多事情就沒有按照宮廷正常的檢查流程。

朱厚照於是感覺到，越吃這些太醫的藥，身體越不見起色，反而真的患病。最終在南郊率群臣祭祀天地，祭拜過程中突然嘔血，隨即送入齋宮休養。次日，返回大內，僅在奉天殿舉行慶成禮。此後，立春日的朝賀一同免去。正德十六年初，監察御史鄭本公鑑於朱厚照身體狀況不樂觀，上奏說望能於宗室間過繼一人主掌東宮，但後來武宗身體略有好轉。

然而越吃藥越難好轉，朱厚照突然向身邊的太監陳敬和蘇進表示，自己可能無法痊癒，讓其召司禮監並稟告皇太后，由太后與內閣議處天下事，並表示自己耽誤子嗣。十四日，朱厚照於豹房崩，得年二十九歲。

朱厚照駕崩後，楊廷和徵興國世子朱厚熜入京即位。朱厚熜先繼承興王頭銜，再即皇帝位，改元嘉靖。

朱厚熜剛繼位，雖然尊重楊廷和，但內心對他十分猜忌。不過對於王守仁，則非常敬畏。於是以王陽明平定寧王之亂，特敕封其為新建伯，兼南京兵部尚書、照舊參贊機務，並於嘉靖二年在紹興開府，可以自行授官。

紹興。

來了一群文士，自認為學富五車，拿著宋儒朱熹的格物致知，與王守仁辯論。但由於王守仁文人軍功受爵，乃至可以開府自行任免官吏，是明朝第二人，自然這些文士只是為了炫耀自己所知，想與之結交，受得一官半職或一些好處，不是真的辯論。所以在場的言語相互都非常平和。

由王守仁帶出的士林風氣，就是屁癲怪癲，自以為超凡入聖，實際上都是在裝模作樣。

眾文士在一陣相互吹捧之後，逐步進入敏感話題。

「紹興天高皇帝遠，而且在新建伯這裡，錦衣衛、東廠那些牛鬼蛇神，也不敢靠近。但沒有新建伯的允諾，我等不敢說太多敏感的話題。」一個文士這麼說。

王守仁（粉黃眼眶）說：「各位不是白丁，對自己有一定自律，在這裡沒有禁忌，有什麼話可以直言。鄙人對於相互吹捧，互相阿諛，滿堂客套話，滿堂虛偽的笑容，或是歌頌朝廷萬歲諸如此類，全都沒有興趣。鄙人『心即是理』的參悟，可不是隨意喊假的。」

眾人行揖。

一文士（ 綠眼眶 ）自以為學問高深，乖癲的學問已經拿不出手，於是準備來一個驚悚之論，圖在王守仁面前哄抬身價，說：「在下就開門見山，而且簡潔直言，在下對於朱熹格物致知，切於實用，還是較有偏好。格物辯證，方能判斷深遠之真理。且不說空泛的話題，就說大行皇帝正德，年紀尚輕，四處遊蕩更代表正德活力旺盛。怎麼可能落水一下，就染重病，祭天吐血，最後駕崩？聽聞首輔楊廷和帶著強迫，要正德看御醫，但病卻越看越重，乃至駕崩。這楊廷和是不是跟御醫有什麼串聯？」

此語一出，滿座驚愕，所有人本來吹捧得非常聒噪自爽，忽然全部靜默，怕扯上了什麼邊，給人落了把柄。甚至王守仁也靜默不發一語。

文士見（綠眼眶）其他人全部縮回去，場面異常尷尬，不得不再語，但內心頗有得意說：「再來一個格物辨證學的實用吧。有人說正德是因為感染吸蟲病，才會吐血而崩。但首先當時落水已經秋季，並非吸蟲病的季節，最後吐血病症也與感染吸蟲病不相符。至於感染風寒，本人也曾落水，去坊間小醫拿個藥，靜養半月就已無事，況乎正德年紀正輕，又有御醫看診，這更不符合實情。以格真物為唯一標準，辨證真實的真相，才是這世間唯一實用真學之法。」

看到眾人冷著神情看自己，知道自己已經達到目的，但也怕會因言語惹禍。於是改口說：「本人並非朝廷官吏，不會牽涉朝政利益，更無朋黨後台，以上只是本人討論真學之說，各位切莫計較。主題是格物辨證之學，就是以真實眼見之物質，一切法則規律，判斷一個真相，宋儒朱熹之論還是有獨到之處。」

這文士便低頭品茶，沉靜片刻，眼神瞄眾人神情，心中暗暗自喜。

王守仁（粉黃眼眶）呵呵一笑說：「這裡不會有廠衛爪牙，鄙人雖然是朝廷所敕封伯爵，但更是士林文人，暢所欲言無妨。鄙人直說了吧，鄙人也對大行皇帝正德之崩，有所疑惑。甚至鄙人幾乎敢斷言，他就是被朝臣與御醫串聯，下毒而崩亡。」

眾人全部瞪大眼。

「伯爺，這……皇帝被謀害，弒逆大罪，天大之事，這……朝廷怎麼會如此風平浪靜？」另外一位文士如此發抖驚問。

王守仁（粉黃眼眶）搖搖頭笑說：「你等都把這世道看得太單純。格物辨證之學，在這就會顯得只觀表象，看圖說事，幼稚無知。且不說別的，翻翻歷史吧。皇帝這個行當，就是高危險者，因為牽涉的利益太大，影響的干係太多。有明文記載者，十之有三，死於非命。至於沒有明文記載，但是壽命與死因令人懷疑者，如正德這般，若也計算在內，更是十之有五。正德雖放蕩不羈，本來也無太大問題，但這已經違逆土木堡事變之後，大明國體風氣轉變，自然會有一些人採取相應動作。若這件事情真是朝臣做下的，反而在此風氣大勢之下，不會有人追究正德真正死因。甚至皇帝會比一般人都還不若，連喊悲申冤的人都不會有，一隻蚊子都不會吭一聲。」

這王守仁果然不是凡人，語出驚人，這群對他拼命說話，拍馬逢迎，想求官位的文士，全部啞掉。

「至於今上皇帝陛下，他的作風將會如何？鄙人不是料事如神，但也敢對此推斷，與正德的行事將會完全相反。正德喜歡在外遊蕩玩樂鬧事情，結果英年早逝，今上極可能會因此足不出戶，待在皇宮大內去玩自己。因為這也是大明王朝朱家皇帝，與歷朝皇帝不同之處。從洪武殘忍，建文仁慈，永樂乖張，洪熙內斂，直到現在的嘉靖，每一個新皇都要來一個作風大逆轉，各位再看朱家皇帝的字輩傳承，再猜猜皇明祖訓傳家心法，就可以推斷一二。這格物辯證就猜不出來了。」

說到『猜猜皇明祖訓傳家心法』一句，雙手還擺出蓮花指，裝腔作勢，露出詭異地笑容。

「但朱家皇帝，這種臨機就變，甚至像是乞丐觀察施主，相熬相怵，硬要施捨的作法，到底能不能讓本朝傳之更久？鄙人生在本朝，不敢亂說。但天道運轉，天命無常，這種乞丐般三兩三的知能就算再能撒潑，又豈能挑戰？格物辯證猜不出來，但鄙人『心即是理』，已經一語道破，他朱家皇帝豈能超越歷朝歷代行情？蕩蕩中華會被乞丐手法套牢嗎？」瞪大眼，蓮花指依舊，神情更詭異。

眾人全部呆若木雞，先前大家都有聽聞，陽明先生屁癲作樣，但萬萬沒想到會這樣驚悚。

王守仁（粉黃眼眶）轉手指著剛才，觸到這個話題的文士，哈哈笑說：「鄙人把話都說到這種地步，閣下以為自己剛才的格物辯證驚悚言論，能比鄙人心即是理的幾分？」

文士（綠眼眶）發抖低頭行揖說：「陽明伯爺，真的是奇人，格物辨證只是在推斷過去，『心即是理』卻已經能判斷未來，如此高下立判，真不是喊假的。難怪可以文臣立軍功而得爵位。在下這種學問，豈能相比？在下佩服，佩服得五體投地啊。」

確實，真正的奇人往往不露聲色，王守仁雖露了聲色，但純粹是環境給的契機，實際上還是保留了很多，這些想攀附升遷的文士，在奇人面前，就別想發表高論凸顯自己。一個唯心一指，就把一大堆格物辯證，打得落花流水，自嘆不如。

王守仁死後，陽明學說持續流傳，只是大家都沒有得到他『心即是理』的精髓。

嘉靖皇帝朱厚熜雖然是藩王入嗣，但果然繼續朱明王朝的傳統，一繼位後作風大改變，不在外玩耍，改在宮內足不出戶玩，尤其對女色特別執著。直到發生了楊金英等宮女叛變的事件，朱厚熜差點喪命，讓朱厚熜心寒膽顫，遠離女色，離開皇宮，在湖中築別宮修煉，專務求長生之道。

※※※※※※※※※※※※中軸線訊息※※※※※※※※※※※※

承前

異=Σ異一1 < 1 // 越來越弱勢，但母體模式成熟，很久才會出現一次X，

衰變機率大減/

代=Σ本1+Σ異二1 // 女眞本屬明朝控制範圍內，逐漸退出Y作加法 //

令 異=Σ異二1+Σ異一1 異二↑↓異一=Σ異二1（+Σ異一1） 代↑↓

異

令昊= 本甲+本乙 本甲=異二1 本乙=異二2 代↓0

當代=0 母=1/異（+本）=1 1=1 // 清初入關統一 //

群（異）=群（本）> 5 // 五族共和，開疆拓土，母體模式成熟，直

接在ㄚ重演漢唐動力／／

異〉1　∴母=1／異（+本）〉1

※※※※※　※※※※※　※※※※※

時間稍早，朱厚照才登基沒多久，正德三年。世界的某處。

此地的人，在很久以前，就已經流傳一個故事，將會有人從另外一個世界來找他們。如今，這個流傳的故事成真，但不是他們設想的那麼美妙。或許原本應該是美妙的，但由於種種原因，出現了另外一個結果。

一個扁頭的中年男子慌忙地衝回自己家裡，但門口擋著一個鄰居婦人，不給他進門。原來他的妻子正分娩，是他們夫妻第二個小孩。旁邊兩個鄰居婦女幫忙接產，總算順利生出來。

「是個女孩，是個女孩。」一個鄰家婦人對著他這麼說。

中年男子說：「讓我進去，我要抱抱她。」

婦人說：「你這麼急躁做什麼？還得溫水擦洗，不要把外面的病魔帶進來，小孩很脆弱。」

「我應該抱著她，讓她低蹲生產的。」

婦人說：「你太慢回家，這件事情我幫你做了，不必擔心，你在門外等著比較好。」

中年男子只好忍著急，退到門外石頭上坐著。

只見婦人細心擦洗好女嬰，包裹好之後，才讓這個中年男子進門。

鄰居婦女問：「取名字吧，得回報到邦王那邊。」

中年男子興奮地說：「好，我想想。」

躺在床台上的妻子說：「等等，我要說。我們的女兒很不一樣。你取名必須聽我的。」

鄰居婦女扶起她。

妻子說：「昨晚生下她之前，我夢見一團煙霧，我走在煙霧中。聽到聲音，說我將會出生一個女兒，她很不一樣，不是一般的女兒。我問怎麼不一樣？那個聲音說，她長大之後將會做出非常傑出的事情，是開天闢地以來，都沒有女人會去做的事。我一直撥開煙霧，忽然跳出一隻眼鏡猴。這猴說，我們的女兒長大之後，會去很遙遠的地方，會看到遙遠的羽蛇神，嫁給羽蛇神的兒子，找到拯救我們的方法。」

中年男子問：「你要我用這段夢來取名？這很怪！」

妻子說：「聽我的，那隻猴有說，若不好好照看這個女兒，連我們的兒子都會死。整個大地所有邦，都不會在下一個創世有重生之機。一定要聽我的。」

中年男子說：「知道了，我想一想。」

中年男子喃喃自語，想了一段時間，然後說：「夢見羽蛇神是神，又夢見動物。那麼以邦內廣場八百一十九天一循環的神物曆，今天是第十二日。妳夢見眼鏡猴與煙霧。那麼女兒就叫，十二／煙霧／猴。用組字來做，簡稱十二／煙猴。」

鄰居婦女笑說：「十二／煙霧／猴，姓氏是巨樹，所以全名是，巨樹／十二／煙霧／猴。」

中年男子說：「先前生兒子的時候，妳也說夢見浪花。堅持要我用此取名。現在又這樣。」

妻子說：「這次不一樣，這是啟示。」

於是報給邦內的國王。

邦王說：「十五／光藍，你想多了吧？創世的重生，跟一個女嬰有關係？」

十五／光藍說：「我妻子的夢，常常很準確。」

邦王說：「隨便你怎麼對女兒取名，但這不要拿到下一次的祭祀上。創世這個話題，在我們邦可是禁忌。你也是祭司之一，知道這個禁忌。」

十五／光藍低頭接受。

邦王說：「對了，你的兒子還沒有裹頭，過了年紀就很難裹。他不想要學習祭司課程了嗎？」

十五／光藍說：「他怕頭痛，也說我的扁頭很醜，總是躲著我們。我也不想要勉強他去裹頭。」

邦王說：「那他最多就只能當中階戰士，萬一打仗失敗，被敵人擄去，拿去祭神，也就只能順應命運。你可以離開了。」

十五／光藍知道邦王不太喜歡自己，於是退出。

退出之前，回頭對邦王說：「最近聽說東方大海出現一群大船，來了異域之人。有少數邦把他們當作神來崇拜，而實際上他們非常邪惡，會毀滅搶奪，姦淫女子。我們邦要特別小心，請您多加注意。」

邦王懶懶地揮手說：「這件事情我聽說過，他們的人數不多。我已經下命令，發現他們就出動戰士攻擊，不會讓他們靠近我邦的領土，你就放心。」

十五／光藍擺手行禮，然後離開。

他兒子叫做十九／浪花，今年五歲，妻子叫三／玉葉。

十五／光藍回到家，三／玉葉正在哺乳，看見可愛的十二／煙猴吸允，露出微笑。轉面對兒子十九／浪花說：「你到了裹頭的年紀囉。」

十九／浪花堅持說：「我不要！然後哭著抱媽媽的腿。」

三／玉葉說：「不要勉強他！」

十五／光藍說：「邦王說，那他就不能繼承我的祭司職位，最多只能當低階戰士。」

三／玉葉說：「丈夫，你相信我，我們這兩個小孩都不是一般人。我這個人什麼都沒能力，非常少夢，但是一夢都常常應驗。我甚至預感，我們活不了那麼久，但他們兄妹兩人還能活得很特別。」

十五／光藍說：「知道，一切聽妳的。這對兄妹，我會去找最強的戰士，教導他們作戰技能。」

八年後，兄妹長大了一些。

十五／光藍帶著兄妹二人出遠門，到風盾山神廟找預言。

「這是古代預言家的住的地方。我今天帶你們來這，不是只為了遊玩，而是要你們認識字。」

兄妹兩人一陣歡呼。

這風盾山上，有一個老祭司在這管理。

老祭司看到十五／光藍，說：「我以前好像見過你。」

十五／光藍說：「是的，我年輕結婚前，來過幾次。都是為了向您請教關於古碑文與預言。」

兄妹二人在碑文附近玩耍了起來。

「你們兩個可別跑遠啊！」十五／光藍嚴肅地說。

「知道。」兄妹二人同聲回答。

老祭司問：「你來此想要什麼預言？」

十五／光藍說：「這幾年，東方大海的那邊，乘船來了一些人。長相與我們不一樣，侵犯了不少邦。這些人貪婪金銀，掠奪女子。他們手上的武器非常厲害，很多邦都怕他們。雖然還沒侵犯到我們的邦，但遲早會來到。老祭司你可有聽說過？」

老祭司搖晃著頭說：「我不知道有這種事情。風盾山神廟在以前，是很多邦的聖地。但如今很多邦已經冷落我們，所以沒有人告訴我這件事。但我可以幫你找找，看古代有沒有這樣的預言。」

「這的預言碑文與紙本，最早可以追溯到一千五百年前。你跟我來看碑文。」

看到這群碑，十五／光藍能夠讀懂。

「我們的創世在，十三，十三，十三，十三，十三，零，零，零，零這一天。通常記錄為十三，零，零，零，零。輪到下一個十三，零，零，零，零。則代表世界會有一番大變動。所以創世嚴格說要記錄六位數，才能充分表達本次創世的所有時間，即，十三，十三，零，零，零，零。」

「為何是十三？那代表創世之前還有時間？」

老祭司說：「這是當然，創世之前還有其他的人事物在活動。我們只認識我們的世界，這世界就包含了時間與空間。兩者是對立的。就像是光明與黑暗，白天與夜晚，交錯在一起。一個是一極，另外一個是一極，有交錯在時間中，才能生出我們的世界。今天應該是長曆的十四，十一，十四，十九，十五，十七。」

十五／光藍問：「我想請問一下，為何第二位數，會是十八天進位到第三位？」

答道：「原因是這配合哈布曆，三百六十五天為一年。去除五個無名日，這樣就可以看見第三位數，經歷過大概多少個哈布年。」

十五／光藍擺手說：「不對，據我所知，一年三百六十五天還要再多一些。倘若以三百六十五天都已經有誤差，為何還要去除五天，豈不是誤差更大？」

老祭司笑說：「計算時間不要只看精準。上古時代我們的祖先就說，三百六十五天其實是遊走的，倘若一年只過三百六十五天而已，那麼許多年後，遲早冬天的日子，最後會移到夏天來過，最後又會移走回冬天，從而沒有固定。一年的兩個季節就混亂無序。中間有些微誤差，可見日月星辰運行，不是用天當作單位。然而我們計算曆法的基本數字，又只能用天來當作單位。所以乾脆就讓哈布年遊走，而且遊走得快一些。拉出長曆出來，那麼時間的概念就重新統整在一起。利用這個遊走，我們去對準生活上與日常見到的所有事情，使之全部連結在一起。最後精準或者不精準，就變成不重要了，因為所有日子都可以用哈布曆日名，清楚定位出來！」

在這個地方，一年的感覺中，最多兩個季節，而不是四季。

老祭司接著指著天說：「看整體，不要看片段。看定位的本身功能，不要看定位的某個性質。所以只看文字的意義，是錯誤的。文字的定位關係與整體關係才是本質。當這些定位關係，累積越來越多時後，就能找到這個世界變化的規律。以此規律再套回現狀與日期，就可以預言未來之事。」

十五／光藍說：「老祭司您好厲害。真是有學問。各邦之王不請教你，真是錯誤。他們真的錯誤！」

「年紀大了，想得多，沒什麼。至於各邦國王，權力迷惑了眼睛，只會相信最膚淺最短利的語言。至於我，雖然知道這樣可以預言，但是我沒有這個能力，只是模模糊糊，知道這條路可能可以做到。然而那個規律，我始終找不到。也許古代的人曾有人找到，才會留下很多預言。」

「請幫我查查預言，我獻上這些金銀，作為禮物。」

於是拿出了黃金與白銀給老祭司。

老祭司於是查閱碑文與紙本文件。十五／光藍去帶著那兩兄妹。

老祭司拿出一紙本摺書說：「某個預言說，當大地出現變動的時候，將會有一對兄妹，尋找羽蛇神的兒子所在之處。以拯救整個大地的子民，妹妹將嫁給羽蛇神之子。在那一天來臨之前，那一對兄妹將會由其父親帶來風盾山。」

老祭司瞪大眼睛問：「會不會這在說你？」

十五／光藍吃驚萬分，拿來紙本摺書，確實是這樣說。

「我妻子生她之前夢見，我女兒長大之後將會做出非常傑出的事情，是開天闢地以來，都沒有女人會去做的事。我一直撥開煙霧，忽然跳出一隻眼鏡猴。這猴說，我們的女兒長大之後，會去很遙遠的地方，會看到遙遠的羽蛇神，嫁給羽蛇神的兒子，找到拯救我們的方法。」

老祭司說：「這本書就送給你，你回去好好讓這對兄妹長大。健康，能保護自己。倘若你說的東方大海來的盜賊，真的開始在蹂躪我們的大地，也許真的這對兄妹，能找到羽蛇神的兒子，來拯救我們大地。」

十五／光藍苦臉說：「老實說，我不喜歡神的預言。因為我自己也當過祭司，知道這當中，很多都是人的假話。我自己也做過預言，都是利用不斷出現的事情，來賭可能出現的事情，沒有依據的。常常巧合也是基於說謊，卻被大家認為預言很準確。誰都沒見過羽蛇神，又哪來的兒子？更何況羽蛇神的兒子也是羽蛇，怎麼能娶我女兒？」

老祭司笑著說：「別太快下決斷，我剛才說曆法時，不是說過只看文字意義是錯誤的。之前我們所有人都認為，大海不會有人來。往北走是難以生存的荒原，都是野蠻部族。他們的一年是四季，我們的一年是兩季。往南走過了陸橋，就是一片森林與高原，也是野蠻部族。但你今日卻發現，大海之外也有其他人，會搭船過海的人。倘若這些人是搶奪姦淫的魔鬼，那麼羽蛇神也許就是另外一些對我們比較善良的人。同樣也是人。我們的預言，只能用我們懂的語言去說，但不代表沒有根據。剛才我不也說過，遊走的一年，加速定位，找到經驗模式，統整出規律，最後可以用此探測未來。你說這沒依據嗎？若沒根據，我們的曆法又豈會這麼精準而實用？」

說得太有道理，沒想到在這世界的偏遠山上，有如此智慧。

十五／光藍非常開心，於是再加贈玉珮為禮物，告別老祭司，帶著這對兄妹與預言書回家去。

回家之後不斷研究，但是仍然沒有結果。過幾年，十五／光藍與妻子三／玉葉，都去世。十九／浪花則當上邦內的基層戰士，娶了一個叫做九／天盾的女人為妻子。而十二／煙猴，仍然跟著兄嫂住在一起，也練習了作戰技能。

十九／浪花奔跑回家，哭著大喊：「九／天盾被抓走了！妹妹快來！」

十二／煙猴問：「怎麼回事？」

十九／浪花哭著說：「我跟她去海邊撿貝殼，我下海游泳一段，結果白魔鬼騎著高大的駱馬來搶掠。我回到岸邊追趕不及，只看到他們在駱馬上，抓著九／天盾，哈哈笑著離去。」

十二／煙猴說：「白魔鬼？告訴邦王了嗎？」

十九／浪花哭著說：「他們沒有理我，妹妹我們該怎麼辦？」

十二／煙猴說：「邦王並不是不理你，而是現在有更重要的事情。我聽邦內的人說，現在各邦都派使節來這裡集合，討論組織各邦聯軍，討伐白魔鬼的事情。這將是我們大地有史以來，最大的一支軍隊。」

十九／浪花瞪大眼，停止哭泣說：「太好了，討伐白魔鬼。但我要九／天盾，這樣也不一定能找到九／天盾。」

十二／煙猴說：「錯了，這才能找到九／天盾。白魔鬼的武器很厲害，甚至我們的大地有一些部族已經變成了他們的走狗，你找到九／天盾，若沒有邦的軍隊協助，你怎麼搶回九／天盾？」

十九／浪花說：「好，我現在就回軍隊去，妳就繼續照顧家裡的財產與邦外我們的玉米田。我要立刻告訴邦王，我要當先鋒參加追打白魔鬼的軍隊。」

正要離去。

十二／煙猴說：「哥哥！」

十九／浪花回頭。

「哥哥，打仗的時候，保護自己生命優先。因為你不是只有妻子，還有我。倘若聯軍打敗白魔鬼，詢問出九／天盾下落最好。萬一找不到，就回來找我，妹妹我會幫你找到嫂嫂的。」

十九／浪花點頭。

跑到邦內，果然開始在廣場集結軍隊，但這個邦人數只有三千多人，花了一天的時間才全部集結完畢。十九／浪花被分配在一個小隊上。

邦王對所有戰士說：「鷹勇士們，白魔鬼蹂躪著我們的大地，許多邦都被他們所毀滅。切佩切附近的三個邦，竟然投奔了白魔鬼當他們養的走狗。我們三十一個邦，昨天已經在這邊達成協議，每個邦都派精銳的勇士出來，組成一個聯合軍，徹底消滅我們大地上的白魔鬼。打倒他們！」

「打倒他們！」

「吼吼吼！」

三千多人一起呼喊，看似聲勢雄壯。

邦王高喊:「現在出發！往北邊高地集結，那邊有我們的盟友，八萬人在那邊！」

「吼吼吼！」

三千多人一起行動，十九／浪花也被分配到石斧，黑曜岩做的長矛，以及投石器。也有其他人分配到弓箭，矛刀等等。

一群人由邦王帶領，浩浩蕩蕩離開邦城，前往高地，邦王揮舞著旗幟，高地出現其他軍隊，也揮舞著旗幟回應。

邦王說：「那是我們的盟友！這次的行動，只要揮舞這個旗號，就是我們的盟友！勇士們，讓我們一起打敗白魔鬼，捍衛我們的大地！」

眾人一片歡呼。

軍隊越聚越多，浩浩蕩蕩集結了八萬人，從幾處高地集結完成後，由嚮導帶領，分批往白魔鬼控制的城池前進。

十九／浪花也跟著興奮了起來，不斷對身邊的人說：「你們若看到白魔鬼搶的女人，那肯定是我的妻子，她叫做九／天盾！你們看到她要告訴我！」

「我們知道啦！你已經反反覆覆講了上百次，我們耳朵都聽煩。聯軍這麼多，你自己去跟每一個人說！」「你去跟邦王說，他的消息比較靈通。」

所有軍隊浩浩蕩蕩向前挺進，但人數雖多，卻像是烏合之眾。

第三十章　瑪雅世界巨變　老五一門滅絕

此時，中南美洲的瑪雅文明與其旁支印加文明，已經被西班牙人與葡萄牙人入侵，瑪雅文明已經走向崩潰，接著印加也跟著走向滅絕。西班牙人與葡萄牙人，將中南美洲的玉米與白銀，當作貨物，先運回歐洲之後，通過新航路到達中國，同時傳教士，介紹了世界其他地理位置。

中國在此時才有人知道，原來大洋對面還有一塊大陸。

本來這不足為奇，但超個體從這些小東西，感覺到異樣。

※※※※※※※※※※※※※※※※

超個體一而二，二而一。陰古與陽怪。

陰古：這些東西怎麼會跑進來？這些東西應該不是這些不速之客的。

陽怪：難道說，我們先前的航海方向有誤？

陰古：肯定有誤，我們的罔兩型極可能被這些人先找到，我們對外沒有眼睛，方向也模糊，全靠摸氣脈來探索。先前我們的航海探索，認為東方大海過了日本就沒氣脈，所以沒有往這方向去！

陽怪：若是先被找到，情況不妙。

陰古：老五一門，可能在大洋其他方向的陸塊，我幾乎可以判定，是我們形成之前，自然經過我們的地域而演繹過去的。而且是我們在設局之後，它才逐漸成為我們的罔兩型，而成老五一門。最初我就擔心他們碰到我們猜忌的力量，所以大規模航海去摸排，主動去找他們。但此刻他們若產生巨變而滅絕，這罔兩永遠不會來找我們，我們也找不到他們。罔兩永遠不會問景，將會有其他力量代替他們來找我們，代表自源文明系只剩下我們一個……那股力量，知道我們比較難處理，先跳過我們去收拾老五，然後把我們當作最後一個來收拾！

陽怪：這……

陰古：看來長城之局，確實該快速收官，並且預做準備，否則我們也將有巨變，現在對外要走向封閉鎖國，已經沒有繼續主動探查氣脈的必要。只留一個管道觀察變化。用其他方式去探索，老五一門現在遭遇什麼？

陽怪：這得用間接的方式。

陰古：必須去探測一下，這干係很大！我們也有罔兩問景能力，就運用這些不速之客的脈絡，去刺探一番。極可能就知道我們的罔兩型在哪裡！實在不甘願，就這樣不明不白，讓老五一門死了而我們沒有任何反應。

陽怪：有蛛絲馬跡，就可放出罔兩問景，時空吐息！混沌開眼！再讓脈絡子探出方位與景象！

※※※※※※※※※※※※※※※

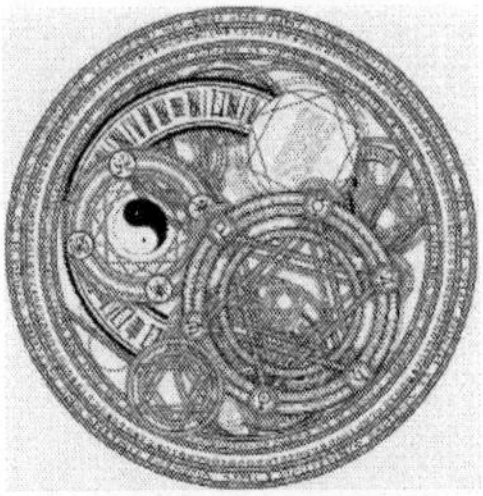

平凡人這條路，雖然資源寡缺，但相對傳承之路反而比較平坦。

脈絡子：總是讓我們作這些怪事，煩啊！去煩別局！

殘影鍊：喔，沒辦法，這是陰陽古怪之主的指示。有我們的諸多脈絡系統路線規制，才能探出遠方的景象。觀察線索，靜默面對，罔兩問景，我化殘影。

脈絡子：還不是又得借局？這根本不是我們的主業！

須臾。

心訪使：又來打擾。

罔兩鏡：我們知道該怎麼協助。

脈絡子：找到方位了。

殘影鍊：也抓到殘影了！狀況不太妙啊！得快回報陰陽古怪之主。

明朝皇帝有自己的佈局，但只是爭家族皇位能傳下去，但超個體也有其佈局，且是因其佈局而佈局。看似中國進入鎖國封閉狀態，實際上核心的真正中國本質，已經前所未有地在摸排世界變局，密切觀察其變化。

此時才知道，自己真正要找的罔兩在什麼方向？其餘的對外關係都不重要！因為在那邊的變局，一切看似與中國無關，實則干係重大。

罔兩問景，時空吐息，沿著脈絡能查閱時空『天際線』之外的事情。

就在嘉靖中期，太平洋對岸中南美洲瑪雅文明的變局正在發生！此文明地理位置與中國相對極遠，比歐洲文明都還遙遠，但眼睛看不到的一種自然脈絡力量，使之早就與中國形成囧兩問景之態。

兩者外觀同樣都屬於黃種人。

同樣有玉器，玉器同樣是禮器，同樣有碑文，同樣碑文下有龜只是位置不同，同樣象形方塊文字，象形文字同樣有簡體草寫法，因而同樣有書法，同樣有月亮上有兔子的傳說，傳說中羽蛇神與龍長得很相似且同樣傳說會飛並掌管雨水，同樣有毛筆，同樣單獨發明紙張，同樣有陰陽觀念，體育活動同樣有蹴鞠。同樣有運河與公共水利系統，建築物同樣融合自然之景而佈置，同樣強調方位風水。同樣有類似甲子循環的齒輪合璧之時間觀念，而瑪雅人的數學曆法系統，則比中國人更加精準得多，精密複雜程度更高得多。而對於時間觀念，同樣有良辰吉日或是不吉凶日，強調某一些事情該適合哪一種適合的時日去做。即便完全不同的氣候下，同樣強調坐北朝南，以及方位風水。同樣方位朝向，代表尊卑位置。

而同樣象形方塊文字系統中對比，瑪雅文字與漢字耦合程度，遠超過古埃及文的耦合。形聲、部首、象形、會意、假借、轉注。全部皆有。在文字敘述碑文時，同樣會使用風雨、生死、日月、晝夜、得失、多少等等，二元對立的蓋括性強的詞彙。同樣也會使用對仗的方式，敘述一個系統性質的文章理念。葬禮同樣有玉器遮蓋死者臉部，出生同樣會以循環曆法，去計算生辰八字。對宇宙自然之力，同樣遠超越神權的敘述。神祇雖多，卻分布在每一件平凡事物上。甚至中國人在五代之後，由貴族開始興起女子裹足，女子腳變形為高貴。而瑪雅人差不多同時，也由貴族開始興起男子裹頭，以男子頭變扁形為高貴。

諸如此類還更多……

最荒謬的巧合是，當唐朝滅亡，準備把長城局啟動到最深處，引誘蠻族進入中原，皇帝規制開始縮小。與此同時，瑪雅文明也開始文明一次重大損滅，文明規制也開始縮小，北美洲的北方野蠻的部族進入，帶入了很多野蠻以戰俘殉神的惡劣習性，但這些野蠻人也逐漸與原瑪雅人相互融合，瑪雅人同樣反向吞食同化之，相互影響，成為後瑪雅人。建立後瑪雅的城邦群。慢慢去除野蠻習性而過渡到文明。

與中國文明相同，瑪雅文明的旁支，同樣無法取代本體。

在罔兩問景的倒映下，很多自身特性是藏不住的。

倘若結合『緊隨影』之說，會非常驚愕地發現，有那麼一千多年的時間，世界還真的是跟著中國的走向來轉。世界的中心，中國，此說竟然為真。只是這對中國真正的聖上來說，這絕對不是好事。此說，留待後續著作再論。

只有投映的根源者，才看得出這些倒映出來的特性，代表什麼意思！身在局中的一般人還真看不出來。這一切當然都非偶然，也非傳承原因，不然就中國周邊其他國度距離很近，但文化風俗迴異，不可能在如此遙遠的地方，相互早在洪荒時期就已沒有連絡的分支，竟能有高度文化契合。甚至一切精神上的契合！

在沒有馬匹、沒有耕牛、一切只能人力，東西縱深不寬而南北縱深有餘氣候變化巨大而無法文明擴張，動植物環境截然不同，鮮少有能馴化的動植物的大地上，有著中華文明的投映，這一切當然有其他的原因！

雖然有高度耦合，卻因為這些自然條件，對農業文明發展初期，有太嚴酷的限制，所以仍然停留在石器文明，以致還沒有運用車輪與金屬，仍有獨自的原始社會各種愚昧陋習，整體的人文體制發展非常滯後，造成很多原始部族的野蠻殘忍，以及先進智慧，交錯存在而格格不入。

落在如此孤立的大洋遠處的叢林中。難怪華夏超個體也沒有摸出，自己的罔兩型在何處？甚至摸反了方向。畢竟是與自身完全不相關，又絕對相關的罔兩型。

那個極其精準的曆法與獨特的時間觀念，正是倒映著華夏鬼局大年的刻度。甚至是華夏鬼局，老四一門的弱點！

超個體時空吐息，混沌開眼。

投射感應，沿著西班牙人的世界航線脈絡，到正對面大洋彼岸的大陸塊上。就在西班牙人哥倫布發現美洲大陸後，歐洲人開始逐漸一批又一批渡過大西洋，往此處建城。而這裡卻沒有多少抵抗能力，西班牙人開始大肆搶掠金銀，殺戮男子姦淫婦女，傳染疾病瘟疫，瑪雅人不堪忍受，城邦之間組織大軍抵抗，但卻因有些部族當了內應與西班牙人合作。當地人使用的組織與武器還是石器時代的模式。而西班牙人只傳授愚蠢的宗教理論，似是而非的價值觀，使他們容易被控制，真正的武器與文明生產基礎，不願意給當地人知道。

話鋒回頭，到八萬瑪雅各邦聯軍這裡。

八萬多人呼嘯著大舉衝向一座西班牙人據守的城池。

啪！啪！啪！啪！啪！啪！

數百名西班牙軍隊亮出一排鳥銃開火，衝在最前面一群瑪雅鷹勇士，全部中彈倒地。

十九／浪花看到前面一群人，當場被打倒，嚇了一大跳，他從來沒見過這種武器。後面的瑪雅勇士仍然繼續向前衝，十九／浪花假裝受傷，仔細看了一下被打死的勇士，胸口或頭部有彈孔。

鷹勇士們衝到城牆下，往上拋擲石塊，或射擊弓箭。西班牙軍也拿出弓箭回射，但是西班牙軍有鐵甲護盾，瑪雅鷹勇士防護太弱，死傷慘重。但是依仗人多，繼續攻擊，也有人拿著木頭撞開城牆，有人則爬上城牆。

雙方開始喋血肉搏戰，城內竟然搬出一尊大砲，轟一聲在一群鷹勇士隊伍中炸開，又倒下一批鷹勇士。十九／浪花在後面嚇了一大跳，所幸還有其他鷹勇士繼續拋擲石塊，把開砲的西班牙兵打死。大家繼續往前衝殺，西班牙兵列出盾牌陣，並且抽出銳利的鐵製兵器，雙方一肉搏，瑪雅鷹勇士的武器都被砍斷，人也血肉橫飛。

十九／浪花只能在混亂中，撿地上的弓箭，協助瑪雅軍射擊。弓箭隊射擊凌亂，沒有形成箭雨，所以對西班牙軍殺傷不大。不過畢竟瑪雅軍人數眾多，前仆後繼之下，逐漸把西班牙軍趕出此城，總共殺掉了一百多個西班牙官兵。但十九／浪花大致算了一下，殺掉西班牙軍一百五十多人，瑪雅鷹勇士卻死掉了快六千人，受傷等待醫療的還不包括在內。

十九／浪花知道這比例差別太大，四處搜尋與問人，也沒人看見被俘虜的瑪雅女子，暗暗打算，萬一繼續作戰，保住自己性命為上。

瑪雅的統帥是另外一個邦的王，帶領所有邦王的軍隊繼續向前，他下命令把城池焚燒。所有軍隊繼續衝殺下一個西班牙城池。

終於瑪雅大軍繼續行軍，衝殺到下一個城池，但下一個西班牙人城池已經人去樓空，瑪雅統帥繼續下命令焚燒，以防止他們再回來。

忽然一群瑪雅隊伍從城外殺入，追打瑪雅聯軍。

「他們是切佩切三邦的敵人！打啊！」

原來這些瑪雅部族，已經是西班牙人的盟友，西班牙人知道自己數量太少，所以利用當地人打當地人。瑪雅聯軍在大火中拚死奮戰，憑藉人多把切佩切三邦的部隊打垮。

十九／浪花也拚死奮戰，連續砍殺掉數人。

聯軍太過鬆散，這切佩切三邦的軍隊雖然數量不多，武器也沒有改變，但已經懂得西班牙人傳授的作戰紀律，所以變得十分難纏。竟然在這座空城，讓整整三萬多人的瑪雅各邦聯軍差點出不了城池，險些被自己的大火給燒死。

十九／浪花這一隊伍，拚死奮戰，才替全軍殺出血路，這三個邦的部隊被打得潰逃。

正出了城，忽然側翼又殺出一票切佩切三邦的軍隊，他們竟然已經會騎馬，在平原上反覆衝殺。十九／浪花這個邦的邦王所屬三千人，首當其衝。最誇張的是，這些騎兵竟然也有鎧甲，邦王軍大敗，所幸友軍來援助，猛烈拋擲石塊，或組織敢死隊跳上去把騎兵拖下來。

十九／浪花丟出石斧，把擊中一奔跑踐踏的騎兵馬腳，馬跌倒在地，騎兵摔下來跌死。

大喊：「用石斧打大駱馬的腳！用石斧打大駱馬的腳！」

但是戰場混亂，沒人聽得到一個基層勇士的話。

總算犧牲慘重之下，把這群幫助西班牙人的瑪雅部族給打敗。

忽然聽到樂器聲，西班牙人軍隊接近一千人，排隊列出來。

邦王帶頭領著各邦聯軍，向該處衝殺，西班牙人又拿出鳥銃，一下好幾排瑪雅軍鷹勇士都倒地。最後他們只能後退。西班牙人軍隊抽出武器，騎馬衝殺，忽然協助西班牙人的瑪雅部族也反向衝殺，整個瑪雅各邦聯軍被切割成四分五裂。

十九／浪花只能揀拾地上的武器，用力扔馬腳。一個西班牙鐵甲騎兵當場人仰馬翻，摔下來之後，十九／浪花當場把他打死。他身旁的戰友發現他這招有效，也跟著做。

打死一群橫衝直撞，踩踏聯軍陣型的騎兵。勉強擊敗西班牙人的騎兵衝擊。聯軍勇士隊切佩切三邦的士兵再次發動攻擊。

嘩啦！嘩啦！四處吶喊叫囂，戰場上打得一團混亂。

各自用盡力氣，終於也把協助西班牙人的三邦軍隊再次擊潰。

但就在勉強擊敗騎兵之時，西班牙人的步兵已經衝上來，鳥銃與弓箭同時射擊，邦王當場陣亡，其他的邦王，也死得死，傷得傷。

終於瑪雅各邦聯軍崩潰四散。西班牙軍不斷追殺。

十九／浪花發現情況不對，不可能戰勝，往家裡的方向快速逃跑回去。經過一日一夜斷續奔跑，終於回到自己所屬的邦。此時發現不少邦內勇士也陸陸續續跑回來，告訴了邦內男女老幼，邦王陣亡的消息，所有人大驚失色，陷入一團混亂。

十九／浪花奔跑回家。

十九／浪花說：「快走，二十三個城邦聯軍被白魔鬼打敗了，他們距離我們的邦最近，極有可能會來這裡報復。」

十二／煙猴說：「嫂嫂呢？」

十九／浪花哭著說：「根本沒有找到，白魔鬼武器太厲害，我們死傷慘重也沒有打敗他們，邦王都被打死了。各邦聯軍潰散逃跑，我為了找九／天盾，我必須要找到底。」

「白魔鬼要來了，妳必須先藏起來，他們的武器非常厲害，身上都有銀色護甲盾牌，聯軍一下就潰敗。我不會放棄九／天盾的，我知道該去哪裡找她！」

「哥哥你先喝水，吃玉米餅，洗浴一下換衣服。然後我跟你一起再去找九／天盾。」

十九／浪花猶豫。

十二／煙猴已經把投擲石器、石長矛、石鏢槍都拿了出來。

十九／浪花苦臉說：「這沒有用！聯邦軍人數眾多，這些武器還會少嗎？我親眼見到，白魔鬼銀色甲盾擋得住我們的武器，他們一揮銀色兵器，我們的武器都斷開。其中還有一個武器，雖然只有一個人拿著，但更奇特，會噴火與煙出來，射出彈丸，馬上穿透一個人的身體。還有最可怕的，就是他們會騎著很強壯的駱馬，奔跑快速踐踏人，我們大地的駱馬很弱小，只能載貨，不能載人。他們是天上來的魔鬼。有各種我們從沒見過的東西。」

十二／煙猴說：「不，二十三各邦聯軍都錯了。白魔鬼也是人，不然他們不需要銀色甲盾！白魔鬼也是人，不然他們不會貪婪金銀，也不需要女人！他們的駱馬也是駱馬，也一樣可以被殺死！既然是人，那就不可能永遠穿著銀色甲盾拿著武器！只要他們放鬆下來，換我們全副武裝，我們的武器就有用了！關鍵在我們在什麼時候，什麼地點，去打擊他們。更何況，我們也可以學他們的武器。」

十九／浪花吃驚，這麼簡單的道理，他先前怎麼沒想到？

十九／浪花說：「可我擔心妳危險，寧願失去九／天盾，也不能讓妳受傷。」

十二／煙猴說：「你我從小一起長大，我的能力你知道的。不要囉嗦，走，你知道該去哪裡找她，快帶我去！」

於是十九／浪花同意妹妹的主張，先洗浴，吃喝休養一下。

接著十九／浪花帶著妹妹十二／煙猴，全身都綁滿石製武器，皮布袋有水與玉米餅，牽著一條黃狗，一同走出城邦。穿過樹林，到達天日之城金字塔廟宇外。

兄妹二人站在高崗上，十九／浪花說：「聯軍潰敗在天日之城這附近！白魔鬼既然打敗聯軍要休息，就會在這裡。妳看，他們在那邊生火，那個標誌就是白魔鬼的交叉標幟！據說海邊某些部族，幫著白魔鬼作惡，我們闖進去要非常小心。碰到他們，一樣不能手軟。」

果然遠望，十字軍標誌掛在天空之城頂端。

十二／煙猴說：「如果光靠兩人趁夜晚潛入，就算我們兩人善於打鬪，也不會是他們的對手。必須趁夜晚用另外一種方式。」於是拿出一個皮袋，裡面是引火乾草燧石，與累積的木炭。

指著天空之城說：「現在是乾季，晚上我會在靠近東邊的樹林，引燃大火，海邊部族的人肯定會發出驚擾之聲，白魔鬼分辨不出聲音來自於海邊族，還是聯邦軍。哥哥你只要看見火燃起，就潛入天空之城，見人就殺，殺了就跑，不斷反覆出沒。我屆時會塗黑臉，帶著黃狗，進入天空之城中，尋找九／天盾。」

十九／浪花指著黃狗說：「牠辨得到嗎？」

十二／煙猴拿著菸草說：「牠的鼻子可靈了。平常九／天盾會吸菸草，與其他女人不同，牠現在沿著這個味道，進天日之城去找，只要哥哥你猜得沒有錯，白魔鬼把搶掠的人與金銀都放在這，那麼肯定能找到九／天盾。明天天亮時，我們在這個地方會合，倘若到中午都沒有會合，代表我們其中一方出事。若是我出事，你必須繼續想辦法，若是你出事，我們不能等你。必須顧慮九／天盾的安全，哥哥你應該能理解。」

十九／浪花露出笑容，肯定地說：「我能理解。一切交給我，我們兄妹能夜晚爬樹跳山，聯手打得過森林之神的兒子黑豹，我可以偷襲，殺得他們恐慌。」

夜晚，北部族與西班牙侵略軍都在休息時，忽然森林燃起大火。分配在金字塔廟宇下的北部族，驚慌呼喊，分配在廟宇中睡覺的西班牙軍總計六十多人，以為有人偷襲，紛紛拿起武器與火把走下金字塔階梯。

當轉過底下廟宇住宅走道，十九／浪花拿長矛偷襲西班牙軍的後尾，一矛刺穿一個大鬍子的咽喉，然後躲入黑暗中。

西班牙軍驚呼，持劍盾四處搜尋。

「在頂上！」有人看到十九／浪花跳過民宅樓頂。

一排十多人弓箭手，朝黑影亂射，但夜晚看不清蹤跡，全部落空。只見黑影中飛出拋石，打中一個西班牙兵的額頭，拋石中的黑曜短矛刺入他眼中，他當場慘叫倒斃。

西班牙軍更是瘋狂，除了弓箭亂射，帶頭的指揮官拿著火槍，也對房頂之間，跳來跳去的黑影亂射擊。又一個長矛飛過來，當場刺穿指揮官的咽喉。然後十九／浪花跳出來，出現在巷弄中，又割斷一個士兵的喉嚨。

「在這裡！」西班牙兵發現了他。

於是刀劍揮砍，十九／浪花手上的石矛，一下被砍成兩段，肩膀也被劃傷，所幸動作敏捷躲入房門，西班牙兵追進來，火把四照，發現他已經從窗口跳出去。再追上去，已經消失在黑暗中。

殺了四個人，而指揮官的火槍，以及長劍也不見了。

十二／煙猴帶著黃狗，找到了金字塔頂旁的祈禱室，裡面堆放著許多裝著金銀的箱子，還有二十三個瑪雅女子，都被繩子綁著。其中一個面容姣好，但是滿嘴都黃牙的女人，正是九／天盾。

十二／煙猴拿出石製匕首，把所有女子的繩子割開。

九／天盾哭著抱緊十二／煙猴：「我就知道妳會來！」

十二／煙猴說：「妳丈夫，我哥哥，還在戰鬥。」轉面對所有瑪雅女子說：「都快跟我們走。白魔鬼假設來了，就走不了！」

於是她們一行人逃出廟宇，往叢林方向遁去。

忽然一陣呼嘯，這些來自各邦的瑪雅女子被三個瑪雅男子攔住去路。

「妳們在這裡！別想跑！」

十二／煙猴激動地說：「你們是海邊部族切佩切邦的人！我懂你們的語言。你們也是生長在這個大地，崇拜同樣的羽蛇神，為何要幫助白魔鬼凌辱一起生長在這個大地的女人？」

為首的男子說：「我只管切佩切部族的利益！不，是我們自己的利益。只要白魔鬼給的利益多，他們就是天使，即便切佩切的女人，也是可以給他們的。妳們乖乖回去，否則我們就要動用手上的武器了。」

十二／煙猴看了他們的武器笑了一下說：「把靈魂賣給白魔鬼的人，結果也沒有給你他們的武器，看來白魔鬼也沒有把你們當自己人。既然你們三個是這種下流的人，就別怪我出手凶狠。」

女子所牽的狗也在瘋狂吠叫。

三人哈哈大笑，似乎看不起這個弱小女子。立刻猛撲過來，黃狗撲上去，但被一個壯漢一石斧打死在地，十二ㄥ煙猴見了非常激動，揮動手上的石釜交戰，其他女子紛紛尖叫四散，為首的跟十二ㄥ煙猴交戰，另外兩人似乎想要追捕其他女子。十二ㄥ煙猴快速翻觔斗，動作非常敏捷，交斲幾下，瞬間石斧側擊為首男子的側腦，他當場噴血倒地。

另外兩人才各自抓了一個女子，看見為首的人已經被打死，嚇了一大跳，操起武器打向十二ㄥ煙猴。十二ㄥ煙猴以一敵二，但這兩人畢竟力氣很大，石矛石斧瘋狂猛揮，十二ㄥ煙猴只是不斷招架後退。忽然一陣石塊飛來，砸向二人。原來所有女子都回頭，拿起地上石頭猛扔這兩個切佩切人。趁著他們二人注意力分散，十二ㄥ煙猴揮舞反擊，兩人頭腦與咽喉都被割開，全部倒地。

十二ㄥ煙猴喘著氣，繼續往地下猛打，直到兩人死亡，也許是替被打死的黃狗復仇，然後說：「出賣靈魂的下流人！該死！」

後面又傳出呼嘯聲音，其他切佩切人似乎發現這有打鬥，十二ㄥ煙猴急忙帶著其他女子往森林奔去，奔到一段距離。

「快點把火把熄滅，全部低蹲在這兩棵樹中間，我來守夜。」十二ㄥ煙猴告訴其他女子。

眾瑪雅女子全部在伸手不見五指的森林中低蹲，她們既害怕追兵，也害怕森林有其他猛獸。

十二／煙猴與其他二十三個瑪雅女子，緊張地過了一個夜晚。天明之後，眾女子列成一長隊，快速衝往山崗上，十九／浪花已經在這等她們了。

九／天盾哭著抱住十九／浪花，在場也有其他女子開始哭泣。

「我要回家。」十九／浪花一看，這女孩才剛成年，可能才只有十三四歲。

十九／浪花問：「妳家在哪？妳叫什麼名字？」

女孩哭著說：「我叫八／大嘴鳥。我只知道在兩座山中間，附近有蒂卡婆城市。」

她一哭，其他女人也跟著哭。

十二／煙猴說：「都不要哭了，蒂卡婆距離很遠，那邊的情況妳知道嗎？」

九／天盾說：「我知道她們的家，都被白魔鬼與切佩切的人破壞，家人不是走散就是被殺，她們才會被抓到這裡來。其實都無家可回。」

十二／煙猴說：「白魔鬼現在不斷入侵我們大地，焚毀所有，搶走金銀與女人，但還有很多壞人竟然還幫白魔鬼。妳們不要冒險回去了，先跟著我們兄妹兩人去風盾山神廟，那邊是傳說中躲避災難的地方。」

八／大嘴鳥問：「那邊有吃的嗎？」

十二／煙猴說：「肯定有的，我們兄妹小時候就一起跟著父親去那邊，那邊有人種玉米田，也有很多果樹。」

十九／浪花拿起搶來的西班牙人劍以及火槍，對所有女子說：「我殺了四個白魔鬼，然後搶到他們的武器，我們兄妹會用這個保護妳們。」

眾女子於是跟著兩兄妹，一起穿過森林，登山過水，兩兄妹一前一後，拿著武器保護著整個隊伍，防止任何的意外。中途採集果實，終於到了達可山下。這裡有一個小村莊，兩兄妹把身上所有的貝殼與可可，與村民交換一大袋的玉米餅，給眾女子分食。

聽村民說，風盾山神廟已經被廢棄十年，但那邊有用長曆記載整個大地各城邦的歷史，當中還有天才的星象家，把預言都寫在上面。如果妳們要教導眾人對付白魔鬼，那邊可能會有辦法。

十九／浪花說：「我們兄妹都是戰士，小時候我們雖然都跟父親學過文字，但我們仍然沒有學問的素養。在我們看來，這全是一堆人頭表情，誰能懂文字？」

其中一個十九歲女子，叫做十五／夜月，她說：「我是蒂卡婆祭司的女兒，從小就讀文字，即便再古老的文字我也能懂，甚至我還曾經利用簡化的文字，書寫了一大段故事，我們邦內的人懂文字者都流傳觀看。我們就快去尋找，看是否有打敗白魔鬼的方法？」

確實，馬雅文字也分成好幾個時期演變而來，沒有專業祭司一脈，要讀懂文字都是很困難的。

十九／浪花說：「學習文字確實好難，但我們仍然很想懂，就靠妳了。現在妳來帶領我們，我跟我妹妹負責帶路。」

於是由十五／夜月領頭，一行二十五人，一起徒步登上了風盾山神廟。

這神廟已經無人居住，但因為是石製，所以仍然堅固，可以遮風擋雨。山神廟很小，只有一間房，眾人走進去才全部剛好可以棲身。房外走一小段石板路，豎立碑文。房內裏頭堆放長木箱子，一打開有許多本的摺卷，都是古瑪雅的書籍。

眾人先圍在石碑下。

十五／夜月自上而下，兩個字相對一組，自左而右，讀完整個頭型符文字後說：「這碑文是**長曆，十四、三、三、十二、十三、十九。這一天**。一個叫做豹爪／十八／夜神的男祭司，在這豎立的。內容是說，他蒐集了大地上使用同樣長曆的人群城邦，他們的一切歷史與預言。而紙本容易毀壞，他的家族將在這世世代代傳承居住，來保護這些知識。希望他的後人，這座山神廟雖小，知識卻集中最多，即便是偉大君王也要承認這裡的高貴，他希望他的後人不要遺棄這裡。」

十九／浪花說：「聽山下村落的人說，我們小時候見到的老祭司去世之後，就沒有人繼承這座山神廟。可見還是被遺棄了，而且遺棄了十年。知識的可貴，都是在很關鍵的時刻才顯現，平常都會被忽略，甚至遭到遺棄。」

十二／煙猴說：「我的哥哥，還有嫂嫂，還有各位姊妹們。現在我們的大地遭到巨變，我們暫時住在這山上吧。十五／夜月幫我們解讀所有的文字，我們兄妹會負責所有人的飲食，直到我們找到打敗白魔鬼的方法。」

八／大嘴鳥問：「找到之後呢？能回家嗎？」

十五／夜月說：「我們還有家嗎？連蒂卡婆的國王都被殺了，其餘人也都被迫順從白魔鬼。除非妳們願意順從，先前我們被抓時，也聽到有人轉述白魔鬼的頭目說，白魔鬼要把黃金與女人帶回東邊的大海另外一端，他們白魔鬼的國度去販賣。而白銀與玉米則要賣到，西邊大海另外一端，我們從沒見過的國度去。」

眾女子一陣哭泣，九／天盾則緊握著十九／浪花的手。

最後眾女子紛紛同意，就暫時住在這山神廟。

這些瑪雅女子是經過精挑細選，被擄掠而走的，大多是有知識或有技能的年輕女子，樣貌雖然平凡但都年輕可人，也都很賢慧能幹。九／天盾跟著十九／浪花與十二／煙猴，下山去尋找更多吃的，女子們則清理山上山神廟，引導山泉水，洗衣服，規劃浴室廁所，並且炊火等工作。當三人連偷帶賣帶交易，牽著十幾匹駱馬，駝著大量的玉米與果實回到山上，眾女子已經把這山神廟布置得適合居住。竟然很快就解決了生活上的問題。

一日夜晚。

眾人圍著火堆，十九／浪花便問了十五／夜月，解讀古本的進度。

十五／夜月說：「這些古本，來自於很多地方。對於未來的事情，也是眾口不一。有人標示長曆時間，我算了一下是兩千多年後，眾人還會在金字塔膜拜偉大的五百年前君王。也有人說，大地子民們經過一陣衰弱後，等待豐足的時代，讓大地子民不再有戰爭與恐懼。」

十九／浪花頭甩了一邊說：「騙人！這些預言都是亂說的！我們兄妹小時候，父親帶我們來這裡，當時我們也學習認識一些文字，但我就感覺這些祭司，只會信口開河，欺騙這些不認識字的人，不得不在這找一些可用的記錄。當中很多謊言欺騙別人，甚至還欺騙自己！十五／夜月，妳認為妳剛才說的這些預言，與我們眼睛看到的現實，相符合嗎？」

十五／夜月說：「我也不知道他們為何這麼說？我知道很多祭司雖然懂文字，但沒有真正的預言能力，也不知道真神的所在，只會欺騙而已。但以我從小到大的觀察，我相信總會有少數聰明的祭司，能說出有用的事情，就像是我們這個大地曆法的創造者一樣，預言星辰都是準確的。只是目前還沒有看到預言大地世界的人準確過。這些古卷預言，當然都不能採信。」

八／大嘴鳥天真地神情問：「大地比天空的事情還要難預言？」

十五／夜月頻頻點頭，指著天上銀河說：「星辰從來不欺騙，非常有規律，但人沒有辦法。所以星辰在上面，我們在下面，星辰活得很久，我們很短暫。我父親以前就這樣告訴我，所以預言天空比較容易，這不奇怪。他還說大地世界的人，因為不遵守神的規律，才會這樣混亂。但這神的規律是什麼？誰都說得不準確。」

眾女子聽了面面相覷點頭。

十五／夜月說：「裡面還有一張地圖，記錄了十三座，古代被遺棄的高塔與王陵，裡面有大量的黃金與白銀物。那些黃金白銀，**長曆十四、二、三、十八、十五、八，這一天**，由一個叫做九／蒼鷹喜歡冒險的男人，去探索完畢，裡面有大量的黃金白銀，他一個人只能取走一小部分，大多都封存無人知道。這段記錄，則是九／蒼鷹通過他的弟弟，記錄的。」

大家一起看這張地圖。

十二／煙猴說：「黃金白銀現在對我們沒有用，反而會引來白魔鬼的搶奪。況且動搖古代君王的陵，打擾他們的神靈，只會讓大地災禍更多。蒂卡婆就是出了名黃金之邦，結果白魔鬼就專門搶掠那邊。」

眾人頻頻點頭。

十五／夜月說：「這些古本，有一卷就比較特別，很可能他是唯一一個準確的。他預言了大地將有災難從東邊來，大地的子民十個會死亡九個，最後一個也屈服在這災難當中生活下去。」

十二／煙猴問：「有沒有說解決災難的方法？」

十五／夜月說：「上面就沒有寫了。」

十九／浪花說：「代表他也是隨意書寫，恰好猜對的。但他根本不知道我們遭遇的這場災難，到底原因與結果為何？我猜他可能，東南西北的災難都各寫一次，我們遭遇到東邊之後，其他就忽略掉了。代表他根本沒有比我們聰明。」

十五／夜月笑著說：「浪花哥哥真是聰明。九／天盾能嫁給他真幸福。」

九／天盾緊握丈夫的手說：「妳們這麼有能力又漂亮，將來也會找到好的丈夫。假設找不到，當我的姊妹，丈夫分給妳們也可以。」

眾女子與十九／浪花聽了都吃驚，十二／煙猴笑著說：「哥哥這才是真幸福。」

十九／浪花紅著臉說：「不提這個了，跟九／天盾結婚之前，我還沒想過自己能有妻子。還以為要去遵守風俗，當長工八年，才能當戰士頭目的龜女婿。真不敢想一次二十多個妻子，那是君王才有的待遇。妳們將來想找其他丈夫，就自己去找吧！」

十五／夜月甜甜笑著，拿起書卷說：「你比君王都厲害喔。白魔鬼已經殺掉很多個邦的君王，可你殺了幾個白魔鬼，還搶了他們的武器。你才真正有資格有君王待遇！」眾女子一陣呵呵笑。

十九／浪花轉移話題，拿起火槍與劍，然後說：「不提這個了。白魔鬼怎麼會擁有這些武器？十五／夜月妳非常聰明，知識也很多，跟著父親見過很多城邦，我們大地的各城邦，都沒有人能製作這些武器嗎？」

說罷，把劍與火槍都放在十五／夜月面前。

十五／夜月感覺這劍真的很鋒利，才輕輕一碰就有表皮破損，敲了敲劍身聽聲響，搖頭說：「這既不是純金也不是純銀。肯定還有其他的成分。這種金銀如此堅固，肯定我們的大地各城邦，沒有辦法做得出來。」

十九／浪花說：「與其那麼多預言祭司，整天面對神在說假話，一堆君王貴族，整天面對人在說假話。還不如一個能找到方法來做這種東西的普通人。我就不相信，白魔鬼也是人，也會被我的長矛殺死，為何他們能做到，我們卻做不到？」

十五／夜月也不知道原因，頻頻搖頭。接著看了火槍。

十五／夜月問：「這東西似乎不是一體的，而是有組合？能拆開來看嗎？」

十九／浪花說：「就拆開，壞了也沒關係，反正我也不會用。」

十五／夜月手很巧，慢慢摸透火槍的組合，雖然都有鉚釘，但她還是拉出了引信，拆解了板機。她又聞了聞當中硫磺硝石的刺鼻味道，一陣刺鼻。眾女子也非常好奇，仔細觀看這東西的內部結構。

十五／夜月說：「這東西比那個鋒利的金銀，更難理解。裡面的東西好像沼澤的氣味，很腥臭。而當中有很多金銀與木頭相互組合，這種東西我們這個大地的人，更不會做了。這兩種東西的想法完全不同，肯定來自不同的人做出來的。要是能懂白魔鬼的語言，也許就能找到製作的方法。」

當中一個女子，露出詭異地神情。

八／大嘴鳥指著一個女子說：「她是切佩切邦的女人！她懂白魔鬼的語言，我看過她跟白魔鬼說過話。」

那個女人被指出來，當場跪地痛哭。

十二／煙猴拉著她的手說：「沒有關係，這是妳們邦裡面男人的事情，妳肯定也不願意，一起反抗過白魔鬼，才會跟著她們被抓走。叫甚麼名字？」

那女人說：「十一／火兔。我確實會他們的語言，因為我父親死後，母親就嫁給了一個白魔鬼士兵，我跟著他學了七年的語言，也因此聽白魔鬼的傳教士教書，懂很多白魔鬼國度的事情，甚至我也看得懂他們的文字。整個大地，就屬我最懂白魔鬼。但娶我母親的士兵，不斷對我性侵犯，我一怒之下殺死了他，逃到村落，最後在白魔鬼軍隊搶掠村落時候一起被抓走。」

十九／浪花問：「妳會製作他們的武器嗎？」

十一／火兔說：「不會。連白魔鬼士兵也不會。製作的方式只掌握在少數人手上。」

十九／浪花大失所望，在場不少女子也大感失望。

十五／夜月問：「武器的事情就算了，我問妳一件事情，先前聽說白魔鬼要把黃金女人送到大海東邊他們的國度，這我知道。但把玉米與白銀賣到大海西邊的國度。這就很奇怪！西邊海有些邦都還沒接觸過白魔鬼，白魔鬼難道有船通過西邊大海？怎可能會想要把玉米與白銀，賣到西邊大海過去的國度？」

十二／煙猴說：「沒錯，這非常詭異，肯定還有我們不知道的事情在其中。」

十一／火兔說：「白魔鬼的傳教士，讓我信仰他們宗教，並且傳授知識給我的時候。我聽他說，我們大地西邊的大海，他們也沒直接去過。但聽說他們已經派了船，往南走，要繞過我們的大地，到達我們西邊的大海，然後繼續向西，直到回到他們白魔鬼的邦。因為他們相信，整個世界是圓的。只要不斷向西走，與向東走，最後都是一樣。」

眾女子與十九／浪花都大吃一驚，從沒聽說過世界是圓的。

十五／夜月說：「這也不對。倘若他們派船繞過大地往西邊大海走，代表他們還沒有真正到達過大海西邊的國家，怎麼會把企圖玉米白銀往那邊賣？他們又怎麼會知道對方要不要白銀？白魔鬼往那邊賣，又想換什麼東西？」

十一／火兔說：「別忘了他們認為世界是圓的。傳教士告訴我們說，他們很早就知道那個國度到處是黃金，到處是財富，甚至有一種非常漂亮但摔地上會碎掉的容器，叫做琴娜，在白魔鬼的國度，一個琴娜的價值就可以換一個最好商店，所以白魔鬼都稱那個國度叫做琴娜。他們現在只是在證實，往西邊走一樣可以到琴娜去。據他說，他們最早的目標就是去那邊，但是往東的道路被敵人阻斷，所以當初往西走也是因為這個原因，只是沒想到竟然先發現了我們！」

十九／浪花說：「白魔鬼既然想要那邊的黃金與財富，去搶那邊的人就可以了，為何要搶我們的玉米與白銀，經過漫長又危險的海洋，拿去跟那邊的人交換？」

眾女子也一陣疑惑。

十一／火兔說：「只有一種解釋，白魔鬼根本打不贏那邊的人。白魔鬼只能先用商業的方式跟他們接觸，換取他們需要的東西。聽傳教士說，玉米這個作物，在白魔鬼的國度也已經種植很多，不再需要從我們這掠奪，他們自己種植就可以拿去交換，現在真正缺少的是白銀。當然有黃金更好。所以現在開始，瘋狂地搶掠我們所有的邦，我猜就是這個原因。」

十二／煙猴憤怒地神情說：「白魔鬼不斷地向我們傳教，要我們去信仰他們的神，毀掉我們的文字還有神的塑像。但是心裡想著卻是我們大地的黃金、白銀與女人。如此下去，肯定我們大地的文字還有神廟都會被毀棄。」

十五／夜月說：「據這卷軸記載，在五百年前，我們就因為戰亂與天災，放棄了很多古代巨大的城市與廟宇。變成很多小邦，現在白魔鬼不斷破壞搶奪，很可能最後都會毀滅。甚至很多地方都傳染了白魔鬼帶來的疾病，我們蒂卡婆邦，一半的人都染上了怪病，無藥可治。」

十一／火兔說：「白魔鬼國家有很多種疾病，我曾請傳教士救治我們染病的人。他說這只是你們這個土地上的病，他沒有藥，我必須更加深信他們的神，讀聖經，就可以救贖。可是我懂他們的文字，我看過書上這些疾病，在白魔鬼的國度就有很多記載。在他們來我們的土地之前，我們從來沒有這種疾病，竟然說這是我們土地上的疾病，要信他們的神來救治？白魔鬼真的把我們都當笨駱馬在玩弄，可我們不傻！只是各種過去與現在的原因，逼我們無可奈何！」

八／大嘴鳥指著十九／浪花說：「大哥哥不是打得贏白魔鬼嗎？我們多找一些像大哥哥或大姊姊的戰士，肯定可以獲勝！」

十九／浪花否定地說：「我只是利用黑夜偷襲。我親眼看見多個邦聯軍八萬多人，被幾千個白魔鬼帶著幾千切佩切附近部族，一舉把八萬多人打敗。我思考過，這是整個大地子民的團結問題，不是靠幾個人的英勇能解決的。但是能團結我們的邦王，都已經死了，剩下的邦王，恐怕沒有人有膽量去挑戰他們。」

十二／煙猴摸著八／大嘴鳥的頭說：「妳年紀小，太天真。」

十五／夜月說：「在這風盾山所有書籍我都看了，雖然記錄了很多祖先的智慧，但沒有一本書有辦法，打敗白魔鬼或抵擋他們傳染過來的疾病。」

十九／浪花苦著臉，拳頭捶地面說：「說來說去，我們還是找不到打敗白魔鬼的方法，只能看著白魔鬼繼續在我們的大地上搶奪，甚至傳染疾病消滅我們。」

十九／浪花仰天長嘯：「天神，日月之神，為什麼拋棄我們？我們做錯了什麼事情都願意去改，都願意對神懺悔，你們為何要拋棄我們？」聲音傳遍整個山谷。

等到他沉靜片刻，十二／煙猴說：「哥哥，我倒有一個想法，但不知可不可行？」眾人瞪眼看著她。

十二／煙猴說：「從十一／火兔與十五／夜月說的這些事，加上我們親眼所見的一切。證明我們的大地沒有任何辦法可以打敗白魔鬼，甚至沒有辦法保護自己存活。甚至從白魔鬼身上，我們也學不到方法可以打敗他們。不如我們去找白魔鬼的敵人，他們不是想去東方，卻被敵人阻擋嗎？」

十九／浪花瞪眼大喜說：「對，他們的敵人也許有辦法！」

十一／火兔苦臉搖頭說說：「不可能的！我也恨白魔鬼，也想殺死他們。但我也從他們那邊也看過很多知識。首先，我們沒有那麼大的船隻，可以到我們想去的地方。還有，我們就算到了那邊，以我們的條件，沒有人會理我們的！最後，白魔鬼的敵人假設有辦法消滅白魔鬼，就不會讓白魔鬼這樣橫行在大海之上了。」

十二／煙猴說：「火兔你說得對，但我的意思不完全是這樣，我們沒親眼見過大地之外的情況。白魔鬼不是一直很想要去我們大海西邊的國度，然後用我們大地的白銀去交換東西嗎？代表那個地方有很多，白魔鬼沒有的東西，才會要用這些去交換。而白魔鬼又不敢拿對付我們的態度，去對付那邊的人，代表我們可從那邊的人身上，學到抵抗白魔鬼的方法，來拯救我們的大地。」

十九／浪花說：「對，我妹妹說得有道理！」

十一／火兔說：「是很有道理！但還是碰到一個問題，那個國度連白魔鬼都認為很遠，我們拿什麼過去？白魔鬼渡海的船我見過，非常巨大，不是我們用的幾根木頭組成的小船，我們連白魔鬼的武器都造不了，他們的船更不可能。別說就我們二十幾個人，即便一個邦所有的人，也造不出這麼大的船。」

十九／浪花說：「我們有沒有辦法偷白魔鬼的船？」

十一／火兔搖頭苦著臉說：「海岸附近他們的城有造船的地方，每艘船都價值等同一個城，都有士兵看守。就算偷到了，我們也不會開船，這可比造這把奇怪的武器還難得多。開大船渡海要很多知識，光憑我們到不了那邊，說不定船開到外海，就被海上風浪中捲入海底了。」

十九／浪花大失所望，躺在地上仰望天空星辰，失落地說：「我們的大地，只能被眾神拋棄，等待白魔鬼的吞食。」

眾人一陣失望，最後回山神廟睡覺。

次日中午，眾人吃了午餐。十二／煙猴卻一直望著遠方壯麗的山景雲霧，若有所思。

十五／夜月走近她身邊說：「我們煮了玉米豬骨湯，怎麼不去吃。」

十二／煙猴拼命搖頭，盯著遠處山上。

十五／夜月說：「我們都是白魔鬼入侵的受害者，但昨天大家一起想辦法，無可奈何，就不要再強迫自己。我們大地的子民被眾神拋棄，只能自求多福。或許某一天，白魔鬼們搶光了黃金白銀，賣到他們要去的地方，就不會在這待下去。」

十二／煙猴轉面瞪眼看十五／夜月：「黃金白銀？到他們要去的地方？」

高興得跳了起來，大喊說：「我想到辦法去那個國度了！」

十二／煙猴把所有人找來。

十二／煙猴說：「妳們都聽好，我找到去琴娜國度的方法。在這山上有記載古代帝王的墳墓，裡面有大量的陪葬金銀。簡單來說，我們拿這些陵墓的金銀，去跟白魔鬼交涉，交換一艘可以去琴娜的船隻。」

眾女子們一陣交頭接耳。

一個長相姣好的女子，零／紅雷電說：「這意見有問題，白魔鬼就是想要搶這些金銀，我們幫他們找出來之後，他們怎麼會願意交換？況且陵墓挖掘很困難的。」

十二／煙猴笑說：「妳放心吧，首先白魔鬼拿到這些金銀，不可能在我們大地交換他們想要的貨物，只能拿回他們國家，或是琴娜去交換。而大海也是有危險的地方，肯定不是所有的白魔鬼都會想要冒險。他們拿到金銀之後，肯定還想要進而利用我們，幫他們渡海去交換貨物。那我們就可以反過來利用他們，幫他們去琴娜交換貨物。另外，挖掘古代邦王陵墓的麻煩事，可以讓白魔鬼去做。」

零／紅雷電問：「誰去跟白魔鬼交易這件事？」

十一／火兔說：「當然是我，我太理解那些白魔鬼了，十二／煙猴說得沒錯，只要談判得當，可以反過來利用他們！我有把握，可以交換到一艘船。」

十九／浪花說：「我們先去探查，順便把路標都記錄下來，配合這些古本文件，一起與那個白魔鬼傳教士談判。現在我們就交給十一／火兔，來領導我們全部的人。」

二十多人，全部用黑曜岩的小刀，割出血，互相塗抹在對方嘴唇上，表示所有人無私為一體。

於是由十九／浪花領隊，眾人帶好行李，一起出發，沒想到這一群女子加上一個男子，基於同仇敵慨與一個理想，竟然紀律比軍隊還好。依照記錄與地圖，真的找到了一座廢棄的金字塔，並且在一個石板底下發現大量的金銀。

於是眾人換成由十一／火兔領隊，她說的話所有人都遵守，改換目標去找西班牙的傳教士。引著這個傳教士，來到這廢棄的金字塔，讓他認可這地圖以及黃金與白銀。

傳教士說：「除了這一座，妳們不是還說，還有其他十二座的地圖？」

十一／火兔說：「其他十二座地圖，我們現在不能給你。你必須替我們交涉，讓總督給我們一艘船隻，讓我們去琴娜。那另外十二座的地圖，就可以給你們。」

傳教士說：「不行，必須立刻給我。不然船隻給你們之後，怎麼保證你們有地圖？」

十一／火兔與十二／煙猴交頭接耳，然後十一／火兔拿著十字架，晃在傳教士面前，回答說：「我們拿到船隻，又不能馬上學習開船。學到了開船，沒有航海知識以及船隊協助，又不能馬上開到琴娜去！那我們又怎麼保證，最後你會安排我們去琴娜？別把我們都當作傻瓜，你是信仰上帝的，要誠實與用心，才能得到上帝的賞賜。上帝先給你眼前這些金銀，來考驗你的誠意，你若能幫助我們去琴娜，那麼上帝會給你更多的獎賞。否則這些金銀，遲早也會被其他人搶走。」

眾人發揮集體智慧，拿著上帝反過來唬弄西班牙傳教士。

傳教士看著眼前的金銀，以及上帝的十字架，還有十一／火兔的能言善道。終於才開始信仰自己的神，瞪大眼說：「我明白了，反正我拿上帝的獎賞，替上帝安排妳們去琴娜。我就通過了自己的考驗，至於妳們能不能到達琴娜，那是妳們的考驗。」

傳教士同意這筆交易，並且還向上帝發誓，會幫助眾人前往琴娜國度。

到造船廠所勸說當地總督，並把該座王陵所有黃金與白銀拉到他面前，當作見面禮，告知還有十二座之多。西班牙派駐當地總督，本來拒絕跟原住民交易船支，但聽說他們是想要去中國，又想到堆積如山的金銀，以及眼前可以增加航海商業往來發財的人力，彌補許多西班牙人害怕航海的空缺，就給眾人一艘新造好的中型貨船與航海地圖，以及所有航海知識手冊，甚至同意給船安裝火砲與刀劍，交換那張王陵地圖。

可當眾人搭上了船，開出外海，才發現問題來了。升帆、導航、方位、掌舵、風向觀察、應付可能的風浪，甚至船上的飲食生活都成了問題。

眾人並不放棄，暫時退回海岸邊，依照十一／火兔傳授的書冊，練習一切航海的知識，甚至船上作戰防止海盜的攻防，以及戰鬥技巧。一行人二十五人眾志成城，由兩兄妹當隊長，竟也成了自通的航海小隊，甚至水戰搏殺都練習，她們把這個患難團隊當作家。

於是再次啟航向東。

但出航沒多久就碰到風浪，為了保命又不得不退回海岸。

十一／火兔只能再次去求助傳教士，經傳教士去交涉，讓他們船隻加入一支剛從西班牙來的商團船隊，他們恰好要運送白銀到中國，去向先佔航路的葡萄牙人搶商機。於是加入這一支商船隊出發，當這個船隊運送糧食的貨船之一。

所幸全隊二十五人都全副武裝，甚至已經會操作火炮，所以就算女子較多，西班牙商團也不敢侵犯這艘船。但面對商團其他船上，被當性奴隸的瑪雅女子，眾人也只能隱忍。

眾人於是分工合作。

十九／浪花是船長，率領十二／煙猴、零／紅雷電、十四／紅羽、十一／彩虹、十／飛羽、四／藍眼神。負責操作火砲操作以及武器管理等護衛。必要時也支援划船掌舵。

九／天盾、十一／火兔、負責導航事宜。

十五／夜月、八／大嘴鳥、三／樹賴、七／奔走龜、五／大紅花、七／夜暗神、九／苦花果、一／天藍、六／黃玉、十八／鸚鵡嘴、十三／無名曆。負責掌舵，望遠觀察，以及風帆等，輪班後還要負責船隻清理打掃事宜。

十七／旋飛葉、十六／地靈、十／玉米葉、負責煮食以及水的管理。

九／大眼蛙、十二／白飛蛇，負責聽從十一／火兔的指示，對其他西班牙船打旗語，以及船內所有人的溝通事宜。

經過兩百天航行，除了自己的船務，還要維持警戒防範，還要加緊學習有關航海的所有知識，工作十分辛苦，十九／浪花身為唯一男子，更累得一坐下就睡著。中途二十五人，病死一／天藍、十／飛羽，十六／地靈，等三個女子，眾人不得不痛哭而海葬。但這段時間，所有人相互感情更緊密。

十一／火兔看到前方導航船隻揮旗，比對了書籍，歡欣地說：「他們說，我們快到琴娜了！」

所剩一行二十二人在甲板上雀躍歡呼。

但歡喜沒多久，忽然砲聲隆隆，原來荷蘭的船隊也來搶商機，與西班牙人在南海開戰。

十九／浪花問：「這到底怎麼回事？」

十一／火兔說：「導航船隻旗語，說遇到了海上的敵人，要我們協助參戰。」

十九／浪花搖頭說：「我們要去琴娜，才不管白魔鬼之間的戰爭。我們的船隻比較小，快點脫離他們！」

十二／煙猴問：「靠我們的力量，能到達琴娜嗎？」

十九／浪花說：「船隊不是說已經快到了？這幾天我有特別注意，一直往北方向航行，地圖上他們標示我們在這個位置。」

他指著南中國海。

接著說：「而琴娜是在這裡！也就是我們再一直向北航行，就可以到琴娜！」

十一／火兔說：「沒這麼簡單，地圖上面，我們所在的位置，必須由觀察星辰與指南針的計算才能推測出。這都由他們船隊控制的。」

八／大嘴鳥插嘴說：「這個我會！這段時間我學會了這個！」

眾人瞪眼看著八／大嘴鳥。

她笑說：「別忘了我們的祖先，觀察星星可比白魔鬼強得多。我的父親也是星象師呢！」

十五／夜月說：「沒錯，觀察星象需要一些觀測儀器，我幫妳做。」

於是這艘船脫離戰圈，所幸船小，即便逆風，眾女子放掉帆布，團結一起划槳也躲過了荷蘭船隊的追擊。

但接下來就是單船航行。

最後又遭遇一次風浪，眾人拚死死撐，熬了過去。由於九／天盾已經懷孕，所以不得不躲在艙內，無法協助。風浪平靜，眾女子抱在一起痛哭，十九／浪花與九／天盾從艙內爬出來，問何故。

十一／火兔哭著說：「我們又損失三個姊妹！這次風浪，樹賴，奔走龜，大紅花，拉下了帆之後沒有把自己身上繩索綁牢在船體，被風浪捲走。」

十九／浪花與九／天盾痛哭。九／天盾說：「我們不管剩多少人都要團結。更何況我們還有十九個人，一定要堅持下去。我們永遠是一體的，我的孩子若出生，也與妳們一體，也是妳們的子女，要聽妳們的話。」眾女子哭著點頭，心意堅定。

眾人發現航道偏離，又慢慢矯正航行兩天，已經水用盡，糧食也吃光。所有人都趴在甲板上，只有十一／火兔在觀測周邊，十二／煙猴在船尾小艙室內，控制槳舵的方位。

當大家都快絕望時，十一／火兔大喊：「看見陸地了！是陸地！」眾人爬起來看，真的是陸地。八／大嘴鳥說：「從昨天晚上星象與地圖對照，我們應該靠近琴娜的東邊海上，現在我們正往西，應該就是琴娜的這個位置！」八／大嘴鳥指著的地方是寧波。

十九／浪花與眾女子雀躍歡呼，最後抱在一起痛哭失聲。

忽然海上砲響，數十艘大小船隻向此船靠近。眾人慌亂，只見那些船不是所熟悉的船型，接著一群明朝官兵爬上了船支。

十九／浪花與眾女子拿起武器，背靠背形成圓圈戰鬥防禦隊形，但不敢動作。為首的指揮官，是水師總兵，說：「你們不是佛朗機人！到底是哪裡來的？放下武器！」

眾人聽不懂。只是擠在一起圍成一圈，對外採取戰鬥防禦。

一個明軍士兵說：「總兵大人，共十九人，除了一個男的，其他都是女的。當中還有一個孕婦。」

旁邊的副官對總兵說：「沒見過這種服裝，但長得很像南海占城諸蠻夷。會不會是他們搶走了佛朗機人的船，來到我們這當海盜？」

總兵瞪眼罵說：「你傻啊？你見過一大堆女人加孕婦當海盜嗎？她們還沒搶別人，自己就被人搶光！」眾官兵一陣哈哈大笑。

總兵不斷地說放下武器，但只發現這些人圍的更緊密，更加緊張。總兵自己先示意放下武器，也命令眾人放下武器，同時不斷做手勢讓十九／浪花等人放下武器。

十九／浪花說：「他們人多，我們不是對手，先放下武器，觀察他們的行為。萬一他們是壞人，我會負責犧牲自己掙脫，妳們就找機會逃跑。」

於是一行人都放下武器，最後跟著總兵進入寧波城官衙。但這一行人來到陌生環境，全部手牽手僅靠一起，互相依靠保護自己。

終於登上了中國的陸地。

一個七品縣官來審這些人，縣太爺推測是從占城附近小國，用佛朗機人的船來朝貢的，只是貢品都被搶走，可能這些女人也就是給皇帝的貢品。由於語言不通，可能北京禮部有人會懂，於是派兵帶一行十九人，搭運河船隻北上送往北京禮部。

眾人被放置在一艘船艙內，不得外出。

但是會派人送供應吃喝以及飲水，甚至也給洗浴用的水。

八／大嘴鳥看著窗外運河周邊的繁華夜燈籠，歡喜地說：「哥哥、姐姐們！快看，好美麗啊！這真的是白魔鬼們說的，琴娜這個地方！」

忽然遠處慶祝端午的煙火，炸得夜晚的天空繽紛燦爛。

眾瑪雅女子擠在窗台上看得目瞪口呆，十九／浪花也看傻。

八／大嘴鳥抓著九／天盾的手說：「太漂亮了，這是夢嗎？這簡直難以相信。」

十二／煙猴本來也看傻，忽然醒神說：「別忘記我們吃盡苦頭，犧牲了六個姊妹，來此的目的。哥哥！」

十九／浪花也醒神，點頭說：「我知道，可是我們真的不懂他們的語言，可能白魔鬼懂，但我們自己來這，不知該怎麼辦！」

十一／火兔說：「我用白魔鬼的語言，也許可以通。」

十九／浪花問：「妳先前在被審問時，怎麼不說？」

十一／火兔說：「一時害怕，沒想到。妳們不也沒提醒我嗎？」

十五／夜月說：「別擔心，他們給我們吃得好喝得好，看上去沒有敵意。我們找機會再用白魔鬼的語言溝通。」

十二／煙猴說：「那現在，十一／火兔妳來帶領我們。」

運河岸旁一群人正在夜晚慶典，一條石製的龍，通過水力輪車引入，石龍嘴巴噴水，岸邊夜晚還在舞龍。

八／大嘴鳥指著大喊：「哥哥，姊姊們，妳們看，那是羽蛇神！」

十五／夜月大為吃驚說：「這裡也有羽蛇神！在這世界最遠的盡頭，還有羽蛇神！」

「真的是羽蛇神！」「而且口中吐水，跟我們的傳說一樣！」「太巧合！」

十五／夜月接著說：「我有一種很奇怪的感覺，但這感覺說不上來。這真的太奇怪了，像是我們的大地又不是我們的大地。應該說，像是我們大地經過很多年後，也會是這個樣子。」

十五／夜月無意間說中了這世界上，最隱密又最具價值的人文資訊，但無人能懂，為何是這樣？她一個瑪雅女子，更不能理解為何如此。

到了北京禮部，來了一個叫李俊麟的七品候補主事，才剛到禮部見習而已。強令她們男女分開，洗澡沐浴後，全都穿著禮部的衣服到堂下招待，並把他們的衣物，都命人洗好，擺在案下。

李俊麟看過四方蠻夷的服裝長相，還反覆比對了禮部的繪圖，卻從未見過這種服飾。

十一／火兔用西班牙語說話，李俊麟曾接待過西班牙人，聽得懂大概，找了一個在京城曾幫忙禮部翻譯過佛朗機兩種語言的廖丁，來當翻譯。

勉勉強強，廖丁能跟十一／火兔溝通。

廖丁說：「這個女人說，她們來自遙遠的西邊，或許是遙遠的東邊。她們的家鄉被佛朗機人強佔殺戮，聽說我們天朝的傳聞，想要來這尋找打敗佛朗機人的辦法。」

李俊麟聽了苦笑，頭甩一邊說：「原來她們根本不是來朝貢的，一會兒東一會兒西，語無倫次。問她們是哪個國家？是否曾經來朝貢過？國王是誰？有沒有該國使節的信物？」

廖丁經過一番溝通，總算弄懂一些，代替十一／火兔回答說：「這世界是圓的，所以往東往西都一樣。她們不是哪一個國王的使節，只是被佛朗機人殘殺逃亡的遺孤，她們大地的人，從來沒有聽說過有我們天朝。是她學了佛朗機語言，從佛朗機人那邊聽說一二，才找機會拿金銀跟佛朗機人交易，歷經千辛萬苦來我天朝。私底下的目的，就是為了要找到打敗佛朗機人的辦法。」

李俊麟搖頭晃腦，然後說：「這有問題，佛朗機人怎麼會給她們船？」

此時十五／夜月拿出地圖，指著地方給李俊麟看。

廖丁跟十一／火兔溝通後，告知說：「她們的家鄉非常遙遠，在這個位置，世界是圓的，所以跟著佛朗機人從這條海路來。她們忍辱負重，把家鄉君王陵墓所有的金銀跟佛朗機人交換，才來到這裡。佛朗機所有的白銀，都是從她們家鄉殺人越貨搶過來的。」

李俊麟總算搞懂一些，不耐煩地說：「知道了，原來是世界最遙遠的番邦男女，根本不是國家使節，是平民的話，別說聖上是不會見的，連尚書甚至最低的主事都懶得理會！至於她們的要求，廖丁你給她們一本孫子兵法，教導她們怎麼作戰吧。」

李俊麟站起來想走。

廖丁急問：「大人等等，她們的國度比佛朗機人還遠，我該怎麼安置？」

李俊麟斜眼看著廖丁，油裡油氣地說：「文案上她們不是搭船來的嗎？從哪來就回哪去，給她們帶孫子兵法或一些古書回去打佛朗機人，也就沒白跑一趟！大明律禁止佛朗機人定居與中國之民相雜，但沒禁止最遠番邦的人不能待在這。假設不回去，我看這些番女雖然談不上貌美如花，但長得也不至於太差，不像佛朗機人長得差太多，看看哪個莊稼漢沒老婆的，相親一下就是。至於那男的，好像身旁的孕婦是他的女人吧？送他們夫妻上佛朗機船離開。不想走的話，城外可以安置當雜役。對了，你廖丁不是靠佛朗機生意賺了一筆橫財，還在京城置產嗎？這對夫妻，你帶去當家丁與丫鬟吧！聽說你妻子也才病逝，現在當鰥夫無偶，想挑哪個女人自便，她們不反對就好。」

說罷就離開。大概是嫌棄這些瑪雅女子長相平庸。

廖丁追問：「大人這不好吧！他們短期不可能回去，等於我要養這些人？」

李俊麟甩頭就走，逕自離去。

廖丁低聲說：「芝麻綠豆官，還如此屌炸天。狗官！呸！」

廖丁只有領著一行人，帶回北京住家。

十一／火兔跟廖丁溝通，知道整個情況後，大失所望。

十九／浪花說：「沒有關係，這樣反而好。我們沒必要見他們的君王，只需要打敗白魔鬼的方式，不是要送我們一本書嗎？」

十一／火兔接著再三追問，廖丁就去北京書坊，買了一本孫子兵法回來。

眾人圍了上來，讓懂文字的十五／夜月拿著書看。廖丁把他們安置在家，自己去購外食。

所有人看著十五／夜月，只見她研究了了半天，說：「真的好奇怪，他們的文字跟我們大地的文字好像。」

十一／火兔說：「是嗎？我看一點都不像。」

十五／夜月說：「不，非常地像，不是外表像，而是骨頭像！妳不是認得白魔鬼的文字嗎？根本無法併論！這海上航行走來，跟著白魔鬼船隊停靠好多地方，文字也都差別很大。但偏偏這最遠的地方，看似跟我們的文字有差別，但好像又跟我們的文字有一種，一種，我說不上來。」

十九／浪花說：「一種聯繫嗎？」

十五／夜月搖晃著頭，說：「對，就是一種聯繫，就像先前我們在這國度也看到羽蛇神，口中吐水一樣。還有更多的東西，讓我有此感覺。」搖晃頭，反而是她家鄉肯定的動作表示。

接著又說：「妳們有沒有注意到，這一路過來，他們也有把文字貼在建築物外的習慣。」

十五／夜月開心到激動地說：「這絕對有一種無形力量牽引，絕對有。不然不會這麼相似，倘若一種相似就算了，但還有很多相似，而且這種相似不是表象而已，可以說有一種因果反覆。這個大地跟我們的大地，距離很遠，比去白魔鬼的地方還遠。會有這種狀況絕非巧合而已。」

零／紅雷電說：「照妳們所說，該不會我們跟他們，由同一個神來照顧的？」接著說：「我還注意到這裡有一部分女人，走路不穩，仔細一看用布裹腳。而我們的大地，則是有一部分男人夾扁裹頭。妳們說，這到底有這麼巧的嗎？」

此時，廖丁購食物回來，所有人一起分食。眾人開心地吃，感覺異常好吃。吃了小包子、炒麵、炒飯甚至有蒸餃。

廖丁才正擔心，這些人食量不小，人也不少，若之後不肯被安排工作賺錢，自己會被吃垮的。

十一／火兔拿出了玉珮，交給廖丁說：「這是我家鄉的玉石，入侵我們家鄉的白魔鬼根本看不上這些東西，嫌棄它是石頭，希望你不會丟棄它。能當作我們吃你食物的報酬。以後我們會努力替你工作，只忠誠於你一個人，希望你繼續買食物給我們吃。」

瑪雅玉

中國玉

廖丁接手過來，一看是青玉，玉質特殊，雕工細膩。於是拿起自己身上的玉珮，與她給的比對在一起，仰著窗望陽光看玉質與工雕差異。廖丁頻頻點頭說：「妳的玉質更好，雕工也不差！」

眾人一陣驚愕。

十五／夜月驚愕地大聲說：「他們也喜歡玉嗎？」

十一／火兔吃驚地回答：「看來他們不止喜歡，而且也有玉！與我們所見的其他國度之人都不同。」

眾人一陣交談。廖丁磨墨備紙，十五／夜月接手就寫了許多瑪雅文，他見過佛朗機人，根本不懂毛筆與書法，看到十五／夜月運筆寫字的自如度，就知道她早就用過毛筆。

在十一／火兔與廖丁，結結巴巴地用西班牙語溝通過兩地的風俗後。

廖丁說：「雖然我沒有很懂妳說的，但大致能猜出一二。匪夷所思，距離最遙遠的地方，竟然跟我們華夏文明，有這麼多相似之處。實在不理解為何如此？」

於是也把自己的玉珮，送給十一／火兔。

廖丁於是同意，所有人在他家暫住，學習漢字與孫子兵法。當然，這是很艱苦的過程……

過了五年苦學，廖丁娶了十一／火兔與十二／煙猴為妻妾，也生了孩子。其餘女子也跟十九／浪花結為妻妾。十五月夜、九天盾與十九／浪花，也學會了漢字及孫子兵法的意思，十九／浪花與九天盾的女兒也長大。其餘女子，也至少會了漢語。

廖丁發現很神奇，瑪雅人學漢字，比西班牙人還要快速得多，這與他們同樣方塊文字與相同的蓋括意化語言有關係，甚至孫子兵法的文言意思，她們很快就理解。

終於十九／浪花找來眾人，告知準備要回去。

廖丁說：「十九兄，在這不也過得很好嗎？怎麼還會想要冒著九死一生回去？」

十九／浪花用著不流利的漢語說：「我們不能忘了家鄉的人，以及我們最初來此的目的！」

廖丁說：「相處五年，我也不遮掩，雖然孫子兵法有用。但據妳妹妹詳述你們的情況，光靠一本孫子兵法，不可能挽回整個大局。更何況你只是平民！」

十二／煙猴說：「哥哥，夫君說得沒錯，你回去也是沒有用的。」

十九／浪花說：「我與天盾討論過很久，這裡雖然好，但我們不能忘記過去。我也知道即便順利回去，也不可能改變事實，永遠也見不到妹妹。但我們下了決心了，不要再勸。其他姊妹們就都留下來吧。」

多數女子都不願意十九／浪花離開，八／大嘴鳥握住十九／浪花的手說：「我堅持要跟浪花哥哥走！無論去哪！」

廖丁說：「十九兄，你真的讓人為難。假設要回去，只能跟著佛朗機船先去佛朗機國，然後找機會找船去你們家鄉。茫茫大海，又是千山萬水，中途又是會遭遇什麼？光佛朗機人願不願意載你們回國，這就是個大問題。」

十五月夜握住十九／浪花的手說：「我們自離開風盾山神廟，我就有一種想法。但是一直不敢確定我這個想法對不對。」

眾人幾乎同聲問：「什麼想法？」

十五月夜用漢語說：「其實我們在風盾山，就已經有一種方法可以打敗佛朗機人，保住我們的大地子民與文化。但我們卻沒有看懂這個方法的能力，最後捨近求遠來到這裡。中途還犧牲了六個姊妹。我們選錯了一次，命運讓我們來到這神奇的國度，我們不要再選錯第二次。」

十二／煙猴吃驚地大聲問：「難道我們祖先卷本就有寫方法？到底是甚麼方法？怎不早說？」

十五月夜說：「不是卷本！而是我們自己看自己，就是辦法！」

眾人不解。

十五月夜用漢語說：「你看我們一行人，本來都是被俘虜，浪花兄妹救了我們，接著大家團結一致克服困難，四處努力學習，目標始終沒有改變，也沒有各奔東西，我們到現在都還團結在一起，不計較個人得失。我們這一群人，面對不同的環境，一起商量之後，立刻改換領導者，其他人都跟從聽命令，互相不忌妒，互相不排斥，可以接受當中任何一個適應當時環境的人來指揮。佛朗機人因此被我們打敗，又被我們利用，我們甚至因此會操作他們的船隻，使用他們的火砲。這種連結成一體充分互相支援，而不注重個人意志的團體型態。讓我們一行人即便只有一個男人，也能強大得超過家鄉所有城邦聯軍。就是這種連結精神，倘若在家鄉的人也會運用，團結更多人學我們這樣，即便沒有孫子兵法，佛朗機人也根本拿我們無可奈何。這裡的孫子兵法雖然厲害，但我們家鄉各邦沒有這種連結精神，也不可能打敗佛朗機人，將孫子兵法帶回去也沒有用！所以你不要回去，我們當初錯過了，現在回去各奔東西的話，這種精神自己都散了，又能改變家鄉什麼事情？這是眾神的旨意，我們就待在這神奇的國度吧。不要再死人。」

十九／浪花一聽，坐在椅子上，長喘一口氣說：「是啊！錯過了！當初就錯過了！」

十一／火兔抓住廖丁的手說：「是啊！與我們繼續住在這，這裡的一切與家鄉雖然差距很大，但我總感覺，很多地方有說不出來的連結感覺。就像你跟十五／夜月說的，莫名的聯繫。」

十九／浪花看了一眼九／天盾與自己女兒，低頭說：「好吧，不回去了。眾神的旨意。」

廖丁說：「我準備去江南經商。大家一起去吧，之後在那邊定居，氣候比較溫暖。原本我打算發了橫財續絃娶妻，沒料到碰到妳們來自世界最遠方的人們，害得朋友們都說我整天跟番女為伴。但我認為妳們更適合當我的家人。江南比這更好，我們走吧！」

眾人之後都跟著廖丁生活，定居在蘇杭一帶經商。

這些瑪雅人，都成了中國人。

確實，有連結互相支援不計利害，因環境更換核心，形成一個會變化卻又統一的團體，即便這團體不大，也會發揮巨大的威力，這才是真正救他們的辦法。這才是抵擋文明毀天滅地的辦法……

※※※※※※※※※※※※※※

超個體一而二，二而一。陰古與陽怪。

陰古：摸出真正的方位來了！我們的罔兩型真的正在被消滅，不可能挽回。如果我們派一些特殊單位，過去協助他們呢？可不可以？

陽怪：到底罔兩型在哪裡？

陰古：你看，原來是落在這！我們先前地理方位搞錯了！

陽怪：怎麼會落得這麼遠？

陰古：目前解釋已無意義，我們到底現在再動員特殊單位，組織大批航海，去幫助他們來不來得及？

陽怪：已經來不及了！光是定位適當且有用的特殊單位，就要先花一段時間亂自己的局，找到之後還要如先前那般，大規模掩護，過海飄洋滲透過去。硬要草率協助，長城局必定因此改變，自己變亂會怎麼發生？恐怕更難捉摸。況且，還可能有截殺罔兩型的後續力量正在準備，以應對我們採取行動，我們難道要持續混亂自己的局，持續投入對耗？那等於更加速截殺他們的那股力量，去獲得增援！

陰古：沒料到我們先前那個短暫機會，錯失了這個方向，先前的航海，方向錯了，錯了，錯了！看錯了老五罔兩型的方向！落了後著！萬萬沒料到是這個方向！那代表，真的有一股力量在針對我們。得加快長城局收官，否則結果是知道的。現在你也知道，先前我的感覺，為何如此不安。如今只能先加強自我封鎖。

陽怪：力量？長城局，必加速運作，但是……這力量是？

陰古：我也還沒摸清楚，先別憂慮這個力量，之後會全局事情會逐漸明朗。

陽怪：罔兩型！老五一門！可惜，失去了保護它，並建立引導連結的機會！萬年輪動之機！先前沒有摸對方向，可惜啊！外界的變局逐漸形成，我們得快點收局然後建置封閉壁壘，不然會出大事！自源文明，將會只剩下我們老四一門！

※※※※※※※※※※※※※※

原來超個體早有預感，會有一場巨變，先前就試圖大規模入海先探路，發現一直沒有老五一門的氣息，從而判斷對方可能很微弱。但鄭和下西洋時，走錯了方向。從頭到尾讓宦官率領最有知識與戰力的一群菁英去航海，對皇權而言只是為了防止有人海外割據稱王，但這也並非絕對因素，只能拿來唬弄皇帝照辦來用。真實原因是，對超個體而言，這是中性的特殊單位，用以搜尋並保護自己的罔兩型，必要時和平傳授其能自保之力，並防止派出去巡查保護罔兩型的力量，失去控制，從而自己毀滅了它。

但最後仍然是找錯了方向，往返多次沒有找到。為了長城局進行，只能放棄尋找。而封閉海禁則是害怕中性力量尋找不到，若還持續有商業航海之風，反而刺激了其他地方，掀起整個航海的風潮，最後弄巧成拙，反讓海賊去毀了它。

一切都是為了罔兩型，才會弄出這麼古怪的航海模式。古怪又古怪！

如今弄清楚方位，也來不及。至於要保護它的原因，與超個體這兩千年來所做的事密切相關，也是人類史上最特殊的『罔兩問景』，『景尋罔兩』的事件。後篇會再持續提到。

原來中國真正的聖上，超個體鬼局，真正想要接的使節，原來是這一批來自世界最遙遠的瑪雅人，而不是看似蒸蒸日上的西方人。甚至鬼局厭惡忌憚這些西方人，繼海禁之後企圖鎖國。是跟自己本身有相關的成分，其他都是多餘的，只是所有人都沒看清楚。

於是策動鎖國，對海外全面採取防禦態勢，以防止意外的變化。

先前的鄭和下西洋的航海摸排，既然摸錯了方向。如今自源文明的老五，中國的罔兩型已經破滅，中國只得更加閉關鎖國，爭取內部調整的時間，確實才是當時自保之道。罔兩型被截殺，對文明群體的命脈來說，就是支撐其存在的外部法則要改變，超個體現在必須這麼做，與外界相對隔開，盡最大力，鎖住所有內部的變化。

全力針對長城局面投注，而阻擋其他干擾。

老五一門被滅，又一場驚動人類文明走向的大事發生，超個體也早就察覺，但外表看似一切寧靜。是也許，也許此時超個體想到之前滅高句麗的往事。高句麗當年面對大年體制的壓力，也是做出一切內部反應。

第三十一章　關鍵傳承　長城尾局　五族共和

萬里長城此時也逐漸成型。明朝準備收尾。

此時北方韃靼興起，可汗俺答，在多次遣使要求開放朝貢貿易未果後兵臨北京，以武力要求明朝政府開放邊貿。此時嚴嵩執政，戰備廢弛，俺答汗率軍由古北口越過長城，達到北京城下。嚴嵩懼戰，不准諸將出擊，以待蒙古軍擄掠後自行撤退。事後，嚴嵩以執行他命令的兵部尚書丁汝夔為替罪羊，將丁處死以逃避責任。

這嚴嵩因此與朝廷清流，結下了怨恨，成為日後自身遭到清算的禍因。

而南方日本因國內戰亂，出現盜賊移居海外的倭寇搶略，同時中國內地時有民變發生。守備萬里長城的部隊，則怨氣沖天，也不時發生兵變。明朝朝廷同時遭遇『北虜南倭』與『兵民雙變』的困境。出現了名將戚繼光與李成梁，全力平定南倭北虜的困局。

就在此時，嘉靖三十六年，葡萄牙人搭船抵達澳門，有男有女。並請求當地官員，同意葡萄牙人在此移居。在葡萄牙人來澳門之前，葡萄牙人就在廣東外海一帶滋擾，明朝水師幾次將之擊潰打跑，但奇怪的是，超個體對海域動作卻緩緩反映……它對於這事件的理解，可不是外表反應的這麼淺薄，它已經意識到，裡面藏著巨大的問題。

嘉靖皇帝死後，朱載垕繼位，改元隆慶。依照明朝慣例，後面的皇帝剛繼位，都要大肆改革前朝弊端，以收攏人心一次，如同明朝皇帝的名字，摹仿秦檜家族，是用五行相生一般。

於是忽然宣佈開關通海，可以合法通西洋各國的貿易，也可以暗中通商東洋日本的貿易。

隆慶四年，日本元龜元年，日本近江姊川。織田信長軍營。

前著在討論日本皇室也運作大年體制時，曾經有提過這個人物，他此時正在對付淺井、朝倉聯軍，一場大戰後大獲全勝。

軍營插滿家徽旗與『永樂通寶』的明朝錢幣軍旗，眾家臣一陣歡呼，織田信長看著地圖，決定下一個去打在攝津舉兵的三好三人眾。忽然其盟友德川家康，帶來了一套剛從明朝商人手上買到的火藥武器，槍銃，織田信長便來試槍。

織田信長看了看說：「這火槍跟南蠻人傳來的不一樣啊。」

德川家康說：「是大明國商人傳來的，他們私鑄的火槍。」

織田信長問：「大明國會鑄造鐵砲槍枝？我怎麼沒聽說過？」

德川家康笑說：「當然會，火藥武器是他們最早發明的，因為他們朝廷嚴厲禁止民間私造火藥武器，更不可能交易到海外去，所以我們自然不知道。但史書上有說，他們很早就用這種武器打仗，聽說當年宋朝的時候，蒙古人也被這種武器，打得暈頭轉向。南蠻人的國家遠在極西，可能是蒙古人間接傳過去。」

織田信長命人裝填好，親自試驗了一下，竟然偏靶了。搖搖頭丟給一旁的侍從，說：「沒有南蠻人造的好用。」

然後坐在軍帳椅子上。

德川家康露出了疑惑，低聲說：「會不會是因為這是民間私造，所以比較粗糙難用呢？」

織田信長說：「這不重要了！可見鐵砲技術，我們還比大明國的人強……」停了一會兒，忽然醒神問：「不對啊！大明國朝廷不是嚴厲海禁？即便被海盜侵擾也不出海？」

德川家康說：「聽說解禁了，我碰到的大明國商人，還告訴我，現在他們收購海外大量的白銀，以至於南蠻人都把所有海外金銀與各種貨物，都往那邊交易，使得大明國民間生活變得非常富裕。」

織田信長說：「既然他們已經開通貿易。那麼我們也可以跟他們交易了，日本的『永樂通寶』大多私造，確實比較粗糙劣質，南蠻人說拿了這些錢，只能在日本用，換不到好東西。倘若用大量的廢銅，跟他們交換優質的銅錢，然後再跟南蠻人買鐵砲與大筒砲等各類南蠻商品，南蠻人就會願意接受這些錢，大量地來交易，如此就能快速壯大我們的陣營。」

德川家康笑說：「對啊！間接地用大明國的財富，來壯大自己！還是大人英明睿智！如此我們就能用廢銅，換成精銳的火砲與鐵砲，平定日本指日可待。」

織田信長內心忽然泛起一股漣漪，平定日本之後呢？他此時已經開始懷疑日本皇室的陰招，即便平定全日本，也無法當天皇。但倘若先進攻朝鮮然後進入大明國呢？依照他看過的中原歷史，這肯定可以讓他當皇帝！到時候就可以，收拾掉日本皇室。但他沒見過萬里長城，不知道當中故事，所以衝勁最強，本來最適合受用。但是日本皇室這一關，就不是他能突破的，如前著所云，他逐漸進入『九子連環鎖，天地乾坤芯』的局中。所以內心慾望最強，卻最難觸及。

前著之述，已經有寫明，在此不多著墨。

說織田信長崛起於日本尾張小藩，用兵兩千最後逐漸變成平定日本亂世的頭號人物。而此時中國的東北也出現類似人物，比他更為傳奇。

隆慶皇帝在位期間短，很快進到了萬曆朝。

萬曆三年，建州女真。

努爾哈赤的外祖父王杲，因前大金國太祖完顏阿骨打，使用漢姓就是姓王，所以他也姓王。本為建州右衛都指揮使，因為不斷殺戮明朝官員，企圖反叛自立，最後被抓到往北京處死。努爾哈赤此時，代表建州女真族人，對明朝臣服，表示決不反叛，努爾哈赤與舒爾哈齊兩兄弟，帶著貢品前往北京朝貢，中途經過山海關，見到了堅固雄偉的萬里長城。先表明自己是要到北京朝貢的建州女真族人，請求守軍將貢品暫放底下，讓他們上城牆一看。

舒爾哈齊說：「兄長，漢人這道牆建得真是雄偉，一路綿延不絕，到底去哪裡才停止啊？」

努爾哈赤沿著長城走了幾步，喃喃低聲說：「不知道，這得找一個懂學識的漢人問問，以前我在李成梁手下當差，只聽說過但沒親眼見過，我們先多看看再說。」

兩人逛了萬里長城，內心都受到了震憾，之後到了北京禮部，遞交貢品之後，在城內市街上，找到一個叫王復進的中年低級官吏。他曾經考中進士，熟知歷史文化。努爾哈赤自稱姓佟，兩人為佟氏兄弟，請他到酒樓一個包間飲食，酒過三巡菜過五味，懂得漢語的努爾哈赤，便問到重點。

「王大人，這萬里長城您知道嗎？」

王復進笑說：「剛才說了，你們別叫我大人，叫我王兄得了。我只中了舉人，勉強補了個八品的芝麻官，在北京到處一品大員，我哪能叫大人？」

努爾哈赤笑說：「是是，王兄。您知道萬里長城的歷史嗎？」

王復進帶了一些醉意，微笑說：「你這是問對人了，我聽家族長輩們說，我們王家世代都住在長城附近，這些年來我們這一支搬到山東去住。我熟讀歷史，對這萬里長城頗有看法，一直想寫一部專書談萬里長城，可惜薪俸很低，沒有出版之資。但你們有什麼問題盡管問。」

舒爾哈齊的漢語官話不流利，但王復進還能聽得懂，他問：「聽說在本朝之前，中國就已經建了萬里長城，我們見到的萬里長城跟先前的有關係嗎？」

王復進說：「這問題有點空洞，相互之間當然是有關係，但先前秦、漢、北魏、隋、金等朝，所建立的長城，大多已經坍塌頹壞，現你們看到的本朝長城，是本朝經歷多年所建，分佈路線與先前各朝的長城都不一樣。」

舒爾哈齊說：「我們看到的長城非常雄偉壯觀，攀附在山陵，一眼望去綿延不絕，關鍵處又有重兵把守，你們漢人能建立這麼雄偉城牆，蒙古人要南下就非常困難了。」

努爾哈赤說：「是啊！我在遼東李成梁手下當差時，也讀過你們漢人的歷史，長城一旦建立，北方胡騎就難以跨越。親眼看了長城綿延，大明士兵可以方便巡邏北方沿邊，想想確實如此。」

王復進聽了，又喝了一口酒，哈哈大笑，一直不停。兩人看了疑惑。

努爾哈赤問：「王兄這有何可笑？」

王復進說：「這長城…哈哈…在我看來……哈哈……根本沒有用啊……哈哈……」說罷吃了幾口菜，面露滑稽。

舒爾哈齊說：「你就快說吧！為何沒用？我們正在等著聽呢！」

王復進說：「你們女真人曾經建立大金國，入主過中原，這知道吧？」

努爾哈赤說：「知道，但是大金國最後被蒙古滅亡。進入中原的女真族人，都沒聽說過下文了，我們是留在祖先地方，沒有跟著當時大金國主進入中原的女真人後代。」

王復進說：「當時大金國碰見北方蒙古遊騎，也學著我們漢人建長城抵禦蒙古，結果最後長城落成之日，就是大金國開始滅亡之時。長城有真的發揮作用嗎？」

兩人沉默。

王復進接著說：「追溯最早吧。春秋戰國時代就曾建立長城抵禦戎狄，最後戎狄進了中原。秦連接諸侯長城，漢朝則繼續延長直到西域，以防備匈奴。漢朝衰亡之後，不止匈奴，總共五胡各部紛紛進入中原建國。北魏與隋建長城，唐朝繼承之，結果就遭遇各族侵擾，不斷招安懷柔，最後胡人還是叛亂，使唐朝日趨衰滅，興起契丹雄據漠北，最後是你們女真先祖入主中原。妳們女真先祖大金國更不用提，以最快速度建了長城，便亡於蒙古。然後你在仔細思量一下，萬里長城真能抵擋有組織的進攻嗎？我大明朝這麼多年來，糾纏於韃靼部與瓦剌部此起彼落的強弱，他們要越過長城進來搶奪實在太容易了。為了這萬里長城，中國都不知道改朝換代幾次啦！你們自己去仔細翻閱歷史，我在這難以三言兩語說清！哈哈哈…」

努爾哈赤兄弟兩人面面相覷，半天說不出話。

王復進看了他們兩個，陷入迷惘的詭異地神情，也露出詭異笑容說：「據我所知，往上追溯，以前成吉思汗就曾經疑惑萬里長城，但他很聰明，知道這座城牆看似堅固，實則不堪一擊，但千萬別隨便一擊，得多方押寶，所以不斷西征，把蒙古部族同時向西散落出去，直到遙遠的西方邊際，滅國四十，直到看不到任何一個漢人為止。然後以絕對廣大的土地與人口，才開始著手統治中國。」

努爾哈赤問：「他為何如此？」

王復進笑著反問：「你認為呢？猜一猜。」

努爾哈赤喃喃自語，忽然瞪大眼說：「對啊…先前這麼多族跨過長城進來滅了漢人的政權，佔領漢人的土地，但最後漢人怎麼還能不斷回來重修長城，反而他們都…都…」

王復進笑得更詭異了，手指了他一下說：「有省悟。」

舒爾哈齊也忽然瞪大眼說：「對啊！我們大部份先祖，在中原建立大金國，但除了一少部份沒有進入中原，守備在故地的直系祖先之外，主要部份都已經消失在中原。蒙古人也是一樣，建立大元的蒙古人，只有元順帝帶一小撥皇族北逃，其他也都消失了。更別說契丹之前的各族。他們的後代呢？去哪裡了？」

王復進指著自己說：「也許在這裡啊！哈哈哈哈…」

努爾哈赤苦笑問：「王兄祖上是女真族嗎？不是漢族？」

王復進說：「我祖上就是漢族，但誰知道哪一個祖先娶了外族姑娘當妻子，繼續傳宗接代？甚至不少人，父輩就是外族，但最後也跟著我姓王啦！我認識一個同姓王的朋友，他祖上其實就是忽必烈手下的蒙古大將軍，但現在跟我一模一樣，堅決認為自己是漢人，還當了建造長城的官差，一同防範北方蒙古部族了，你說這是不是諷刺？還有最早你們女真大金國的國姓完顏，完顏後代很多人也都跟我一樣姓王，也一起幫忙建新的長城囉！真的是新的長城萬里長！」

努爾哈赤喃喃自語，點點頭說：「那難怪成吉思汗，會對萬里長城陷入疑惑了。有空我得多向蒙古人打聽打聽，成吉思汗當年的故事。」

【努爾哈赤出現紫眼眶】

王復進醉薰搖晃地說：「疑惑也沒用，他知道萬里長城就是條道路與燈塔，引得許多部族往中原前進，前面一群進來的強盜，會被後面的一群強盜進攻。所以成吉思汗想要當最後一群強盜，在入主中原之前，征服所有可以見得到的國家與民族。好像他得逞了，看似是自己蒙古人就是最後一群強盜。可他們又忘了，最早的受害者還在啊！哈哈哈，甚至被他消滅的許多民族，通通加入到最早的受害者之列，最後一個輕鬆反撲，所有進來的蒙古人也都立刻留下，加入大家的行列，幫忙我大明朝又建長城，繼續搓弄沒有進來的蒙古同族了！哈哈哈…」說罷指著地上，又哈哈大笑。

接著說：「還好他先前把蒙古部族分散得很廣，保留一部份血脈沒有消失，但那又如何？沒有引進中原的典章制度，都最後自相殘殺，分裂瓦解，見到新一座長城重建，又拉著其他民族一起回來重演故事啦！蒙古人輸急了，強逼其他民族來加入他們，拉著他們當蒙古人繼續來跟長城糾纏！你說這像不像輸急的賭徒，東拉西扯拼出一切要翻盤啊！哈哈…」

努爾哈赤（紫眼眶）點點頭說：「我明白了…原來萬里長城不是只有防禦的功能…裡頭還有這麼個循環機關啊…」

王復進說：「往者已矣，這都不去談了。將來還會有人，想要翻過長城進來，但不也都得同樣命運？你們自己去翻翻歷史囉…」

接著說：「目前知道的規則是，最早的聰明人，很直覺粗魯地一窩鋒進來後，結果快速消失。後來的聰明人，發現了這個規則，一窩鋒進來之後建國稱號，以為能長久，結果互相火拼還是消失。再後來的聰明人，又發現了這個規則，於是在外頭建立好根基之後才進來，結果被其他要進來的聰明人，挖光根基，還是得消失。再後來的聰明人，又發現了這個規則，於是在進來當中，除了在外建立根基，也同時消滅其他可能想進來的人，但被最早的受害者聯合所有受害者一個反咬，還是消失，所幸在外頭還留下殘族，整頓之後又再度被新的長城吸引過來。最後結局會是怎樣？哈哈哈哈…只能後代子孫來看看囉…哈哈哈…」

三人宴飲到盡興方散。

之後努爾哈赤兩兄弟返回建州。在途中兩人不斷談論著萬里長城，舒爾哈齊說：「最早的各族只憑直覺，一窩蜂進長城，結果一下消失。成吉思汗之前的各族，看到了這個規則，於是在關外建立根基之後進去，被後面也想進長城的民族打敗，還是消失。成吉思汗本人看到這個規則，所以除了建立根基，還打敗所有見到的其他民族，甚至把部族分散在遙遠各地，才去進攻中國。結果進入的蒙古人還是消失，遺留在外的，又再次被長城吸引到腳下……兄長，我們女真先祖，難道也是被漢人用這種鬼招數玩了，所以現在不得不接受漢人官職，聽從漢人的命令？那接下來會出現的規則又是什麼？」

努爾哈赤（紫眼眶）陰沉沉說：「就是如此！可見我們女真先祖建立大金國的時候，沒有思考到這麼多，才會上當！」

舒爾哈齊說：「要是將來我們女真人還有機會建立大金國，那還是距離長城遠一點，距離漢人遠一點，這真的有點鬼啊！」

努爾哈赤（紫眼眶）搖頭冷笑說：「不必擔心，我們女真族聰明，吃過一次虧不會再吃第二次，我們不一樣！絕對不一樣！漢人這種陰險的招數，走著瞧……」

是啊⋯又一個自認為不一樣的人⋯當年成吉思汗與他的弟兄們也是這麼認為⋯更早的人也有這麼認為的⋯所以努爾哈赤真的開始不一樣了⋯⋯

王杲這件事情並沒有完，王杲之子阿台逃脫，他回到古勒城以求東山再起，伺機要找明朝復仇。萬曆十一年，為徹底斷絕後患，李成梁發兵攻打古勒城，但古勒城地勢險要，易守難攻，加之阿台力戰，明朝部隊久攻難下，傷亡頗重。這時，明軍嚮導、建州女真蘇克蘇滸部圖倫城主尼堪外蘭，用計誘使阿台部下開城，明軍進城後對古勒城進行了屠城。由於阿台之妻為努爾哈赤大伯禮敦之女，為使其免受兵災，當時努爾哈赤的祖父覺昌安、父親塔克世在城中對阿台進行勸降，卻一同被明兵殺死於亂軍之中。

努爾哈赤和舒爾哈齊兩兄弟在敗兵之間，李成梁之妻知道他們無辜，偷偷將二人放走。努爾哈赤等投奔葉赫部，貝勒清佳砮禮遇之，將自己的女兒許配給努爾哈赤，並派兵護送其回赫圖阿拉。在歸途中，努爾哈赤遇額亦都等九人，將其收入帳下。努爾哈赤回去後，寫信責問明朝為何殺其父祖。明廷遣使致歉，並表示是誤殺，同時授予努爾哈赤敕書三十道、馬三十匹和都督敕書。努爾哈赤便以此重新收整舊部，部眾有安布祿、安費揚古父子等，加之新收部眾額亦都等共有數十人。

由於當時努爾哈赤的實力遠遠不足以與明朝抗衡，於是他將怒火轉移到了給明軍做嚮導的尼堪外蘭身上。努爾哈赤曾要求明朝交出尼堪外蘭，但明廷拒絕。努爾哈赤只得試圖將對尼堪外蘭不滿之人拉攏到自己一邊，他與薩爾滸城主諾米納、努爾哈赤的妹夫嘉木瑚城主噶哈善哈思瑚、沾河寨城主常書、揚書兄弟會盟，共同對抗尼堪外蘭。隨後，努爾哈赤以覺昌安、塔克世遺留下來的盔甲十三副、部眾數十人起兵，向尼堪外蘭駐地圖倫城發起進攻……

這就是著名的『十三副遺甲起兵，兵不滿百』……

由於他起兵，許多自己的親族怕被明朝清算，所以紛紛起來反對他。但努爾哈赤不屈不撓，從萬曆十一年打到萬曆十六年，終於殺了尼堪外蘭並消滅諸多建州女真部落。

此時兵臨完顏部的王甲城，發動攻勢之後將其打下，終於統一建州女真，擁有部眾已經接近兩萬。而此時李成梁正攻打海西女真與蒙古部族，對努爾哈赤甚為友善，絲毫不懷疑他統一建州之舉，甚至想要利用他。

王甲城。

「完顏部歸降了，聽說當年正是他們的老祖先，建立大金國的啊。」努爾哈赤站在城牆頂上，望著遠處喃喃自語。

舒爾哈齊走來問：「兄長，你又想起萬里長城的事情嗎？」

努爾哈赤（紫眼眶）翻身微笑問：「你怎麼知道？」

舒爾哈齊說：「這些年來你只有想到長城，才會陷入這種沉思的神情。有想到什麼結論？」

努爾哈赤（紫眼眶）低聲說：「當年我們去北京，曾跟漢人談論過長城。長城裡面的事情真的不簡單，我們必須要依照前面幾個朝代的經驗，重新擬定一個新計劃，這計劃要讓子孫都能秘密傳下去。」

舒爾哈齊問：「我們只是統一建州衛，長城與我們並無多大干系，難道兄長要重新建立大金國？」

努爾哈赤（紫眼眶）陰沉沉說：「當然要，只是現在還不是時候！然而萬里長城的歷史不簡單，先前許多民族都討論過它造成的規則，既然成吉思汗的蒙古人，當成了最後一個強盜，卻被最早的受害者分化之後，分批同化！那我們為何不反過來，趁著勝利當上最後一個強盜的時候，逼迫漢人這個最早的受害者，被我們女真人同化？若累積先前其他的規則，只要把所有跟萬里長城沾上一點邊的所有民族全部統一進長城裡面來，那所有累積的規則，就對我們沒有效用！」

舒爾哈齊瞪眼說：「對啊！假設我們先學著蒙古成吉思汗的思路，先滅掉所有競爭者，然後統治了中原，就可以反過來逼漢人跟我們一樣！把漢人的根基也摧毀殆盡！最後萬里長城失去功能，也就風化無用啊！先前的朝代，怎就沒想到過這個？」

努爾哈赤（紫眼眶）說：「不過漢人文化根基很深，要反過來同化他們得用特殊的方法。必須傳諸子孫，一代一代都要謹記在心！不但不能被分化，也不能被同化！應該反過來逼漢人被我們同化！不然就會重蹈成吉思汗的覆轍，傳到了忽必烈就入了漢人的套！」

接著指著這座城內說：「這完顏部的祖先，當年建立大金國，就肯定沒想到過這一點，反而跑去建長城，著了漢人們的道。我們的子孫若將來建立大金國，必定要先深深地建立自己的根基，除了把所有跟長城有關的民族都征服，全拉入長城內歸降之外，還要使長城變成大金國腹地，讓長城最後逐漸風化無用，最後還要狠狠地壓住漢人，逼他們反被我們同化！最後所有民族都歸大金女真所治！就真的可以終結萬里長城，使之永遠無用了！再也不必畏懼長城所造出來的諸多規則！」

接著興奮地握拳頭說：「把孩子們找來，我要把今天想通的事情，記錄密文，告訴他們！擊破兩千年來萬里長城製造的機關規則，就是由我們女真人再次復興之手來做！」

努爾哈赤，開始想到，必須終結萬里長城了！

就在超個體開心地等候這個真正結論時，不知是否為連帶效應，海島上的日本人，也想要跳入局。萬曆二十年，統一日本的織田信長繼承者，豐臣秀吉。大舉出兵攻佔朝鮮，企圖續取大明，也想要入主中國。

※※※※※※※※※※※※※※※※

超個體一而二，二而一。陰古與陽怪。

陰古：什麼？要把所有跟長城沾到一點邊的民族，通通統一進長城裡面？呵呵……嘻嘻…哈哈…先前殘存的女真族的孩子們呦！對兩千年的萬里長城，那是有在反省的喔！呵呵呵呵呵…

陽怪：呵呵呵…哈哈…鎮定…鎮定…等聰明人想出這個真正的最後結論…我們真的等了兩千年了！就讓這些有反省的孩子們，去努力！對此，我們要假裝，不知道！呵呵呵…

陰古：咦？日本？想參與長城故事？我們來看看成分……咦……還是封建體制？成份不對啊！才要收尾就來攪局！把他們先轟回去！

陽怪：他們內部也有股陰力在拉扯，學大年體制？火候遠遠不夠！小鬼國有意思，但是想要參加，得等以後了。

陰古：攪局就該修理！

陽怪：是該修理，轟回去！要參加那得等下一次，到時候有你日本小鬼好受！

※※※※※※※※※※※※※※※※

結果發生前著《皇道無間》所談的故事。豐臣秀吉派兵在朝鮮半島攻城掠地，前鋒進到女真邊境，努爾哈赤聽了非常忿怒，認為這打擾了他要圖略中國的計劃，朝鮮若被攻佔，下一個就會進入建州女真。於是致書明朝朝廷與朝鮮國王，企圖率領建州女真部隊參戰，打擊日本攻入朝鮮的軍隊。熟讀宋朝經典的朝鮮宰臣柳成龍，聽了非常恐懼，害怕女真人比日本人更狠，會引狼入室無法趕走，於是婉言謝絕建州女真參戰。

而先前對努爾哈赤不斷擴張勢力，根本就視而不見的明朝朝廷，此時也出奇地反應快速，萬曆皇帝立刻調動軍隊進入朝鮮，擊敗豐臣秀吉的軍隊。同時日本皇室不斷地在暗中，扯豐臣秀吉的後腿。以致於興致勃勃的豐臣秀吉進退兩難。

原本朝鮮跟明朝朝廷打交道多年，知道明朝朝廷腐朽，反應向來緩慢，對明朝朝廷的支援也持懷疑態度，甚至朝鮮王都已經打算內附，放棄復國的打算，不敢太過奢望明朝朝廷出兵。沒想到明朝朝廷反應迅速，遼東駐軍立刻出動，還告知朝鮮王，內地其他省份也開始組織部隊來增援，這讓朝鮮王大為欣喜。

明朝出奇地快速出兵，真正的動力，原來不是為了保護朝鮮，而是為了保護女真族要再次興起的火苗，這個讓長城最終收官的火苗。

最後豐臣政權在日本內部，逐漸被收拾掉，不再贅述。

話鋒回頭。

聽到明朝軍隊與各種資源，都快速調入朝鮮，迅速收復平壤，使日本軍隊遠離建州女真的地盤，速度比他努爾哈赤想像要快得多，而且還讓整個遼東空虛，明朝朝廷再次派人來撫慰努爾哈赤。看完這封信努爾哈赤大感疑惑。

「這不對啊！」努爾哈赤反覆看著朝廷的敕書。

額亦都問：「可汗，朝鮮為大明屬國，被日本進攻，朝廷迅速出兵增援，這有何不對？」

努爾哈赤（紫眼眶）在軍議室往返踱步，搖搖頭說：「不對，還是不對！」

安費揚古與扈爾漢也疑惑問：「到底有何不對？」

努爾哈赤（紫眼眶）說：「我們從十三副遺甲起兵到今天，這些年來，朝廷對我們的所有軍事行動，全部視而不見。甚至李成梁派來的督察，都只是吃吃喝喝，對我們到底有多少兵馬？有多少武器？佔領了多少山城？完全不聞不問。我起初以為是皇帝怠惰，朝廷腐敗。反應非常遲鈍，對外敵入侵可能已經無可奈何。」

繼續來回踱步接著說：「但這一次日本倭人進攻朝鮮，前鋒竟然快速推進到女真部族的境內，我認為朝廷反應必定會非常緩慢，我們建州女真部必須先行出戰，即便朝廷與朝鮮都不答應，我們還是要主動出擊，擊垮日本倭人的軍隊。然而沒想到朝廷竟然如此快速地出軍，李如松也很快打敗倭人，收復平壤，讓倭人的軍隊遠離我建州女真。甚至還來了這封朝廷敕令，你們自己看看。」

眾人一看，是一封兵部尚書石星送來的敕令，蓋有皇帝御璽與朱批，眾將領大多看不懂漢文，請了一個翻譯來唸。大體是說朝廷體恤建州女真部剛統一，經過了戰亂，兵馬需要休整，雖然日本倭人大規模入侵朝鮮，但朝廷會從『長城』內地各省不斷派軍增援，日本倭人不會侵犯到遼東，希望他休養生息，壯大建州女真，以替『朝廷效力』。朝鮮的事情，就由李如松率領各地朝廷軍隊去解決，不會讓日本軍隊侵佔到建州衛所。令建州女真部，管好所屬的兩萬兵馬，不要入朝鮮作戰。

部將們，因而面面相覷，甚至有些心虛。

「可見朝廷並不是無人知道我們的動靜！而且朝廷這些年來向來主張以夷制夷，李成梁當初也是玩這套把戲，利用女真與蒙古的矛盾，乃至女真部族之間的矛盾，相互殘殺或制衡。照理說應該會很高興，我們主動請纓去朝鮮與倭人作戰。怎麼這一回一反常態，要出軍保護我們的戰果？甚至整個遼東精銳部隊快速進入朝鮮，對倭人迎頭痛擊，使遼東空虛？這真是怪哉！」努爾哈赤滿面疑惑地這麼說。

安費揚古說：「不管這麼多了！既然朝廷幫我們去打倭人，把遼東都空了下來，這就是千載難逢的機會，我們也就不用遮掩什麼！趁這個機會，快速吞併海西女真各部，還有野人女真各部。只要連海西女真與野人女真都拿下，整個女真部族就全部一統，將當年大金國遺留在關外之手足同胞的後代就全面統一，大金國再次興起的聲勢就完成了！」

努爾哈赤在內心的困惑中，但仍同意了他的意見。

當然，這個疑問，目前誰也無法解答。明朝從一片消極變得忽然醒神，這麼努力派兵出去，保護建州女真統一的成果，跟當年宋朝對金打勝仗，也要稱臣投降的理由，其實都是一樣的。

就在朝鮮半島上，明朝軍隊與日本軍隊打得熱火朝天時，努爾哈赤率領建州女真部隊，大戰海西女真與蒙古部族的九部聯軍。一場激戰之後，努爾哈赤在古勒山大破九部聯軍，逐步併吞週邊小部族，所有女真各部族，都開始害怕建州女真的興起，不斷向明朝示警，但這些警告最後都被朝廷壓下，沒有下文。

而豐臣秀吉此時已經病死，日本各藩部聯軍退回島上，明朝也逐漸收兵回國內，但對於建州女真仍然不聞不問。

努爾哈赤本來開始忌憚，明朝軍隊得勝收兵回遼東，自己再次興起大金國的計畫將無疾而終，但沒想到朝廷開始抽調部隊回關內，要去平定開始鬧起來的民變。

建州女真於是繼續擴張，進攻哈達部落。哈達部落不斷向明朝朝廷求援，明朝朝廷只應付了事，稍微派人到建州責問。努爾哈赤自知自己力量尚不能與明朝對抗，恭敬地表示順從，並提出為何要攻打哈達部落的理由，明朝朝廷就立刻批准，將土地讓其管轄，遂大膽地吞併哈達。於是定都在赫圖阿拉城，自稱「大明建州等處地方國王」。

整個遼東官吏都知道情況不妙，不斷有人上書朝廷警告，努爾哈赤的女真族因朝廷多年放縱，兼併疆域內外的女真部族，實力越來越強，有叛變的危險。乃至廷議都開始有人不斷提起此事，地方國王沒有皇帝批准，竟然可以自立？引起一片譁然。

不過超個體已經決定，要『假裝不知道』。對於這個不得不回答的問題，就拿出另外一個虛擬更重要的內部問題，轉移焦點。此時竟然因為鄭貴妃想讓兒子朱常洵當皇帝，使得皇帝與群臣陷入對立，從而變成「萬曆怠政」。

乾脆！讓整個明朝朝廷進入前所未有的休眠狀態！讓所有的求救與上書警告，都無下文！

鬼局對此要假裝不知道。

噓……都安靜，以免打擾到建州女真孩子們的努力……

努爾哈赤見此，當然要繼續努力，接著進攻輝發部，併吞女真輝發部落後。立刻討伐烏拉部，並開始收降明朝疆域外野人女真部。朝廷下詔稱其恭順可用，等於替朝廷開拓疆土，竟然兵部還下文嘉獎。

女真烏拉部被努爾哈赤進攻，本來請求明朝救援，後來知道明朝朝廷不但沒有來救，還嘉獎了努爾哈赤，便大失所望，改向蒙古林丹汗求救。

這林丹汗，在先前契丹族統治漠北草原時期的慶州舊址上，修建了瓦察爾圖察漢城，以此地作為整個蒙古的政治、軍事、經濟、文化的中心，在直接控制著內喀爾喀巴林、扎魯特、巴岳特、烏齊葉特、弘吉剌等五部的同時，也遙控蒙古其他部落。兵力與實力都超過努爾哈赤。努爾哈赤有統一女真，再當完顏阿骨打的想法。而這林丹汗也有統一蒙古，再當成吉思汗的想法。

照理來說，這林丹汗也有資格被超個體鬼局盯上，逐漸受用。但是林丹汗目光短淺，時不時寇略明朝邊境，目的只是要求貿易通商，想著要財富而已，跟也先一模一樣。對內又壓榨蒙古各部落，激起不少蒙古部族叛變，投奔明朝或投奔努爾哈赤，行為跟也先、俺答沒有兩樣。格局竟然比成吉思汗的老套思維還不如，缺乏對萬里長城的「真切反省」、「認真創新」！所以失去資格！

明朝萬里長城本來是要繼續搓蒙古，但搓來搓去都是這種貨色，跟先前的契丹族一樣，鬼局對蒙古也已經失去耐心。所以明朝朝廷，特別重兵對付蒙古林丹汗，此時整個明朝兵部所提出的策略，是打擊蒙古扶助女真，而萬曆皇帝根本已經躲在皇宮不出不批，任由兵部制定策略，所以林丹汗難以再有發展。

林丹汗為了救女真烏拉部，寫了一封信，羞辱努爾哈赤：自稱四十萬大蒙古國主、巴圖魯成吉思汗，而稱努爾哈赤為三萬水濱女真國主。並且不斷強調，過去你們女真人的金國，是如何被我們蒙古人消滅的，女真人金國是如何被我們蒙古人打敗的。你現在企圖統一女真復興金國，而我將統一整個蒙古復興大元，最終你的金國也會再一次被我的蒙古給消滅。

努爾哈赤非常忿怒，寫信回擊說：蒙古的元朝因為明朝興起，以致蒙古人大多陷沒於中原，被漢人同化，你等只是少數沒有進入中原，散落在西域與莫北的蒙古殘部後代，愚昧無知，只會寇略，現在只能仰仗漢人鼻息，靠與中原漢人的貿易而存活，還有什麼面目自稱成吉思汗？

林丹汗收到此信，也非常忿怒，決心跟努爾哈赤打到底。

兩邊都意圖統一本族，又有過去歷史宿怨，終於開打。在增援烏拉部中，蒙古軍果然發揮戰鬥力，幾次擊退努爾哈赤的女真部隊進攻。努爾哈赤改變策略，既然林丹汗會拉攏游離的女真部族，於是努爾哈赤也拉攏游離的蒙古部族。因為林丹汗的貪婪與壓榨，不少蒙古人不滿林丹汗跋扈，便與努爾哈赤暗通款曲，雖然林丹汗屢屢擊敗努爾哈赤，但最終在不少蒙古部族叛變倒戈之下，努爾哈赤還是佔領了烏拉部。

最後進攻葉赫部。

萬曆四十一年，距離建州統一後已經奮鬥了二十年。

葉赫部節節敗退，不斷向明朝朝廷求救，但多所拖延，最後在不斷要求之下，只好派了一個游擊小將，率領一千人的槍銃火砲隊，到葉赫的城堡上佈置。前鋒建州女真部隊，被一陣槍砲打回，才知道明朝軍隊派了一千人來。

「撤退！」努爾哈赤見到滿城堡的槍砲，已經有所忌憚。

「父汗，難道就這樣放過葉赫？」大貝勒代善這麼問。

努爾哈赤（紫眼眶）說：「當然不是！從起兵到現在已經三十年，明朝朝廷，從未對我們進攻，反而不斷冊封我們，鼓勵我們。但再怎麼昏聵，朝廷畢竟擁有萬里江山與強大的後備力量，如今必定已經警覺我們的擴張，不然不會派火槍火砲來這裡幫葉赫！」

二貝勒阿敏說：「遲早也要跟朝廷決裂，何不就在今天？」

努爾哈赤（紫眼眶）搖頭說：「還不是時候，我總覺得還不對，撤軍！」於是退兵。

萬曆四十四年，努爾哈赤在赫圖阿拉城宣佈獨立自主，不再聽從明朝朝廷的號令，建國號大金，改元天命，正式稱可汗，自稱朕。如以先前的大金國稱宋朝一樣，改稱明朝為「南朝」。女真八旗部隊，也正式組建完成。

這消息其實很快就傳到北京。

萬曆皇帝朱翊鈞在後宮，聽一個識字的小太監，唸了地方官員的奏書，內心是開始感覺有些不對勁。

「……努爾哈赤以八旗建制，在赫圖阿拉僭號稱汗，改元天命，國號大金，與完顏部之前大金國相互稱應，妄言再主中國，號令女真各部歸順，公然與朝廷對抗，臣請陛下興兵討伐，否則後患無窮……」

朱翊鈞大為吃驚喊道：「什麼？大金國？建州女真變成了大金國？」

小太監聽到他喊聲，趕緊合起奏摺，低頭不敢再說。

朱翊鈞躺在躺椅上，抖著手大聲喊說：「繼續給我唸下去！剛才是巡撫的奏書，兵部的奏書呢？他們有上奏嗎？」

小太監趕緊找到兵部的奏書，接著唸說：「……自李成梁始，三十年來，朝廷不斷對努爾哈赤姑息放縱，以致於建州女真兼併女真各部，實力大增。努爾哈赤欲重建往昔完顏女真舊業，入主中國，故建國號大金，改稱朝廷為『南朝』，如完顏女真稱宋朝之故事。併黃衣稱朕，已然正式反叛。臣叩請陛下調集大軍征剿，若賊勢大成，勢不可制，進犯中國，悔之晚矣！」

朱翊鈞身軀挺起，瞪大眼大喝說：「通知司禮監！立刻給兵部批文！先讓錦衣衛派人密切監視建州女真的一舉一動，時時回報，還要調集內地各省兵馬，往遼東聚集，準備討伐！快去！」

小太監低頭說：「奴才遵旨，奴才立刻去通知。」

朱翊鈞長喘一氣，靠回在椅背，喃喃自語，眼神左右擺盪說：「怎麼會這樣？這怎麼會這樣？女真人的金國不是已經變成歷史了嗎？又突然出現了？啊！怎麼會？這一定要剿滅！絕不能舊事重演！」

朝廷六部官吏，此時人員短缺，還在填充新進候補。

對於遼事初現，大多以往例敷衍。上奏稱，薊遼總督去年還稱努爾哈赤恭順聽命，收併疆域之外的女真部族，替朝廷開疆拓土，為朝廷邊區忠臣，如今若忽然又改稱其叛逆，頗失大體。建議先準備兵員糧餉，養精蓄銳，若真有叛逆之舉，再討伐未晚。

如此，朱翊鈞只好暫時待在後宮，壓住征伐之事。不過朱翊鈞已經派錦衣衛，在關外監視其情報。聽說明朝朝廷雖然警覺，但尚有顧忌而不行動，努爾哈赤又藉此爭取了兩年多的時間，繼續積蓄實力，期間征討黑龍江、東海女真諸部，大獲全勝，全數整編入麾下國土。

努爾哈赤於是以「七大恨」告祭天地，公佈女真人為何要反叛明朝漢人朝廷。告祭之後，兵分兩路入侵，以左翼四旗進攻東州、馬根單，自己親率右翼四旗直攻撫順。但畏懼撫順兵力，打算用計順利拿下。

先派人至撫順，告知次日有三千人的女真大商隊前來撫順貿易，撫順軍民均至城外交易，這時努爾哈赤大軍突至，與撫順城內的女真軍裡應外合，一舉襲取撫順。明軍措手不及，中軍千總王命印、把總王學道、唐鑰順等戰死，女真軍一陣歡呼。

游擊將軍李永芳在城內，此時週邊只剩下一百多人，拿著武器聚在一起，被女真軍團團包圍，女真兵正要一擁而上時。

「不許動！」努爾哈赤身穿金黃鎧甲，騎著馬趕來。

女真兵讓開一條路，沒有動刀兵。

「李將軍，好久不見啦！」努爾哈赤用漢語這麼說。

李永芳說：「我知道你已經黃衣稱朕，但既然朝廷跟你也相安無事，繼續貿易，為何要襲擊我們？」

努爾哈赤（紫眼眶）說：「朕已經以七大恨告天，正式討伐南朝，你不知道嗎？先前朕年輕時，曾在你祖父李成梁帳下當差，你們李家這些年對朕也不錯，以致我大金國可以順利壯大，朕不忍殺你，放下武器，歸降朕，授你高官如何？」

李永芳眼神飄忽不定，低聲說：「叛亂可是要滅族的。」

努爾哈赤（紫眼眶）笑說：「你擔心什麼？你們家族在遼東樹大根深，明朝皇帝不敢動你們。至於你，明朝朝廷根本拿我們大金國無可奈何？要戰則來戰，誰勝誰負都未可知。你也知道先前舒爾哈齊是我弟弟，在情勢逼迫下，我也不得不囚禁他，倘若你堅持不降，那就別怪朕不念舊情，得動手了！」

李永芳對左右說：「放下武器，好漢不吃眼前虧。」

於是左右士兵紛紛棄械。

努爾哈赤（紫眼眶）非常開心，於是下馬，拉他回營，然後笑說：「朕與你祖父算同輩人，那你就娶朕孫女，阿巴泰的女兒，從此也是我大金國的國舅，如何？」

李永芳下拜叩首說：「願效犬馬之勞。」

努爾哈赤於是大舉進兵清河，由於城牆上火砲槍銃眾多，於是改採偷襲，一舉拿下清河。

撫順與清河被攻破，朱翊鈞終於忍不住了，下了嚴旨給兵部，立刻要調動部隊討伐。同時錦衣衛回報，金國收買了許多奸細潛伏在北京刺探情報，於是也下旨給司禮監，將內官太監全面檢查，防止有奸細混入。

遂批准，以兵部右侍郎楊鎬為遼東經略，總督大軍。楊鎬會同薊遼總督汪可受、遼東巡撫周永春、遼東巡按王庭在遼陽演武場舉行討伐後金的誓師。在儀式上，取出尚方寶劍，斬撫順之戰中臨陣脫逃的指揮白雲龍。誓師後，楊鎬等決議兵分四路：以山海關總兵名將杜松為主將，率保定總兵王宣、總兵趙夢麟等兩萬餘人為西路軍；以遼東總兵李如柏為主將，率參將賀世賢等兩萬餘人為南路軍；以開原總兵官馬林為主將，率游擊麻岩等兩萬餘人並葉赫貝勒金台石、布揚古率領的兩千葉赫兵為北路軍；以總兵官名將劉綎為主將，率都司祖天定等一萬餘人會同朝鮮元帥姜弘立、副元帥金景瑞率領的一萬三千餘朝鮮兵為東路軍。四路大軍共十餘萬，號稱四十七萬，於二十五日向後金都城赫圖阿拉合圍。

間諜將消息傳到赫圖阿拉。

努爾哈赤與其女真部將們，大為震恐，認為這恐怕無法戰勝。努爾哈赤本人雖然身經百戰，但深知先前鑽了不少明朝的空子，一旦要硬碰硬，就如同跟蒙古林丹汗決戰一樣，未必能獲勝，多少失去了信心。

見女真將領們議論各種困難，此時投降的漢將李永芳欲言又止。努爾哈赤見了，令所有人停止說話。轉用漢語問李永芳說：「看你的神情欲言又止，是不是你父親也參加了這場征伐大金的戰爭，使你還有去留的疑惑？」

李永芳恐懼，趕緊低頭，以女真語回答說：「臣已經降服可汗，也已為大金女婿，自然忠心耿耿。之所以欲言又止，是有一兵略可破來敵，但恐不被信任，不知道該不該說。」

【李永芳出現黑眼眶】

努爾哈赤說：「既然有兵略，那就說！有道理就重重有賞！」

李永芳（黑眼眶）便指著地圖說：「明軍糾結朝鮮、女真葉赫部、關內與關外各路部隊，分成四路來襲。無論這四路的消息是否正確，明軍分股分路來襲已經是必然。這樣勢力就分散了，可汗就完全不用恐懼。」

努爾哈赤（紫眼眶）問：「分散又如何？你就直說，我們該如何對應？」

李永芳（黑眼眶）說：「不管幾路來，我只一路去！以一路破數路！」

努爾哈赤（紫眼眶）眼神一亮，追問：「一路可破數路之敵？再說清楚些。」

李永芳（黑眼眶）說：「幾路大軍走的路線不同，組成也不同，行軍必定有先後順序，即便再怎麼嚴令也不能完全同時到達。就放他們靠近赫圖阿拉，集中兵力一次只全力打擊一路，即便其他各路援軍到達，我們也可以憑藉距離短，快速轉移陣地，再戰第二路。只要連續擊垮兩路到三路，其餘明軍必然潰退。」

努爾哈赤大喜，頻頻點頭稱好。此時女真貴族們都感覺到，若將來要再次入主中國，與前大金國一樣，必須要漢人的幫助。於是，令五百兵虛守南路，右翼二旗赴吉林崖，努爾哈赤親率剩餘六旗之兵，奔薩爾滸阻擊西路明軍。

西路軍主帥杜松欲奪頭功，星夜兼程，在渾河沿岸遭遇後金軍小股伏軍兩次襲擊。杜松不畏危險嚴寒，竟赤裸上身率前鋒渡渾河，俘後金軍十餘名。杜松率軍至薩爾滸後，其餘諸路或尚未出動、或被後金兵工事阻擋、或行動遲緩，西路軍完全處在孤軍深入的狀態。杜松在薩爾滸山下安營紮寨，自率一部去攻打吉林崖。這時，努爾哈赤率六旗之兵沖向明軍薩爾滸大營。

後金軍利用騎兵優勢，一舉拿下薩爾滸大營。隨後，後金軍馬不停蹄地趕往吉林崖馳援。正進攻吉林崖的杜松軍聽說了薩爾滸大營失陷的消息軍心動搖。後金援軍從吉林崖上如潮水般而下，以數倍於杜松的兵力將明軍團團圍住。

「不好啦！被團團包圍啦！」身邊傳令兵如此告知。

杜松道：「殺！只有拼到底！」

殺！鏗鏘！鏗鏘！殺！鏗鏘！鏗鏘！一片廝殺結果，杜松、王宣、趙夢麟皆戰死，西路軍全軍覆沒。

剛剛擊敗杜松，後金探馬又報北路馬林軍至。馬林率部在擺脫後金軍設置的障礙，出三岔口、營稗子谷，往薩爾滸而來，夜晚聽聞杜松敗報，軍心動搖，第二天天明，與後金軍相遇。馬林見軍心不穩，連忙由攻轉守。馬林親自率軍在尚間崖安營，監軍潘宗顏則在飛芬山紮寨，加上在斡渾鄂漠的杜松殘部參將龔念遂，三股勢力寄希望以遙相呼應之勢牽制後金軍，但由於兵力過於分散，加之馬林消極應戰給了努爾哈赤可乘之機。努爾哈赤雖然有三倍於北路明軍的兵力，但仍合兵率先攻擊襲念遂部，後金軍以一千精騎集中攻擊襲念遂大營的薄弱環節，打開了一個缺口攻入大營，襲念遂與游擊李希泌戰死。緊接著，後金軍又圍攻馬林所在的尚間崖大營，兩軍短兵相接，馬林懼怕，先行遁逃，副將麻岩戰死，大營失守。後金軍隨後包圍了孤立無援的飛芬山潘宗顏部。

飛芬山大營環列火器、防守堅固，槍銃火砲齊發，後金軍傷亡很大。

「大汗！他們火器很強大！我軍傷亡慘重啊！」

「什麼火器強大？我們兵力是他們數倍！給我全軍押上去！」

努爾哈赤親率主力衝殺，後金軍拿著盾牌抵擋火器，前面倒了後面跟著衝上去，前仆後繼打到眼前，最終逼得明軍不得不短兵相接。

最終潘宗顏寡不敵眾，無法抵擋後金軍不斷進攻，兵敗陣亡。至此，北路軍除主將馬林率數騎逃回開原外，全軍覆沒。正在路上準備支援潘宗顏部的葉赫貝勒金台石、布揚古聽聞明軍大敗，大驚，撤回葉赫。

東路軍劉綎部由寬甸逼近董鄂路，南路軍李如柏部則由清河抵達。努爾哈赤派一枝人馬防禦南路明軍，又令代善、阿敏、皇太極、扈爾漢等率主力迎擊劉綎，自己則帶領四千兵坐鎮赫圖阿拉。劉綎礙於地勢不熟，行動遲緩，且不知杜松、馬林兩路已全軍覆沒。後金軍在阿布達里岡設置埋伏，以一小股部隊對劉綎軍且戰且退，詐敗以誘敵深入。同時，努爾哈赤再派降順漢人偽裝杜松降卒，約與劉綎合戰，以炮聲為號，劉綎中計。大軍即將行至阿布達里岡時，忽聞大炮三響，劉綎以為杜松已到，唯恐其獨得頭功，遂急行軍，兵馬不能成列，劉綎率精兵搶先進入阿布達里岡。這時，阿敏等率伏兵齊出，將劉綎部切成數段。又使後金兵假扮杜松兵混入劉綎軍中，裡應外合，明軍大敗。劉綎雙臂皆傷、面頰被削去一半仍左右衝突、擊殺後金軍數十人後戰死。其養子劉招孫試圖救之，也一同陣亡。隨後，代善等在富察大敗朝鮮兵和劉綎余部，姜弘立等投降，明監軍喬一琦跳崖自殺，東路軍覆沒。

經略楊鎬得知三路兵敗，急令僅存的南路李如柏部撤退。李如柏本身就有所怯戰，得到命令後急忙回師。

努爾哈赤大獲全勝後，立刻整頓兵馬，準備進攻明朝在東北地區的重地瀋陽與遼陽。

北京紫禁城。

收到大敗的報告，萬曆皇帝朱翊鈞氣得大喝，鄭貴妃在旁安慰他。

「大敗！這群廢物！」不斷咳嗽。

「官家保重，保重啊⋯」鄭貴妃不斷地拍背安慰。

小太監跑來磕頭說：「稟主子，六部九卿堂官，跪在宮門外頭請求見主子。」

朱翊鈞大喝說：「叫他們滾回去！打了敗仗還敢來這裡鬧！」

小太監說：「奴才立刻讓他們回去⋯」趕緊退下。

但群臣不願離開，在宮門外哭訴，請求皇上上朝親政，朱翊鈞當然不願意出去，讓百官們哭累了自行解散。這絕對不能怪朱翊鈞不肯親政！因為翻開過去的歷史，一旦局面走到這一步，就算他怎麼親政也無用。

鄭貴妃（紅眼眶）含淚問：「官家，難道真的不去見見他們？」

朱翊鈞翻身躺在床上說：「見又怎樣？能轉敗為勝嗎？能嗎？啊！」忽然神情兇惡，鄭貴妃也被嚇了一跳。

稍微沉靜之後。

朱翊鈞說：「愛妃與朕在後宮相處這麼多年，平常看史書，讀小說，甚至讓太監們去學說書，說給我們聽，愛妃妳多多少少懂些歷史。我大明朝現在這個情況，不就跟往昔許多朝代一樣，江河日下了嗎？」

鄭貴妃（紅眼眶）含淚說：「不會的，不就是關外的蠻族叛變，喪失些邊疆嗎？當年英宗皇帝還被蒙古人抓過，最後大明朝不也還是繼續擁有萬里江山？」

朱翊鈞搖頭說：「朕看得出來，這次跟先前列祖列宗時期的內憂外患不一樣了，朕在位任內就自己經歷過三大征伐，沒有一次是敗得這麼離奇的！關鍵是敗得離奇啊！」

鄭貴妃（紅眼眶）趕緊說：「那官家就親政，重回往昔朝氣。」

朱翊鈞說：「朕是懶惰不視朝，可事實是，視朝又如何？過去那麼多朝代，一旦氣數走盡，再怎麼努力也只會亡得更快！再怎麼掙扎也只會亡得更慘！朕不是傻瓜！給他們鬧完，朕去扛這個亡國之君的罪！」

爬起來坐在椅子上，喘氣說：「快給我按摩！」

鄭貴妃（紅眼眶）趕緊命令左右四名宮女，一同上前幫朱翊鈞按摩手腳與搥背。

朱翊鈞說：「當年太祖皇帝駕崩時，曾傳秘錄於建文帝，成祖皇帝靖難之後，聽宮中太監，將秘錄轉述。當中告知後代子孫，為何我大明朱家皇族的字輩，選擇以五行相生而傳代。說最早陰陽家以五行相生保氣數不滅。而陰陽五行之說，根本不能施政，現實中又不得不以王道儒學科舉取士。」

「太祖皇帝觀察歷史，認為有一股力量，在控制帝王氣數。皇帝殺的人超過某一個數字，就會激怒它。天災、人禍或兵災超過某一個數字，也同樣會激怒它，朝代就會提前更替。努力地順應而不去激怒它，又不知道它在等待誰？為何它要等待？」

「一旦它認為時機到，無論你有沒有激怒它，朝代同樣就要更替。」

「為了因應這種力量的多變，所以我們朱家皇帝每一代剛繼位，就會改變作風。不管作風為何，即便是荒唐可笑，也無所謂。總之就是要改變。」

「朕不知道為何，氣數盡，再怎麼努力都白費？既然朕討厭這些群臣，就只有找藉口躲起來，就拖延吧…就拖延吧…」

朱翊鈞痛哭，鄭貴妃（紅眼眶）也淚流滿面。

當然，除了拖延，朱家皇帝也無計可施。真正的聖上，不是披黃衣稱朕的先生。

努爾哈赤於是大軍休兵數月後，攻破明朝鐵嶺，遷都薩爾滸山城，為進兵遼瀋做準備。但此時明朝此地糧草不足，飢寒遍地，關內雖不斷增援，竟然都一一被打敗。

萬曆皇帝朱翊鈞駕崩後，泰昌皇帝朱常洛繼位，依照明朝歷代皇帝的慣例，也同樣一定要改變作風，宣佈恢復早朝制，但不過二十八天，吃了紅丸也跟著駕崩。一個月內連死兩個皇帝。換上朱常洛之子朱由校繼位，改元天啟。

既然要改變作風，那就得不斷變下去，所以改元天啟之後，作風當然也繼續改變！開始迷上木匠工作與嬉戲，權力都交給太監魏忠賢。明朝朝廷已經無力再征剿努爾哈赤。

努爾哈赤遂連破瀋陽與遼陽兩重鎮，立刻遷都遼陽。

且先按下關外薩爾滸之戰前後之事。

天啟二年，南京城，刑部大堂。

一個婦人哭著到衙門報案，當地六部與北京一樣編制，但都是閒差。幾乎不會有人來這報案，所以衙門吏甚至不知道該怎麼處理此事。

一個三十歲婦人跪在門外不肯走，哭喊著要大人主持公道。跟著這婦人之後，是她的左右鄰居。

衙門吏跑進堂內一書房喊：「諸葛司門主事大人，外面的婦人還在鬧。尚書大司寇不在，是不是還是您來主持這事情比較好？」

諸葛寧楓官拜刑部司門主事，以為在南京供職最為清閒無事，打算好好反覆研究兩本著作。宋朝時有名的提刑官宋慈寫的《洗冤集錄》，還有元朝時鄭玉堂與屈妹的《時空乖錯寓言與神曲之律》。沒想到還是躲不掉這案子。

「我被貶到這閒差上，還是躲不了事情，走吧走吧，去看看什麼事。」

在偏廳擺好案桌，三個衙役在堂上陪審。

這婦人哭訴：「民女于紅雪，有案要報。」

諸葛寧楓說：「說吧，我正聽著呢。」

于紅雪哭著說：「前任主事李大人判我丈夫有罪，如今仍關押在大牢。民女數次鳴冤都不能得到重審，聽聞刑部來了一個外號『諸葛青天』的大人，不知道是否您就是諸葛青天大人？」

諸葛寧楓說：「我是姓諸葛，在江蘇當官時，是破了不少奇案。但是稱青天不敢。妳說丈夫有罪被判入獄，妳想要重審？」

于紅雪堅定地點著頭。

旁邊衙役說：「李大人在上個月離職前，已經將這案件結了。他丈夫被判謀殺，今秋就要押送北京行刑。恐怕已經不能再重審。」

于紅雪哭著說：「他絕對是冤枉的。」

陪她一起來的鄰居婦女也這麼說。

諸葛寧楓說：「不是本官不願意重審，而是依照大明律，已經被前任簽結的案件，不能隨意開啟重審。妳有沒有什麼新的證據證明妳丈夫無罪？」

于紅雪哭著搖頭。

諸葛寧楓說：「每個人都說自己冤枉，請原諒本官無可奈何。」

于紅雪淒厲地喊：「我聽說滾釘挨棍，可以換取重審機會！我願意！」

在場眾人一陣驚愕。旁邊的鄰居婦人也勸她考慮。滾過釘挨過棍，就算換一次重審機會，也未必能夠翻案。而她一個弱女子滾釘挨棍，很可能死在現場。

現場陪此婦人來的眾人，一陣議論紛紛。

諸葛寧楓揮手說：「算了算了，不要鼓譟！不必滾釘挨棍，反正本官現在沒什麼要事在身，就開庭重審此案！不然這就是怠惰欺民。但是本官審案方式與其他人不同，會親臨現場，並一切慎重行事，蒐集證據與各項推理，絕對不馬虎。一旦重審，必然公正不阿。所以結果若仍對妳家相公不利，妳就不能怨恨本官。」

于紅雪頻頻點頭。

諸葛寧楓轉面對衙役說：「把案卷拿上來。」

衙役說：「這案情李大人與張大人都重審過，結論已經鐵板定釘。」

諸葛寧楓瞪眼說：「我說把案卷拿上來。」

衙役只有去拿來。

當下看完之後，嚇了一大跳，這看上去是簡單的案子，實際上是迷案。

於是拿出案卷重審，前任李主事也不是沒有認真處理此案，以下是于紅雪丈夫的案卷主要內容：

一、犯者吳炎庭二十七歲，有一個大他五歲的妻子于紅雪，以及八歲的兒子。在南京城郊區居住，平日在南京城內擔任官道運糧馬車伕。

二、天啟元年十月初七，運糧工作照常，將城外的米麥通過官道運入城內。當天傍晚城北唐駿一家四口，夫妻與子女二人發現被殺，唐家並無值錢財物，也無結仇。吳炎庭與唐駿雖然認識並不熟，只是官糧工作上交際，但有搬運工曾發現二人相互曾有口角。

三、唐駿全家仵作驗屍結果，唐駿胸口與頭部遭利刃刺殺，共兩刀，倒在家門內。唐妻柳氏胸腹被刺兩刀要害死在家中廚房門口。一個十三歲兒子被發現，投入在家後院井中，打撈上來，咽喉被割開。一個九歲女兒被一刀斃命，屍體被塞在灶下。家中現場混亂，有打鬥痕跡。

四、十月初七傍晚，發現唐家被害，街轉角正停有吳炎庭平日的馬車，車板上草薦底下有帶血刀具。而吳炎庭人不在現場，到了城內澡堂洗浴，夜晚準備牽馬車離開，在城門口被攔檢發現血刀而遭到逮捕。

五、審判時，吳炎庭堅持否認犯案，認為刀具是別人丟在車上。但浴堂有被吳炎庭換掉的衣物，浴堂門口的收銀老闆娘蔣氏，曾目睹吳炎庭入浴堂時，衣物上帶血跡。之後衣物被認為沾了血不吉利，扔到火堆中燒了。吳炎庭堅持，血衣是在運糧後，在東三大街屠戶門口跌倒時，沾上的豬血，外加累了一天全身是汗，才去洗浴更衣，但屠戶孫二沒見過當天吳炎庭有來過。

六、檢驗吳炎庭全身，有瘀青處，當廷否認是因打鬪造成，而是搬運工時常會有碰撞。當天工作特別不順利，所以有多處瘀青。而且吳炎庭認為只與死者有過口角，但也沒有動手打架，自己並沒有殺害唐家全家的動機。

七、由於唐家雖並不富有，但吳炎庭車上除刀具之外，亦發現有唐駿妻柳氏的隨身和闐玉珮，以及兩個小孩所配金玉裝飾。算是唐家僅有值錢之物。

八、判吳炎庭是兇手，刑部司門主事李彥行判定，交北京刑部尚書簽結。

諸葛寧楓當廷說：「本官同意重審，而且會在吳炎庭北送刑部處斬之前，釐清一切案情。」

諸葛寧楓想到了《洗冤集錄》上說的，辦案刑官必須要親臨現場。但事情過去快半年，重新驗屍恐怕資訊會少很多，現場重新勘驗，整個流程再跑一次，將會非常之困難。

于紅雪下跪磕頭淒厲地喊：「謝大人！謝大人！」

當日諸葛寧楓就開始準備所有他認為會用到的道具：

工匠用墨斗線、黃酒、木板、紙、筆、墨汁罐中裝墨汁、女性用紅妝、五色布料、蠟燭。

次日清晨。

諸葛寧楓與兩個親信書僮，帶著這些工具，仵作驗屍文錄以及案件所有卷宗，開始跑所有現場。首先是唐家現場，依照案卷敘述，在地上繪製屍體，以及後院井中勘查。模擬一切動態，然後用墨斗線算距離，會出圖形。接著命衙門派人挖墳開棺驗屍，雖然屍體都已經腐敗沒有再驗價值，諸葛寧楓仍然仔細觀察，將景象都印在大腦中，才重新覆土掩埋。

接著到停馬車的地方，再接著到吳炎庭去過洗浴的澡堂。

詢問老闆娘蔣氏，當日看見吳炎庭的情況，身上的血跡到底是如何分佈，但老闆娘蔣氏說時間過去很久，印象模糊。之前的官差審問，只是說身上有血跡，但沒問具體位置。

諸葛寧楓拿出一張繪製好的圖，要她重新想一遍。

死亡位置判斷兇手行兇速度定位露出怒氣殺機
速度並判斷心靈圖象轉動速度

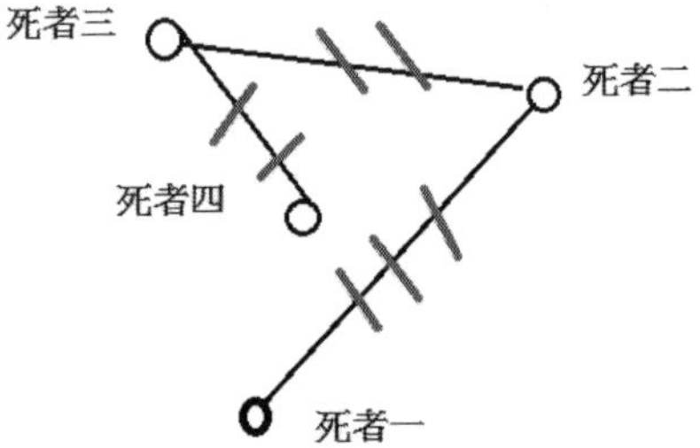

蔣氏說：「大人，我實在想不起來。」

諸葛寧楓轉面對書僮說：「她想不起來，幫她想一下！」

於是兩個書僮拉開五色布料，立了竹竿，圍住現場，把蔣氏與諸葛寧楓都圍在當中。

蔣氏急問：「大人，你這是做什麼？」

諸葛寧楓說：「妳現在努力回憶，背景的訊息記憶我幫妳過濾掉，只看著這五色布幕，想像妳現在就碰到我是吳炎庭！我反覆來回走這個轉角，要去洗浴。妳要想那個第一印象，到底血跡分佈如何？」

蔣氏被諸葛寧楓用不同的速度，反覆來回走，然後看著五色布幕，有些視覺疲勞，但諸葛寧楓不准她睡著，蔣氏用盡回憶搖頭晃腦，終於有了些印象。

「大人，我想起來了，當日他慢悠悠走來，身上血跡分佈在大腿褲子以及手的衣袖上，胸口是乾淨的。」

諸葛寧楓說：「這就對了，他若是拿刀殺人搏鬥，血跡肯定沾到胸口可能性居多。撤布幕！」

於是書僮在外收拾五色布幕。

「吳炎庭不是兇手的一絲可能性出現，得多條脈絡引證。走，我們去屠戶那邊！」

到了屠戶這，地板早就清洗過無數次。屠戶說他先前去堂上指認，確實沒見過吳炎庭有來過。諸葛寧楓認為屠戶沒用，便仔細觀察屠戶的現場平常血跡怎麼流動，倘若路人走來會不會有滑倒的可能性。答案是有此可能。

諸葛寧楓問書僮：「這裡距離澡堂似乎不遠，倘若心裡圖像在此受挫，去澡堂重新爬起來，不是沒有可能。把我平常的畫冊拿出來！」

於是書僮拿出畫冊，都是平常諸葛寧楓，觀察人的喜怒哀樂心靈變化流程脈絡，用自己辨識的鬼怪畫圖串連在一起。發現絕大多數的人，心靈變化流程其實很慢，只會是面貌變化心態不變。而能深處心態變化者，都有相關自身或外部條件。所有觀察到的變化狀態與流程，都記錄在畫冊中。

諸葛寧楓指著畫冊說：「從這裡的街道擺設，心理流程，確實是一般人會常常走的心理狀態。但人的心靈千變萬化，還會有一半的可能性不是這樣轉。走！去下一站！」

於是到了目擊者看到兩人口角的現場，立竿子用墨斗線，拉出當日兩人口角的距離，以及爭議的話題，原來只是小事情。

諸葛寧楓說：「這種距離與這種小事情，動殺機的可能性不大！拿酒來！」

書僮送上，諸葛寧楓喝得微醺，然後重新在所有現場都在跑一次流程。假設是吳炎庭殺的，那麼心靈圖像的走勢應該是如何？

然後用木板繪製出來心靈圖像轉動脈絡。

兩個書僮幫他比對，之後說：「大人，確實不太可能！」

諸葛寧楓說：「剩下最後一個流程，回衙門去，布置好其他道具，明日一大早提審吳炎庭！」

再次日清晨，吳炎庭帶著枷鎖被提上堂，拼命喊冤。

諸葛寧楓把自己化妝成女性，穿著女服，登堂審案。包括吳妻于紅雪在內，所有人一陣驚愕，或是哄堂大笑。

「所有人不要鼓譟，本官不是在取悅誰！本官審案方式跟別人不一樣！誰要是鼓譟當場打十大板轟出衙門！」

所有人全部沉默。

諸葛寧楓參考了自己繪製的心靈圖像脈絡走勢，之後走到吳炎庭之前，用怪異的姿勢看她的眼神，兩人四目相對。吳炎庭也不喊冤，只一陣錯愕之情。

諸葛寧楓打吳炎庭好幾耳光，然後喊說：「你這殺人犯，死了之後，你的老婆，本官娶走去生小孩如何？」

眾人一陣驚愕。吳炎庭從錯愕變成有點憤怒。

「對對對，就是這個神情。拿木刀上來給他，解開枷鎖。」

衙役拿來之後，交給吳炎庭。

諸葛寧楓拉了身邊的書僮，然後說：「拿這個木刀捅他！照做，快點！」

吳炎庭只有照做，輕輕木刀往書僮胸口捅去。

「停！」當場沒有動作。

諸葛寧楓仔細觀察吳炎庭的眼神，以及握刀方式。

「好，換道具，作案用的真刀，扛出死豬來，你用案卷上的方式捅死豬。你可別企圖逃跑，本官事先就已經下令，只要你妄動，現場帶刀衙役三十多人，可以當場把你亂刀格殺。」

吳炎庭低頭說：「小人不敢。」

於是照做捅豬肉。接著馬上又被套上枷鎖被押在地上。

然後分析被捅的死豬肉後，對所有人說：「這是偽裝不了的。不同的心理狀態下用刀，仍然會有細微的同慣性，依照先前仵作驗屍結果，那種用刀方式非常熟練，近乎殺手作為。而從吳炎庭從錯愕轉向憤怒，然後用的刀法仍然是笨拙的用法！除非你是心靈圖像，可以轉動很快的人，但從你的身分背景以及卷宗紀錄上，你說話談吐的變化，以及你的眼神，你不是那種可以快速轉換心靈圖像等級的人物。就算變化情緒為暴怒，努力偽裝，去改換用刀手法，但挑刀的細節仍然不會這麼笨拙。畢竟本官跟你不熟悉，所只能用面象判斷心靈，你是兇手的可能性，只剩下三成。」

于紅雪跪在地上喊：「謝大人。」

諸葛寧楓說：「別別別，現在謝太早了！畢竟怎樣都還剩下三成，而且本官的心靈圖像判斷，寫在卷宗上呈，尤其是北京刑部，不會承認的。要整個翻案，得抓到真兇。萬一他現在已經逃亡外地，那天地茫茫就很難追蹤，那還刑部還是會判你家相公死刑。情況還不樂觀！」

「若真兇是另有其人，從他把刀與唐家僅有財物丟到你車上，代表他想逃之夭夭。那麼從當時的情況與南京城內狀況看，他逃與不逃的比例是，八比二。或許現在真兇早不在南京城內。本官昨晚已經繪製出，真兇的心靈圖錄。當下所有捕快聽令，把跟唐家有任何一丁點關係的人都找來，本官現在要在堂外一一盤問。」

於是一一盤問之下，這段時間，有一個與唐家熟識的男子趙四光，他本是河南人來此定居，說離開南京去鎮江經商。諸葛寧楓當下詢問趙四光平常的為人，以及所有的生活習慣，原來之前在河南當過押鏢的護衛。

「這傢伙心靈圖錄最接近！平常的生活習慣只要透露，那就是跑不了！」

衙役問：「人跑到鎮江，我們怎麼抓？會不會又離開鎮江了？」

諸葛寧楓說：「立刻擬刑部令，快馬通知鎮江當地官差，馬上抓趙四光。不要貼公告以免打草驚蛇，從他現在經商的項目來看，很可能現在還在鎮江。」

於是快馬通知，果然就把趙四光抓到，立刻押解回南京。

大堂上，又是所有人觀看。吳炎庭與其妻于紅雪也在堂下。

「大人！你們憑什麼抓我？我沒有犯王法啊！」

衙役喝道：「閉嘴，有沒有犯王法，不是你說了算！」

「大人升堂！」

所有衙役殺威木棍敲擊地面，地面震動了起來。

諸葛寧楓又穿上女服，但此次畫花了臉，走到趙四光面前，詭異地四目相對。

趙四光一陣錯愕苦笑。諸葛寧楓開始打他耳光，越打越重。

趙四光瞬間露出憤怒神情，甚至想要動手，但旁邊衙役又敲了殺威棒。

諸葛寧楓笑說：「對對對，你發怒的速度很吻合，基本上有人與你相敵對，你露出殺機的速度與案件模擬出的被害狀況完全吻合。就是這個時間刻度，節拍頻率非常吻合。」

趙四光哭喊著：「大人，冤枉啊！我沒有殺人啊！」

諸葛寧楓站起來回案桌上坐好說：「我只說你會露出殺機的速度，有說你殺人嗎？你不打自招喔！」

趙四光憤怒地說：「冤枉的啊！」

衙役殺威棒又開始敲地面，露出兇惡。趙四光立馬萎縮回去。

諸葛寧楓說：「你信不信，在本官的眼裡，所有人的心理狀態都象是機關傀儡一樣，節拍變化都有律動的，每一個人都不算是真正的人。越分越細，最後每個人的律動都有差別。本官盤查了二十七個嫌疑人，你的節拍最吻合。你，是遇見鬼囉。帶證人！」

於是拉來一個賣燒餅的中年婦人。

中年婦人說，她見過趙四光與唐駿妻柳氏有姦情，但柳氏擔心被發現，已經開始拒絕趙四光繼續求歡，曾以告官騷擾為威脅，要趙四光離開南京。

趙四光堅決不認，將持不下。

一個捕快跑進來說：「大人，鎮江的捕快搜出他藏的這個女性肚兜。」

於是拿出女性肚兜出來。

趙四光說：「大人，這是在鎮江娼戶那邊老相好給我的。」

諸葛寧楓說：「我又沒說是柳氏的，你那麼急？」

呈上來之後，諸葛寧楓仔細觀看，比對柳氏遺物。仔細聞，聞不出結果。

對著一旁一個書僮說：「李子，便宜你了，聞一聞這兩者味道是不是相同。」

聞過之後，李子當堂說：「是的大人，胭脂或許可以相同，但體味腥味每個人都有些差異。這兩個女性貼身衣物，胭脂與體味都相同，大小也相同。」

趙四光說：「大人，我是有與柳氏私通，但我沒有殺人啊。」

諸葛寧楓指著案桌上的刀與所有證物說：「我知道證據都被毀得差不多，本官也沒技術比對你的手指紋路，不然很可能可以證明你曾經抓過這把刀。但所幸，我自己帶著所有衙役與捕快，在城外垃圾坑挖掘，找到一件破血衣。那城外垃圾坑，可是我用了兩百張心靈圖像，行走定位判斷，才找到的。真是累煞本官。」

於是拿出血衣，命令書僮去聞。

「報告大人，氣味雖有混雜，但有相同氣味之處。」

命令趙四光穿上，剛好合身。

趙四光說：「大人，這又如何？不是我的衣服啊！我與相同身體的人，大有人在啊！這不能做數。」

諸葛寧楓苦著臉說：「真是要逼本官拿出最後證據！看來還是得這麼作！堂下，

把他在南京城租屋住所下，埋藏的東西拿上來！」

於是一個衙役，拿出破爛血褲，以及柳氏的衣服。

「這是從你在南京城住所，掘地三尺挖出來的。柳氏的衣服你行兇之前就埋過一次，之後血褲是丟在上頭然後填埋。逃出城外時，再把衣服丟到垃圾坑中，用其他垃圾遮蓋。你分兩次滅贓物，跟你把刀與玉珮藏到吳炎庭的車上，企圖栽贓轉移目標，那是同樣的心裡圖像。這整個案件證物部分，你只會用一個心靈圖像去對待它！看似分散，實則可以看一成一個整體脈絡，所以在別人看來，證據四散無法追蹤，但在本官看來這才是線索，反而可以看出破綻。所以剛才本官說，你見到鬼了啦！」

說到此，諸葛寧楓面露不耐。在堂外與窗口聽審的所有人，全部鼓掌。趙四光當場坐在地上面如槁木死灰。吳炎庭與于紅雪跪在地上相擁而泣。

諸葛寧楓說：「你當過押鏢，練過刀法。行兇的刀法非常熟練，可以一刀斃命。與驗屍的情況完全吻合。你的行兇過程與一切本官都寫好了，物證人證俱在，你與柳氏通姦成癮，當柳氏要拒絕相互反目，最後成了仇殺。殺了四人，還是滅門慘案，手段兇狠，依大明律斬立決。交由刑部批紅，等待秋後就在南京處決。倘若想要死得爽快一些，死前有酒喝，就畫押吧！」

衙役送上來犯案過程，趙四光抖著畫押，於是打入死牢。

吳炎庭被當場釋放，與于紅雪哭著一起叩拜，喊著青天大老爺英明。

諸葛寧楓笑說：「別拜別拜，職責所在。沒有什麼青天。我還得多活幾年。」

幾個月後，刑部批紅已經下來，趙四光在牢中趁守備不注意，畏罪自殺。

諸葛寧楓已經四十三歲，妻子早病逝，兒子在家鄉讀書準備考科舉。

「什麼？替我續弦作媒？」

書僮說：「是的，現在南京城都傳說，大人您是鬼手神探，諸葛孔明的後人，所有名門大戶的小姐，都知道您喪妻已經多年。禮部尚書大人，想讓姪女與您搓合。」

此時諸葛寧楓，內心想到了，美女說話在他看來也是傀儡機關，自己嚇了一跳，苦笑說：「不必了。現在許多女子都替男人守貞，我倒想嘗試一下，男人替女人守貞，看看是什麼人間滋味。呵呵呵。」

書僮說：「大人有這必要嗎？」

諸葛寧楓說：「有的有的！我現在要全心著作，這本書，將會是鬼神之作。我的這能力，來自於元朝這本書《時空乖錯寓言與神曲之律》，我要寫一本超過它的書，沒心情去成親。告訴他們，我要拿男人的貞節牌坊，讓他們替我兒子作媒吧！」

書僮結結巴巴說：「男……男貞節牌坊……這有點……」

諸葛寧楓說：「去去去，去告訴他們！」

書僮只有去轉告，又引來一陣轟動。

之後諸葛寧楓回鄉著作，寫了《鬼手緯案集》，告訴人，用心靈圖像與另外一種陰陽脈絡，鬼手辦案，底越成熟，能力越強大，最後可以無案不破。

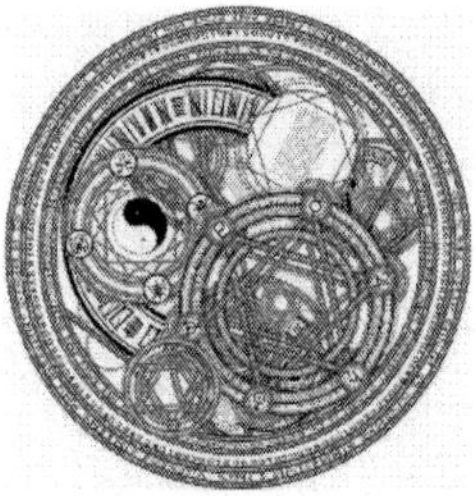

要一個文明傳承長久，關鍵在於最平凡人的思維必也傳承。

脈絡子：哈哈哈，這個結點妙，竟然會心訪使，時晷官與空詔員三連局，才會玩出的把戲！個體玩出群體的把戲，這真叫做妙。

殘影錬：是的，在主軸線上，確實很適合。

脈絡子：太爽了太爽了，要不是單位的壽命太短，不然真該好好彰顯他。列出整個主軸脈絡吧！

殘影鍊：立辛／陰陽家↓仇盂／陰陽至易↓高人／陰陽真學↓王睦／太極劍↓楊鑑／三鬪仙器型圖／太初與太罡劍↓曹通、元子攸／太元劍↓祖世光、楊蘭芷／三元自然簡式 ↓陳益民、黑藍雲月／ 機關要術↓陳永／傳書 ↓永嘉公主、陳胤 ／ 天元陰陽書↓蘇頌、蔣文象／水鐘鑄法↓梁紹東 ／ 紹東銘石 ↓ 鄭玉堂、屈妹 ／ 時空乖錯寓言與神曲之律 ↓ 諸葛寧楓 ／ 鬼手緯案集 ↓

話鋒回到關外。明朝緊急啟用熊廷弼為經略與王化貞督撫，寄望兩人聯手穩定廣寧一帶，結果兩人相互不和。王化貞掌握較多兵力，朝廷後台較硬，不把官職較大的經略熊廷弼放在眼裡，出十萬人與後金軍決戰，結果大敗，廣寧最後被攻破，喪失大片土地。熊廷弼、王化貞率明軍殘部與數十萬流民往山海關而去。最後兩人都被論罪處死。

努爾哈赤進佔遼瀋地區後，獲得大片土地，實行屯田制，頒布「計丁授田令」，屬民平時自耕自產，戰時為兵。與此同時，後金進入遼瀋，戰勝後搶掠財產、多次毀城，遼民因反抗被殺者數以萬計；被俘的漢人則按照以往，強迫剃髮易服。

瀋陽城內。

一群漢人男子被迫排隊剃髮，努爾哈赤帶著代善、塔拜、皇太極、阿濟格等諸子貝勒，騎馬從旁經過。

到了校場，在馬上回頭對諸兒子說：「統一建州的時候你們都年紀還小，但當時朕跟你們的叔叔，舒爾哈齊，談過萬里長城事。當時朕將心得以蒙古文，留下了秘本記錄，你們都有看過。現在我們治下開始有很多漢人，將來若進入長城內統治全部的漢人，你們認為我們最該先做什麼？」

阿濟格說：「其實所謂的萬里長城的規則，最終只有一條。漢人會想辦法同化我們。所以若將來進入長城，應該像剛才那些人一樣，全部強迫剃髮易服。我們女真族的先祖曾統治中原，最後一個改朝換代，進入中原的女真人就全部留在中原變成漢人，後來的蒙古人也一樣。漢人打不過外族，就玩同化這一招，如果把漢人也全部剃髮易服，我們女真人就不怕消失。」

代善說：「不那麼簡單啊！先前完顏部的大金國，進入中原，最後是被蒙古人從後消滅。父汗您曾說過，後面的強人會消滅前面進來的強人，所以必須要先平定蒙古，才能安心進入中原。蒙古的問題，才是我們大金國該正視的。」

其餘貝勒都紛紛點頭。皇太極始終不發一語。努爾哈赤（紫眼眶）轉面問他：「洪太、你認為呢？」

皇太極（紫眼眶）說：「兒認為，萬里長城的規則，還不僅僅是您先前與叔父所想的那樣。肯定還有暗盤規則在其中。」

「你認為還有什麼規則？」努爾哈赤緊皺眉頭，專心一意聆聽。

皇太極（紫眼眶）說：「從整個漢人過去的歷史看。第一批進去者是最早的春秋戰國的戎狄，只為財富生活，沒有國族根基，即便有封國，也會很快消失。第二批進去者是五胡，在中原建立國族根基，但沒有在長城外建立根基，所以在相互火拼之後，也都消失。第三批進去者是突厥、回紇到契丹與先前完顏部的大金國，在外建立根基，然後才企圖闖進去，但被其他後來的競爭者者，挖光在外頭的根基，最後也消失在長城外或斷送在長城內部。第四批就是蒙古的成吉思汗，在外頭建立根基後，還要消滅光其他可能的威脅者，更不斷把種族分散在外，勢大過中國，不會有其他人挖根基之後，才正式進去，結果被最早的受害者漢族本身，一個同化外帶改朝換代，大部分又都消失在中原。剩下散播在外的遺族，還不斷依賴與漢人的交易維生，繼續被新的萬里長城招回所困。若把整個當作一段故事，代表這一段長達兩千多年的冗長故事還沒完。真正的根源其實在漢人有根基，能不斷興起新的王朝。」

努爾哈赤（紫眼眶）瞪大眼，點頭說：「洪太！你說的對！你認為怎樣才算完結？」

皇太極（紫眼眶）說：「不管再厲害的機關，總有極限。元朝之前的外族，包括我們先前的女真先祖，只佔領中原，沒有把漢人王朝滅絕。蒙古人則滅絕漢人王朝，但沒有壓制住他們的衣冠文字與文化。我們必須比蒙古人還要再更進一步，除了在長城內外都建立根基，並逐步吞併其他可能要進長城者，接著徹底消滅漢人的王朝，再接著是抵擋漢人同化，最後就是還要把漢人的一切根基都消磨掉，尤其是文字。只要連這個都改變，漢人就不再能興起王朝，這就是完結！整個萬里長城的完結！」

代善說：「這不容易啊！漢人的文字存在很多年了，各方面都有書籍，使用者眾多，不是靠朝廷命令就能改變。」

皇太極（紫眼眶）說：「我們可以先建立自己的文字！先前完顏女真建立大金國的時候，曾制定過大金國文字，但金國滅亡於蒙古之後，無人能識。奇怪的是，宋國最後同樣滅亡於蒙古，也不存在漢人政權了，但漢字仍然繼續流傳，成為漢人反過來吃掉元朝的基礎。所以漢人的根基，根本不在皇朝政權，不在帝王貴族的權勢，而在平民文字！要消磨掉的就是這個！而今父汗已命大臣制定了新女真文，當以此繼續完善，翻譯諸多漢人古代經典，為我文字運用之根基，將來入主中國，當以此逐漸取代漢字。」

努爾哈赤（紫眼眶）點頭說：「洪太說的太對了，但這就是另外一場戰爭了。」

確實說的對！但可惜，這場戰爭誰來也不會贏。原因很簡單，這個文字是，中國真正的聖上，超個體鬼局御制欽定的。只要鬼局還活著，這種文字就算遭受再大的打擊，也不會滅亡。人的文字，玩不過鬼的文字。

更何況，這跟文字與文化同化，根本無關！而是一個定制在人與人之間的自然原理，所形成的力量！

明廷以王在晉繼任經略，後再以帝師、大學士兼兵部尚書孫承宗代之，孫承宗起用馬世龍、袁崇煥、滿桂、祖大壽、趙率教等善戰之將，並接受袁崇煥提議修築關寧錦防線，護衛山海關，抵禦來自後金的壓力，形勢一度好轉。明朝天啟五年，後金天命十年十月，因受魏忠賢等閹黨掣肘，孫承宗罷官而去，明廷以兵部尚書高第代之。高第守遼之策與孫承宗相左，他盡撤關寧錦防線于山海關之內，放棄關外四百里之地，獨求保關。關外兵民盡撤，唯有時任寧前道、鎮守寧遠的袁崇煥拒絕撤回山海關，並表示與城共存亡。寧遠遂成為明朝孤懸於塞外的一支力量。

寧遠城。

排山倒海共十幾萬的女真八旗部隊，從四面圍來。寧遠城只有一萬多人，城內軍民恟懼。努爾哈赤招降，袁崇煥拒絕。於是大規模攻城。但城中有大批火砲，女真部隊的攻城器具過於原始，最後用斧頭鑿城門，被打得傷亡慘重。

次日，努爾哈赤與皇太極一同監督攻城，再次全力猛攻，但城中就是只用火砲與槍銃迎擊，煙硝味彌漫城牆上，女真兵一面搶回城下陣亡將士的屍體，一面攻城，仍然再次被擊退。

忽然一砲打來，努爾哈赤座騎被擊傷，使之翻下馬。眾兵將一起來護衛他後撤。於是全軍後撤。

「父汗，父汗無恙！」皇太極急忙趕來。

努爾哈赤（紫眼眶）摘下頭盔，挺著傷口，怒目指著寧遠城說：「沒想到這城準備了這麼多火砲。一個小小寧遠都讓我大金將士傷亡慘重，漢人還有多少這種城池，將來我們能一個城一個城打嗎？」

皇太極（紫眼眶）說：「父汗息怒，我等遲早能打下這座城！對付漢人得用其他方法！」

努爾哈赤（紫眼眶）說：「撤兵吧！不要把寶貴的兵力都喪失在這座城下，先去對付蒙古！」

皇太極（紫眼眶）說：「父汗年紀也不輕，兒怕這樣的傷⋯⋯」

努爾哈赤（紫眼眶）說：「朕沒事。回去休養之後還能打仗。」

皇太極（紫眼眶）說：「兒必須說一些忌諱的話，願父汗原諒。父汗先前制定的共議國政，汗位推選旗主擔任，百年之後兒怕這會成為我大金國分裂的潛因。當年蒙古的成吉思汗，以為這樣，可以凝聚子孫向心力，最後還是分裂了，忽必烈因此不得不稱皇帝。兒以為遲早得學漢人，稱皇帝。當年的前大金國太祖完顏阿骨打，也是認為只有這個制度，才能讓國家凝聚長久。所以即便完顏子孫有爭位相殘，大金國還是穩穩沒有分裂。」

努爾哈赤（紫眼眶）說：「你見識超過其他貝勒，朕會告知所有旗主，先依照之前的約定推舉你繼承汗位。稱皇帝用漢制這件事情，朕是無法做了，入主中國的一切計劃，都交給你吧。」

於是女真部隊大舉撤走。

休兵兩個月，大舉進攻沒有臣服的蒙古喀爾喀巴林部，大獲全勝。過不久，努爾哈赤傷病復發而去世。

生前為避免諸子爭儲導致權力紛爭，創立八旗貝勒共議國政之制，汗位可由八個旗主互議，推選旗主之一擔任，因此並沒有明確指定繼承人。但大家都知道，努爾哈赤對見識卓越的皇太極最看好，也多次暗示眾人，皇太極最適合繼位。況且女真人同樣是幼子繼承制，而四大貝勒中，皇太子又最年輕。於是經推舉，努爾哈赤第八子、四貝勒皇太極繼任後金大汗，次年改元天聰。

繼位之後，先大舉進兵明朝的屬國朝鮮。朝鮮王李倧大為驚恐，雖然不斷派兵抵擋，但接二連三潰敗。明朝朝廷的援軍也被殺得大敗覆沒。

女真軍同樣逼迫朝鮮士民剃髮易服，但朝鮮士民堅持拒絕，以致引來許多屠殺事件。

皇太極擔心蒙古林丹汗會趁機偷襲，所以主動要求和談。

朝鮮王李倧知道再打下去，朝鮮可能會亡國，被迫簽城下之盟：大金為兄國、朝鮮為弟國，雙方訂立兄弟國的盟約。朝鮮停止使用明朝天啟年號。朝鮮遣王子李玖赴後金為人質。大金國與朝鮮互不侵犯對方的領土。

不過朝鮮王內心並不服，仍繼續遵奉天啟年號。

討伐朝鮮之後，再次發動進攻寧遠之役，但是明朝軍隊火砲槍銃裝備充足，再次大敗撤走。

歸途中。

皇太極（紫眼眶）對多爾袞說：「沒想到這寧遠城這麼厲害，都是各種火藥武器。我們也得建立專門砲兵。不然永遠打不下這座寧遠城！」

多爾袞（棕眼眶）說：「我幾天前看了漢人的史書，前大金國南下中原包圍宋朝的汴京時，也被火藥武器打得大敗，士氣低落。最後拿下汴京是靠漢人內部出問題，才攻破的。而蒙古成吉思汗打前大金的中都，也是被火藥武器打得大敗，恐懼而後撤。後來也是靠前大金國內部出問題，才順利拿下中都。一但有這種武器在城牆上，傳統的攻城方法都非常艱難，除非攻城者也有這種兵器。」

皇太極（紫眼眶）揮手止掌說：「等等！你說內部出問題？先說說這段歷史到底前因後果如何？竟然能讓擁有火藥武器的堅城，最後還是被敵人拿下？」

多爾袞於是把先前宋朝汴京如何被金國拿下，金中都如何被蒙古人拿下的過程，都說了出來。

皇太極（紫眼眶）說：「難怪漢人的孫子兵法說，上兵伐謀，其次伐交，其次伐兵，其下攻城。不過宋汴京與金中都的故事，似乎不像是敵人的謀略，反像是自己內部有人搞鬼。」

多爾袞（棕眼眶）說：「任何的城堡，還是內部最脆弱。寧遠如此堅固，我們在擁有製造火砲武器的技術，以及用謀略滲透之前，暫時不要進攻明廷。」

皇太極（紫眼眶）搖頭說：「不！肯定還有其他方法！你快去叫范文程范先生過來！我有事情要問他！」

多爾袞於是策馬轉頭，到後勤隊伍中找來了范文程（黑眼眶）。他原本為瀋陽縣學生員補秀才，努爾哈赤攻破撫順之時，他立刻投降後金。因智謀出眾，逐漸受到重用。

皇太極（紫眼眶）把剛才跟多爾袞的話，告訴了范文程，然後問：「朕總感覺，史書中汴京與中都的事情，不是謀略而是另有隱情。如今製作火砲還需要找漢人的工匠，加之訓練，尚需不少時日。謀略明朝內部，則根本不是我們的力量能為，也不知道何時有隙可趁。倘若朕今天一定要用其他方法破寧遠，將明廷在關外的勢力全部消滅，先生可有對策？」

范文程（黑眼眶）搖頭晃腦後，說：「從今天的失敗可知，寧遠是不能硬攻的。但擊破明廷在關外的方法不是沒有，但可能會比打寧遠還要麻煩得多，但所得將會比攻破寧遠還更多，不知道大汗是否願意？」

皇太極（紫眼眶）說：「你就直說你的想法，不要有所顧忌，可不可以執行，朕會思量。」

范文程（黑眼眶）說：「不要打寧遠小城，要就打大的，改打萬里長城。」

皇太極（紫眼眶）與多爾袞（棕眼眶）都同時驚訝，追問：「這話怎麼講？」

范文程（黑眼眶）笑了出來，追問：「先汗在當年十三副遺甲起兵前，入貢北京時，曾跟當地書生談過萬里長城。臣也曾經跟先汗談過萬里長城，臣的心得與當年在北京的那位書生一樣。萬里長城其實華而不實，只要有組織地進攻，就可以攻破。因為明朝朝廷重兵不可能沿著城牆萬里佈署，終年不休。而長城戰略目標相當明顯，只要找到薄弱處穿插進去，就可以很容易直接入關。屆時大汗可以直逼北京城下，迫使寧遠城的精兵回防。整個關外的堅城防線，就如同虛設。而且此舉對大明的皇帝乃至軍民，都是心理震憾，一旦遭到震憾，君臣相互猜貳，如此必有隙可趁，重演當年宋汴京與金中都故事。」

皇太極（紫眼眶）哈哈一笑說：「先生真神人，一語道破玄機。」

萬里長城原來真的不是防線，不只讓國力顛倒，也能讓強弱顛倒，幫助異族方便地攻入中國。但皇太極沒搞懂，一但踏進來，就永遠糾纏上了，直到自身的民族解體成為華夏養分。

於是皇太極回國休整部隊，等待機會繞蒙古進攻北京。

天啟七年，大太監魏忠賢罷袁崇煥官職，但天啟皇帝朱由校就在當年病逝，由皇弟信王朱由檢繼位，改元崇禎，很快就除掉魏忠賢，並且把所有閹黨清除乾淨，重新啟用袁崇煥。

此時怪異的事情發生，兵部尚書兼薊遼督師袁崇煥（黃眼眶），原本持重且善用兵，到任之後，竟然沒有皇帝朱由檢的旨意，就殺了毛文龍，整併皮島的軍隊。雖然崇禎皇帝下旨讚賞其所為，但內心頓然起疑。開始對其有所不信任。

關鍵就在此處，人說魏忠賢等閹黨禍國殃民，加快明朝滅亡速度，但奸佞倘若一直把持朝政，要快速滅亡並不盡然，因為以明朝疆域的根基遠過於後金，加上閹黨為了本身權力，也不願意明朝滅亡，必定不斷派人抵擋外患，那麼這樣必定會形成相持不下的局面。倘若在閹黨奸佞腐蝕根基，先讓明朝內部散亂之後，加上激進的改革者出來大刀闊斧一鬧，一冷一熱同時相攻，那麼根基深厚的大國就會轟然傾頽，就會被根基淺薄的新興小國所快速兼併，不會夜長夢多。朱由檢與袁崇煥的組合，出現在朱由校與魏忠賢的組合之後，其意義在此。

※※※※※※※※※※※※※※※※

〈陰陽節—朱由檢上訴〉

陰陽節：明朝皇帝又上訴了。這是第九個皇帝上訴。

〈一〉第一個是劉轍，過關。第二個是王莽，落敗被懲。第三個是劉協，駁回。第四個是楊廣，落敗被懲。第五個是柴榮，中道崩殂。第六個是趙光義，駁回。第七個是朱元璋，駁回。第八個是朱厚照，落敗被懲。這個人很悲情喔！

陰陽節：檢驗一下，雖然見識很差，但是聰明與靈活，心靈圖像轉變是很快啦。

〈一〉：不過讓他上訴，完全違反陰陽古怪之主，要讓關外孩子們入關的主軸要求。也違反時暑官那一局，目標何時死何時的狀況。

陰陽節：他有資格玩，但會影響其他局的公平性，這實在很為難啊。去幫我問問陰陽古怪之主的旨意。

須臾。

〈—〉：陰陽古怪之主的意思是，局要公平，遵守規定，不偏不倚。若有矛盾之處，願意割出一些時間來操作，目標仍然不變。只是這個難度，不容挑戰。重點是，遊戲的難度。

陰陽節：了解！上訴受理！朱由檢的遊戲難度可是很高的喔！

〈—〉：呵呵呵，讓他拚一拚吧！他得知道，陰陽反變，冷熱互濟，還得知道人性轉換，更得知道中國大局走向，取得各種遊戲局面，絕對平衡，才能擴大規制之後，讓明朝再拖延一代才被滅。喔喔喔，遊戲難度真的很大喔！

〈陰陽節第九上訴案〉

※※※※※※※※※※※※※※

於是皇太極率領八旗勁旅，聯合降服後金的喀刺沁蒙古部，繞蒙古朵顏部地盤進攻長城喜峰口。

兩千年來，斷斷續續的故事，又是長城底下，又是胡騎，而城牆上的士兵又是一樣的反應。

喜峰口城牆上。張三武，一個最低階的小校尉，管了三十多名士兵防衛一段萬里長城。

「恨啊！被派在這種鳥不拉屎的地方！」張三武仰天如此喊道。

「換班！換班！換班！」他手下一名士兵，李三也在這麼喊。

「寧願回家種地啦！每天在這喝西北風，到底是在保護誰？」另外一名士兵吳二也這麼喊。

張三武說：「罵歸罵，你們可別開小差，否則被究責的人是我。」

士兵趙五說：「開小差的是應該來換班的紅旗小隊！他們不想守長城，故意拖延時間，每次一拖就是三五天啊！張尉你該向上峰說這件事情。」

張三武瞪大眼說：「該說的早就說啦！你們以為我喜歡在這裡嗎？每天我也都跟你們一樣在喊恨，但恨又能怎樣？能跑嗎？」

眾人在長城雕樓上，不斷地怨懟。不過快給你們有機會跑了。

忽然士兵李三，指著長城北面大喊：「快看！」

北面排山倒海的旌旗，伴隨著大批的騎兵與步兵往這裡逼近。隱隱約約地，可以聽到鼓聲與軍樂隊的聲音。友軍不來換班，還好他們可以來換班。

張三武大驚失色說：「娘啊！是金人的部隊！怎麼會有這麼多金人的部隊？快放衝天炮，點烽火！」

他們從雕樓中拿出衝天炮，對天一炮響，藏有烽火的遠處雕樓開始燃放狼煙。

趙五大喊：「張尉，我們守得住嗎？」

張三武瞪大眼喝道：「你是豬嗎？這麼多兵，一眼望去看不見邊際，我們就這一丁點人，還守咧！快跑吧！」

張三武帶著所屬三十多名士兵，扛著武器，下長城往南奪路而跑。跑著跑著，一回頭看，竟然人愈跑愈多，原來其他雕樓防守站的士兵，看到烽火之後也跟著逃跑，很快南下的道路上就匯聚了上千明軍士兵。

李三問：「張尉，我們現在該怎麼辦？算逃兵嗎？」

張三武說：「我們已經點了烽火，警告了長城沿線，很快京城就會有援軍。義務已經盡了，可以回家了，怎麼會是逃兵？」

趙五說：「可是我們的軍籍還在啊！」

張三武說：「所以我說你是豬！這麼多金人的部隊南下，連王總兵都打不過，到時候連皇帝老子都管不了誰是誰，誰還管我們這一搓守長城的小人物啊？假設衛所有人追究，再回長城不就好了？你們想打的人自己去，誰敢說我開小差不抵抗，我就宰了誰！」

於是脫掉軍裝逃走，所有長城沿線的部隊也紛紛瓦解。

很快，皇太極率領的後金軍，到了長城底下。

多爾袞（棕眼眶）說：「兄汗，長城上的明軍都跑光了，但騎兵不好登城。該怎麼辦？」

皇太極（紫眼眶）說：「這種事情你們也要來問朕嗎？長城本身就是一條道路！先讓步兵翻土填沙建立土坡，讓馬匹登乘上，大隊沿著長城走，找到適當的地形，再讓步兵翻土填沙，登乘下！不就可以帶領大隊人馬，走出一條路了嗎？」

多爾袞（棕眼眶）喜道：「立刻去辦！」於是策馬告知各騎兵部隊登城。

皇太極（紫眼眶）招來范文程說：「長城這種脆弱的籬笆，在朕看來，不但不會是南下中原的阻礙，反而是助力，可以指引我們南下的方向。即便萬里長城有守軍在，我們只要沿著長城，認出地形位置，隨便找到一處薄弱點，就可以長驅直入。更何況長城漫長，漢人怎麼可能長時間供應損耗，在上面沿著萬里山巒佈署軍隊？用填沙斜塔堆在城牆旁，騎兵跨長城就太容易了，甚至長城本身就可以是我們行軍的道路！」

范文程（黑眼眶）笑說：「大汗英明。」

當年很多人，攻破長城後，都曾這麼得意過。皇太極本身也曾思索過詭異的長城故事，有所忌憚，然而一旦得志，就把這忌憚暫時拋諸腦後，得意了起來，說著跟很多年以前的人，同樣的話。

177

※※※※※ 中軸線訊息 ※※※※※

承前

異=Σ異一1（1 //越來越弱勢，但母體模式成熟，很久才會出現一次

『本』，衰變率大減//

代=Σ本1+Σ異一1 //女眞本屬明朝控制範圍內，逐漸退出，再作加法

//

令 異=Σ異一1+Σ異二1 異二↑↓異一 異一=Σ異二1(+Σ異一1) 代

↑↓異

令昊= 本甲 +本乙+…… 本甲=異一1 本乙=異一2 代↓0

當代=0　母=1/異（+本）　=1　1=1　//　清初入關統一　//

群（異）=群（本）〉5　//　超過五族共和，開疆拓土，母體模式成熟，

直接重演漢唐動力　//

異〉1　∴母=1/異（+本）〉1

※※※※※※※※※※※※※※※※※※※※※※※※※※※

第三十二章　長城收局　下局憂慮之始

話說皇太極大軍突破長城，沿途勢如破竹，明軍將領趙率教戰死，後金軍大舉進逼北京。在寧遠的袁崇煥得知消息，大感意外，急忙率軍入關追擊。最後在北京城下才終於追到，然京師的官民已經一陣恐慌，於是謠言四竄，崇禎皇帝猜疑之心頓起。

袁崇煥所部祖大壽，與後金軍大戰於北京城下，終於擊退後金軍。皇太極知道如此難以再戰，全軍撤退到良鄉。

良鄉軍營，夜晚。

「稟大汗，北京的細作來報，袁崇煥下獄了，改派蒙古人滿桂為經略，率軍迎戰我們。」一名負責間諜情報的官員如此密報。

皇太極（紫眼眶）大為吃驚，低聲問：「詳細說來，到底怎麼回事？」

「三天前，崇禎聽信了我們放回去的太監告密，認為袁崇煥與我們有勾結，於是下錦衣衛獄，據說進了那監獄，凶多吉少了。可見大汗的計略奏效。」

皇太極（紫眼眶）頗為疑惑，搖頭說：「這肯定跟我們的計略無關，崇禎就算再昏庸，也不會相信袁崇煥通敵。我們都還沒撤出關外，他就馬上被抓下獄，必定是猜忌他結黨謀逆，養寇自重…」

「這屬下就不明白了。」

皇太極（紫眼眶）低聲說：「你退下吧！繼續監視北京城內的動態，有消息再來報！」

於是他退出去。

皇太極（紫眼眶）喃喃自語說：「怪了…好像是漢人們自己準備好…不想讓我們離開似的…」

皇太極深知事情來龍去脈，但卻摸不到本因，不過既然機會又忽然來臨，於是連夜招開軍事會議。後金軍諸將領一致要求立刻再攻北京。

果然大軍再次兵臨城下，崇禎皇帝朱由檢，不斷要求滿桂出戰，滿桂認為敵勁援寡，請求守城。但朱由檢仍接二連三下旨意要他出戰。

明軍軍營。滿桂招來黑雲龍、麻登雲、孫祖壽等諸將。

「皇上的旨意，你們都看到了…這一回不出戰都不行了…」滿桂面露憂色如此說。

孫祖壽說：「這就像唐玄宗強逼哥舒翰出潼關一樣，焉能不敗？大帥真的要出戰？」

滿桂說：「明知是敗，但能不戰嗎？自己看看袁大帥現在的情況，你們想陪他一起下獄嗎？」

眾人默然。

孫祖壽稍微低聲說：「同樣都是對付金人，宋朝皇帝拼命主和，我朝皇帝拼命主戰，但好似最後結果都差不多！」

沒錯，不管主和還是主戰，結果都是一樣。

於是滿桂移營到永定門外列陣。皇太極見狀大好，指揮全部騎兵隊出擊。

鏗鏘！鏗鏘！

北京城外一片廝殺，但滿桂等人被團團圍住，各自為戰。崇禎知道情況不妙，倘若滿桂全軍覆沒，北京就會再次陷入危機，但又不願意拉下臉釋放袁崇煥，於是派人要袁崇煥寫信給回山海關的祖大壽率軍來援救。

果然滿桂全軍覆沒，滿桂及孫祖壽戰死，黑雲龍、麻登雲被擒。但祖大壽的部隊，星夜兼程返回，其他省的援軍也陸續趕到，皇太極知道明軍會有後續不斷增援，恐懼於明軍的火器裝備率相當高，於是率軍撤回關外。

畢竟光憑後金的實力，沒有辦法一口氣，打掉擁有廣大領地的明朝朝廷。面臨記取宋朝失敗教訓，堅持死戰的明朝君臣，也無法再用前金國的策略，用一個「和」

字來獲勝。戲碼當然不能再重演，否則破綻就太多。但有了超個體協助，這些困難，始終是能一一克服的。

盛京。

皇太極在校場，看著俘虜來的幾門明朝火砲，面露憂慮之色。先前他命令女真的工匠仿造，但大多失敗，又命關外漢人工匠仿造，也無法達到要求，所以相當懊惱。

范文程（黑眼眶）此時面帶喜色來報。

「什麼？有俘虜會造火砲？」

范文程（黑眼眶）說：「是的大汗，前次入塞，俘虜的官府工匠當中，有一人會造紅夷大砲，但我們把他編入僕役。所幸我在巡視探訪被俘虜的漢人時，認識了這個巧匠，在此推荐給大汗。」

皇太極（紫眼眶）問：「你可有驗證他的能力？」

范文程（黑眼眶）笑說：「臣辦事情一定有驗證，特請大汗考核。」

皇太極（紫眼眶）說：「他人呢？」

范文程（黑眼眶）說：「他與仿造的火砲都在校場外。」

皇太極（紫眼眶）說：「讓他進來，朕要看看他造的火砲如何！」

於是一個已經剃髮留辮的漢人（白眼眶），與幾個同為俘虜的助手，扛著一門火砲來到此處。放下砲後，一同下跪。

「奴才劉漢，叩見大汗。」

皇太極一見這門新造的大砲工藝精良，的確就是他所見明朝的火砲，大為欣喜。摸著砲笑說：「都起來吧！你等漢人不用稱奴才，稱臣或稱民即可。要當奴才，還沒那麼容易呢！哈哈哈！」

見到他欣喜，眾人也就起身，露出笑容。

皇太極（紫眼眶）內心忽然感覺一股古怪，但又說不出口，只說：「你叫劉漢，名字還真好，劉姓本來就是漢朝皇帝，最後中國之民都因此叫漢人。」

劉漢（白眼眶）彎躬哈背笑說：「草民一個，不敢不敢。」

皇太極（紫眼眶）說：「聽說明朝朝廷的火砲，都購買於海上的紅夷，你仿造的火砲，與之相比如何？給朕介紹。」

劉漢（白眼眶）笑說：「草民敢說自己造的火砲，比明朝朝廷購買於紅夷者更精良，這得從火砲的起源說起，大汗是否願意從頭聽起呢？」

皇太極（紫眼眶）坐在校場軍用椅上，揮手說：「你就說吧，朕聽得懂你的漢語！朕仔細聽！」

劉漢（白眼眶）說：「火砲最早在宋朝的時候就有，當年前大金國南下中原時，就曾經遇到過。但當時的火砲，都是青銅鑄造，射程不遠，砲彈開花造成的傷害也不大，所以大多還是使用投石機拋出炸藥包來作戰，曾經完顏女真軍隊就被這種武器嚇傻。後來前大金國抵抗蒙古大軍南下時，六十萬大軍被成吉思汗打得全數潰滅，但使用了新發明的開花彈，配合連環火爆的炸藥，中都一戰鄭強只用五百細軍，就打得成吉思汗的大軍落荒而逃。前大金國名將完顏陳和尚，也是用此多次打敗蒙古軍。後來元朝蒙古人西征的時候，把這個技術，流傳到了西域紅夷的國度，所以紅毛蕃也就會了這個技術，改良成大汗現在所見的紅夷大砲。而中國的火砲，反而落後於紅夷，就是明朝朝廷早期使用的火砲武器，現在已經改稱之為火銃。」

接著說：「火銃多以銅為原料，內膛呈孔穴型，砲管顯得單薄，以其口徑而言砲管又顯得太短。這種火銃與紅夷大砲相比，火藥填裝量少，火藥氣體密封不好，因此射程近。此外容易過熱，射速也慢，以銅為材質雖然不易炸膛，但是花費較高。而且銅太軟，每次射擊都會造成砲膛擴張，射擊精度和射程下降非常快，作為武器而言壽命太短，唯一的優點是重量輕。但打起仗來，還是紅夷大砲的精準度與射程比火銃強得多，打出的砲彈傷殺性也是紅夷大砲比較強。」

接著又說：「但紅夷人的大砲，雖然是鑄鐵所造，開火的時候仍可能會炸膛，以致整門砲自爆，造成砲兵自己傷亡。草民創造了『失蠟法』，化鑄鐵為鑄鋼，對火砲的不同部位，進行複雜的退火、淬火處理，使鑄砲工藝又領先於紅夷。大汗可以看眼前這門砲，先驗其威力如何，再與俘獲的紅夷砲相比其堅硬度，便知其可靠性。」

皇太極（紫眼眶）喜道：「好！立刻驗砲。」

轟隆巨響，把校場遠處的石頭，炸得粉碎。

皇太極（紫眼眶）瞪眼哈哈笑說：「你仿造的紅夷大砲果然更好，朕就⋯⋯」忽然收拾笑容說：「等等，別稱為『夷』！雖然現在是說紅毛番，但你們漢人好像也曾經稱我們女真人⋯⋯」

面露不滿。

劉漢（白眼眶）低頭說：「是，是。我們平常都習慣用紅色砲衣遮蓋，就改稱為紅衣大砲吧。」

皇太極（紫眼眶）點頭說：「這可以，朕加封這大砲為『天佑助威大將軍』。因為這像是奇蹟，朕才憂慮原本的紅衣大砲威力，馬上就有你來幫忙造砲，可謂天佑。你與你的助手，都封為鑄造官，朕會重重有賞！」

眾人磕頭稱謝。

於是皇太極在八旗軍中設置新營「重軍」，為專業砲兵。

但過不久，皇太極又陷入憂慮，因為在一次與眾王公貝勒檢討前次戰爭經過時，大家對於明朝能擁有廣大的領土與眾多人民，能源源不絕組織兵力，頗為忌憚，且明朝記取了宋朝教訓，堅持主戰，真的不可能與後金和談。雖有了更厲害的火砲技術，但根本性的問題還是沒有解決。

所幸新的時代有新的作法！面對必須一力死戰的戲，就必須搓出一夥人來幫忙後金，把明朝實力挖光。

李自成，原本是明朝驛站驛卒。因為驛站弊端頗多，崇禎皇帝裁撤三分之一，以節省開銷。結果李自成失業回家，但運氣出奇地差，想要從商結果欠債無法償還，被債主告到縣令，從而被逮捕。械而遊於市，將置至死，親友可憐他的遭遇，將其救出。

於是殺死債主。本來債主死亡，尚無證據，李自成還不至於走投無路。但因妻子與其他人通姦，又殺死了妻子，證據確鑿，不得不逃亡。被官府通緝。

最後只好投軍自效，請求賣命來贖罪，工作努力，之後被升為把總。又因為朝廷欠餉，竟然又殺死軍中參將與當地縣令，帶著部眾造反。然而畢竟勢力太弱，前後投奔兩股民變勢力，但這兩勢力都被朝廷擊敗，李自成所部不斷被追剿，於是投奔山西的舅父，闖王高迎祥。

明廷以洪承疇為三邊總督，率軍圍剿，大破高迎祥軍。民變軍眾人往河南逃跑，又遭遇曹文詔等多路明廷大軍包圍。

關外盛京。

明廷內部有流寇拖住明朝大軍的消息，經由派往中原的間諜，回報到了關外皇太極這裡。

「什麼？南朝軍隊被流寇糾纏？」

多爾袞（棕眼眶）說：「是的，派往中原的好幾個刺探，都同時回報這個消息，代表這肯定是真的。我們應當再次進入長城，讓南朝的崇禎顧此失彼，幫助流寇突圍。」

皇太極看著地圖，面露猶豫。

多爾袞（棕眼眶）說：「兄汗，千萬別讓南朝平了流寇，不然以關內地大物博，遲早能組織更多兵力來對付我們。」

皇太極（紫眼眶）說：「不過蒙古始終是大金國的後患，若林丹汗不除，前大金完顏女真的歷史就是明證。」

多爾袞（棕眼眶）說：「蒙古的林丹汗不得人心，要除掉不難，這次跨長城入塞，主旨在幫助流寇，達到目標之後就撤軍打蒙古。」

皇太極（紫眼眶）低聲說：「以前朕是聽說過，南朝內部是常有流寇造反，但從未聽說過，能糾纏到十萬以上的明朝官軍。怎麼這次會有這麼多人同時造反？」

多爾袞（棕眼眶）笑說：「南朝氣數已盡，遲早我們大金是要再次入主中國的。」

皇太極（紫眼眶）頻頻搖頭說：「這也未免太巧，巧到有點古怪。先前我們才困於袁崇煥，得繞道長城攻北京，結果袁崇煥就被殺。之後我們苦於南朝火砲槍銃的厲害，就有人會造更厲害的火砲，來幫忙我們建立重軍。之後我們又猶豫，自身的兵力補充不及南朝，無法打倒源源不絕的南朝軍隊，結果馬上就有所謂的流寇成群，在拖住南朝的主力。天底下怎麼有這麼好的事情？」

接著露出狐疑神情又說：「再往前推，父汗起兵時，好幾次都面臨內部與外部的挑戰。十三副遺甲起兵時，明朝朝廷因古勒寨事件，不斷冊封補償，讓父汗統一建州女真有足夠的資本。剛統一建州女真時，日本倭人打朝鮮，逼近建州，圖謀中國，父汗決心與之一戰，因此憂慮與倭人先火拼，則大金建國消滅明朝，得被迫延後很多年。結果明朝朝廷馬上出兵，解決日本倭人進攻的問題，甚至還安撫父汗，休養建州女真兵馬，以至於父汗能奠定統一整個女真族的基礎。再之後女真各部求助於明朝，結果萬曆皇帝因君臣對立，形成萬曆怠政，不予理會。當女真各部求助於蒙古，要來壓制父汗逐漸強大的勢力，結果李成梁這個老糊塗，就把主力都針對蒙古進行打擊，讓蒙古與女真各部的企圖瓦解。乃至於父汗已經建國稱汗的前一年，明朝官員還不斷上奏朝廷，說我們甚為恭順服從，請朝廷繼續賞賜。前後這樣一思考下來，這一切都太巧了！天底下真有這麼多好的事情？」

多爾袞（棕眼眶）笑說：「這是皇天庇祐，我大金女真，將要再次興起與壯大的良機，切莫失去啊！兄汗你別想太多啦！快出兵吧！」

皇太極（紫眼眶）沉吟片刻，低聲說：「好吧，那就再次出兵跨長城。順便這次連蒙古的林丹汗所部都一起消滅。」

天底下有時候確實會有這麼好的事情！但這麼好的事情，背後都有文章的，只是一般人，確實都看不出來。

皇太極第二次攻入長城，突入長城獨石口，七月，在延慶大敗明軍，八月，清軍猛攻昌平，遍蹂京畿，歷時四個多月，明朝大軍把圍剿流寇的部隊，全部調來抵擋，但仍接連被擊敗。同時多爾袞、薩哈璘、豪格回軍進攻蒙古的林丹汗所部。

先前林丹汗就被皇太極率軍多次打擊，不斷戰敗後，退到河套地區休養，部下許多蒙古部族，前後紛紛拋棄林丹汗，歸順皇太極。迫使他逃往甘肅休養。

此次大舉進攻之前，林丹汗就已經病死在甘肅。兒子額哲與母親蘇泰太后，率殘部回河套地區。碰到後金部隊大舉攻打來，部眾已經無力抵抗。於是獻元朝的傳國玉璽投降，當初元朝退回北方，經過幾次不同血統的奪權更替，雖說早算是滅亡，但仍保留的蒙古汗國，而今正式結束，核心政權併入後金。額哲被皇太極封為察哈爾親王，將次女固倫溫庄長公主馬喀塔嫁給了他。

得到『傳國玉璽』後，皇太極便立刻退軍回盛京，詳細端倪這個寶物，並探討當中的故事。

一日夜晚，將范文程招來後宮前殿密談。

范文程一進前殿，只見皇太極一人坐在此，門窗都已經關緊，桌上擺著『傳國玉璽』，氣氛頗為詭異。皇太極（紫眼眶）開頭就問：「范先生，知道朕今日單獨與你面談，是什麼重要的事情嗎？」

范文程（黑眼眶）搖頭說：「大汗沒有差人告知，臣不知道。」

皇太極（紫眼眶）指著桌上的『傳國玉璽』說：「你認不認得這個東西？」

范文程（黑眼眶）說：「聽阿濟格貝勒說，蒙古歸降，獻上大元朝『傳國玉璽』，不知是否為此物？」

皇太極（紫眼眶）笑說：「正是，你坐吧，今日就是為了與范先生討論這極重要之物，才招您來此。」

范文程於是坐下。

皇太極（紫眼眶）問：「朕查閱歷史，『傳國玉璽』起於秦朝，聽說最早是當年春秋楚王的和氏璧，是一顆璞玉，曾被人盜走下落不明，後來戰國時代出現在趙國，為趙國的國寶，藺相如在秦王面前所奪就是此物。秦始皇帝統一中國後，獲得之，將其彫刻為玉璽。但朕怎麼又聽說，當年契丹主耶律德光俘虜石重貴，得到的是假貨，說真貨已經被後唐主李從珂，帶去一同自焚。那我們眼前這個所謂元朝『傳國玉璽』，又是從何而來？難道朕眼前這個『傳國玉璽』也是個假貨？」

范文程（黑眼眶）說：「臣對此曾有研究過，確實是個假貨。但元朝已經用璽多年，大汗也不必多論真假，引之為璽即可。」

皇太極（紫眼眶）瞪眼，頗為失望地搖頭說：「不，朕想要知道，事情的來龍去脈，真的『傳國玉璽』到底在何處?那眼前這又是誰假造的?」

他似乎早有心理準備，但聽到說手上的東西可能是假的，也露出了不悅之色。

范文程（黑眼眶）低頭說：「臣是否可以端倪此物?」

皇太極（紫眼眶）微點頭說：「可以，雖未必是真物，但畢竟至少是元朝的『傳國玉璽』。所以先生拿的時候要小心，千萬小心，別落地了。」說到此，心中還是希望這東西，至少得是元朝皇帝偽造的，多少還有點價值。也許一不小心，就真的是秦『傳國玉璽』，那就代表自己真的是『受命於天』了。

范文程非常小心謹慎地拿起『傳國玉璽』，發現皇太極眼神專注，表情詭異，面露慾望，非常在意此物，所以范文程手不敢離開桌面，以至幾乎全身都趴在桌上去，以此姿勢端倪這個『傳國玉璽』，看完心裡有數後，非常小心地放回原處，皇太極才鬆了一口氣。

范文程靜默還沒說話，皇太極（紫眼眶）微笑問：「先生看了如何?至少是元朝的對吧?」

范文程（黑眼眶）苦笑地說：「臣不想掃興，但又不敢欺騙大汗，不知道該怎麼說?」

皇太極（紫眼眶）聽出了端倪，收拾微笑，冷冷說：「直說無妨，元朝皇帝假造的對吧？至少如先生剛才所言，元朝畢竟用了多年，引之為璽即可。」

范文程（黑眼眶）低頭謹慎地說：「恐怕連元朝的傳國璽都不是…以臣看來，此物只是林丹汗自己假造的。」

皇太極（紫眼眶）聽了瞪大眼，大喝一聲說：「啊！你說什麼？林丹汗這個蒙古蠢驢自己造的？」

范文程（黑眼眶）被他大喝一聲嚇一大跳，趕緊起身低頭說：「是的大汗，是林丹汗他自己造的。」

皇太極（紫眼眶）大失所望，拍桌說：「你坐下吧！說出個理由，為何你認為連元朝的貨都不是？」

范文程（黑眼眶）於是坐下說：「明朝開國主朱元璋，開國時三大遺憾事，第一件便是沒有傳國璽，恐為後世百姓稱其自立而非正統。明朝皇帝便自製『皇帝制誥之寶』，稱以假待真，或許將來真物會出現，皇帝將得之。而元朝皇帝的傳國璽使用的是疊篆，此物上刻漢字『皇帝制誥之寶』，不是疊篆，更不是真實的傳國璽中，鳥蟲篆文『受命於天，既壽永昌』的傳國璽受命寶。這必定是林丹汗不懂歷史，又想要標榜自己是元朝正統，看到明朝皇帝給他的詔書，認定元朝皇帝依循漢人體制，必定型制如此，所以仿造明朝皇帝的『皇帝制誥之寶』，稱這是始皇帝傳國璽。實在差太多矣！」

皇太極（紫眼眶）拿起此物，看到上面刻的『皇帝制誥之寶』，氣噓噓，露出不快神情，然後甩在桌上，仍餘怒未消。寶貝變成垃圾。口中還不斷罵：「玩假貨的蒙古蠢驢！你也想標榜正統？作夢！難怪會被朕所滅！被朕所滅啊！哼！」

范文程（黑眼眶）問：「大汗是否想知道，『傳國玉璽』的來龍去脈？」

皇太極（紫眼眶）點頭，平息了餘怒說：「先生就說說，這『傳國玉璽』到底怎麼回事？」

范文程（黑眼眶）說：「誠如剛才大汗所言，和氏璧原本為春秋楚王一顆璞玉，被盜遺失後，在戰國時出現在趙國，為趙國的國寶，藺相如在秦王面前所奪就是此物。秦始皇帝統一中國後，獲得之，命李斯以鳥蟲篆文『受命於天，既壽永昌』，玉工孫壽將其彫刻為玉璽。秦二世天下大亂，漢高祖劉邦攻入關中，秦子嬰將傳國璽獻於漢高祖。漢高祖滅項羽之後，礙於天下反秦，難以繼皇帝位，最終竟以此國寶為稱皇帝之信物，讓天下信服，於是順利登基稱皇帝。王莽篡漢後，向孝元太皇太后逼索玉璽，太皇太后大怒，擲玉璽於地，摔崩一角，王莽命人以黃金鑲補，儘管手藝精巧，但玉璽終究留下缺角之痕。王莽敗亡後，玉璽落入更始帝劉玄手中，後來劉玄被赤眉軍打敗，玉璽落入劉盆子之手，後赤眉兵敗，獻璽於東漢光武帝劉秀處。東漢末年，董卓之亂時遺失，孫堅入洛陽得之於官井中，孫堅死後，被袁術所奪走，袁術死後被徐璆攜璽至許都，當時曹操挾漢獻帝而令諸侯，至此玉璽得重歸漢室。但臣以為，在此真偽就出了問題。」

皇太極（紫眼瞎）問：「問題何在？」

范文程（黑眼眶）說：「曹操兒子曹丕篡漢，改國號為魏，據明文記載，魏的傳國璽雖然文字文體與秦璽相同，但文由左至右讀。而秦璽文字由右至左讀，出現大謬，所以後來司馬氏篡魏為晉後，有懂古物者辨之，便不以魏璽為國寶，而重新自行仿刻秦璽。所以臣以為，真正的秦璽，要不是在王莽末年大亂時遺失，就是在東漢末年大亂時遺失。所以晉朝司馬氏得自己仿刻。」

皇太極（紫眼眶）點點頭問：「那晉朝仿刻的秦璽，又到了何處？」

范文程（黑眼眶）接著說：「西晉八王之亂後，五胡進入中原，匈奴人劉聰與羯人石勒，引部族兵攻破洛陽，抓晉懷帝，所獲的國寶其實就是晉璽，但劉聰以此為秦璽，宣告漢趙政權為正統。後來漢趙劉曜被羯人石勒攻滅，晉璽落入石勒手中，為後趙政權國寶，後趙石氏與整個羯族之後則被漢人冉閔所滅族，冉閔以此璽為正統，登基稱帝，但之後又被鮮卑慕容氏所攻，兵敗被俘。冉閔死時其臣蔣幹，帶著玉璽投奔東晉，玉璽重歸晉室，但王彪之辨別得知，此物不是秦璽，乃晉室在中原時所刻。同時江南人則盛傳，真正秦璽還在中原，臣以為這可能是東渡的漢人，希望收復中原所以這麼說。以致於當時前燕慕容儁滅了冉閔之後，便同樣仿刻了秦璽而寶之，自稱尋找到了傳國玉璽，自認為中國正統。」

皇太極（紫眼眶）說：「原來只要能利用曖昧模糊之事，牽引人心，仿刻亦無妨。那接下來呢？」

范文程（黑眼眶）說：「前燕被氐人苻堅所滅，將慕容燕璽當為前秦國寶，苻堅淝水兵敗後，前秦崩裂，苻堅被羌人姚萇俘虜，索取傳國璽，然此物已經先行被苻堅派人送往東晉，也被東晉之人辨別為前燕慕容氏偽造。而後西燕慕容永被後燕慕容垂所困，派人獻璽求救於東晉，慕容永這顆璽仿造得就很逼真，說方闊六寸，高四寸六分，同樣有黃金補角，且鳥蟲篆文如秦璽，所以江南的東晉到劉宋、蕭齊、蕭梁等朝，都以此璽為寶。而當中劉宋時，劉裕北伐到關中，滅姚秦所得玉璽，則是姚萇得不到傳國璽，自己偽刻的，同樣也是有黃金補角。所以當時江南朝廷，就有晉室中原璽、兩方慕容璽與姚秦璽同時傳世。同時間北方十六國最後為北魏拓拔氏統一，北魏太武帝拓跋燾，得不到傳國璽，頗不自安，稱在泥像中找到二個玉璽，字跡皆為「受命於天，既壽永昌」。除了以黃金補缺角之外，其中一個旁邊還加註『魏所受漢傳國璽』，似乎是從曹魏流傳下來的，以此證明自己才是正統，其實都是北魏所偽刻，不被中原人認同，以至分裂的北齊與北周都沒有傳國璽。蕭梁末年，侯景敗亡時，北齊軍南下於廣陵得到一璽回中原，其實是前面所說的慕容燕之璽。南朝陳霸先滅侯景所得，則是姚秦璽。後來北周滅北齊，以為北齊所得是真的秦璽，隋篡北周後南下滅陳，繳獲傳國璽，統一全中國南北，所獲璽中，以為得自於陳的姚秦璽，才是真秦璽，改北周的慕容燕之璽為神璽。實際上隋朝皇帝，手上的仿刻之秦璽，已經不下十件。」

皇太極聽了發愣，先前他還以為自己手上的東西是秦璽，原來早在那麼多年前，就有一大堆偽造物，那麼多大大小小朝代的皇帝所得，全都是自己造或別人造的假貨。還互相以為對方手上拿到的才是真東西。

皇太極氣沮，原來自己意圖要玩的高明政治遊戲，早在很多年前就有人玩，而且玩爛了。自己這樣下去也是東施效顰，還裝得不像，貽笑大方。

但仍認真追問：「再接下來呢？」

范文程（黑眼眶）說：「隋朝國祚短淺，隋末大亂時，群雄無緣得到傳國璽，紛紛自刻，最後都被併入於唐。唐高祖李淵入關中，第一件事情就是尋找傳國璽。前面所有玉璽，都被鑑別出偽造，但繼續保留於宮庭。唐太宗貞觀十六年，便自刻受命璽，改文為『皇帝景命，有德者昌』，宣稱是一脈相傳的秦璽，但群臣皆知不可能，暗暗嘲笑唐太宗的行為。唐玄宗時安祿山派軍攻破長安，曾派人尋找傳國璽，但已經被玄宗出逃時帶走。唐軍回京平定叛亂後，以此璽安定過全國。到了黃巢造反，破長安時曾獲得此物，黃巢敗亡，短暫回唐昭宗手上，最後又被朱溫所得，便以此篡唐自立。朱梁朝被沙陀人李存勗所滅時，此璽便為後唐朝所得，李從珂率軍破洛陽奪取後唐皇帝位就是獲得此物，到了李從珂兵敗自焚時，帶的便是唐太宗所刻的傳國璽，但當時不少人竟然以為是真的秦璽。所以石敬瑭兵入洛陽時，找不到此物，便自己偽刻，稱得到秦傳國璽。石重貴被耶律德光俘虜時，便逼問出，此物為石敬瑭偽造。但後來契丹軍北還時，耶律德光死在途中，耶律兀欲就以石敬瑭的假貨，登基稱帝，回國奪位。」

皇太極（紫眼眶）目瞪口呆，驚訝地說：「啊？石敬瑭不是耶律德光立的兒皇帝嗎？兒皇帝偽造的東西，最後被耶律兀欲奪契丹皇帝位時，拿來當作信物？」

范文程（黑眼眶）說：「正是，因為當時的形勢對他來說，這是最名正言順可以當作信物之用，以取信部眾的。故此璽後來入了遼，天下人皆知。宋朝皇帝因此不敢說自己得到了傳國璽，只稱遼國璽是假貨，自刻宋朝皇帝金印國璽。但天下皆知秦璽傳承在遼不在宋，在北不在南，故北強而南弱。」

皇太極（紫眼眶）還真信了這范老子的胡言亂語，接著問：「那之後呢？」

范文程（黑眼眶）說：「契丹被前大金國所滅，前大金國所得者也只是石晉之璽，但以之為國寶。前大金被蒙古所滅，然蒙古人並不知道傳國璽有何用，所以石晉璽遺失。到了忽必烈稱皇帝之時，被蒙古各宗族群起反對，他急需漢人的支持，聽聞了此事，便找了許多儒生，以疊篆自刻傳國璽，稱是無意中找到了秦傳國玉璽。明軍破元大都，元順帝帶著傳國璽北逃，明軍搜尋整個京城，只得到元成宗的御用璽，沒得到傳國璽，北上攻上京，也搜尋不到此物，所以朱元璋才引為開國遺憾。

而後北元因部族分裂，權力相奪，可能忽必烈之璽，也在爭戰中遺失了，瓦剌與韃靼各部，曾不斷自刻傳國璽，稱自己為元朝正統，但作工都很粗糙，都是模仿明朝皇帝的詔書上玉璽自製，不被漢人認同。林丹汗想要統一蒙古，也跟著各蒙古部族一樣，偽造秦璽，但又不知道傳國璽的由來與長相，同樣跟其他部族一樣，摹仿明朝皇帝自刻的傳國璽，自己也來仿刻一個，宣稱繼承元的傳國璽乃真實的秦璽，如今出現在大汗您的面前。」說罷指著眼前之物。

皇太極（紫眼眶）聽了氣呼呼，接著哭笑不得，不斷說：「廢物！廢物！假設是忽必烈刻的那還有價值！要這種林丹汗粗糙的偽造物何用？銷毀它，朕更熟知漢人文化，自己能刻一個更好的！不必像他這樣，仿明皇帝的璽，詐稱秦璽，指鹿為馬，相距甚遠，讓人啼笑皆非！」

范文程（黑眼眶）說：「大汗且慢，臣以為當引以為寶，然後用此物告知天下，大汗得到了真正的秦傳國璽。」

皇太極（紫眼眶）瞪眼問：「這是為何？朕為何要用林丹汗粗劣的假造品來當國寶？這跟契丹人拿石敬瑭造的假東西當國寶，有何不同？」

范文程（黑眼眶）說：「蒙古獻寶臣服於大汗，也獻上汗名於您，等於您同時也兼任統治蒙古的大汗，整個漠北皆知此事。倘若不納此物，則蒙古部族會以為您看不起他們，不認元朝為中國正統皇朝之一，便有離心。況且大汗將來要圖統治全中國，必須製造輿論，拿出信物，證明大汗獲有天命，為真正的天子，而明皇帝事實上沒有傳國璽，天下皆知，一旦真璽出現，明朝將失天命，大汗南下滅明，就是理所當然之事。當以此物登基為皇帝，替將來統治全中國，建立基礎，這正是最好的時機啊！如此明朝皇帝手上的東西，反而會被人說是假的，大汗的東西反而被人稱為是真的。天命在誰？正統是誰？整個大局，在底下民眾耳語之中，便會出現傾斜！」

皇太極（紫眼眶）聽了，重新拿起那個假傳國璽，點頭笑說：「這麼說來，這假東西也不是那麼沒價值，越看越可愛，其實可以趁機當真的用。」

范文程（黑眼眶）也笑著點頭說：「正是。假做真時真亦假，真做假來假亦真。」

范文程看似理解了『傳國璽』的歷史，也看似知道『傳國璽』的重要性，但實際上他根本沒有懂『傳國璽』的真正意義。『傳國璽』其實是另外一條隱性的萬里長城，是另外一個神鬼之作。此時還要繼續讓它發揮功能。

於是皇太極公佈，自己獲得了傳說中的傳國玉璽，正式登基為皇帝。將年號從天聰改元為崇德。將國號從大金改為大清。改女真族為滿洲族。

登基大典。司儀高喊。

「滿大臣暨各旗旗主跪拜。」

「漢大臣暨各旗旗主跪拜。」

「蒙古大臣暨各旗旗主跪拜。」

「朝鮮使臣跪拜…」

……

「朝鮮使臣在幹什麼？沒看見傳國玉璽嗎？吾皇擁有天命！還不快跪拜吾皇？」

「我們不是貴國臣子，我們不跪！」朝鮮的使臣羅德憲與李廓，用明朝官話如此喊道，拒絕跪拜。

滿漢蒙三族大臣交頭接耳，議論紛紛，場面非常尷尬。

「爾等出使南朝，還不一樣跪拜南朝皇帝？現在我大清皇帝得玉璽！得天命！還不快跪拜我大清皇帝？」一個漢臣用明朝官話這樣對他們說。

李廓（棕眼眶）答道：「貴國先前跟我們約為兄弟之國，禮儀平等，怎麼會需要跪拜？」

這漢臣（紅眼眶）說：「你們沒看到桌上的中國傳國玉璽嗎？吾皇受命於天，登基為皇帝，是真正的正統！還不快跪拜？」

羅德憲（棕眼眶）也用明朝官話回說：「真正的正統是中國皇帝，乃統治中國的大明朝，貴國位居長城塞外，尚未統治中國萬里江山，豈能談什麼正統？」

「混帳！」「無禮！」「來人啊！押他們跪！」幾個漢臣一陣忿怒。

幾個衛兵一擁而上，架住羅德憲與李廓。「幹什麼？我們不跪！」雙方糾纏拉扯，乃至於兩人的衣服都被撕破。

兩人堅持不跪，拉扯後最後，起身離開，用朝鮮語口出惡言，雖然多數大臣都聽不懂，但也知道他們出言不遜。

多爾袞抽出配刀，范文程（黑眼眶）趕緊壓住說：「殿下且慢，皇帝登基大典是喜事，千萬不能見血。」

遂放朝鮮使臣離去。

皇太極（紫眼眶）眼皮青筋跳動，面露兇光喃喃說：「你朝鮮人教訓朕，教訓得太好了！中國萬里江山，朕接了中國大統，那一定是要去統治的，但是在這之前，我們似乎可以先做一件事情！」

於是皇太極登基稱皇帝之後，大舉親征，進兵朝鮮。朝鮮兵被打得落花流水，清軍一路勢如破竹，打到南漢城下，將朝鮮王團團圍困。

朝鮮王李倧見大勢已去，獻上財寶貢女，遂請求和談。

皇太極要求朝鮮王親自來補跪拜，改前面兄弟之盟為君臣之盟，斷絕與明朝往來，從此年年進貢歲歲來朝。李倧只好一一允諾。最後在三田渡見皇太極，傳國玉璽擺在案上，皇太極坐在上座，李倧行三跪九叩之禮，還撰文刻『大清皇帝功德碑』，以銅版繪製自己朝鮮王向清皇帝磕頭之景象，以後清使來時，都要到此觀摩監督，看此碑文是否有繼續存在？以證明朝鮮王的忠誠。而朝鮮使節往中國時，都要來此碑下觀摩叩拜，理解大清皇帝，受命於天，功德無量，正式稱臣入貢為大清藩屬。

一切滿足之後，皇太極才率軍撤走。

拿了傳國璽，就打到讓原本的兄弟之國跪拜，終於知道，『傳國璽』的威力了⋯⋯話鋒回頭，就在皇太極打林丹汗與派阿濟格入長城再次寇略時。闖王高迎祥率軍突圍，擺脫洪承疇大軍的追擊，改往河南發展，率軍攻破滎陽。

高迎祥與諸將張獻忠、羅汝才、老回回、革裏眼、左金王、改世王、射塌天、橫天王、順天王、混十萬、過天星、九條龍等十三家民變流寇首領，共七十二營大會於滎陽，研議拒敵。李自成再會上提出「分兵定向、四路攻戰」方略，讓明朝朝廷官軍無法一次平定。於是民變軍四出。

高迎祥、李自成與張獻忠等人大舉進攻南直隸，進攻明朝的中都鳳陽，明朝軍隊數量太少，奔相走告闖賊打來，於是四處潰散，老百姓也紛紛躲入山區。

於是闖軍開始挖朱元璋的祖墳，大肆破壞，掠奪所有陪葬品，焚毀朱元璋曾出家的皇覺寺。

闖軍大勝後，李自成與張獻忠卻起了爭執結怨。高迎祥親自到李自成軍營中問緣故。

「他想要鳳陽宮所有的樂器與小太監！這種東西是他這種土匪可以要的嗎？」

李自成（綠眼眶）這麼說。

「不過就是樂器，還有幾個北京皇宮派來此處的閹割小孩，你們爭這個幹嘛？」

「舅舅！這可不是普通的東西，這是皇帝才有資格用的！他張獻忠想要這個幹嘛？他只是個土匪！難道挖了朱元璋的祖墳，就想披黃袍嗎？這東西我是替舅舅您爭啊！只有您才有資格使用！」

高迎祥（綠眼眶）露出了狐疑神情，似乎開始相信李自成所說。

李自成（綠眼眶）說：「我沒辦法跟這個土匪共事，不然遲早得跟他刀兵相向。」

高迎祥（綠眼眶）說：「不可！天下都還沒打下來，就起內鬨，這可會讓官軍有機可乘。我會去跟他要過來，建議你不要跟他爭。」

李自成（綠眼眶）問：「那舅舅，你說該怎麼辦？我是無法跟他共事的！」

高迎祥（綠眼眶）說：「這樣，你之後率部眾往西北發展，我會好好監督這個張獻忠。若將來有變，你可作為我的外應。」

李自成點頭稱是。於是率軍往甘肅發展。

原來『傳國玉璽』也有分身物，只要跟皇帝相關的東西，都會讓人相互火拼，不容許各自分贓。

崇禎皇帝聽聞鳳陽祖墳被挖，皇覺寺被燒，大聲痛哭流涕，將相關負責官員，或處決或罷官。然後布衣素食，於祖廟痛哭叩拜。然後派盧象昇接替新任五省總督，全力追剿，高迎祥被擊敗受困於鄖陽山區，突圍後再圖發展，最後在進攻西安時兵敗，被陝西巡撫孫傳庭抓到處死。殘部歸李自成，李自成便接替闖王名號。

當高迎祥被困時，皇太極聽聞了這消息，雖準備征伐朝鮮，但同樣派阿濟格跨長城進攻內地，與闖軍呼應。宣大總督梁廷棟與兵部尚書張鳳翼，竟然怯不敢戰，與清軍保持距離，自知死罪難逃，每日服食大黃取瀉求死。崇禎皇帝朱由檢，不得不把盧象昇調來迎戰清軍，但阿濟格順利退出關外。總算稍微喘口氣。

於是楊嗣昌會兵十萬，增餉兩百八十萬，提出「四正六隅，十面張網」策略，限制流寇的流動性，各個擊破，最後殲滅。此舉在二年內頗見成效。張獻忠兵敗降明，李自成在渭南潼關南原遭遇洪承疇、孫傳庭的埋伏被擊潰，帶著劉宗敏等殘部十七人躲到陝西東南的商洛山中。

※※※※※※※※※※※※※※※

〈**陰陽節—朱由檢上訴**〉

陰陽節：天秤果然沒有平衡！我們給每個上訴者，都是十五年上下的時間，估算一下他的遊戲難度，也給了加長賽時間段，可是還沒平衡啊！

〈—〉：果然是辦不到。

陰陽節：放出局中鬼，去要債啦！

〈—〉：真是無可奈何啊！

〈**陰陽節第九上訴案：落敗**〉

※※※※※※※※※※※※※※※

皇太極聽聞此事，大為驚慌，萬一流寇被剿滅，那要滅明朝就非常難了，於是出動兩翼精兵大舉再次進攻長城。萬里長城真的是萬里長，面對此局能處處幫助清軍的戰略施行。

左翼由多爾袞、豪格、阿巴泰率軍，由青山口毀一小段長城進攻。右翼由岳托、杜度率軍由牆子嶺毀一小段長城進攻。

清軍已經第四度打長城了，長城同樣是一觸即潰，它真的不是用來防範外族的，而是讓一群自作聰明的人，集體上當用的。但這個當，不用那麼快顯露，巨大的成果要很久以後才能獲得。

北京。

聽聞了這消息，朱由檢急忙招楊嗣昌與盧象昇等眾大臣商議，眾臣對明朝目前內憂外患的頹敗局勢，都面露憂慮之色，朱由檢也感覺到王朝即將傾覆，不斷要求大臣直言。所有大臣拿不出肯定的意見，害怕之後罪責都是自己來扛。

朱由檢此時才非常後悔，當初自己怎麼會把袁崇煥殺了，以致於現在沒有人能阻擋皇太極，但在眾臣面前又不願承認錯誤。

禮部尚書兼東閣大學士楊嗣昌（粉藍眼眶）說：「臣以為，當前的情況，唯有向關外的皇太極求和。」

此語一說，群臣交頭接耳，議論紛紛。楊嗣昌聽到耳旁一陣碎語，知道朝臣們對此意見，必不能同心贊成。

朱由檢（灰眼眶）似乎有意贊同，但又不願明說，於是低聲道：「如今中原流寇四起，國家內憂外患，百姓流離失所，飢饉遍地。朕甚為憂慮。諸位愛卿，對議和的看法如何？」

宣大總督盧象昇（黃眼眶）跳出來反對，怒目說：「言和者當斬！」

眾臣一陣點頭附和。「對啊！」「應該跟清虜死戰到底！」「豈有和字可言？」

「別忘了北宋當年是怎麼滅亡的！」

楊嗣昌（粉藍眼眶）聽了相當忿怒，指著盧象昇問：「如今國家局面焦爛，流寇遍地，不斷用兵，士民傷亡慘重，攘外需先安內，總督你倒說說，為何言和當斬？」

盧象昇（黃眼眶）說：「清虜就是金虜，當年宋朝就是被金人用一個和字，丟失了中原。秦檜以和賣國，殺了岳飛，遺臭萬年，今日又有秦檜，誰能容忍歷史重演？全國百姓都不能！不斷軟弱退讓，只會讓清虜一而再、再而三咄咄逼人！」

楊嗣昌（粉藍眼眶）怒道：「總督莫要指桑罵槐！你是說我是秦檜？你是岳飛？」

盧象昇（黃眼眶）道：「我沒叫你對號入座！你是不是秦檜我不知道，但我肯定是要當岳飛！」

兩人就要吵起來。

朱由檢（灰眼眶）喝止說：「都不要爭！」

靜默片刻，站起來說：「朕也不能重演宋朝故事，否則天下百姓不能認同，這群女真賊虜也會不斷進逼。盧象昇，你認為真能戰嗎？」

盧象昇（黃眼眶）說：「能！臣願往抵抗清虜，請聖上恩准。」

情況有如當年金哀宗，想和也不容許，就有鬼跳出來要你戰。朱由檢（灰眼眶）低頭說：「朕就准你之請，但必須用命，不可重演⋯重演覆轍。」他想說袁崇煥三字，但硬生生吞回去說不出口，因為怕盧象昇有兔死狐悲之情，最後因恐懼跑去降敵。

盧象昇（黃眼眶）堅定地說：「願以死報國！」

這一幕如同當年岳飛與秦檜，忠奸眼眶相同對比，此時明朝是完完全全站在了主戰派的立場上，沒有拮抗可言，只有一路打到底。然而鬼局在這事先也重新布局，無論和戰，都要達到目的。

於是率軍出擊，與清軍大戰於河北真定等地。

轟！啪！轟！啪！

「總督大人，虜軍火砲火力很強！我們的紅夷大砲都沒這麼犀利！」一個先鋒官傷痕累累敗回後，告知此情況。

盧象昇（黃眼眶）說：「怎麼可能？不是從海外購買的紅夷大砲威力最大嗎？」答道：「他們的火砲不知道從哪裡來的？比紅夷大砲還要厲害，而且數量非常多，密集地使用。」

盧象昇（黃眼眶）跨上馬，指揮部眾說：「不管它從哪裡來！全部出擊！」

「衝啊！」

於是率領數千精騎，一陣反衝殺，清軍前鋒敗走，逐步後撤。但盧象昇兵力不足，無法追擊，不斷要求後方增援兵力與糧餉，但楊嗣昌痛恨盧象昇說言和要斬之言，藉故拖延，不願意提供糧草。

盧象昇率五千人孤軍移兵到賈莊，只能靠當地百姓接濟糧食，混著雪來充飢。

前鋒探馬報：「虜軍步騎數萬人，已距離賈莊三十里。」

盧象昇與部將們一陣驚愕。

盧象昇（黃眼眶）說：「事到如今，只有死戰到底，讓清虜知道我們的厲害！」

楊廷麟說：「敵我數量差距太多，高起潛有數萬兵力在雞澤，距離這裡不到五十里，請總督大人容許我去請求增援。」

楊國棟說：「恐怕高起潛這個太監，不會理我們。」

盧象昇（黃眼眶）問：「大敵當前，這是為何？」

楊國棟說：「總督大人還不明白嗎？我軍少，高起潛軍多，為何清軍只追我們打？楊嗣昌又為何斷我們的糧草？如今我們是被敵軍與友軍共同孤立，只能一軍獨扛了！」

楊廷麟說：「無論如何，這請援還是要的，請總督大人固守不要出戰，等待我求援的消息。」

盧象昇（黃眼眶）揮手說：「那就快去吧！」

果然監軍太監高起潛，擁兵不理，楊廷麟只好先派探馬回報盧象昇，高起潛找藉口拒不增援。

盧象昇招集所部五千人，哭著大喊誓殺賊虜，全軍將士化為哀兵，雖然寡不敵眾，但都決心死戰到底。於是全軍拔寨主動出擊，與清軍在蒿水橋遭遇。

先是一陣相互砲戰，接著清軍騎兵數萬人繞道而行，將盧象昇的孤軍團團包圍。盧象昇揮刀拍馬猛進，在弓箭槍銃之中，全軍肉搏戰，後續士卒皆隨其後，左劈右砍奮力搏殺。

殺！鏗鏘！鏗鏘！殺！鏗鏘！鏗鏘！

盧象昇與左右親兵全身沾血，甲冑上還被射中箭弩射，血流如注，但仍繼續死拚。清兵傷亡頗重，接連倒退，只能輪番上陣與之交戰。

皇太極（紫眼眶）親自披鎧甲登土坡，在遠處觀戰，大為吃驚。對多爾袞與豪格說：「沒想到明朝將領有這種勇猛之士，倘若數萬明軍都是此人所率領，我們不可能戰勝。」

說到此處，他不由得又想起，先前聽聞中原鬧流寇時，所有的疑慮。心思：明朝皇帝明明令他總督全軍，怎麼只剩這幾千人遭到孤立？未免太離奇。

又心思：從前大金國謠傳至今的，女真兵不可滿一萬，滿一萬則天下無敵，是真的嗎？怎麼眼前盧象昇這等漢將，勇猛之狀不亞於我等女真人？

當然離奇，新的時代要有新的作法，在這萬里長城要收官的關鍵時刻，怎麼能再出現岳飛這種人物？但若出現，除了像袁崇煥一般被遏制在搖籃之中。另外還有最好的方法，當然是直接讓人在戰場上從後搗亂。

終於知道先前袁崇煥為何要殺皮島的毛文龍，因為在朝廷如此氛圍下，搗亂的人一定是友軍。所以在毛文龍搗亂之前，當然要先殺他。但盧象昇因袁崇煥也被殺，當然不敢再犯錯誤，遂只能承擔被友軍孤立的窘境。

殺！鏗鏘！鏗鏘！殺！鏗鏘！鏗鏘！

盧象昇與五千部眾，人人瘋狂死戰，但寡不擊眾，清軍又火炮更猛，終於全部戰死。但清軍傷亡過於明軍，皇太極大為震動。收斂己方的士卒屍體之後，全軍離開。當地官民收斂明軍屍體時，見盧象昇屍體傷痕累累，全部痛哭失聲。死時年三十九，與岳飛死時同年齡。

此時清軍一直南下進攻，打到山東濟南，除在高陽城前閣臣孫承宗率全族抵抗全部陣亡外，其餘各地都沒有孤臣孽子的大戲。所以清軍順利虜獲大批金銀百姓北返，途中明朝軍隊只敢遠遠跟隨。如前面數次入塞一樣，帶著擄掠的百姓與金銀，清軍嘲笑明軍各官員免送。

面對官民都損失慘重，明朝朝廷已經無力追剿流寇，李自成等人終於開始喘息，不斷招募流寇。終於張獻忠復叛，明軍進四川追剿張獻忠，李自成則趁機殺出商洛山，劫官糧大賑饑民。

挖朱元璋祖墳，燒毀皇覺寺的張獻忠，竟然能讓明朝朝廷被迫接納投降而後又復叛，全國百姓都已然知道，明朝氣數已盡。

李自成打出「迎闖王不納糧」口號，大批百姓投靠闖軍。張獻忠與李自成互別苗頭，張獻忠逃出四川，偷襲襄陽，殺死襄王朱翊銘。李自成則破洛陽，殺萬曆皇帝與鄭貴妃最寵的兒子，福王朱常洵，從後園弄出幾頭鹿，與福王的肉一起共煮，名為「福祿宴」。

關外，皇太極聽聞流寇復活，便派軍進攻錦州防線。

督師洪承疇被派來此處防備清軍，原本他與崇禎皇帝定朱由檢下基調，一定緩進持重。結果跳出一個兵部尚書陳新甲，不斷派人遊說，還寫信激他出戰，主張速戰速決，理由是關內流寇已經星火燎原，朝廷無力在關外久耗，糧餉供應不上，必定慘敗。當報復清軍入寇搶略，救援錦州獲得勝利之後，兩方和談，主力入關剿滅流寇。

理由義正辭嚴，弄得朱由檢與洪承疇，雖知道不能急戰，也無從反駁，朱由檢只好同意進兵。終於洪承疇領八個總兵十三萬大軍出擊，救援被圍困的錦州。

先鋒一場激烈戰鬥，清軍敗退，明軍士氣正銳。

皇太極此時生病，帶病出征增援，一路上鼻血不止。到了前線，命阿濟格率軍突擊塔山，奪取了明軍糧草。接著包圍松山，切斷明軍運糧通道，明軍糧食僅存三天。洪承疇與八總兵議論後，決定突圍。大同總兵王朴畏敵，不敢應戰，首先乘夜突圍逃跑，結果諸軍動搖，各帥爭馳，馬步自相蹂踐，黑夜中，明兵且戰且走，各兵散亂，黑夜難認。總兵吳三桂、王朴等逃入杏山，總兵馬科、李輔明等奔入塔山。

洪承疇等人突圍未成，只得困守松山城，丘明仰則誓與承疇同守，隨後組織突圍。與清軍戰於尖山石灰窯，明軍全力進攻，但最後皆因潮漲失敗。曹變蛟率軍夜間突襲清軍大營，皇太極親軍猝不及防，皇太極本人拔刀抵抗，遏必隆與錫翰偕同輔國公額克親合力抵禦，曹變蛟受傷撤離。皇太極大為驚駭。

松山被清軍圍困已久，城中乏糧，明朝援軍皆斂兵不敢出戰。副將焦埏赴援，至山海關即敗。不久，城內糧盡，人相食，戰守計窮，松山副將夏承德遣人密約降清，以為內應，並以其子夏舒為人質。

清兵一擁而入，洪承疇、祖大樂兵敗被俘至盛京，總兵邱民仰、王廷臣、曹變蛟就地處決。祖大壽率部獻城歸降，清軍佔領錦州。清軍用紅衣大炮轟毀杏山城垣二十五餘丈，副將呂品奇率部不戰而降，明兵五萬餘人陣亡，松山、錦州、杏山三城盡沒，吳三桂等人逃奔山海關，至此松錦大戰結束。

最終洪承疇也降清，建議皇太極定鼎中原。

此戰大敗後，朱由檢（灰眼眶）恐懼，遂同意陳新甲的主張，向皇太極求和，召其入宮密商。在陰暗的夜晚點燈相談，頗是詭異。

「先前所奏，朕一切同意。只是朕也曾因議和之事，殺袁崇煥，也曾下達嚴旨，不准與女真賊虜議和。朝臣們因此一聽議和，就群起批判有秦檜⋯所以議和要秘密進行⋯萬不可外洩⋯⋯」

「臣遵旨。然議和之事，畢竟事涉重大。皇太極自稱得到『傳國玉璽』，登基稱皇帝，已然以中國正統自居，在此背景下與我大明勢不兩立，即便礙於現實同意和談，這項基調不定，恐怕皇太極不會同意。」

「這朕知道，所以才要招你密談！這你可以便宜行事。朕可以在檯面下承認，大清是與大明相敵之國，承認他皇帝位，如當年宋與遼之間的故事。以後在檯面上不會再稱他為建州女真，也不會稱虜主，改稱清皇帝或滿州皇帝。你記下了嗎？」

「臣記下了。若清主提出牽涉土地的和談條件，底線應該在何處？」

「長城為界，這是最多了。本來遼東與女真的土地，都是我大明的，如今他既然收服了蒙古，那麼長城西段也就大體無用，可以同意長城以北都歸清。山海關成了長城最後，有最重要功用的段落。這一步我大明朝絕對不能讓！」

「臣遵旨。」

關外，盛京。談判使者馬紹愉來到此處，提出和談請求。

皇太極召集滿、漢、蒙三族各自的八旗共二十四旗旗主，與王公、貝勒、大臣共同議論。反對者居多。但皇太極此時身體有恙，且連年四處交戰並擴張領土，還需要時間休養與消化，遂同意和談，商量出條件之後，令多爾袞回覆馬紹愉。

多爾袞（棕眼眶）見了馬紹愉後，用漢語官話交談，笑說：「爾南朝皇帝不是一直都以宋朝歷史為鑑，堅持主戰到底？為何忽然同意議和啊？」

馬紹愉謹慎地說：「為了天下百姓不再受戰爭所困，還是以和為貴。不知貴方是否接受條件？」

多爾袞（棕眼眶）說：「我大清皇帝慈悲，同意議和。但當中說可割山海關以北，這不早就被我大清所攻佔了？需要你們割讓嗎？」

馬紹愉說：「此前不承認，而今承認。」

多爾袞（棕眼眶）拿出條件回文，交到他面前說：「爾南朝皇帝說不再稱我朝皇帝為虜主，改稱清皇帝或滿州皇帝。而自稱大明皇帝。你們難道不知，我大清皇帝獲得了傳國璽，已經是受命於天的正統皇帝。既然你方自稱大明，為何不能稱我方為大清？我大清皇帝慈悲為懷，只要你把這條件修改，就同意議和。但貿易與歲幣必須如回文所述，絕對不能少，否則兵戎相見。」

馬紹愉笑說：「這好說，這好說，我立刻帶回去密奏，肯定給貴方一個滿意答案。」

多爾袞（棕眼眶）一聽疑惑，質問說：「密奏？」

馬紹愉愣了一下，轉口說：「喔！是上奏！我江南人，對北方官話也是不熟悉，難免你們關外滿州人會聽錯。呵呵。」

於是馬紹愉大喜，回報陳新甲。

陳新甲見和談妥當，便置於案上離開休息，其家童誤以為是『塘報』，交給各省駐京辦事處傳抄，弄得全國皆知，事起洩露。

「以山海關為界，承認大清為相敵之國，如宋遼故事，開通邊關貿易，每年歲幣如數……」「真的有秦檜！有秦檜啊！」「朝廷怎麼能這樣？」「這是賣國！重演南宋紹興議和！」

群臣嘩然……

六部堂官、言官與甚至閣臣上百人，一同到皇宮門外叩求見朱由檢。朱由檢在殿外接見後，群臣紛紛你一言我一語反對議和。

「所謂的大清滿州，其實只是我大明朝的建州女真，當年虜主背叛朝廷不斷寇略我朝遼東，要是議和，何以對天下臣民交代？」

「這是秦檜割中原與金人議和的翻版，臣以為絕不能答應！」「當年南宋就是被一群議和奸臣控制，最後才會汴京陷落，二帝被抓，流落江南的！」「陳新甲此人，是秦檜第二。皇上聖明，絕不能如宋高宗。絕對不能啊！」「臣等一致主張，與清虜死戰到底，誓不兩立，決不妥協。臣願率軍出戰清虜。」「請收回成命，宣戰清虜，斬陳新甲以謝國人。」

朱由檢聽了一陣窩火不敢說，明明告訴陳新甲要小心，不能外洩機密，結果就快成功了，竟然把文件弄得全國皆知。於是招來陳新甲當廷問罪，陳新甲不引罪，反自詡其功。崇禎更加憤怒。給事中馬嘉植立刻彈劾陳新甲。

終於將陳新甲下獄。陳新甲從獄中上書乞宥，朱由檢不許。陳新甲只得賄賂其他朝廷高層，表示將來洗心革面，一定要主戰到底，決不再談議和。如此眾臣才同意營救，給事中廖國遴、楊枝起等人遂多方營救，大學士周延儒、陳演亦大力援救。但被擺了一道的朱由檢窩火到底，拒不聽，令斬之。

於是禮部送交回復文書到關外盛京，繼續稱皇太極為虜主，令其歸降可以不殺，歸還一切遼東失地，不然大明朝絕對不會與爾等妥協，關外清廷君臣都大為吃驚。

時間到了，崇禎皇帝也得坦然面對……

此時李自成在襄陽自稱『新順王』，與他有怨恨，互別苗頭的張獻忠聽了，在武昌自稱『大西王』。兩人也都繼續競相比賽，殺害俘虜的朱姓王爺，以至於被封在各地的明朝諸侯親王，人人自危，各自在山裡尋找躲避之所，散家財請當地民兵武裝保護。

而清軍也再次翻過長城入寇，此時皇太極身體不適，派阿巴泰率大軍從黃堐口，破長城攻入河北、山東，攻克三府、十八州、六十七縣，共八十八城。明軍主力交戰後覆滅，無力再戰，被虜走百姓與財物無可計算。

過不久，皇太極病死，豪格與多爾袞爭位不下，相互調動部隊示威，在群臣協調下，最後兩方妥協，由皇太極幼子六歲的福臨繼位，改元順治。

李自成聽說清軍大掠，朝廷主力覆滅的消息，便率五十萬大軍北上打北京，一路上州府紛紛投降。只有在代州遭遇總兵周遇吉率軍迎戰，闖軍傷亡慘重，但明軍已寡不敵眾，退守寧武關。

以火砲與火槍並列，闖軍衝殺來時，一陣火力打擊，闖軍屍體堆積如山。李自成非常忿怒，圍困寧武關，雙方都用火砲互轟，直到周遇吉彈盡糧絕，闖軍遂全軍再次衝鋒，周遇吉率殘餘明軍開城門迎戰，又殺數千闖軍，直到周遇吉與所部軍士被亂箭射死。

李自成（綠眼眶）率大隊人馬，開心地進城。

忽然颼颼暗箭不斷飛來，前面幾個護衛咽喉、頭顱中箭，墜馬而亡。

左右護衛大喊：「有暗箭！在西北角屋簷上！」

原來周遇吉的夫人劉氏率女子二十多人，善用弓箭，在屋頂堆滿了箭枝，如同堡壘，死戰到底。闖軍一陣騷亂之後組織隊伍攻打過來。

劉氏約三十出頭，自小就善於弓箭射擊，當總兵夫人後招募當地女子二十多人為女兵，不斷練習之下，人人都成了神箭手。

劉氏（黃眼眶）大喊：「姊妹們殺啊！使勁給我射！」「是！」「殺啊！」

弓箭四面八方射擊，箭箭精準，闖軍靠近者非死即傷。

李自成（綠眼眶）站在遠處大喊：「盾牌兵！殺上去！」

於是用盾牌兵靠前阻擋弓箭射擊，正靠近房門口，忽然房門打開，三名女兵操作一個火炮，點火轟擊。

轟啪！十餘名盾牌兵被當場炸死，弓箭復射，這隊闖軍紛紛倒退。

另外一隊闖軍，在盾牌兵掩護下，試圖繞到房後方架梯子。在一樓的三名女兵快速轉動火炮，推開土牆，又是一炮，十餘名闖軍又被炸得四散而亡。

李自成（綠眼眶）大喊：「弓箭隊！」闖軍來了五百名弓箭手，分四隊從四方突擊同時射擊。

劉氏（黃眼眶）大喊：「一邊四人，其他的幫忙給箭！」女兵們遂分四個方向，一方向四人，其餘人幫忙供應箭枝。交相互射，闖軍弓箭手因為站得低，弓箭射程沒有劉氏的女兵隊距離長，紛紛中箭倒地斃命。劉氏的手下女兵只有兩人中箭而亡。

弓箭隊大敗退走，五百人只剩下不到一百人，且都中箭重傷。

一校尉報告：「報闖王，被俘虜的居民說，她們領頭的是周遇吉總兵的夫人，弓箭箭術太厲害了，還有火炮掩護，我們的弓箭隊幾乎死絕了。吳二節大隊長也中箭身亡！」

李自成（綠眼眶）怒火中燒，大喝：「她想跟丈夫一起死對吧？那好！給我在四周縱火！全部燒死！」

校尉說：「這樣的話，這座城都會著火！」

李自成（綠眼眶）瞪大眼說：「那就全部燒光！這座城一個人都別饒，不然後面的城池就不會投降，我們就到不了北京了！」

校尉只好領命而去。

遂用縱火，房屋都由木頭所造。一下大火蔓延。

劉氏（黃眼眶）發現已經最後關頭，對所有女兵大喊：「樓下姊妹們，我命令，把柴火都帶上來，我們今天就死在一起！一個人都不准失身於賊！姊妹不要怕，我會陪著妳們一起。我命令一起死！」

「是！」所有女兵一同回喊。

樓下女兵上樓，所有人緊靠在一起，包括陣亡的兩名女兵，大家都用一條繩索綑在一起，接著點火自焚，二十多名巾幗英雄抱在一起忍著火焰，一同死亡。

李自成（綠眼眶）聽聞這事情，先是震驚，喃喃自語說：「難道還有如此貞烈之女子們？太讓人驚！太讓人驚！」

接著惱羞成怒，下令屠城，然後派人告知後面的城池不准抵抗，否則這就是榜樣。於是闖軍勢如破竹，沿途城池紛紛投降，順利抵達北京城外，群臣們紛紛派人與李自成互通，準備開城門迎闖軍。

皇宮。

「奴才杜勳，叩見主子……」說罷痛哭。

朱由檢（灰眼眶）說：「你不是已經降了闖賊，還來這做什麼？」

杜勳哭著說：「奴才是被俘虜，不得已的……」

朱由檢（灰眼眶）冷冷地說：「廢話少說，是傳達李自成的條件的吧？快說！朕沒有多少耐性聽你這背主奴才多言。」

杜勳說：「李自成提出和談條件，割西北一帶以前西夏舊地給他做封國，將河南讓他鎮守，他同意退守河南，朝廷需以百萬餉銀賜闖軍。作為報答，李自成同意以闖軍幫助朝廷，轉而對內剿滅張獻忠等這些大小流寇賊人，對外出關助朝廷剿滅遼東的女真八旗軍。但他不會奉詔，也不會入朝覲見。」

朱由檢聽了沉默。

杜勳叩首哭說：「主子，事到如今您就同意了吧，先讓闖軍替朝廷收拾張獻忠等流寇，還有關外八旗軍，讓他們自相殘殺，然後主子再徐圖恢復不遲啊。不然闖軍就要直接打北京城了。」

朱由檢（灰眼眶）慘笑說：「現在的李自成，已經開始罵以前的同夥是流寇！是賊人了！哈哈哈！真好笑，但也罵得好！不過他當朕是傻子嗎？他現在已經看出，接下來跟他爭奪當皇帝的敵人，是張獻忠等大小流寇，還有關外的清軍。怕先滅了朝廷，被其他人當首要敵人看待，被張獻忠與關外清軍夾攻，所以想要利用朕當箭靶，助他消滅競爭對手，然後再回頭來殺了朕，安安穩穩當皇帝。哼！朕不會幫他的！就讓他自己去當下一個箭靶，朕不會替他當箭靶。」

說罷繼續搖頭說：「絕對不會幫他！絕對不會！」

杜勳說：「可現在北京危急，若主子不願意和談，何不南下到南京太祖奠基之處，另外徐圖再興？」

朱由檢（灰眼眶）搖頭說：「江南早已經不是安樂窩，早已經不是偏安之所，連鳳陽的祖陵，都被挖崛搗毀，朕還有什麼臉面去江南見太祖陵寢？就算到了那邊，流寇遲早也能追到，朕也不會去做偏安之主，事實上也當不了這個偏安之主，大不了就死社稷！你回去告訴李自成，朕寧願駕崩，也不會答應他任何條件。他得自己去面對，其他想當皇帝的人來圍攻。」

杜勳叩頭說：「那奴才理解了，奴才告退，主子保重。希望主子能一路走好。奴才不能再伺候主子了。」於是哭著退走。

回到李自成這，轉述了朱由檢說法。

李自成（綠眼眶）低聲說：「沒想到這崇禎，竟然看得這麼準。」

於是闖軍攻城。

皇道無間前著，已經談過李自成破北京，崇禎皇帝朱由檢上吊自殺，崩亡。吳三桂因陳圓圓被虜，憤而剃髮降清，在一片石大破李自成軍，最後八旗軍順利入關，對此不再贅述。

朱由檢的上訴失敗，又被處死一個上訴者！

長城最後的故事，竟然是自動打開山海關，迎接關外騎兵。萬里長城萬里長，原來到最後，長城外面，才是故鄉。

其實第一個長城夯土落下去的時候，這個人性故事就已經可以推演出來。從秦始皇統一六國，終結九鼎故事，開始連接戰國長城。到清軍入關，共一千八百六十五年，長城故事終於收官，啟動新局！

說李自成急匆匆登基當大順皇帝，逃離北京後，在四川殺人如麻的張獻忠也不甘示弱，自稱大西皇帝。兩鬼相互緊隨，都在自稱皇帝。自然都被入關的清廷視為要剿滅的重點。

於是入關的清軍，兵分兩路。一路由阿濟格率領吳三桂，大軍追打李自成，豪格則分軍追剿張獻忠。另外一路由多鐸率領，進攻在南京企圖恢復的南明政權。

最後勢如破竹，清軍逼死李自成，射殺張獻忠，將大小流寇，南明繼位皇帝，與明朝朱家宗室有封王者，一一被抓到北京斬首，大小流寇與明朝皇帝近親，幾乎全部被滅。

清軍進兵之順，為前所未有，以至於滿族權貴都非常驚訝。跟著一起入關的蒙古貴族，也吃驚這種速度，為元朝所不能及。

※※※※※　　　※※※※※　　　※※※※※

陰陽一體，古怪相連。

陰古：呵呵……嘻嘻……孩子們進來了！

陽怪：哈哈……鎮定……鎮定……萬里長城徹底收官！接下來要孩子們履行先前的諾言，把所有跟長城有關的民族，通通都要連接進長城來報到！

※※※※※　　　※※※※※　　　※※※※※

就在清軍入關前，消滅中南美洲印地安文明的西班牙人，入據台灣，意圖從海上敲關中國。而此時萬里長城故事正在收官前，自然不容許有人從海上來鬧，於是跳出來鄭芝龍稱霸海上。以海盜船擊破西班牙人艦隊，又再破荷蘭艦隊。其船堅砲利，讓西洋人都無法戰勝。於是鄭氏武裝商船，往返於東南亞與日本的航道，稱霸海上，賺取大量錢財，西班牙與荷蘭人都不得不與之和談。

早在鄭和下西洋時，超個體已經預料到，下一場變亂，將會從海上來。然一個從唐末以來就感應到的原因，讓超個體死死拉住海洋發展的局，繼續緩慢地運作萬里長城直到收官。即便收官之後，仍然拒絕先手在海洋發展。

鄭芝龍降清後，沒有受重用，反而因為鄭成功抵抗，而最終被流放遇害。前著曾敘述過這一段，按下不提。

清軍快速地破南明打到江南，因為多爾袞的剃髮易服令，引起一陣激烈反抗，曾讓清軍吃了幾場敗仗。但最後這種抵抗⋯也是假的⋯萬一真的較勁，可能清軍會被打出關外，那等了快兩千年的長城收官，就會完了。所以其實當時漢人們內心最深處，大家都想要剃頭，就像當年在中原『搶救金兀朮』一樣。外表反抗，內心說好。

為何說大家內心都想要剃？很簡單的數字就可以知道。滿州人入關即便加上關外漢人與蒙古人，人口充其量兩千多萬，又不可能全部移至關內。三族二十四旗軍隊不過數十萬之眾，而關內漢人人口將近一億兩千萬。倘若一億兩千萬人都堅持不要剃髮，認真鬧事，清軍不可能一邊鎮壓剃髮，一邊還能順利打流寇與南明政權，打得如此順手，更不會有後來的大清盛世。

所以漢人們表面上說抵抗，實際上內心非常地想要……剃！閩南，泉州。

大批的漢民被迫排隊，由降清官吏帶領，八旗清軍則在旁監督剃髮。然後無論男女，被迫領滿州式的服裝。但是服裝供不應求，所以征閔的滿州主帥博洛同意，保留某些款式明朝的漢人服裝。但剃髮確實鬧得沸沸揚揚。

「哇…真的要剃頭啊…」一個漢人書生，邊哭邊被『剃髮師』剃頭，剃完之後強制易服。

「沒聽到口號，留頭不留髮，留髮不留頭嗎？不管你要不要扎辮子，還是給我剃！」降清官吏如此喝斥。不少書生開始哭著剃髮。

陳俊傑，出生在台灣，因父親跟隨商船到海外，與台灣本土平埔族原住民女子結婚，所以他出生台灣島，年三十八歲。年輕時在泉州上學讀書，鄉試會試順利，進京趕考時，禮部的會試成績優異，進入崇禎皇帝主持的殿試，在北京見過皇帝朱由檢一面。雖然因時局混亂，沒有補到官職，只能退回老家蝸居，但被當地人當作指標人物。

說是指標人物，實際上一窮二白。好事輪不到，醜事大家就想到他。在這場集體被迫剃髮的事情中，為大家所重點關注。

被押來之時，陳俊傑剛開始抵抗，用閩南語高喊：「寧斷頭不剃髮！吳三桂這些狗漢奸，不要想逼我們剃髮！」

「不剃就真斬！」一個清軍校尉一耳光打過去，陳俊傑被打翻在地，嗚著嘴瞪大眼受驚嚇，坐倒在地上，啊啊苦喊。

當地降清的官吏，勸這清軍校尉：「軍爺等等，他三叔公來啦！陳俊傑，你的三叔公來啦！」

只見一個已經剃髮的老頭，持著拐杖走來。會說閩南語以及北京官話。先對清軍校尉做揖，用北京話說：「軍爺息怒，讓我來教訓他。」清軍校尉聽旁邊京話翻譯說完之後，點頭示意。

「俊傑啊，吝嘻瀨衝蝦嘧啦？」三叔公苦著臉對陳俊傑，用閩南語如此問。陳俊傑用閩南語答說：「叔公啊！賴嘻大漢兒女，沒塞剃髮啊！吝啞共軌，賴漢人宥民族氣節啊！」說罷大哭。

三叔公於是開始教訓陳俊傑，又用力一耳光打過去，把陳俊傑打得耳鳴。

苦著臉大叫對他說：「某錯，賴嘻大漢兒女！大漢子女沒塞屈服！但郎系了，宥頭麼衝蝦嘧啦？」

然後指著他的頭說：「迦系沒路用ㄟ啦。」說罷拼命用拐杖頓地，陳俊傑聽到這也哀叫大哭。

三叔公用一點北京話夾雜閩南語說：「你還中過進士，名叫俊傑！識時務者為俊傑！吝攏毋哉偶！剃呀啦！」哭著撒啞地狂喊。

轉頭苦臉對剃頭師傅說：「拜託，把他給剃了吧！其他人幫忙押著他！」

親屬一擁而上，把他左右手架起來跪地！

陳俊傑左右觀望，一個剃刀師傅拿著剃刀走來，陳俊傑瞪眼大叫一聲。啊！然後頭開始甩圓圈，原本的束髮開始轉圈圈，轉了數圈之後停下，

陳俊傑用用最大力氣鬥雞眼慘叫，用閩南語鬼吼：「吼哇系啦！」

押住陳俊傑，剃頭師傅快刀把他剃了。只求一死，但終於還是被剃了⋯⋯

過一個月，發現大家都剃了，怕頭髮長出來又被誤會，心理掙扎不休，時常躲著官府眼線，為了能教書餬口飯吃，又不得不偶而再去剃頭。

陳俊傑一人光棍蝸居，常躲在棉被裡痛哭失聲。

又過兩個月，他再次躲躲藏藏地去剃了頭，以為沒人看見。

窮困潦倒，志向不得，狼狽度日。夜晚，在破舊的茅草屋，一個人失落爬上床，用破舊的棉被蓋在身上。陳俊傑一想自己已經過了三十九歲生日，竟然還是光棍王老五！是處男！

到底什麼時候可以破處？陳俊傑瞪大眼看著茅草屋頂。

看來是遙遙無期了。陳俊傑雙手遮住臉大哭。

把手拿開！三更半夜也不面對自己的狼狽像！陳俊傑手拿下來嗚嗚大哭。

第二天一大清晨，兩個官役上門。

陳俊傑緊張地指著頭，用閩南語夾雜北京話說：「哇剃呀啦！哇剃呀啦！別再找我啦！」

一個官役笑著說：「陳老爺，您急什麼？我們是來恭喜你的！」

他忽然疑惑地問：「喜從何來？」

另一官役說：「您是前明朝進士功名，殿試榜上有名，朝廷現在正是用人之際，所以補你到河南省去當大清朝的縣太爺，以後我們都得稱您老爺了。祝您官運亨通，一路高升。」

另一官役也上前行揖抱拳，笑著說：「是小的們平常提醒您去剃頭，才補上這縣太爺的，您當老爺之後別忘了小的們的好處啊！」

陳俊傑目瞪口呆，拼命點頭。

【陳俊傑出現粉黃眼眶】

隨後親戚們都擁上門，都帶著禮物，紛紛來道賀。

陳俊傑一陣開心，沒想到明朝的進士可以補上清朝的官，更沒想到頭剃了之後，感覺如此神清氣爽。於是遵從當時口號「五天一打辮，十天一剃頭」，到河南上任為官，政績不錯，而且還在當地娶妻娶妾，終於破處，四十歲才告別了窮進士的光棍生活。接著陳俊傑在當地，非常認真地監督轄區內，所有漢民都要剃頭…讓漢族同胞們都要跟他一樣爽快……

眞是讓人訝異的轉變，因唱改編歌曲一首《曲目節錄於：『衝衝衝』作曲：五佰，改詞筆者，新曲名陳俊傑剃髮》　因陳俊傑是閩南台灣籍，建議用閩南語唱：

編號：飛龍在天

炎熱的這個下埔　逍遙來吹著清風
腳底有一道金光　頭前就是我的願望
提出著我的力量　展開著我的笑容
朝代是普通平常　來剃髮易服的路
沒時間　通乎我來怨嘆
沒時間　通乎我來瞑夢
衝衝衝　提出信心向前衝
衝衝衝　踏遍天下我尚勇
衝衝衝　走找著我的心中　最美麗　中國盛世的理想

四邊是親像火爐　漂撇是我的腳步
乎我來當作前鋒　開出一條爽快的路
沒時間　通乎我來怨嘆
沒時間　通乎我來暝夢
衝衝衝　提出信心向前衝
衝衝衝　踏遍天下我尚勇
衝衝衝　走找著我的心中　最美麗　五族共和的理想
若心中充滿熱情來衝　一定成功

一日，陳俊傑（粉黃眼眶）全家登山觀景，他穿著官服，身邊妻妾圍繞，站在山上神情昂揚摸著頭，情不自禁地用閩南語，向天對當時已經過世的三叔公說：「三叔公，我懂事了，感謝您。」

之後聽聞，原本最早剃髮引清兵入關的三藩，吳三桂、尚之信與耿精忠等人，剪掉髮辮，宣稱復興明朝起兵反清。

陳俊傑（粉黃眼眶）聽了大怒，命令衙役招來全縣百姓父老代表，用閩南語對著大家說。

「幹你娘！吳三桂，尚之信、耿精忠。當初是你們這三家！毋對！應該說四家，還有個已經掛掉的爛咖賤人，死前還要拖愛妾一起死的孔有德。當初是你們這些爛咖帶頭領著大清皇上入關，逼全中國人剃髮留辮的捏！而本老爺當初還是平民書生的時候，毋想對剃髮，最後是應你們再三懇求，本老爺才勉為其難，去剃髮留辮的捏！今天你們自己想要當皇帝，要對大清皇上造反，就又要全中國人剪辮留髮。全中國男人頭毛是剃是留，辮子是綁是剪，是幹你娘你們這些狗漢奸說了算嗎？」

陳俊傑（粉黃眼眶）接著激動地對大眾說：「幹你娘！今天老爺我喜歡剃髮留辮，效忠大清。孔有德還有他龜兒子，掛掉就掛掉了。吳三桂、尚之信、耿精忠這些狗漢奸也都該死啦！我們要組民團，響應大清皇上剿賊，本老爺今天想問你們的態度如何？」

旁邊的師爺，翻譯他的閩南話為當地河南話，包括髒話也翻譯給大家聽。

所有人通通舉手說：「組民團協助大清皇上剿賊！」「對啊！討伐這三個反王！」

於是陳俊傑以文官組民團投軍。

湖北戰場。

清軍八旗被吳三桂等三藩聯盟兵馬打敗，狼狽往河南撤退。正當三藩軍繼續追擊清軍到一叢林時候，忽然一發砲響，叢林裡衝出一大堆人馬。原來是陳俊傑帶著河南好幾股民團來增援。

陳俊傑（粉黃眼眶）大喊：「打狗漢奸啦！」

一聲大呼，帶頭衝殺，後面的民兵紛紛跟隨衝殺而出，迅猛突擊，所有人跑起步飛速，身後的辮子都可以飛起來。陳俊傑也不知道哪裡弄來的火繩手槍，後面的助手不斷幫他更換遞補彈藥，陳俊傑帶著兵一邊開槍，一邊刀劍肉搏。

殺！鏗將！鏗將！殺！鏗將！鏗將！

三藩軍被一舉衝亂，滿清八旗軍在旁邊整隊，驚訝連連，於是投入協助民團反攻，大破三藩軍，暫時穩住了河南的局勢。康熙皇帝知道漢民竟然幫助他，大喜，於是繼續增派兵馬來援。

本來的擁護與反抗大清的人，位置成功完美置換。

這種置換，實在太經典。

為了陳俊傑（粉黃眼眶）聰明的決定，再唱一次

炎熱的這個下埔　逍遙來吹著清風
腳底有一道金光　頭前就是我的願望
四面包圍著敵人　激發出我的勇氣
朝代是普通平常　走剃髮易服的路
決不給　漢奸們來反水

決不給　歷史來開倒車
衝衝衝　提出信心向前衝
衝衝衝　打遍天下我尚勇
衝衝衝　走找著我的心中　最美麗　五族共和的理想
若心中充滿熱情來衝　一定成功

陳俊傑（粉黃眼眶）之後協助大清康熙皇帝平三藩，派施琅收台灣，鄭氏降兵中有大量的台灣原住民藤牌兵。此時又聽聞朝廷發生一項危機，說滿人老家更北邊的外興安嶺，來了羅剎人即俄羅斯人，大舉進兵到黑龍江控制不少據點。

康熙決定出兵討伐，但是八旗部隊已經四散在中國各地，漢人部隊又很難調動到極北苦寒之地迎戰，正當苦惱之時，陳俊傑上書自告奮勇。說自己因為母親是台灣原住民，所以自己會說台灣平埔族藤牌兵們的語言，請調動鄭氏降軍，即台灣平埔族籐牌兵與朝鮮火槍隊北上增援，所以自告奮勇在軍中擔任官職，參加此役。

康熙皇帝大喜，於是派陳俊傑，去台灣帶兵到東北外興安嶺，支援當地統帥，與俄羅斯人交戰

於是陳俊傑回到台灣，**從台灣直接帶兵跨海跨大陸衝殺到外興安嶺，展開人**

類歷史上頭一次，從熱帶島嶼到寒帶大陸，跨海塊大陸，超遠距離的戰略打擊！大破俄羅斯兵！率先攻上了雅克薩城！迫使俄羅斯人同意簽下了尼布楚條約！最後因此補上了巡撫大官，成為清朝初年有功的眾多漢臣之一。

實在太經典了，為了這台灣的陳俊傑與藤牌兵們，再唱一次。

改用北京官話來唱：

炎熱的這個下埔　逍遙來吹著清風
腳底有一道金光　頭前就是我的願望
提出著我的力量　展開著我的笑容
超遠程戰略打擊　保衛那長城結局
沒時間　讓我們來怨嘆
沒時間　讓我們來作夢
衝衝衝　提出信心向前衝
衝衝衝　打遍天下我尚勇
衝衝衝　走找著我的心中　最美麗　中國盛世的理想
若心中充滿熱情來衝　一定成功

確實，所有漢人這一剃，全民族神清氣爽。剃出盛世，剃出五族共和，剃出開

疆闢土。當然，將來需要再次改朝換代，要剪辮蓄髮時，滿人也必須一起同步剪辮蓄髮，然後把今天投資的一切，連本帶利獻上，都應該剪進來，替大中華服務。

不過鬼局此時真正的重點，是西北的準葛爾蒙古部，要開始兼併西北方，曾與長城有過牽連的各民族，全部都得進長城裡面來集合。大清朝得兌現對鬼局最初的諾言。

異民族政權看上聯　捧你送你給你來佔中國等待多久活多久

漢民族政權看下聯　拿我吃我用我去建朝代目標何時死何時

時晷官：太好了。又開始計時。等你多久給多久。從朱元璋稱帝，計畫重建萬里長城，到朱由檢上吊自殺，共兩百七十六年。那麼從皇太極得傳國玉璽，稱帝改國號為清開始，到清朝滅亡，也應該是要給他們兩百七十六年。哇，這時間行情，加上沒有被斬斷空間的格局，足夠給他建立盛世。

漏斗塔：放心，早已經開始倒數計時，陰陽古怪之主會很滿意。

第三十三章　誤判　憂慮全局

說這滿清入關，幼主愛新覺羅福臨，年號順治。當時滿清八旗軍還正在平定各地，到了愛新覺羅玄燁，年號康熙，仍然餘波未平。直到平定三藩，派施琅收復台灣，在外興安嶺與俄羅斯大戰，簽訂尼布楚條約，最後出兵擊敗準葛爾汗，收併外蒙古各族，整個清朝才進入穩定。除了準葛爾部，還在西北，漢朝舊西域故地，與清朝對抗，不時進攻青海與西藏之外，其他各地都已經是大清版圖。

北京，紫禁城。

清朝皇帝入關之後，非常勤奮，康熙皇帝更是每日早朝。但今日早朝，卻沒有談論當前國事，而是討論一個歷史疑案。

滿、蒙、漢三族重臣在三呼萬歲，賜平身之後，康熙皇帝愛新覺羅玄燁，一副詭異表情，澄清一個歷史問題。

玄燁（紫眼眶）用漢語說：「昨天朕聽說，各位在宴會上討論，南宋時期岳飛被殺的冤獄故事！」

蒙古大臣聽了無所謂，這跟他們沒關係。但這在滿漢之間是個很尷尬的歷史問題，滿族祖先就是女真族，雖然當時女真族大部分跟著完顏氏進入中原，在金亡之時就被同化，但還有一部份是在東北故地沒有進來，成了今日滿族直系先祖。先前順治年間入關後，有一小部分漢人，自稱是完顏後代，跳出來要求順治皇帝表態，該怎麼對待自己這些已經漢化的女真先祖？順治皇帝尷尬地收編這些明明就是漢人的人，為滿八旗之一。如今又是這些人，拋出《岳飛地位未定論》，要來迷惑大家，再次返逼朝廷要表態，尷尬的滿漢問題到底該怎麼辦？難道漢人沒有女真先祖的成分？難道漢人忠臣要變成奸臣？在歷史上，滿人該如何自處？逼得康熙皇帝要跳出來澄清。

玄燁（紫眼眶）尷尬地神情，繼續說：「你們都在說，岳飛冤枉，然後說岳飛若不死，宋朝的中原應可收復等等！在朕看來，這其實是大謬！」

眾臣靜默。

玄燁（紫眼眶）指著滿人臣班問：「費楊古！你說呢？」

費楊古回答：「是，皇上說的極是。當年我們先祖女真族，肯定是有辦法打敗岳飛的北伐，肯定不是漢人們所言的那般。所以岳飛不死，最後也會被完顏兀朮打敗。中原本來就會是女真族的。」

漢臣們一聽，面面相覷，切切私語，神情怪異，認為這些滿人難道連歷史也要修改？玄燁也察覺到，這種說法完全違反歷史是非，會引發所有漢臣們內心滴咕。

玄燁（紫眼眶）緩頰說：「費楊古你說的對一半而已，還有一半是錯誤。應該這麼說……」

忽然又轉語氣：「好啦，朕知道這話題很尷尬，你們漢臣可以記下，朕的評論。」

漢臣們靜默，仔細聆聽。

玄燁（紫眼眶）說：「是這樣。昨天朕一夜未眠，查看史書，細細思考。以朕來看，岳飛確實冤枉，這一切全都是宋高宗趙構忘記父兄之仇，為了保障自己皇位才與此冤獄。但是當初大金女真，已經滿一萬人，我女真滿一萬即天下無敵。岳飛縱然有些小勝，跨黃河至北必然大敗，談何直搗黃龍？所以這一切宋史所言太有誇張之處。朕寫下了一千言評論，昨夜命人抄寫數百份，朕的評論內容。滿蒙漢三族大臣們都各自拿去看看！」

於是示意左右太監，分散給所有大臣，文章是『趙構忘卻父兄之仇論』，大臣們仔細看完。

玄燁（紫眼眶）微笑著說：「這個歷史疑案，朕已經全然解析囉。岳飛之冤枉一切都是趙構貪婪自私忘記父兄之仇，而完顏女真賜和，並非大金會敗，而是南宋之人也知道岳飛若再北上，必定大敗。他根本不會是常勝將軍，更遑論漢人們的英雄。我大清為女真後裔，再次龍興崛起，如今統治蒙古與漢人故地，已經證明朕的說法，一切歷史迷惑，不就正待今日朕來解析嗎？」

一個漢人大臣，低聲問：「臣啟奏，那如今杭州岳廟，以及明朝皇帝，上給岳飛的尊號，是否應該有所變遷？」

玄燁（紫眼眶）得意地搖手笑說：「哈哈，這倒不必，我們女真後代不會這麼小器。朕即將再次下江南巡視。也會到杭州岳廟去看一看，如果能的話，朕還會親自將此文，焚燒祭祀岳飛，告知他一切歷史真相，甚至朕都可以親自祭奠岳飛，告訴他朕這個女真後人一統江山。至於秦檜等四人，那是活該，就讓他們與趙構一樣，永遠遺臭萬年。朕以趙構忘卻父兄之仇，欽點出所有人都沒看到的歷史真相，伸張冤獄之屈。但岳飛抗金之事，不當成為漢人的英雄。因為女真滿一萬天下無敵。」

滿蒙漢三族，眾臣工三呼萬歲。

沒想到，當年先金完顏阿骨打興起時，『女真兵滿一萬天下無敵』的鬼話，竟然時過這麼多年，到後金滿清的康熙皇帝這裡，還會被相信。

可真是：**人論有理僅一時，鬼話荒誕千萬年**。

另外，一切歷史真相，當年趙構與秦檜就已經知道，等你康熙皇帝時過五百五十多後來解答，答案反而是錯的。但是，就因為反而是錯的，才會讓滿清再次跟祖先完顏女真一樣。

但轉折是，說一樣也有不同之處，這次的滿清上道很多，不會再犯『各得其所』

的錯誤，所以入關後接著圖滅蒙古殘部，派兵進入西藏，圖略漢唐西域故地，所有跟長城有關的民族都要皆歸中國。但再次轉折，即便很上道，也得依照華夏民族的行情安排來做。

中國歷史有趣之處在此。

康熙皇帝下江南，還真到杭州去祭祀岳飛，把這個理論公諸於世。同時找到岳飛的子孫代表，授以官位尊榮。

此時清朝逐漸進入盛世，而歐洲的傳教士已經來到中國，並且康熙皇帝也非常重視他們的數學與各項科學的專長。

康熙五十三年。

大學問家方苞因文字獄，入獄兩年，堅持著作不懈，被康熙皇帝賞識，以平民身分入值南書房。此時康熙皇帝有一疑問而找他單獨陛對。

「臣叩見吾皇萬歲萬萬歲。」方苞下跪磕頭。

玄燁（紫眼眶）說：「平身賜坐吧。」

方苞起身入座。玄燁命令太監上茶，然後退出書房。

玄燁（紫眼眶）說：「你的學問天下皆知，朕今日找你來談，是有一個重大的問題想請教。此事眾人不疑，但朕疑惑甚大，甚至干係到中國後代子孫命運，不得不找有學問的人，秘密相談。」

方苞說：「請皇上示下。」

玄燁（紫眼眶）說：「你來南書房一年，相信也見過西洋的天文圖書、數算，乃至於各項奇器對吧？對此可有見解？」

方苞說：「臣見過，雖然那些學問並非中國，但仍有一門道理，聽聞皇上自幼就有學習西洋之學。為學不當偏頗一格，兼容中國與西洋，這確實是正道。」

玄燁（紫眼眶）說：「西洋人也有其問題，宗教是其最大的惡學。竟然所謂的羅馬教皇寫信來，想要利用宗教，干預我大清內政，被朕狠狠地駁斥一番。朕已經有回信駁斥，並且逐漸要疏遠並驅離後面的傳教士來大清，你以為如何？」

方苞說：「皇上判斷正確，臣萬分贊同。牽涉內政，代表西洋各國，已經有人具備圖中國之心。」

玄燁（紫眼眶）指著傳教士給的地球儀，說：「你看看這世界，大多數都是海洋。目前我大清強盛，他們沒有這個機會。但西洋各國奇器專學，多有超過中國者，而今海上往來頻繁，世界各地都占有土地，如此再過一兩百年，必為中國之患，你說是也不是？」

方苞瞪大眼說：「沒想到陛下乃千古難得之聖君，臣觀史書，歷代帝王鮮有陛下之遠見。臣萬分佩服，陛下已經對當前世界，下了最睿智的預見。」

玄燁（紫眼眶）長嘆一口氣說：「沒想到你也贊同朕的話。你認為我大清該如何應對？」

方苞說：「臣怕說錯話，皇上知道的。」

玄燁（紫眼眶）說：「你不必害怕，朕讓你今天單獨與朕對談，就是要推心置腹。光說些阿諛奉承之語，朕天天都聽得到，奏書天天也都看得見。但這又有什麼意義？今天事涉重大，即便你當面批判朝廷，甚至指出朕的先祖不是，都可以赦直言無罪，萬勿猜疑。」

方苞說：「那臣就犯聖顏直言。臣以為，自古中國就有外患，華夏上下四千年，已經對此有一套方式應對。所以至今華夏不亡。」

玄燁（紫眼眶）問：「包括當年的北宋遭遇女真對嗎？」

方苞苦笑說：「陛下真是凌厲睿智。」

玄燁（紫眼眶）頻頻點頭說：「對不起朕打岔了，你接著說。」

方苞說：「以往華夏中國之外患，或以兵強，如鮮卑、蒙古等，或以勢為如契丹、黨項等，或因中國內亂，如匈奴、羯、沙陀等，或因勾結內賊，如……」有點結巴。

玄燁（紫眼眶）說：「這朕替你說，如完顏女真滅北宋，我大清先祖滅明朝。一切別忌諱，接著說。」

方苞說：「是，尚未有如今，從海上而來，夾帶奇器與獨特學術之外敵。所謂相敵，必因均勢。如今大清能與之均勢，全因盛世武功，一旦陷入古往朝代盛衰規律，則西洋各國必有機可趁。也就是，無論最後兵強，勢為，內亂，勾結內賊等諸多因素，只要有其一，便可以成外患之事。」

玄燁（紫眼眶）說：「你分析得很好。直說，以你之見如何應對？」

方苞說：「臣只是鑽研古文的學者，術業有專攻，若有偏頗錯誤，皇上見諒。以臣之見，大清面對的外敵比中國古往之敵，更為險惡，可謂新局。如今大清唯有比氣長，才可以渡過此數。」

玄燁（紫眼眶）問：「如何氣長？」

方苞說：「任何事態都有氣數，西洋諸國即便奇術萬千，也終有衰弱之時。若本朝綿延更久，維持如今相敵之勢，撐過西洋諸國強盛氣數，則此患可免。而本朝要綿延更久，除了文治武功，更需要收攏天下人心，洞察民間疾苦。歷代帝王號稱以儒學治國，實際上只是形式上尊崇，心裡想的都是法術商鞅那一套，並不願意真正服膺儒學道理。反而一切人性弊病，都要儒生去扛罪責。任何政治法術萬千都是氣短，根本人倫道理才是氣長。」

玄燁（紫眼眶）頻頻點頭說：「這朕相信。」

方苞又說：「奠基於氣長，乃維持中國之學，這還不夠，西洋之長我等也得洞察。皇上自幼學過西學，但並沒有因此轉換為教化臣民，古人說皇帝要興教，這皇上您是否認同？」

玄燁（紫眼眶）頻頻點頭說：「這朕認同。」

方苞說：「但可能未必能做到。因為自大清龍興關外，入主中國，開創盛世。卻因為種種原因，封閉龍興之地，不願意漢民移居，這即潛伏法術其中。臣並非不贊同皇上此舉，而是氣長，必因道而不因術。臣提出的應對之道就在此。」

玄燁（紫眼眶）笑說：「方苞啊！朕果然沒看錯，請你以平民當國師，是對的！你還真一眼看穿事態。只要奠基於氣長，以道不以術，知中國之學，再探西洋之學，就是最佳之法。除了你剛才說的我大清龍興之地，其他的朕都贊同。而大清龍興之地，尤其盛京，也住不少漢人。朕雖下旨禁止漢人移居，乃因滿人們的要求，所圖者，能如蒙古人被推翻時，可以退居關外。實際上朕也知道，廣大之地，上有政策下有對策，往往禁令最後都流於形式。如此，我大清恐怕不會跟元朝一樣。」

「好了，喝茶吧。我們談談，該怎麼以此事，告誡我大清皇子皇孫們？」

其實早在康熙，就已經有此遠見，並且也跟人研擬好對策，絕非如一般愚蠢的史學家所言，清朝皇帝對世界茫然無知。清朝皇帝早有預防，甚至世界地圖都計算了一遍，只是外表必須裝作沒此威脅而已！而他們研擬的對策其實都對，只是一切事情並沒有這麼簡單！尤其對鬼局來說！這就絕對不是康熙皇帝與方苞能知道的，甚至現在的史學家也一無所知！

康熙皇帝於是招所有皇子皇孫，告誡西洋勢力如此世界橫行，遲早有圖中國之心，讓後代子孫要銘記。

玄燁在位六十一年，可以說自秦始皇帝以來，坐皇帝位最久者。駕崩之後傳位於皇四子胤禛，改年號雍正。

雍正三年。

福建省，台灣府。

一艘船停在台灣府港，走下了二十幾人，還有許多貨物正在搬運，其中一個乘客身穿滿服，看表情就似心不甘情不願的男人。

迎面接船的一個男子，操著閩南語說：「想必您就是唐湘儀先生吧？」

唐湘儀搖頭，表示聽不懂他的話。

男子改用不標準的北京官話說：「偶素顏廷忠，知府大人派來接駕的。」

唐湘儀背著包袱，微微點頭，冷冷說：「非常謝謝。」

船上的人繼續卸貨，而兩人自行上一台驢車往台灣府衙走去。驢蹄的答聲響，車很簡陋，一直上下顛簸。

顏廷忠說：「怎麼?偶接待讓老爺您不開心喔？」

唐湘儀說：「這倒不是，不關閣下的事情，而是在京城吏部謀職位，被放到台灣府。遠離我的家鄉濟南府，感覺這是流放。」

顏廷忠說：「濟南府喔？那訴在哪裡啊？」

唐湘儀說：「在山東，距離這很遠。我轉來轉去半個月到福建，在福建等船又半個月，搭船過來暈了好幾天，吐到我現在完全沒力氣。聽說台灣府孤懸海外，又瘴癘之氣很重，我很害怕會並死在這裡。」

顏廷忠笑說：「原來如此喔，呵呵呵，我們知府大人，最近也生了重病，沒辦法起床做事。您來這當師爺，當個代理知府大人做事，您就訴這個島最大的島主啦！」

唐湘儀苦笑說：「島主？呵呵。早打聽過，聽說這島民民風很強悍，先前朱一貴、杜英君造反。打死了很多官，島主的命令島民恐怕不一定會聽吧？而且我只是短期代理久病的知府，實際上只是個師爺。說白了，算是有正品無正職的黑官！」

顏廷忠笑說：「呵呵呵，你說笑囉！那個朱一貴等人早就處死在北京，現在台灣府治下很安定，偶大清皇帝萬萬歲啦。之前台灣府民就有歌謠唱這段事，老爺你要不要聽一聽？」

唐湘儀說：「你會唱歌？那唱一段我聽。」

顏廷忠於是唱說：「頭戴明朝帽，身穿清朝衣；五月稱永和，六月還康熙。」

唐湘儀哈哈笑說：「你的閩南口音唱腔真有趣，但唱得五音不全。我的包袱中有一本書，裡面有談唱腔的作曲的神書，拿來給你看看。」

於是唐湘儀抽出一本書，封面寫著：《鬼手緯案集》。

接著說：「這是一本明朝時候，一個神探寫的書，他用了陰陽家的思想，套在辦案上面。簡直出神入化，超過了宋朝的宋慈。照他的方法，若熟練透頂，幾乎所有的迷案都會破案！尤其是可怕的兇殺案。」

顏廷忠說：「老爺啊！偶家祖上是海盜，偶不認字啦。但我看這本應該是古書，你說的這恐佈的故事偶素看不懂地。」

唐湘儀問：「海盜？」

顏廷忠說：「對啊，明朝時來台灣的大海盜顏思齊。先前他想要搶奪日本平戶，被日本官府趕走，於是來台灣。這顏思齊一個拜把兄弟叫李旦，李旦手下一個人叫做鄭芝龍，就訴鄭成功的爸爸啦！」

唐湘儀笑說：「喔，原來如此。這鄭成功家族我可是如雷貫耳，原來你跟他們還有這一段間接關係。既然辦案你差得遠，有什麼好聽好玩的呢？」

顏廷忠說：「偶對唱歌很有興趣地咧。」

唐湘儀說：「唱歌？你唱歌本官可不想聽。」

顏廷忠笑說：「偶唱得不好，但老爺，你是代理島主咧，等你就定位幾天，偶帶你去這台灣府，最出名的煙花柳巷那邊教唱歌，那邊有很多台灣府的美女咧！在這哪裡吃好哪裡玩好，偶都很熟悉地咧，所以這些不就是偶可以給老爺的好處？」

唐湘儀哈哈一笑說：「非常好，就去看看！」

唐湘儀在台灣府，代理幾個月的台灣知府，事情稱平順。

在台灣府天后宮，附近有煙花柳巷之處。到了明清兩朝，雖然統治的領土地脈更大，清朝甚至超越漢唐，但皇帝的規制比隋唐時，縮小很多，甚至比宋朝都還要小一些。所以這大清朝雖到了雍正年仍然在開疆拓土，逐漸讓版圖超過盛唐，但由於皇帝權力規制縮小，皇宮也縮小，一般官府不能越制，就必須要更小，民間又得更小，到了這煙花柳巷之處，還是海外島府的煙花柳巷，已經非常簡陋，只是用一些木板木頭搭出來建築群，有些屋頂還是茅草所鋪，形同娼寮。

但這裡卻有一名可以沉魚落雁之美的妓女，在台上唱歌。

「台灣府代理知府唐老爺在此，今天要聽歌啦！其他老爺今天對不起啊！」

顏廷忠在台下叫著，這台灣府各地的鄉紳，很不滿意這強龍壓地頭蛇，但畢竟還是得賣官府面子，不然打官司可是會處處吃虧。

台上那位歌唱妓女，用閩南語向唐湘儀問好。

顏廷忠說：「唐老爺除了山東話之外，就只會說北京話！林藝吟小姐喔，妳說北京話啦！」

林藝吟點頭示意，然後說：「唐老爺您好，今日想聽什麼歌曲？」

唐湘儀笑著說：「林意淫？這什麼名字啊？」

顏廷忠說：「唐老爺不要賣弄文化啦，她就是藝吟。做這行業的，還談什麼文雅啦！但你自己看得到，這藝吟小姐的美貌，天上的星星都愛囉！」

唐湘儀笑說：「好，那我不開玩笑，林藝吟小姐，妳會不會唱銀河星辰之歌？」

林藝吟愣住了。

一旁的一個鄉紳說：「唐老爺，她只會唱我們泉州或漳州的歌曲，台灣府山地番歌也會唱幾句。北方的歌別為難。」

唐湘儀笑說：「好，那隨林藝吟小姐唱，唱什麼我都聽。」

林藝吟說：「那我就唱，天涯黑水溝。這是我們粵北與閩南兩地之人，冒險渡過黑水溝來台灣府，在船上看著天上星星所唱之歌。」

於是林藝吟拉動嗓門，開始唱：**「長長的黑水溝，自琉球，到南洋，我在海船上，看著繁星皓月，星星燈火，只希望盡快靠岸，可不見希望的台灣府……日月陰陽，男女相合，這就是自然……」**

真是如癡如醉。

唱完歌，唐湘儀在台下問：「林藝吟小姐，妳這首歌從哪裡學來的？」

林藝吟搖頭說：「就是我賣身學藝時，這裡的師傅教我。我可是一聽就學會。」

於是唐湘儀唱一首歌北方歌，讓林藝吟聽過一次就會唱，而且聲音竟然比唐湘儀唱得更好，可見她音律是有天賦的。

唐湘儀說：「妳的歌真好，若有時間，可來台灣府衙外唱給我聽？我手上這本書，是明朝的孤本《鬼手緯案集》，雖然是講官府辦案的，但作者有在這寫，他的辦案神力，都來自於一本元朝講陰陽歌唱作曲之書。還寫了一些曲子在書中。如果妳能有時間，到府衙來，希望能與妳一同研究此書，說不定可以一同作曲。」

林藝吟點頭笑說：「這是我的榮幸。」

顏廷忠變色，大喊：「老爺等等。」然後附耳對唐湘儀說話：「老爺，她訴妓女，今晚出錢多的還要賣身。她甚至一晚上，要陪三個人輪流囉。若是去衙門被知府大人知道，會出事哩。」

唐湘儀低聲說：「別急，我不是要她去衙門內，而是衙門外一條街來唱。」

唱完高雅的歌，開始拍賣林藝吟的夜晚，大家讓唐湘儀先出價，但他才官俸沒多少，難以啟齒。旁邊一個鄉紳知道進退，替唐湘儀出了價格。

唐湘儀起身說：「今晚本老爺還有事情，只是聽歌開懷而已，非常感謝各位支持。忽然想起衙門還有公文要批，得先離開一趟。各位自己繼續開心。」

於是起身離去。

林藝吟如此美若天仙，又能一學即會，竟然墮入如此骯髒的環境。自然唐湘儀非常不開心。

回到府衙，連著一個月辦公，都很不開心，而此期間知府病死。此時北京吏部公文來此，正式接管台灣知府的人登船來，唐湘儀將調任杭州知府。

去杭州知府那可是肥缺，那是傳說中美麗江南之處，自然稍微開心。穿著官服走出府衙，準備去準備，竟然看見林藝吟在門口等待。

林藝吟在門口欠身行禮說：「賤身林藝吟拜見老爺。」

唐湘儀左右都有很多官差，一個出名的妓女在此，必然影響自己名聲。左右官差都有耳聞，都低頭竊竊私語。

唐湘儀雖然年已四十，年輕時候也曾嫖娼，但由於為官清廉，沒有儲蓄，妻子病死之後沒有續絃，也沒有子嗣。但朝廷律令，除非捐官，若考上科舉為官者，娶妓為妻或為妾，都必須革除功名。唐湘儀是正統科舉考上的官，自然多所顧慮。現在要離開台灣府，若一去不理，必定不會再見如此美若天仙又聰明的女子。

唐湘儀說：「本官還沒有正式與新知府交接，還是台灣知府。妳林藝吟小姐，可有公事上訴？」

林藝吟說：「聽聞老爺將要赴任杭州知府，特來唱歌送行。」

顏廷忠也跟著要去杭州，他非常識趣，帶走左右官差。

唐湘儀說：「沒其他人，林藝吟小姐的美貌與才能，讓本官非常仰慕。但畢竟妳我不算是同路人，想帶妳走也多有顧忌。小姐既然要唱歌送行，我想請小姐唱一首古曲可否？」

林藝吟說：「請老爺示下，只要唱一次，我便能舉一反三唱得更好。」

唐湘儀說：「這是荊軻刺秦王的歌詞，是我用這本書上的陰陽至理，寫的一首曲。妳聽好了。」

接著唱：「風瀟瀟兮易水寒，壯士一去兮不復還。探虎穴兮入蛟宮，仰天呼氣兮成白虹。離燕國兮往函谷。見長平骨兮淚懷恨。闖龍潭兮不回首，燕趙男兒兮慨悲歌。秦宮壯兮舞陽懼，圖窮匕現兮刺秦王。叱聲勢兮秦廷驚，見我悲壯兮身殞命。嘆奈何兮遊魂蕩，勇士魂魄兮是鬼雄。啊~是鬼雄。」

林藝吟微笑說：「那老爺請聽好，我唱。風瀟瀟兮易水寒，壯士一去兮不復還。探虎穴兮入蛟宮，仰天呼氣兮成白虹。離燕國兮往函谷。見長平骨兮淚懷恨。闖龍潭兮不回首，燕趙男兒兮慨悲歌。秦宮壯兮舞陽懼，圖窮匕現兮刺秦王。叱聲勢兮秦廷驚，見我悲壯兮身殞命。嘆奈何兮遊魂蕩，勇士魂魄兮是鬼雄。啊~是鬼雄。雖隔世兮亦鬼雄，千秋萬世兮不遺忘。」

林藝吟懷音繞樑，仿若樹上黃雀都在聽歌。如此古文言之歌，帶有典故，還搭上北京京腔，林藝吟雖不懂意思，但竟然都能記得其詞與其律，而且變調得更好，最後加上自己意想的詞，還能契合。讓唐湘儀好像真的回到古代，親眼見到荊軻刺秦王的悲壯。

唐湘儀當場哭了出來說：「本官很想帶妳去杭州，但這違反官場倫理，若這麼做必然被人彈劾。本官能做的，只有把所有錢與這本《鬼手緯案集》給林小姐，因為妳比我更適合擁有它。讓它帶妳進入能自我創造神曲脈絡，建立他人無法進入的意境。能進入一個自我才能進入的思想空間。本官離開台灣府之後，這些錢夠妳生活，妳不要再做妓女，半年後本官必定請人來台灣府，接小姐妳到杭州。倘若有緣，可再續緣。倘若無緣，求小姐妳將《鬼手緯案集》當作終身伴侶，並將當中精神，傳之後人。算本官的懇求。」

林藝吟接過錢與書，也哭著送唐湘儀離開。顏廷忠與左右官吏都因此而哭。

顏廷忠替兩人爭取時間，讓林藝吟與唐湘儀到一房間，洗浴之後魚水之歡，私訂終身。

唐湘儀走之後，林藝吟真的拿錢給老鴇，離開妓女圈子，住在媽祖宮廟當廟姑。而她趁空閒，學習認字，看懂《鬼手緯案集》所有內容，摸透了思維自我意境，想要敘述這個心靈音法。從這當中竟然體會了陰陽之理，但她畢竟沒有讀書，不會著作。

林藝吟記得年幼時，跟著父親學木雕，二十歲時父母亡仍然未嫁，才被賣入娼戶。如今二十九歲已經賣身九年，才有心儀的男人。於是心血來潮，把《鬼手緯案集》的思想精髓，雕成一個複雜的木雕球。這球有簍空，連結三層球體。最妙的是，最裡面的球體中柱，只要晃動外球，裡面的球就會旋轉。在外層球壁上，刻著自創的作曲法，希望以此給唐湘儀驚喜。

一個能創造自我意境空間的球。能讓擁有深度邏輯的人，用之協助思索陰陽。

當廟姑已經一年，始終沒有唐湘儀的消息。主動去詢問顏廷忠家人，才聽說了唐湘儀到杭州一個月就生病去世，而顏廷忠寫信回家告知此事，自己在杭州繼續工作。林藝吟悲痛欲絕，自己只有跟唐湘儀一次男女交歡，但卻無緣再續。將唐湘儀與自己的名字，刻在木球上。並且供奉在媽祖廟中。並發誓自己終身不嫁，永為廟姑。之後林藝吟真的一直當廟姑，直到老死都沒有嫁人，即便有很多人慕她美色，不斷追求，也被她拒絕在外。

到了乾隆中葉，她在廟中年老將死，死前唱那首歌給接替廟姑的人聽：「風瀟瀟兮易水寒，壯士一去兮不復還。探虎穴兮入蛟宮，仰天呼氣兮成白虹。離燕國兮往函谷。見長平骨兮淚懷恨。闖龍潭兮不回首，燕趙男兒兮慨悲歌。秦宮壯兮舞陽懼，圖窮匕現兮刺秦王。叱聲勢兮秦廷驚，見我悲壯兮身殞命。嘆奈何兮遊魂蕩，勇士魂魄兮是鬼雄。啊~是鬼雄。雖隔世兮亦鬼雄，千秋萬世兮不遺忘。」

入葬雖然簡單，但替她安葬的人，成她願望，墓碑上刻著『唐湘儀與林藝吟』二人夫妻合葬的名字。當然實際上，只有她自己入葬。

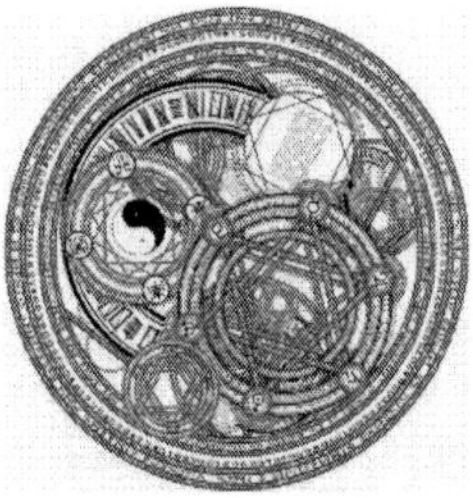

要一個文明傳承長久，關鍵在於最平凡人的思維必也傳承。

脈絡子：傳承囉。繼續傳承。

殘影鍊：立辛／陰陽家↓仇盂／陰陽至易↓高人／陰陽真學↓王睦／太極劍↓楊鑑／三鬪仙器型圖／太初與太罡劍↓曹通、元子攸／太元劍↓祖世光、楊蘭芷／三元自然簡式↓陳益民、黑藍雲月／機關要術↓陳永／傳書↓永嘉公主、陳胤／天元陰陽書↓蘇頌、蔣文象／水鐘鑄法↓梁紹東／紹東銘石↓鄭玉堂、屈妹／時空乖錯寓言與神曲之律↓諸葛寧楓／鬼手緯案集↓林藝吟／陰陽神曲律球

脈絡子：從開頭起，傳遞的脈絡分支也有許多，只可惜有些分支中斷，有些分支虛假化，傳遞真是一件不容易的事情。所幸眼前這支傳遞得很穩健，非常精采喔。

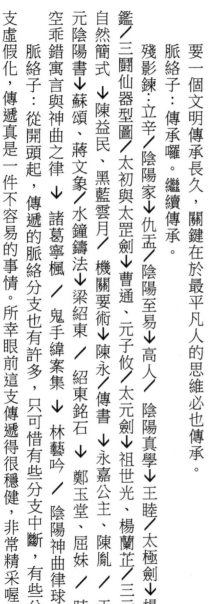

與其相同的脈絡有幾支？

殘影鍊：目前在顯性結點上，有兩百多支，隱藏的結點也非常活躍，數量很可觀。有些是起源於相同分支出來的。就以目前這支來說，最有深度。但外面傳遞過來的脈絡，會不會切斷影響到我們，就很難說，得看陰陽古怪之主怎麼面對變局。

乾隆十九年。

一群騎兵正奔馳在河西走廊，往漢唐的西域進兵，此時當地已經是蒙古準葛爾部控制，與清朝敵對許多年，甚至曾攻陷西藏。清軍收復西藏之後，派兵對準葛爾部做最後攻擊。這群騎兵領頭者，乃滿族正黃旗人兆惠，非常快速向西奔馳，群騎後方捲起黃煙。

「將軍，前方就是古代玉門關的驛站，那邊有臨時的轉運，是否在那邊補給休養？」

兆惠（藍眼眶）說：「在那邊換馬與補給就可以，不必休養，繼續向西奔馳，到下一個驛站再說！炮隊與鳥銃隊早就在前面繼續行軍！」

駕！喀喀喀喀！駕！喀喀喀喀！

數千騎兵繼續奔馳。

到了古玉門關已經是夜晚。

兆惠下馬，身後數千騎兵才紛紛下馬。

「換馬之後還要夜行軍嗎？」漢人軍參劉亦飛這麼問。

看看數千騎兵隊，滿面疲態，而且都汗流浹背。兆惠（藍眼眶）說：「算了，今晚人馬都休息，這驛站有井水，大家在這洗個澡，明天中午再出發！」

所有人點起營火，撈出井水，歡天喜地，甚至洗澡洗衣服，放在沙地上乾燥。

兆惠（藍眼眶）說：「亦飛，這玉門關是哪個朝代的古蹟？是漢朝還是唐朝啊？」

劉亦飛說：「報將軍，是漢朝的。當年漢武帝平定西域，過了這玉門關就是西域。」

兆惠（藍眼眶）說：「那是很久以前，沒想到今日我們又要通西域。不過我們更厲害，我聽說過，漢朝平西域用了數十萬大軍，但我們大清只用數萬人，我直屬手下只有三千騎兵。」

劉亦飛笑說：「沒錯，將軍比較厲害。不過這也有其客觀因素，不可不察。漢朝當時通西域對環境非常陌生，史稱鑿空。當時也沒有火炮鳥銃這種武器，攻打城池都得從後方搬運攻城器具。而如今我們有前人的各種記載，並商人往返的消息。所以對我們而言，當然比較容易。」

兆惠（藍眼眶）說：「你可真會論說。那唐朝平西域，用了多少人？」

劉亦飛說：「史書上記載的前前後後我沒算，但從蘇定方平西突厥前後用了數萬人來看，應該與我們的總兵力差不多。可見對環境的熟悉程度，影響很大。這裡乾燥少補給，地廣人稀，大規模用兵只能是增加死傷而已。古人與我們一樣，都是盡量結合當地支持朝廷的人，來當作自己人。」

兆惠（藍眼眶）笑說：「被你說得，好像本將軍還是不如古人。」

劉亦飛說：「將軍可別誤會我，可能我比較不會奉承拍馬，但辦事可是努力忠誠的。」

兆惠（藍眼眶）笑說：「你也別誤會本帥，本帥絕非器量狹小之輩，我們本來就是走著前人的腳步而行。只是本帥看著地圖，暗暗算過，大清朝廷若這次平定天山南北，則疆域超越漢唐，僅次於元朝。但蒙古人的統治落伍，遠不如我們滿人銳意革新，謹慎用事。站在這歷史的高點，本帥自然有一種超越古人的感覺。」

劉亦飛說：「大清確實有可能超越古人，漢唐看似平定漠北各族，但實際上問題始終沒有解決，無法各族統為一家。元朝疆域廣闊，但統治鬆散，最後問題仍然沒有解決。而我大清勵精圖治，著重在各族一體。所以這些古人一直挑戰，卻未竟全功之事，很可能會在大清時代解決。」

說中問題了。

休息過後，軍隊再次換馬出發。

乾隆二十一年，策楞再次攻佔伊犁。阿睦爾撒納逃往哈薩克，受到右部哈薩克汗阿布賚庇護。不久，西征清軍主力撤回內地。清軍將領指揮失當，多次追擊阿睦爾撒納不得，使準噶爾各部落產生輕視之心。受乾隆皇帝冊封的噶勒藏多爾濟、巴雅爾舉兵反叛，攻陷烏魯木齊。駐紮伊犁的定邊右副將軍兆惠率少量清兵東撤，在庫爾喀喇烏蘇的鄂壘扎拉圖被叛軍達什策凌圍困。

兆惠夜間率軍突圍，苦戰後退至烏魯木齊，得知烏魯木齊已經失陷，繼續向東撤退。途中遇雅爾哈善派出的援軍，於次年二月退回巴里坤。

之後，阿布賚與阿睦爾撒納反目相攻，阿布賚歸降清廷，稱臣納貢，清軍大舉增員。阿睦爾撒納兵敗，逃往俄國，年底染天花而死。

乾隆二十三年，俄國遣使告知阿睦爾撒納已死。清廷派人前往邊界驗看屍首。乾隆皇帝以平定阿睦爾撒納，宣諭中外。乾隆二十四年，清軍剿除了叛軍殘部及逃亡的瑪哈沁，天山北路底定。不久之後，又派兵平定天山南路。天山南路各族，紛紛投降歸順。

乾隆二十五年，皇帝愛新覺羅弘曆告知朝廷上下，將漢唐舊西域領土，併入版圖，乾隆命改稱新疆，以示誇耀替中國併入新的疆域。中國領土進入中亞，此時清朝的疆域已經超越漢唐，朝鮮與中南半島各國都當藩屬。從東亞到東南亞，除了日本之外，都對中國稱臣入貢。

除元朝之外，直屬領土，為中國歷朝之最大，但皇帝規制實際上正在縮小中。

【詭曲：九化意之弘曆怒】

圓明園。

滿族八旗旗主與旗下朝廷重臣，共同慶賀併入新疆。

弘曆（粉紅眼眶）刻意用了以前小時候學的滿州語，對滿八旗大臣說：「各位，朕今日非常開心，經由戶部統計，大清疆域超過漢唐，僅次於元朝名列第二。而人口已經過之，達到兩億一千萬以上。包攬滿、蒙、漢、回、藏、苗、傜等三十餘族。而朕不斷將川貴各山區族群，改土歸流，加強中央集權，倘若扣除元朝鬆散的統管區域，例如吐蕃等地，以及極北等地，我大清疆域則過元朝，稱可謂中華各朝之最大，統治力度之最強，也不為太過。當以此慶賀天下。」

滿族大臣面面相覷。

弘曆（粉紅眼眶）用北京漢語笑著說：「怎麼？各位吃驚到無法反應？」

滿族大臣們紛紛互相點頭，說：「是是是，奴才們真的吃驚。」「是啊是啊。」

弘曆（粉紅眼眶）露出疑惑，用滿語說：「朕打算今日讓各位住在圓明園，共同議論一下，再下江南之行。懂得朕說話的，現在就入座。」

但滿八旗旗主與大臣，都相互微笑，並各自繼續點頭。

弘曆（粉紅眼眶）大怒，用漢語拍桌罵道：「你們聽不懂朕說的話？」所有滿族大臣三十多人，一見皇帝發怒，紛紛下跪說：「奴才有罪」「臣有罪」

弘曆（粉紅眼眶）站起來說：「朕知道了，你們聽不懂朕說的滿州話對吧？」所有大臣安靜。

弘曆（粉紅眼眶）氣不打一處，怒說：「聽得懂朕說的滿州話，或是半懂的，站起來。」

鑲白旗旗主肅親王拜察禮站起來說：「臣聽得懂一些。」

弘曆（粉紅眼眶）問：「那朕剛才說什麼？」

拜察禮用漢語說：「是說，我大清疆域僅次於元朝。但人口好像更多，接著主子，第二段，好像是說，要再下江南吧。」

弘曆（粉紅眼眶）揮揮手說：「通通起來！」

滿族大臣紛紛站起。

弘曆（粉紅眼眶）大聲說：「我大清滿州本為女真部族，龍興關外，以尙武騎射統一各族。皇祖皇宗都有訓示，不可以遺忘騎射，不可以改穿漢服，不可以蓄髮剪辮，不可以遺忘母語，不可以不識滿文，不可以遺忘故俗。可是朕看來，騎射與滿州母語，你們已經全忘記了！滿文應該還懂吧？」

滿族大臣面面相覷。

弘曆（粉紅眼眶）看出端倪，說：「平常朕的旨意，滿漢文並列，你們難道只看漢文不看滿文嗎？難道只有禮部的滿大臣，才懂滿文？」

大臣們紛紛低頭不敢回話。

弘曆（粉紅眼眶）說：「看來你們已經開始漢化了。朕江南行暫停，北去木蘭圍場打獵，你們全部同行，今秋都要練習騎射，然後跟著關外的黑龍江將軍重新學滿語，學滿文！全部去學！」

眾臣下跪說：「臣等遵旨！」

當然去熱河行宮，所有親王旗主大臣等，都只是應付應付，心裡想著還是京城與江南。弘曆也看出這一切，只好回北京立碑，警告八旗子弟不能漢化遺忘祖宗。八旗子弟當然掀起一股，重學滿語滿文的風潮，但是過一陣子皇帝自己去江南大玩漢化，於是眾人又紛紛冷淡，重回生活。

「穿漢服，當年雍正爺與皇上自己不也喜歡穿嗎？」「現在漢人也都穿滿服，我們還怕什麼？」「皇上自己的滿語也普通普通，怎麼能說我們？」「滿漢已經一體，滿漢全席都吃得開，何必執著老祖宗說的話呢？」「大清萬萬歲，不要怕什麼漢化啦！漢人現在不也都剃髮留辮？這碑文杞人憂天。」

八旗子弟逐漸不以為然。

【詭曲結束】

而弘曆則掀起文字獄的高潮，冤殺不少臣民，甚至用凌遲的殘忍刑罰來對付，形成康雍乾盛世中，很大的一個污點。之所以如此荒謬，正是他開始猜疑所致。

清朝盛世持續頗久，乾隆逐漸驕傲怠慢，除了文字獄更加黑暗之外，重用大貪官和珅，對他貪污腐化，壓榨掠奪，違法犯紀，睜一隻眼閉一隻眼，甚至完全縱容。

反正我大清功勳卓著，冤死一些人，造成一些黑暗面，那又如何？

時間，一切還是時間。

弘曆在後期的墮落，已經不重要，大清朝的壽限早已經定下，能有什麼變化都在鬼局掌握當中。這些賬並非遺忘，而是在其壽限後期，慢慢清算便是。

此時超個體鬼局，正憂愁一件真正的大問題。

歷史巨輪終於走到了這裡，超個體陰古陽怪，二而為一的意識，首次出現意識分歧。

在此更深入具體的擬人化，描述超個體的思維衝突，與其既觀察且意識到的事情。

陽怪：看一下……古怪了……這整個世界，除了我們的勢力範圍，其餘區塊，全部被歐洲文明體制或攻佔，或壓制了也：東南西北環繞全球，全部都是：這……自從罔兩型破滅後，這速度更快。先前的不對勁，現在演變得越來越嚴重！看來那股力量是真的快要對我們動手。

陰古：眼前這個現象不正常，原本落入神權舊思維而黑暗無力的歐洲文明體制，在極短的時間，爆發出各種文明型態猛進，以至直接或間接，團團將我們控制的區域包圍，『天底斜』已經出現了結果，你也該感覺同樣猜疑了吧？

陽怪：這種文明型態的根本，仍然十分脆弱，就是傀儡！咬得動還沒來得及突破自身的罔兩型，咬不動我們！假設要玩真的，對我們又有何難？我們可以在更短的時間內，型態猛進，一發將他們這群傀儡全數推倒。根本形成不了威脅！

陰古：事情沒有這麼簡單啊……

陽怪：這……

陰古：假設要我們族群中的個體之間，建立某種形式的科學型態，建立文明體制猛進猛發的力度，對我們而言，不會困難。當初在唐至宋之際，不斷共同抑制這種趨向，難道你沒感覺，從最早的設局開始，就持續有客觀事件促成這些條件，走向物質科技猛進這種趨勢。即便你我共同抑制下去，仍然會時不時往前驅動，以至於我們讓脈絡子不斷壓制低調！最終強抑制住這種趨向！這些你還記得吧？更離奇的是，最有條件走上這條路的我們，壓制住這種趨勢之後，另外一邊絕對不可能出現這種趨勢的文明體制，馬上跳上這條路，用吃驚的速度發展。這說明了什麼？

陽怪（似乎左顧右盼有些乖張狐疑）：難道妳是說，這股力量原始的目的，是驅動整個人類各族群都要……

陰古（堅定地點頭）

陽怪：這不可能！這絕對不可能！

陰古：這怎麼不可能？整個世界早就已經分佈人類，現在只是讓一邊去驅動吞食，你不感覺這就像是我們自己先前對自身朝代的設局？

陽怪（似乎喪氣又惱怒地不斷搖頭，說不出一句話）

陰古：你我共同建立一個大年體制，催動一個巨大的假象，當中被稱皇帝的個體，統治集團的群體，同樣也看不出，我們時不時驅動某些關鍵個體，驅動某些關鍵族群。最後讓整個朝代只是芻狗，用完即丟。而某些個體即便看出當中怪異的玄機，想要阻擋，但小年豈能阻擋大年的催動？全局早就滿佈棋子，因局驅動一子而動全身，你我善玩這套者，也必然知道淪為相對小年的情境。

陽怪：眼前的歐洲文明族群，相對於我們不可能是大年體制！能與我們並駕的自源文明系，都已經滅絕，這還包括了我們的罔兩型。他們也只是另外一支旁門左道。

陰古：我說的當然不是他們！他們只是傀儡！但就這個傀儡，這個小年芻狗，竟然可以跳到我們眼前，展現我們所擔心的趨勢，而且還跳得恰到好處，位置不偏不倚，甚至先以極快速度，收拾我們的罔兩型，然後突飛猛進快速發展，鋪展這麼大的陣仗，就可以看出問題所在了！這全是針對我們來的！先收拾自源文明系的第五位，我們的罔兩型，然後沉靜變化，在這個時間階段，才來包圍我們！

陽怪（惱怒搖頭）：剛才說過，以我們全局修煉這麼久的活絡力量，可以一發推倒它們全部！旁門左道，只是眼前強勢。

陰古：你還沒懂嗎？推倒他們不難，但是推倒之後呢？回想我們自己建立的大年之局，若有小年單位選擇錯誤，接下來會發生什麼事情？拒絕眼前的徵兆，確實可以翻轉得了一時，但能真的阻擋最後的趨勢嗎？無論接受或是阻擋，最終結果還不是一樣？先前三次混沌開眼，就是探索其他自源文明的狀況，當時我們就一起發現了不對勁，現在真的要短兵相接。

陽怪（終於領悟一些關鍵核心問題，轉而喪氣）：意思是說，我們若跟著猛進，自己也就陷進去跟他們為伍，重新掉入整個文明型態猛進之局，改掉了我們這麼多年建立的大年體制，重新走向我們不想走的路，而這就是背後那股力量所要的？但假設我們拒絕，這眼前突飛猛進的文明群體，就可以當場向我們發難，後果更加不堪設想？

陰古（不斷地點頭）

陽怪（喪氣地不斷地轉動頭顱，只是語調小聲了）：即便這樣又如何？文明體制猛進對我們來說只是新局，猛進就猛進，單位個體細胞活絡，我們早就有六個局互濟，必要的話我們還可以演繹更多的局，來支撐妳我兩個主局，這又不是壞事。堂堂四千年鬼局，獨立延伸出自我意識的華夏，怎麼能被傀儡壓制？不管怎麼說，我們可是自源文明塑造的意識！也不是能這樣，隨便被傀儡搞死的。就算這些傀儡背後有其他大年體制，也動不了我們實際已經擁有的力量，因為這當中不只有時間元素，還融捕了空間的型態力。

陰古：（認同）先別急著說猛進這條路，探清楚整個局面再說。

（說罷，陽怪與陰古，兩人共同疊手伸入局勢，作出了觀察。混沌開眼……我來解局……）

陽怪（展現整體局勢圖在桌上，琳瑯滿目棋子互動佈局）：妳看看，整體情況恐怕不妙。

陰古：目前我們四面八方都在構築陣地，落子佈局。每一處看似都不是我們的對手，但都有縱深連結。這種佈局，就是大年體制起手，最典型的佈局，連我們都未必能做到這種互相壁壘，還同氣連枝互動組合。雖然他們只是傀儡，但卻有這種層次，代表操弄他們的背後力量，來者不善，已經印證剛才的判斷，這全部是針對我們而來。

陽怪：對，這還只是第一層次的景像，在整個落子都完成之後，就會有人對我們試探敲打。我們頭一個判別，就是要不要強硬對付？這種陣仗，假設我們強硬對付，雖然能贏，但他們內部的變化將會更加速，最後極可能摸出我們的底細，然後群起來攻。

陰古：那只能先忍第一回，所有各局局中鬼都得忍住，多加觀察，不要急著強硬，等情況有變，才後發先制。

陽怪：除此之外，還不止，第二層景象還有。我們文明體制輻射的周圍國家地域，即周邊旁支，會因為他們這種模式的入侵，產生相關異動。倘若我們強爭，全部都會因為文明體制現階段的落差，變成敵對力量。但倘若不爭而放棄他們，這些地方全部都會淪為下一階段，進攻我們的陣地，我們一樣會被摸透而遭到圍攻。

陰古：這種應對，只得似爭而又不爭，發揮很強的韌性抵擋，等待時間到才一舉爭奪，這難度很大，現階段我們未必能做得好。果然看似溫和，實則殺招。

陽怪：這些都可以對付，最麻煩不是這些，還有第三層景象，這才最可怕。看看這個方向的落子佈局，動態很怪。

（丟出一個景象在桌上，在大洋正對面的彼岸，剛建立的美國，頻頻點桌上示意）

陰古：我看看，這在世界的另外一端？那不就是以往，罔兩型的北端連接我們的中途地段？當初我們沒有摸清楚地理方位，沒有事先找到罔兩型，當然會失去這個地段。傀儡在這邊佈局，可以預想得到，背後的力量，必然是為了防止我們用方法，讓罔兩型復活，所以在此壓制了重兵！何來奇怪？

陽怪：這是另外一個型態的罔兩問景。如今地理位置我們才搞清楚，倘若這次真的是來滅門的，這個地域將是連結，對我們包圍圈的核心部位，投子佈局如此怪異，必有殺招。

陰古：另一種型態的罔兩問景？反噬佈局在我們面前的歐洲文明集群。『牠』為何在這裡，做這種愚笨又差勁的佈局？

陽怪：不，就是因為愚笨差勁，這才是問題所在，極可能是往後幾個步數之後會有變化。它起源於歐洲文明群體，卻又孤懸在歐洲文明集群之外，可利用木引原理，汲取歐洲文明集群的力量當作後續養分。又有天然的廣大資源作背景，只要催化他們的方向正確，將可以破天荒維持某一種原始結構，很長一段時間。倘若之後主要歐洲集群向我們發難，兩方陷入攻防焦灼糾纏狀態。這部分敵人，將可以從後控制與感染衝在前面的歐洲集群，做出看似對我們有利的狀態，實際上等待時機，對我們發動後續最致命一擊。若我們還留有後手，猛烈反制，這部分敵人也能以其他歐洲集群為壑，後退自保，尋找其他機會對我們下手。而且從這個勢頭來看，即便我們挺過前面幾波圍困，採取各個擊破的手段，削弱攻勢，它可以藉此作後手，重整圍困我們的氣候。最要命的，就是我們即便最後一波圍困也挺過去，反擊使其倒下，會不會醞釀某一種麻煩的體制，最低限度也能讓我們數千年累積的功力，折損一大段。除非我們猛進到更高層次的科技文明體系去尋找真正解毒的機會，不然幾乎無解。但若如此，這等於又倒逼我們繼續在不願意加速的路徑上，加快速度。

陰古：這麼說來，這傢伙很可能在整個局中，是那張潛伏的最大一張鬼牌。

陽怪：現在還不能肯定！因為局是活的，我們有變化，它的背景功能，也許就會轉移到其他地方去。面對這種陣仗，我們得一面應對，一面同時盯住這傢伙！若一時沒忍住就動手反擊，後面最大一張鬼牌肯定會趁此，對我們的根本作致命一擊。所以我們得先設幾個局，忍住前面幾陣痛，把最大一張鬼牌引出來，才不會被一擊致命。

陰古：這當中產生一個很大的問題。首先我們兩個主局，經過這一千八百年運轉出功能，暫時不能再用。而凡大年體制布局，肯定也設局中鬼，因為對方分布好幾個層次，代表局中鬼不只一隻。反觀我們隱設六個局，當中除脈絡子無鬼之外，有五個局也控有局中鬼。我們應對的方法，是內部一個局中鬼，抵銷外部一個局中鬼。時間必須湊得差不多，才能內外相銷。而現在是我們自設異族階段，時晷官那一局首先就被扣住，必須按照時間走完，不能隨意出鬼。必須輪下一個異族入主，才有機會放出此局的局中鬼。如此我們只剩四個局中鬼可以從容應對。而我們預設必須先忍，則空詔員的局中鬼，又必須先用，才能出我們要的牌。那麼嚴格說起來，真能自由調度的只剩三個局的局中鬼。倘若應對時間誤差，那對方次要鬼牌會挫傷我們，最大一支鬼牌會對我們一擊斃命。選擇這個時候試探，用心真的很險惡，萬一鬼牌數我們落了下風，那就肯定無法過關。

陽怪：如此確實，剛開始只能裝遜，先用一鬼，制作假局，不管損傷多少，只能先強忍著，確定對方的鬼要跳出來，我們才應對一支鬼。直到對方最大一支鬼牌出現為止，我們手上還要保一支鬼牌相銷才能存活。如此自由調度的鬼牌只剩兩張。而不管如何，寧願讓對方次要鬼牌挫傷，也要全力防範對方最大一支鬼牌。但我擔心的是，對方最大一支鬼牌，存在對我們相剋的致命劇毒，我們是否還得再損一鬼去制作解毒？若如此，我們真正自由調度的鬼牌只剩一張。即，錯誤只能一次。

陰古（陰沉面容）：針對我們來設計這麼複雜的局，真是詫異。那在應對所有問題的同時，還得同步觀察最大鬼牌，事先針對這個致命劇毒感染者，找出克制毒素的內部解毒劑，才是治本的方法。非常刁難啊！即便對我們幾千年文明群體的超智慧而言，也沒把握完全應對。

（陰古陽怪同時愁眉慘霧）

陰古：對方的局，還有縱深嗎？

陽怪：肯定還有第四層次的佈局！我敢肯定，這是一個完全針對我們來的遊戲。最驚駭的是，背後的力量竟然能計算到時間，選擇我們融合異族的後期，這個關鍵時刻，來敲門。代表背後力量知道我們的底，會計算時間，背景佈置，驅動過來趕到剛剛好。但**這個遊戲到底是什麼規則？什麼門道？背後具體什麼力量？用了什麼原理？爲何如此針對我們？將會怎麼玩遊戲失敗下場是什麼？**我們現在完全不知道！只知道氣候已經壓過來，遊戲若是輸掉，下場極可能就跟其他的自源文明一樣！

陰古：現在替整個針對我們的遊戲背景力量，取一個名字吧，暫時稱其為『**陌年**』。

陽怪：很好，就叫這個名字。陌生之大年體制之義。要盡快探明那些問題。我相信，先前其他四個自源文明的滅亡，都跟這『陌年』有關係！只是他針對不同的自源文明，採取不同的方式去對付。最後關鍵是，『陌年』催化的傀儡，選在我們對清朝後期上門敲關，代表『陌年』就想施展『抓空打』。『陌年』對我們的定時遊戲行情，看得一清二楚，知道什麼時候，是我們最脆弱的時候。

陰古：全力戒備，讓『陌年』知道我們老四一門不簡單。我們兩個一體，聚精會神全力應對。我知道該怎麼觀察了，會隨時把相關訊息提出來，你來動手。

此時的世界局勢，歐洲各國向全世界各地進軍，控制了南北美洲，控制了大洋洲與澳洲，瓜分了非洲。西亞洲只剩下衰弱的奧斯曼土耳其，以印度為核心的南亞洲也被英國為主來控制，準備進入中南半島。北亞洲長城的重要延伸地脈，西伯利亞到北極，也由俄羅斯延伸過來控制。

當時，除了中國與周邊小國家，日本、朝鮮、越南、緬甸、暹羅等。世界都落入歐洲各國或由歐洲移民延伸的國家所控制。等於是中國文明被團團包圍，而且佔據全世界，把中國包圍之後，還沒有立刻動作，各國相互之間自己打打鬧鬧，但整體來看，是不斷地整合，構築陣地與準備工作。超個體鬼局很清楚，這種陣仗，完全是針對自己而來，也探出可怕的根本不是歐洲文明本身，而是被後搓出他們暴起的那股力量。甚至知道這股力量由什麼所組成，但是這股力量目的為何？為什麼要針對中國超個體鬼局？目前鬼局也沒有摸得很清楚，只能先應對這種，層層設局層層陷阱的險惡局面。

而對大清朝而言，並非沒有力量反擊，而且清朝皇帝相對其他以往朝代，是最勤奮節儉，並非不知道大局有了異常。而是背景如此複雜，真正控制中國的大年體制，發現情況非常不妙，不能立刻以強硬姿態動作，當然只能預設他用消極防禦的態勢，甚至當中還帶糾纏反覆的軟抗法。如此大清朝當然也不可能組織得出力量來反制。

嘉慶皇帝愛新覺羅顒琰登基之後，弘曆還當了四年太上皇。等弘曆駕崩之後，顒琰才除掉了大貪官和珅。然而和珅的貪腐，並不是清朝中衰的真實原因，而是複雜的大年背景因素，外加清朝的壽命時間已經進入下半段了。

北京皇城，神武門。

「有刺客！有刺客！」

一個人拳腳功夫了得，竟然持刀要行刺皇帝。而神武門侍衛竟然呆若木雞，無人來救駕。唯有六位大臣上前護駕，固倫額駙拉旺多爾濟，撲上前去抱緊陳德，御前侍衛扎克塔爾、珠爾杭阿也向刺客撲去，乾清門侍衛丹巴多爾濟被砍三刀，最後刺客束手就擒。

嘉慶皇帝命諸王大臣和六部九卿會審。審出這刺客名叫陳德，練過武功，有複雜的背景。

陳德只說：「若事成，則公等所坐之處，即我坐處。」

各大臣不信，認為一個平民豈有行刺皇帝的勇氣？背後必有人指使。

而陳德有兩個兒子，一個十五歲兒子陳祿兒，另一個十三歲兒子陳對兒，也被逮捕。審問之下，兩個兒子都供出，母親已經病死，他們只能跟父親闖江湖生活。父親工作時喝酒鬧事，所以被雇主辭退。父親曾經跟一群人往來密切，像是天理教之人。

於是大臣把供狀上奏。

定親王綿恩和額駙拉旺多爾濟，因為救駕有功被重賞，而且在皇帝面前可以自稱臣，不自稱奴才，這是對滿人的優待。而對漢人則相反，必須自稱臣，有大功才能自稱奴才。顒琰秘密招此二人來談。

顒琰（灰眼眶）說：「這次刺客陳德，竟然冒此大逆行刺朕，刑部已經審出他兒子的供狀，你們也已經看過了對吧？」

綿恩說：「看過了，這人背景複雜，有天理教作後台。據姪臣所知，天理教與先前造反的白蓮教都是民間邪教，敵視朝廷。此次逆案，恐怕後面關係複雜。先前白蓮教逆匪首領王三槐，已經被凌遲伏法。白蓮教銷聲匿跡，但如今又冒出天理教為逆，肯定當中有關連。」

拉旺多爾濟說：「臣請擴大偵辦此案，必須要找出後面造反之人。」

顒琰（灰眼眶）搖頭看著供狀，低聲說：「朕不這麼想，乾隆五十九年開始，白蓮教之亂就讓朝廷疲於奔命。如今好不容易百姓們都以為安定，但卻又接二連三餘波不平。這次逆案，只處死行刺之人，不擴大偵辦任何人。逆首的兩個兒子，念及未成年，減刑為絞死。你們以為如何？」

綿恩說：「臣啟皇上，如今漢人們已經越來越敢造反，不若康雍乾三朝先皇時期。若不擴大偵辦，重整皇威，恐怕還有後患！」

顒琰（灰眼眶）搖頭說：「今日只有你們兩個，所以朕才說這種話。滿漢已經一體，朕甚至滿語都已經說不流利。而朝廷命令雖行，但恩威已經大不如前。倘若擴大打擊，死更多的人，那麼必定引起天下震動。朝廷現在只有休養生息，少動刑罰，才能緩緩喘過氣。漢人們若沒有更大規模叛亂，朕不打算濫殺，盡量能少則少。」

兩人只有遵旨。

於是只以大逆罪，凌遲處死陳德，絞死他兩個兒子，並下嚴旨此事只是他個人起意，沒有後台。顒琰在當時，確實已經算仁德，不過處死刺客是應當，但仍保留這種凌遲殘忍的刑罰，代表他思考能力還是有限，而沒有跟著大年體制，看清楚現在世界的變局。即便往古代看，宋朝的刑罰寬鬆，也不懂得借鑑，整飭官吏腐敗也沒有下大決心，如此注定他沒有辦法有大作為。而這些賬，都是在之後算的。

雖然不斷掩蓋，然而十年後，天理教還是造反了，在宦官的內應之下，幾百人不成軍的教民闖入皇宮，要行刺皇帝。皇子綿寧持火槍抵抗，並後續皇城衛隊趕來增援，才殺掉闖皇宮行刺的亂民。而顒琰此時在熱河聽到此消息，大感吃驚。雖然不得不依律酷刑處死，被捕的造反天理教徒，但顒琰還是很警惕。

宣佈下罪己詔，自認為沒有勤政愛民，以致不斷有反民事件，罪在皇帝本人。

其實嘉慶皇帝已經很勤政努力，也很認真公平，也不斷想辦法中興，但他怎麼也想不通，為何他的加倍努力，卻無法換得大局迴轉？

果如超個體所感，中國周邊的藩臣也開始試探，安南稱臣入貢時，請求改名為南越。嘉慶皇帝顒琰雖然是滿人，但翻開漢朝歷史，發現南越在漢武帝之前領土範圍包括兩廣，最後被漢武帝滅掉。而安南則是在五代十國時獨立，宋，元，明乃至本朝，都曾出兵安南，只是最後都沒有成功，所以對其警惕。命令安南不得改名南越，改稱越南。

越南王只能遵命。

而此時，俄國沙皇保羅一世，認為中國這個鄰居非常狂傲。已經有企圖向清朝挑戰，不過因為拿破崙在歐洲崛起，俄國不敢向東方進兵。但英國已經開始試探進攻，暫時還不敢進攻清朝，改宣稱要幫助葡萄牙防禦澳門，並保護英國的鴉片貿易，大舉進兵澳門，把葡萄牙人趕走。此時英國已經縱橫全球，葡萄牙人早就衰弱已久，只能乖乖拱手把澳門相讓。

嘉慶皇帝聽聞之後大怒，革除懦弱的官吏，流放伊犁，派水師封鎖澳門外海，並且調廣東官兵逼近澳門，通令英國人必須立刻離開澳門，歸還給葡萄牙人通商，否則開戰。

此時英國對中國仍保持畏懼，發現試探不成，清朝皇帝對自己的強盜行為有提高警惕，於是撤兵。接著下詔令各督撫斷鴉片來源。禁西洋人在內地居住，禁人民接觸天主教。右批准兩廣總督蔣攸銛主張的嚴禁農民為洋人服役，洋行不得私蓋西式房屋以及清查商欠等。英國派使節阿美士德訪問中國，請求解決這些問題，雙方禮儀之爭，由於趕路緊急，載有官服與國書的車輛未抵達，路途勞累，阿美士德堅持休息。負責覲見的官員向嘉慶皇帝謊稱英使生病。嘉慶皇帝大怒，取消覲見，下令驅逐使團，不要貢品國書，次日賞了使團一些禮物，收了「貢品」，送上敕諭一道，拒絕英國提出的建立外交關係、拒絕開闢通商口岸、拒絕割讓浙江沿海島嶼要求。警告英國人不要再試探中國的耐心。

終於擊退英國人的試探。

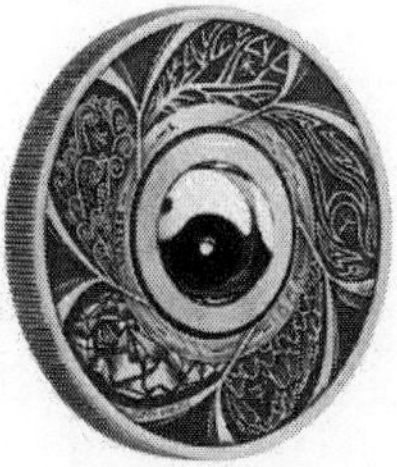

大風吹的遊戲。群體建立個體 – 整體設定單位，時空對倒定律

空詔員：陰陽古怪之主，通知各子局，現在全局面臨大問題，得預先做準備。我們得先秘密釋放自身局中鬼，要求我們設定出，各種應對全局的角色。大就得玩大風吹。怪怪，怎麼都是要我們提供一連串奇形怪狀的渣渣？

筆仙：喔……真的都奇形怪狀。好貨少，爛貨多。面相好，裡相差。簡直不堪入目。這種要求太奇怪了！

空詔員：目前心訪使定出多少心靈圖像，我們又多少二元組合可以定位？

筆仙：我算一下……比較明顯可以調動的集體心靈圖像，至少三百人，而我們二元組合能定位全部。只是組合調整，要達到陰陽古怪之主的要求，得花一番功夫。好人反而好調動，但要這些奇形怪狀的渣渣，放在局中恰到好處，得辛苦。說也真怪，到底為何總要這種貨色？豈不最後收拾也苦？

空詔員：我猜是為了全局調度著想，一開始不能使強，所以不能吹出好人物。在主局都已經停歇的狀況下，我們一出局中鬼，本局就一段時間，再也不能動彈。倒無所謂，但最苦的恐怕，是其他局喔。尤其脈絡子恐怕是會損失慘重地。

筆仙：呵呵，我們可紅，他們可黑，誰叫他沒有局中鬼的能力。怕各局中這場

他是最被拋棄。

空詔員：哦，別這麼說。陰陽古怪之主，絕對不會放棄脈絡子那局的。

筆仙：他能有多重要？不會比我們重要吧？

空詔員：肯定比我們還重要。妳信不信，陰陽古怪之主別說放棄我們，就算放棄其他所有局，乃至手上控制的主局，也不會放棄脈絡子那局的。現在完全是因應變化，才不得不繼續把他往下壓。原因就暫時不明說了！

筆仙：這難以置信。但你這麼說，肯定是有道理。趕快趕工，設定出陰陽古怪之主要的一群，渣渣人物。沒想到那麼快就把我們先拋上來，接下來就沒辦法登場。準備啟動大風吹，吹出一群渣渣人物啦！

清嘉慶二十四年，台灣南部外海。

一群中國海盜載著火炮，猛轟英國與美國的聯合商船，洋船也火砲回擊，中國海盜登船廝殺，火槍互射。一場混戰，這群中國海盜大獲全勝，壓制了四艘船隻上的所有人，抓了許多俘虜。

把四艘船全部靠攏，底下的海盜小卒們清點一下，回報，有大量的鴉片，白銀，以及各式西洋鐘錶，火槍器械。

海盜頭目秦一行（橙眼眶），大笑說：「逮到肥魚了。」

旁邊的海盜集團軍師毛三貴（棕眼眶）說：「這些洋船不能留，不然官府很快會抓到我們。那這些洋人怎麼辦？」

秦一行看了一下，還有穿洋裝的洋女子，全部驚恐。

「男的都宰了，女的帶回去。」

毛三貴（棕眼眶）搖頭說：「我建議最好不要，洋女子肯定也會因此不從，這些洋人其實都有洋行背景，若殺了他們必定會追蹤到底。」

秦一行（橙眼眶）說：「這有什麼好怕？大不了我們把錢財變賣，遁回陸地，他們找不到我們。」

毛三貴（棕眼眶）說：「這不好，這些洋行其實也是海上大盜，但他們有各國的朝廷作後台，我們的朝廷不但不肯當我們的後台，甚至可能幫他們來抓我們。我們就是只是海盜，搶了錢最好趕快離開，把他們全放了，他們語言不通，朝廷不理，那才是船過水無痕，以免橫生枝節對我們不利。」

秦一行（橙眼眶）搖頭拒絕。

「這不可啊，這！」

這些海盜真的殺了英國與美國的男人，搶奪了這些洋女子與財物離開，甚至姦殺當中了不少人。

一個月後。

秦一行率領數百人，在福建沿海通商時，大批的水師官船包圍過來登岸。帶頭的水師總兵大喝：「他就是秦一行，抓起來！」

所有海盜一哄而散，官兵四處追捕，逃避不及，返身械鬥，最後全部被殺或被抓。秦一行當場被捕，毛三貴也被逮到。

水師總兵呵呵笑說：「逮到大魚了。」

所有人全部被押到閩浙總督府。

總督親自審判，繳獲大量的貨物，還有幾個沒有被殺，但慘遭蹂躪的洋女子。經過翻譯，並且當堂審訊作案內容，當然也包括那次打劫洋船。

毛三貴（棕眼眶）當場大罵秦一行說：「你這潑賊，教你不要殺人強姦，搶錢就快閃。不聽我的話今天該死啊！」

秦一行呆若木雞。周邊衙役紛紛笑了出來。

總督冷笑了一下說：「如今人證與物證確鑿，全部關押，等待刑部回復。如今皇上勤政，嫉惡如仇，相信你們的案子會由皇上御批回復，過了皇上之目，你等潑賊必死無疑。呵呵呵。」

毛三貴（棕眼眶）說：「罪民有一個問題，能否問總督大人？」

總督冷冷白眼。

毛三貴（棕眼眶）問：「我們所犯案件之中，有劫殺西洋商船一案。但據我所知，西洋商船其實本身就是海盜起家，平時為商，必要時為盜，而他們都有他們國家的朝廷背書，四處擴張，以至於現在世界各大海洋，眾多領地，都為西洋各國所控制，有些領地範圍甚至不亞於我天朝疆域。為何我堂堂天朝，在這個世界風頭浪尖中，不讓我們協助朝廷？當年明朝末年，鄭芝龍大海盜也是歸降朝廷，最後鄭芝龍協助朝廷打敗紅毛船，保衛了海疆。如今西洋海上勢力越來越強，朝廷難道不需要用我們嗎？」

總督大喝：「大膽海賊！竟然要朝廷與你等為伍？西洋番邦沒有倫理之夷狄，就不去討論，明朝朝廷收編大海盜鄭芝龍，結果明朝下場如何？鄭芝龍叛明，最後也被我大清流放賜死。其子鄭成功更是企圖反清復明割據一方，最後被剿滅，子孫投降。中國堂堂天朝，背後是數千年禮教文明，豈能作此與賊共謀的下流勾當？當我科舉士人都是傻瓜嗎？你不要想因此脫罪！」

喝令：「全部押下去，等待刑部批文後執法！」

一大群衙役，把這群海盜一個個押解下去。

毛三貴（棕眼眶）喊：「大人容稟啊！我等在海外見識很多，這世界局勢跟明朝末年不一樣啦！很快朝廷就會有海上之患！」

衙役拿木棒一個個叉下去，銬上枷鎖。

「大人容稟啊，朝廷需要我們啊！」

聲音越來越小。

最後刑部給嘉慶皇帝審批，硃批回復：海賊殺人強姦，罪大惡極，無論主從，全部斬首。

刑部主事張獻堂，來到閩浙總督大牢。

包括秦一行在內數百人海盜，全都被斬首，只剩下毛三貴還躺在牢房中。

「起來啦！京城來了一個大人要審你！」一個獄卒猛敲牢門後這麼說，接著離開。

隔著牢門，張獻堂坐在外桌案上，看著所有的卷宗。

毛三貴（棕眼眶）喘著說：「我的案件不是已經審完，皇帝硃批全部一體斬首嗎？」

張獻堂（白眼眶）笑說：「是啊，硃批上說要斬，其他人也都斬光了。但聽說你有很多話要講，閩浙總督大人還真有把你的話，傳到刑部那邊。刑部尚書命我來看看，你這個人到底怎麼回事？必要時可以慢一點執行！」

毛三貴（棕眼眶）冷冷笑說：「可見還是要被斬。時間早晚而已。但是我敢說，我的見識絕對是朝廷需要的。」

張獻堂（白眼眶）也冷笑說：「是嘛？你確定朝廷需要海賊？」

毛三貴（棕眼眶）全身枷鎖，手指獄窗外說：「天朝朝廷自明朝起，就已經實施海禁。乃至我大清朝廷入關，海禁如故。然而這世界就這麼巧，就這段時間，西洋各國已經占據了世界各大洋，蹂躪所能見到的土地。如今西洋夷狄各國，其勢力從陸地到海上，幾乎將大清包圍。」

張獻堂（白眼眶）說：「這你是怎麼知道？」

毛三貴（棕眼眶）說：「我也是乾隆五十八年科舉出身，只考到舉人，但補不上官。跟海盜為伍也是為了生活。去過南洋，也見過西洋各國的船堅炮利，槍砲強悍了得。看過他們的世界地圖，以及文物機械。西洋各國的國力，已經強大到令人瞠目結舌。雖然我大清朝廷開疆拓土牧馬天山，疆域直逼元朝，但論實力，西洋各國已經遠遠超過大清。就說當中最狠辣的英吉利國，他們所站的土地，總和甚至已經超過大清疆域。更遑論正在崛起的法蘭西，還有大清北邊的羅剎國。這個世界地圖，恐怕大人您沒見過吧？」

張獻堂（白眼眶）哈哈笑說：「你也是科舉出身，你別把我們科舉士人全部都當，只會寫八股文的傻瓜。世界地圖我在北京禮部就看過，西洋各國在海外的強勢，朝廷並非一無所知。」

毛三貴（棕眼眶）問：「那大人說說，我講得對還不對？」

張獻堂（白眼眶）搖頭說：「只對一半。如今誠如你所言，西洋各國結合海盜的行為模式，控制了各大海洋，瓜分大量的土地。我大清周圍，確實都接觸了前所未有的強大勢力。早在康熙年間，聖祖皇帝就有下旨，西洋人奇物茲起，跨海擴張，警告後世百年子孫，小心西洋各國的變化。這個一百多年前聖諭，至今還在朝廷。」

毛三貴（棕眼眶）說：「那只斬賊首秦一行即可，為何還要殺光我們？」

張獻堂（白眼眶）說：「這就得談及，你錯的另外一半。」

毛三貴（棕眼眶）露出疑惑神情。

張獻堂（白眼眶）說：「或許西洋各國會從海上來攻我大清，但如你所言，西洋各國貌似海商，實則以海賊方式擴張，如此則無論以文明如何自我包裝，最後自己也只是賊。既然是賊，就肯定短視近利，難以久立，縱然他們有所謂的奇物優勢，支撐自己強勢，分贓世界。但最終賊與賊之間，自然會分贓不均，自相火拼。這是千古定律。我堂堂華夏數千年歷史，這種事情見得會少嗎？只是原本從長城外，換成從海上來。原本騎馬，換成搭船。原本騎射，換成槍砲。啊，對了，你說船堅炮利，西洋人槍砲了得，你可知道槍砲火藥，最初是哪國人發明的？」

毛三貴（棕眼眶）目瞪口呆，無法回答。

張獻堂（白眼眶）瞪大眼說：「我們自然知道，西洋槍砲了得，威脅很大。但對中國而言，海船槍砲並不是真的新鮮之物，如同當年騎射拐子馬，也不是新鮮物，但陪他們玩兩千年。我大清朝廷雖龍興於關外，但有大功於中國。千千萬萬華夏子民心中自有一桿秤，所謂千秋萬世，當然不是一姓一氏。你所說，讓朝廷與你們合作，確實可以抵擋西洋各國於一時，但無異於飲鴆止渴。外頭無知之人，隨他們去說，你考科舉讀聖賢書，卻只有一知半解，如今如此，不能怪別人喔！」

毛三貴（棕眼眶）點頭說：「毛三貴受教了。大人才是真知。只是接下來，大清朝廷得作很大的準備，會有朝代衰亂之狀，因為那種陣仗，來頭一波海上侵擾，規模就不亞於當年長城外的鐵騎。」

張獻堂（白眼眶）站起來說：「真不真知無所謂，這就輪不到你緊張了，也輪不到我緊張。我會呈報刑部，說你曾經有功名，也懺悔錯誤，見識與其他海賊不一樣，對你剝奪功名，從輕量刑，不用處斬。反正已經斬了幾百個海盜，不差你一顆人頭。」

毛三貴（棕眼眶）下跪行揖說：「謝主事大人。」

最後毛三貴被赦免，改判流放伊犁屯墾。

嘉慶皇帝駕崩之後，綿寧繼位，改元道光，此時鴉片氾濫越來越嚴重，琦善甚至舉報皇室成員也有吸食鴉片，並且在天津查獲十三萬兩。各省總督巡撫也紛紛上奏，各省鴉片導致白銀外流。

道光十八年，北京圓明園。

「臣，林則徐叩見皇帝陛下，萬歲萬歲萬萬歲。」

「平身，賜座吧。」

於是太監扛上一副桌椅，放在下座，道光皇帝上座。但兩人對坐論事。

愛新覺羅綿寧（灰眼眶）說：「自朕繼位，時不時有賊亂，但多虧皇祖皇宗庇佑，朕也算勤奮之人，都可以平定。然而西洋各國販賣鴉片，導致吸食者上癮，不能一日沒有鴉片，白銀大量外流。這種狀況再這樣下去，恐真如你上奏時所說，不出二十年，中國將無可用之兵。對於這些西洋夷狄的毒害，你可有見解？」

林則徐（黃眼眶）說：「臣以為，鴉片必禁。先前臣在湖北，派人明查暗訪。其來源都由唯一的對洋通商口岸，廣州而起。而對洋通商之始末，如本朝高宗皇帝聖諭，中國天朝無所不有，對四方寶物並不重視，本不需要與他們通商。西洋各國通商貿易失利，銀兩皆入中國，不甘虧損，便用此毒物毒害我天朝。若我天朝上國切斷與之通商，必可制之於死地。」

綿寧（灰眼眶）說：「朕查閱各項史籍，自明朝初，鄭和下西洋撤退後，西洋各國就逐步開始掀起航海之潮，西洋各國控制海洋，已經很多年。仔細算來，經整個明朝到我大清至今，數百年之久，甚至經過各大海洋，瓜分世界不少領土，奇技淫巧之物更是琳瑯滿目。不與我們通商往返，就真能制之死地？」

林則徐（黃眼眶）說：「皇上教訓的是，坦誠說，西洋各國論其資源，確實不亞於我大清。奇技淫巧之物，更是多於中國。然而中國之民，可以自給自足，並不貪戀其巧物。而西洋各國已經習於海外通商與海賊搶掠之習性，沒有海外之物，則其國其民不知如何自處，西洋各國相互必生戰亂。故臣云，制之死地者，乃以通商為籌碼，必須強令他們繳出鴉片，從此不可在販賣，否則切斷唯一的通商口岸。如此則西洋商旅必然恐慌，西洋各國朝廷，自然也會放棄鴉片。」

綿寧（灰眼眶）頻頻點頭，然後問：「倘若西洋各國，拒絕交出鴉片？甚至動用海賊手段，侵擾反抗，我大清水師，能鎮壓得下去？」

林則徐（黃眼眶）說：「臣以為，只要朝廷態度堅決，沒有內部之人搖擺立場，西洋各國則難以造次。各國之中，唯有英吉利國，海外佔領了古天竺之地，種植鴉片販賣最多，還占有大量屬地，為西洋各國中，國力最強者。臣以為他們最多如同明末時的倭寇之患一樣，企圖在東南沿海搶掠而已。但我大清天朝兵多將廣，倘若水師與各地軍隊嚴加戒備，堅持主戰，屆時也必能制服英吉利。」

綿寧十分贊同。

如今清朝皇帝已經明顯發現，滿族實質上已經解體，只有少部分還沒搞清楚狀況，以為自己還佔優勢。而佔中國大多數的漢人，對大清皇帝旨意已經陽奉陰違，『上有政策下有對策』充斥官場。命令到了下面，全部都變調，與明朝皇帝情況相同。無怪乎皇帝再怎麼勤政，對大局而言白費功夫。明朝皇帝還有錦衣衛與東廠這些組織可以運作，但清朝只有養尊處優的八旗團體，而到了道光年間，這八旗已經完全有名無實，成了只拿朝廷俸祿而不會打仗的團體。而康熙年間成立，乾隆年間為主力的漢人綠營兵，此時也不堪作戰。

難得有漢人大臣，完全配合皇帝的心意，所以綿寧特別關照林則徐，在圓明園暢談一整天。

於是命他為欽差大臣，奉旨南下到廣州禁鴉片。

後 記

皇道無間三部曲，第一部從疑惑到發現人文大年體制，第二部從人文大年體制的起源說起，第三部將以一套故事，解釋所有人類從古至今的文明故事，是人文大年體制內部結構與自然界的大年體制關係。鴉片戰爭之後的歷史，將用另外一個視角重述。看似與第一部的時間段有大量重疊，但視角與結構將完全不同，並且解答第二部所留的未解之謎。

『陌年』是影響人類文明的真正核心力量。